KB193681

존 H. 월튼 교수는 복음주의 진영에서 구약성서를 고대 근동의 세계관으로 이해하는 일에 가장 적극적인 학자이며 이를 대중화시키기 위해서도 많은 노력을 해왔다. 그의 저서 중 여러 권이 우리말로 소개되었기 때문에 한국 독자들에게도 익숙하다. 이번에 새물결플러스에서 번역, 출간된 『교회를 위한 구약성서 신학』은 지금까지 월튼 교수가 수행해온 연구의 종합판이라 할 수 있다. 성서학자들이 동경하면서도 가장 어려워하는 작업이 평생에 걸쳐 연구한 분과를 "인간과 하나님"이라는 큰 주제로 풀어내는 것인데, 이 책에서 월튼 교수는 바로 그 작업을 하고 있다. 저자의 해박한 전문 지식과 신앙에 대한 지혜가 아름다운 심포니처럼 어우러져 있어 몇 번이고 반복해서 읽고 싶어지는 책이다.

김구원 | 서양고대문화사학회 연구 이사

구약성서 신학을 말할 때 우리는 두 가지 문제를 분명히 하고 넘어가야 한다. 첫째, 잘 알려진 것처럼 "구약"은 "신약"과 뗄 수 없는 상호관계에 있다는 사실이다. 따라서 이 책의 제목처럼 "교회"를 위한 구약성서 신학은 신약성서를 지향해야 마땅하다. 하지만 이 책의 저자가 말하는 대로 맹목적인 "그리스도 중심적" 관점이 아니라 "그리스도 지향적" 관점에서 구약성서 자체의 신학을 출발점으로 삼아야 한다. 둘째, 구약성서 신학은 개별 텍스트가 생겨난 배경을 무시해서는 제대로 이해될 수 없다. 이는 현대 관점의 철학적 해석을 지향하는 조직신학과 성서신학이 분명히 구분되는 점이며, 신약성서 신학과도 구분되는 점이다. 그래서 구약성서 신학은 저자의 주장대로 고대 근동의 배경도 아우를 수 있어야 한다. 이런 점에서 "하나님의 임재"를 중심 주제 삼아 구약성서의 신학적 주제들을 균형감 있게 포괄적으로 서술하는 이 책은 건강한 구약성서 신학을 경험하고자 하는 이들에게 적극적으로 추천할 만하다.

김정훈 | 부산장신대학교 구약학 교수

예수 그리스도가 오셔서 하나님의 구원을 이미 성취하셨고 이제 그리스도인들은 성령의 감화 감동 속에 종말론적인 삶을 살아가는데, 그들에게 그리스도가 오시기 이전 시대를 다루는 구약성서는 무슨 가치가 있는가? 신약의 복음서에서 산상수훈 같은 보편적이고 고결한 윤리를 가르치신 예수님과 구약성서의 다소 야생적이고 원시적인 하나님 이미지를 과연 조화시킬 수 있을까? 이런 가시 돋친 질문들을 가진 그리스도인들에게 이 책은 최적화된 오해해소용 길잡이가 된다. 월튼은 복음주의적 신앙고백이 확고부동한 신앙인인데 그의 구약학자로서의 학문은 깊고 넓어서 구약성서를 여전히 그리스도인을 위한 정경으로 수용하고 즐거워하고 활용하는 지혜를 제공한다. 그의 구약학 연구를 향한 중심확신은 다음과 같은 것이다. "구약성서는 우리를 위해 쓰인 정경이지만 우리에게 적실성 있게 말하는 기준에서 보면 분명히 고대 문서다. 따라서 우리는 고대 역사의 문화적·종교적 맥락에서 구약 텍스트의 의미를 먼저 파악한 후에 그에 대한 신학적 해석을 시도해야 한다." 문화와 종교적 감수성, 그리고 세계관에 있어서 우리 현대인과는 전혀 낯선 땅에 뿌리 내린 구약성서 안에는 놀랍도록 현대인들에게도 적실성이 강한 신학적 통찰이 풍성하게 담겨 있다. 본서를 읽어본 독자는 구약성서가 얼마나 신약성서 안에 창조적으로 상속되고 이월되었는지를 깨닫게 되고 구약성서의 하나님이 바로 산상수훈의 예수님을 파송해주신 바로 그 하나님 아버지임을 확신하게 될 것이다. 이 은혜로우면서도 학문적으로 탄탄한 월튼의 책이 한국교회에게 큰 복이 되리라고 믿으며 일독을 추천한다.

김회권 | 숭실대학교 기독교학과 구약학 교수

구약이 신약의 손을 잡으면 기독교 정경을 이루고, 손을 잡지 않으면 유대인의 히브리 성서로 남아 있게 된다. 그럼 구약성서도 기독교 정경이라는 말은 기독교의 안목으로 구약을 읽으라는 뜻인가? 대부분 기독교인은 그렇다고 생각한다. 그러나 월튼은 단호히 "아니오!"라고 답한다. 구약은 신약의 부록도, 신약보다 열등한 책도, 신약으로 안내하는 몽학선생도 아니라고 말한다. 구약의 "잃어버린 세계" 시리즈로 한국 독자들에게도 잘 알려진 존 월튼 박사가 구약성서에 관해 평생 생각한 것을 다듬어 "구약성서 신학"이란 주제로 단행본을 저술했다. 구약과 고대 근동학에 정통한 그는 구약성서를 고대 근동 "인지환경"(cognitive environment)의 빛 아래서 읽어야 한다고 일관되게 주장하는 복음주의 학자다. 달리 말해 현대 그리스도인들은 구약이 고대 근동이라는 커다란 "문화의 강"(cultural river)에 속한 고대 이스라엘의 문화적 지류에서 태어난 것을 인지하고, 그 이스라엘인들이 어떻게 하나님의 계획과 목적을 바라보고 있는지를 살펴야 한다는 것이다. 구약성서는 우리에게 쓴 책이 아니라 우리를 위해 쓴 책이라는 것이다. 여기서 그는 구약성서의 신학적 목적을 서술한다. 무엇이 구약성서 전편에 흐르는 포괄적 주제일까? 월튼은 "하나님의 임재" 및 "하나님과의 관계"가 구약의 근본적 관심사라고 주장하며, 이 주제가 본서의 각 장에서 다루어지는 다양한 하위 주제들을 하나로 묶어낼 수 있는 얼개라고 말한다. 물론 구약만이 제공할 수 있는 위대한 통찰들(창조신학, 하나님의 형상으로서의 인간, 하나님의 포괄적 계획, 욥기와 같은 지혜 문헌 등)이 있지만, 구약과 신약이 함께 있어야 하나의 생명체를 이룬다는 사실을 저자는 힘주어 말한다. 이 책을 통해 성서에 관한 독자들의 시각이 좀 더 예리하고 분명해질 것이고, 때론 망치로 얻어맞는 충격도 느낄 것이며, 무엇보다 하나님의 웅대한 계획을 이해하여 성서를 더욱 사랑하게 될 것이다.

류호준 | 백석대학교 신학대학원 은퇴 교수

저자는 구약성서가 회의론자들은 물론이고 그리스도인들에게도 쉽게 오용되며 오해되고 있는 현실을 안타까워한다. 이는 모든 구약학자들의 고민이기도 하다. 이러한 상황을 타개하기 위해서 오늘날의 교회를 위한 구약성서 신학을 제시한다. 저자는 구약성서의 지배적이고 편만한 주제로 하나님의 임재를 제안한다. 하나님이 맨 처음부터 자신의 백성들 가운데 거하시기로 의도하였으며 그들과 관계를 맺고자 하셨다는 점이 구약성서의 핵심이라고 주장한다. 곧 하나님의 임재라는 주제로 새롭게 구약성서의 세계를 설득력 있게 관통하고 있다. 이 책의 특징과 특장은 구약신학을 고대 근동학과 연계하여 비교분석하고, 신약신학과의 연속성과 불연속성을 철저히 구분하여 진술하며, 더 나아가 기독교신학(역사신학과 조직신학)까지 고려하여 오늘의 그리스도인을 위한 구약성서 신학을 창출했다는 점이다. 고대 근동학, 구약학, 신약학, 역사신학, 조직신학 그리고 오늘의 교회를 넘나드는 행보에서 대가의 풍모가 느껴진다. 특히 구약성서가 신약성서와 차이를 보이는 내용과 신약성서에서는 얻을 수 없는 구약성서만의 통찰들에 관한 부분은 구약과 신약의 상호 필요성을 더욱더 두드러지게 한다. 이 책은 기독교의 관점에서, 좀 더 구체적으로는 광의의 복음주의 노선을 따른다. 저자는 비평적 방법론을 사용하여 복음주의적 토대를 고수하려고 한다. 이런 점에서 복음주의 성서학에서 비평적 방법론을 적극 활용한 학문적 쾌거라고 할 수 있다. 이 책은 구약신학에 대한 교회의 지침이며, 신학도들에게는 오아시스 같은 구약신학의 교과서이며, 설교자들에게는 구약의 무궁무진한 보화를 선사하는 선물과도 같은 책이다. 무엇보다 구약 본문을 다루는 모든 설교자들에게 의무로 읽혔으면 하는 책이다.

차준희 | 한세대학교 구약학 교수, 한국구약학연구소 소장, 한국구약학회 회장 역임

이 책은 그리스도인들이 구약성서를 어떻게 읽어야 하는지를 보여주는 책이다. "하나님 말씀"을 알고자 하는 열심은 특별하나 구약성서에 대한 잘못된 인식으로 그것을 제대로 읽어내지 못하는 경우가 많이 있다. 특별히 구약성서는 "낡은 것"(old)이며, 신약성서에 담긴 것이 "진짜"(new)라는 인식이 문제를 일으키기 쉽다. 이 책에서 저자는 구약성서와 신약성서에 대한 바른 이해를 위한 길잡이 역할을 든든하게 수행해 낸다. 저자는 구약성서가 우리를 "위해" 쓴 책이기는 하나 우리"에게" 쓴 책이 아님을 분명히 밝힌다. 이로써 구약성서가 "그 자체의 시대적 배경과 맥락에서" 탐구될 수 있는 토대를 마련한다. 이 책은 구약성서가 특별히 고대 근동의 배경 속에서 읽힐 때 그 의미가 얼마나 분명해질 수 있으며 텍스트의 고유한 색깔과 풍미가 잘 드러날 수 있는지를 보여준다. 이렇게 구약성서의 의미가 분명하게 살아날 때 신약성서의 의미도 제대로 읽힐 수 있다. 왜냐하면 구약성서와 신약성서는 각기 독립적으로는 존립할 수 없는 "하나의 생명체"(symbiosis)이기 때문이다. 저자는 여섯 장에 걸쳐 그리스도인들의 신앙에 중요한 다양한 주제들(야웨와 신들, 우주와 인류, 언약과 왕국, 성전과 토라, 죄와 악, 구원과 영생)을 다룬다. 이 책을 통해 구약성서에 대한 올바른 독법을 깨닫고 전 우주의 구속과 회복을 지향하는 하나님의 계획과 목적을 분명하게 발견할 수 있기를 바란다.

하경택 | 장로회신학대학교 구약학 교수

존 H. 월튼의 『교회를 위한 구약성서 신학』은 탄탄한 해석학적 성찰을 기반으로 과거의 책인 구약성서를 오늘에 되살린다. 과거의 텍스트의 의미를 되살리는 작업은 수천 년간 이어온 교회와 신학의 주요 과제였다. 의미를 상실한 책은 존재의 이유가 없기에 신학자들은 다양한 방법으로

시대마다 구약성서에 새로운 의미를 부여하기 위해 노력해왔다. 그 과정에서 구약성서가 그 자체의 맥락에서 어떤 의미를 전달하고 어떤 기능을 수행했는지는 서서히 잊혀갔다. 월튼의 책은 구약성서가 표방하는 신학과 세계관이 무엇인지 철저히 그 세계 속에서 파악하려 노력한다. 동시에 그렇게 파악된 의미를 오늘의 맥락과 끊임없이 조율한다. 기존의 구약성서 신학은 난해했다. 이 책은 어렵지 않으면서 상세하고 묵직하지만 친절하다. 결국 구약성서 자체에 대한 신학의 이해를 높여 성서학계와 교회의 가교 역할을 수행하고자 한다. 구약성서를 그 자체로 읽어내는 일이 아직 어색한 한국교회에 꼭 필요한 책이 아닐 수 없다. 뛰어난 성서학자의 평생의 연구결과를 한 권으로 맛볼 수 있는 흔치 않은 기회에 많은 독자가 참여할 수 있기를 기대한다.

홍국평 | 연세대학교 신과대학 구약학 교수

존 월튼은 우리 세대를 대표하는 구약학자 중 한 사람이다. 나는 그의 책이나 논문을 읽을 때마다 새로운 지식을 얻을 뿐만 아니라 나 자신의 사고방식에도 도전과 자극을 받는다. 그는 구약성서가 고대 근동 세계에서 갖는 맥락에 대해 마땅한 세심함을 보이면서 그 책이 오늘날 그리스도인들의 삶에 대해 가지는 지속적인 중요성을 찾고자 한다. 『교회를 위한 구약성서 신학』은 지금까지 그가 내놓은 저작 중에 가장 광범위한 분석을 담고 있다. 구약성서를 진지하게 대하고자 하는 모든 이들에게 진심으로 추천한다.

트렘퍼 롱맨 3세 | 웨스트몬트 칼리지 성서학과 로버트 H. 건드리 석좌교수

오랜 시간 구약신학과 고대 근동 연구를 선도해온 월튼은 최신작에서 성서가 오늘날의 교회에 지속적으로 계시해오고 있는 신학이 무엇인지 밝히기 위한 역사적인 탐험에 착수한다. 그는 자신이 "인지환경 비평"이라고 부르는 방법론을 통해 신앙고백적 맥락에서 역사와 신학을 통합함으로써, 초점을 하나님의 계획과 목적에 맞추고 "이스라엘의 관점에서" 구약성서를 해석하고자 시도한다. 그의 가볍지 않은 목표와 폭넓은 접근법으로 인해 다양한 배경을 가진 독자들은 그의 글에서 동의할 수 있는 주장들뿐만 아니라 동의하기 어려운 부분들도 적지 않게 발견하게 될 것이다. 하지만 적어도 우리는 월튼이 방대한 영역을 답파하고 수많은 자료를 분류해줌으로써 우리가 반복해서 읽을 가치가 있는 정보와 통찰의 보고를 우리에게 제공해주었다는 점은 부인할 수 없다.

브렌트 스트론 | 에모리 대학교 구약학 교수

Old Testament Theology for Christians

From Ancient Context to Enduring Belief

John H. Walton

Originally published by InterVarsity Press as *Old Testament Theology for Christians* by John H. Walton. ⓒ 2017 John H. Walton. Translated and printed by permission of InterVarsity Press, P.O. Box 1400, Downers Grove, IL 60515, USA. www.ivpress. com. License arranged through rMaeng2, Seoul, Republic of Korea.

This Korean Edition ⓒ 2021 by Holy Wave Plus Publishing Co., Seoul, Republic of Korea.

이 한국어판의 저작권은 알맹2를 통하여 미국 InterVarsity Press와 독점 계약한 새물 결플러스에 있습니다. 신저작권법에 의하여 한국 내에서 보호받는 저작물이므로 무단 전재와 무단 복제를 금합니다.

고대의 맥락에서 불변의 신앙으로

교회를 위한

구약성서 신학

존 H. 월튼 지음

왕희광 옮김

OLD TESTAMENT THEOLOGY FOR CHRISTIANS
FROM ANCIENT CONTEXT TO ENDURING BELIEF

새물결플러스

제5장 성전과 토라

제6장 죄와 악

제7장 구원과 내세

제8장 결론

별항(Sidebar) 목차

감사의 글

저자의 평생에 걸친 탐구를 망라하는 이와 같은 책은 불가피하게 수많은 학자들과 동료들, 그리고 학생들과의 소통을 통해 얻는 정보들을 담아낼 수밖에 없다.

특히 나의 제자들이 지난 수년간 나의 사고를 형성하는 데 자극제가 되어왔으며, 만일 그들과 함께한 시간이 없었다면 이 책은 결코 빛을 볼 수 없었을 것이다. 하지만 무엇보다도 본서를 저술하는 데 큰 영향을 준 인물은 나의 아들 존(필명은 J. Harvey Walton)이다. 존은 본서의 모든 단락을 초벌 원고 상태로(그리고 수정한 후에도) 읽어주었으며, 원고를 수정하고, 논쟁하고, 새로운 아이디어를 제안하는 모든 과정을 통해 나에게 가르침을 주었다. 나의 생각을 전적으로 이해하고 이에 관해 기꺼이 나와 대화하기를 원할 뿐 아니라 내가 상상했던 것 이상으로 그 주제를 발전시키도록 밀어붙이는 대화 상대를 가지게 된 것은 내 인생에서 가장 큰 축복 가운데 하나다.

원고를 편집하고 색인 작업을 도와준 제니퍼 헤일에게도 감사의 말을 전한다.

OLD TESTAMENT THEOLOGY FOR CHRISTIANS
FROM ANCIENT CONTEXT TO ENDURING BELIEF

제1장

서론과 기초

해석학적 고려사항들

나는 구약학 연구의 길에 들어선 초창기부터 이런 책을 쓰고 싶은 마음은 있었지만, 결과가 좋지 않을 거라는 두려움 때문에 감히 손을 대지 못했었다. 구약신학을 다루는 책을 쓴다는 것은 어떤 면에서 오만의 극치라고 할 수 있다. 월터 카이저(Walter Kaiser)도 이런 어려움을 인정하는 의미에서 구약신학에 관한 그의 저서 제목(*Toward an Old Testament Theology*)에 아주 지혜롭게 "toward"(향하여)라는 단어를 추가했는데, 이는 일종의 포기 선언인 셈이다. 우리가 포괄적인 신학을 다루는 연구에 착수하기로 출사표를 던지는 것은 우리가 모든 것을 깨달았다고 믿기 때문이 아니다. 우리는 그저 앞선 세대 신학자들의 논의에 몇 마디를 덧붙이는 것뿐이다. 우리에게는 학생들에게 전해줄 몇몇 통찰들(상당수가 학생들과의 대화를 통해 얻게 된 것들이다)이 있으며, 우리가 전해 받은 것들을 다음 세대에 전달해주는 송수관 역할을 함으로써 그들도 전해 받은 통찰들을 통해 유익을 얻기를 바란다. 따라서 이런 책을 쓰게 되는 동인은 논의에 종지부를 찍으려는 것이 아니라 청지기의 역할을 수행하고자 하는 것이다. 청지기의 사명을 다하기 위해 우리는 일생에 걸친 연구와 교수 사역을 마감하면서 이런 책을 남기게 되는 것이다. 여기서 우리는 이런 질문을 던지지 않을 수 없다. 과연 우리에게는 후세대에게 보여줄 것이 얼마나 있는가?

서론의 상당부분은 본서가 채택하는 방법론과 전제들에 대한 설명이다. 하지만 그 주제들을 다루기에 앞서 우리는 언급하기가 꺼려지는 질문 하나를 던지지 않을 수 없다. 도대체 왜 우리는 구약성서 연구에 시간을 허비하는 것인가? 이본 셔우드는 이 질문을 아주 웅변적으로 표현한다.

> 구약성서를 탐구해온 사람들의 심중에는 초창기부터…구약성서의 입지와 내용에 대한 우려가 자리 잡고 있었다. 구약성서는 인간의 야만성에 대한 기록을 모아놓은 개론이자(Voltaire), 그리스도의 오심으로 인해 이제는 우리 손으로 찢어버린, 맥이 빠진 아이들을 위한 교본이며(Lessing), (유대인처럼) 분노와 외국인에 대한 혐오로 가득할 뿐 아니라 "모든 민족을 향한 적대감으로 특징지어지고 그 결과 모두에게 적대감을 불러일으키는" 문서다(Kant). 원시적이고 야만적이며 유아적이라는 이미지를 가진 구약성서는 더 나은 후속편인 신약성서의 그늘에 가려진 오지이며, 문명화되고 개척되어야 할 이국땅이다. 법률 모음으로서의 구약은 기껏해야 인간 실재의 보편성과 순수한 윤리 종교를 강조하는 신약에 대한 어린아이의 중얼거림이나 흐릿한 반영일 뿐이며, (19세기 슐라이어마허의 입을 빌려) 더 심하게 말하자면 야웨의 사랑을 아브라함의 혈통에 한정지음으로써 주물숭배(fetishism)에 대한 고집스런 집착을 보여주는 제한적인 유일신론을 표방한다. 정경에서 화석과 같은 존재인 구약성서에 대한 혐오감의 정점을 보여주는 인물은 하르나크인데, 그는 구약성서가 (오래되었을 뿐 아니라 기운이 다해 거동도 못하고 노쇠하여 중얼거리는 것밖에 할 줄 모르는 언

약이기 때문에) 현재의 영광스런 자리를 내어주고 신약성서 뒤에 부록처럼 실려야 한다고 주장했다.[1]

현대의 독자들은 구약성서에 대한 절망감을 이처럼 솔직하게 표현하지는 못하겠지만, 그들도 더 이상 존재하지 않는 민족에 대한 예언들, 신약에서 더 이상 쓸모없다고 규정한 우매한 법률들, 그리고 하나님의 말씀이라고 여겨지는 맥락에서 접하기에는 충격적인 성과 폭력에 대한 생생한 묘사들로 인해 혼란스럽기는 마찬가지다. 여기서 우리는 구약성서가 과연 우리에게 하나님의 말씀으로 받아들여질 여지가 있는지 질문해볼 필요가 있다. 구약성서는 우리에게 어떤 진리를 전해주어야 하며 우리는 어떻게 그 진리를 받아들여야 하는가? 본서는 여기에 초점을 맞출 것이다. 우리는 어떻게 하면 이스라엘을 향한 하나님의 자기계시가 우리를 향한 계시로 이해되고 받아들여질 수 있는지를 탐구하고자 한다. 하지만 먼저 신중을 기해 기초 작업을 튼튼히 할 필요가 있다.

구약신학을 다룬 책들이 서로 다른 모습을 띠는 데는 다양한 이유가 있겠지만, 그 차이의 대부분은 탐구의 토대가 되는 전제들과 여기에서 비롯된 텍스트에 대한 관점의 차이에 기인한다. 아래에서는 구약신학에 대한 나의 접근법에 토대가 되는 몇 가지 중요한 전제들과 관점들을 간략하게 제시하고자 한다.

---

1   Yvonne Sherwood, *A Biblical Text and Its Afterlives* (Cambridge: Cambridge University Press, 2000), 31.

성서의 권위에 기초한 하나님 중심적 해석

본서에 적용된 접근법은 성서의 권위를 중심에 둔다. 나는 성서의 권위라는 표현을 성서의 본질이 우리에게 응답을, 다시 말해 그 권위에 굴복할 것을 요구한다는 의미로뿐만 아니라, (영감이나 무오성과 같은) 다양한 용어들을 통칭하는 복합적인 지시어로 사용한다. 우리가 성서의 권위에 굴복하는 과제를 수행해나가기 위해서는 텍스트를 능숙하면서도 정직하게 다루는 동시에 텍스트가 우리에게 요구하는 고결한 인간이 되고자 분발해야만 한다.[2] 그렇지만 우리는 성서가 권위를 가지고 무엇을 말하는지를 결정하는 작업이 복합적인 노력을 필요로 한다는 점을 인식할 필요가 있으며, 정교하게 조정된 해석학적 기준을 동원하여 세심하고 신중하게 이 주제에 접근할 필요가 있다.

우리는 또한 신학적으로 가장 기민한 이스라엘 사람들의 믿음과 실제 성서의 가르침 간에도 차이가 존재할 수 있음을 이해해야 한다. 권위는 이스라엘 사람들의 신앙에 주어진 것이 아니라 성서에 주어진 것이다. 하나님의 권위는 구약과 신약에 담긴 인간 전달자의 언어들을 매개로 우리에게 소통된다. 그리고 만일 우리가 하나님의 권위 있는 계시가 구약과 신약에 공히 자리한다고 믿는다면, 우리에게는 구약에 내재한 권위 있는 메시지를 구약 자체의 맥락 속에서 발견해낼 책무가 주어진다. 이 말은 신약성서가 출현하기 이전에 이미 구약성서는 자체의 권위를 가지고 있었으며, 동시대의 독자들에게 하나님의 뜻을 계시하는 역할을 감당했었다는 의미다.

---

2   John H. Walton and D. Brent Sandy, *The Lost World of Scripture* (Downers Grove, IL: InterVarsity Press, 2013), 283-91. 여기서 고결함이 단순히 도덕성이나 규칙의 준수로 축소되어서는 안 된다. 인간의 고결함은 우리가 어떻게 행동하는가를 통해서만 드러나는 것이 아니라, 우리 자신의 내면 깊은 곳에서 어떤 정체성을 가지고 있는가를 통해 규정되는 것이다.

이런 접근은 성서의 권위를 "하나님 중심적 계시"(theocentric revelation)에 둔다. 달리 표현하자면 그 권위의 주된 목적이 우리를 향한 하나님의 계획과 목적을 드러내는 것이라고 규정한다는 것이다. 물론 이것이 성서의 권위가 지향하는 **유일한** 목표는 아니지만, 최우선적인 목표라고 할 수 있다. 구약의 권위는 그리스도를 알리는 데서만 발견되는 것이 아니라는 뜻이다. 물론 구약은 분명히 그리스도를 알리는 역할을 부여받았지만, 그것이 구약성서에 주어진 역할 **전부**는 아니다. 하나님은 삼위일체시며, 따라서 우리는 삼위일체의 각 위격이 계시의 합법적인 주제와 대상이 될 수 있다는 결론에 도달한다.[3]

텍스트가 우리에게 하나님을 계시할 때 우리는 그 말씀 속에 드러난 하나님의 계획과 목적을 깨닫고 수용함으로써 그 권위에 굴복한다. 우리는 그분의 위대한 기획에 동참하는 기회를 기꺼이 받아들인다. 우리는 메시지를 우리의 구미에 맞게 재단해서는 안 되는데, 그렇게 하는 것은 우리가 스스로의 상상력을 동원해서 하나님의 이미지를 규정하는 것에 불과하다. 성서가 영감되었다는 사고는 성서의 하나님이 단지 인생들이 꾸며낸 존재에 불과하다는 모든 주장을 일축한다. 성서의 기원이 하나님이시라고 선언함으로써 우리는 하나님의 모습을 묘사할 때 우리가 사용하는 이미지들을 우리 스스로 만들어낸 것이 아니라고 강변하는 것이다. 따라서 우리는 그와

---

3   그리스도 중심주의는 삼위일체의 다른 두 위격을 주변화시키는 결과를 낳을 소지가 다분하다. 동시에 야웨를 성부 하나님께만 해당하는 이름으로 생각하는 것도 바람직하지 않다. 구약성서에서 하나님의 계시는 특정 위격에 대한 것이 아니다. 우리가 야웨를 성부 하나님께만 제한해서는 안 되는 것과 마찬가지로 성자 하나님께만 제한해서도 안 되는 것이다. 구약성서에 대한 기독론적 해석에 접근하는 건전한 방법을 다음 책에서 발견할 수 있다. Richard Hays, *Echoes of Scripture in the Gospels* (Waco, TX: Baylor University Press, 2016).

같은 진리를 보전하는 방식으로 성서를 해석해야만 한다.

그런 이유로 성서에 대한 우리의 해석은 텍스트의 권위 있는 메시지를 저자의 의도와 연결시킬 수 있는 해석학에 기반해야 한다. 저자는 하나님의 권위를 몸에 두르고 있기 때문이다.[4]

우리는 하나님과 우리 사이의 소통을 위해 선택된 인간 저자를 통하지 않고서는 하나님의 메시지에 접근할 수 없다. 그와 동시에 우리는 인간 저자의 마음속을 들여다볼 수 없으며, 저자가 가지고 있는 신념이 어떤 것이든 간에 이에 전적으로 동의하는 것도 아니다. 우리는 다만 (내포)저자가 효율적인 소통에 능숙한 사람이어서 우리가 "내포청중"(implied audience)의 역할을 떠맡을 수 있을 만큼 의사소통이 이루어졌기를 바랄 뿐이다.[5]

이에 상응하여 우리는 이스라엘을 향한 하나님의 계시가 그것이 주어졌을 당시에뿐 아니라 오늘날에도 지속적으로 권위를 갖는다는 점에 동의한다. 따라서 구약에서 어떤 신학이 가르쳐지는지를 구체적으로 규명하는 일은 우리가 하나님을 이해하는 데 중요한 역할을 한다. 비록 그런 이해가 제대로 갖춰진 현대의 조직신학이나 교의학을 발전시킬 만큼 충분하지는 않겠지만 말이다. 그럼에도 그런 지식은 우리 시대와 문화를 위한 신학을 우리의 나름대로 이해하는 데 있어서 규범적이고 구성적인 역할을 한다.

---

4   나는 계속해서 성서의 저자와 관련하여 "저자"라는 관습적인 언어를 사용할 것이다. 하지만 나는 고대 세계에 오늘날 우리가 생각하는 의미에서의 엄밀한 저자 개념이 존재하지 않았다고 생각한다. Walton and Sandy, *Lost World of Scripture*.

5   내포저자라는 표현을 사용함으로써 나는 저자가 우리에게 전달해준 내용을 통해서만 우리가 저자에 대해 알 수 있음을 인정하는 것이다. 우리는 문서를 떠나서는 그에 대해 알 수 없다. 마찬가지로 내포청중은 저자가 자신이 말을 전하는 대상이라고 믿었던 사람들, 곧 저자가 마음에 두었던 청중을 의미한다.

고대 세계의 맥락, 기독론의 궁극적인 목표(우리는 "내포청중"이 아니다)

모든 시대, 모든 문화에 속한 사람들이 스스로를 마땅히 하나님이 염두에 두신 내포청중으로 간주할 수 있다. 그렇다고 해서 우리가 인간 저자의 내포청중인 것은 아니다. 내가 종종 표현해온 방식대로 말하자면, 성서는 우리를 **위해** 쓴 책이지만 우리**에게** 쓴 책은 아니라는 것이다. 성서가 우리를 위해 기록된 방식을 온전히 이해하기 위해 우리는 모든 수단을 동원해 저자의 내포청중이 되고자 노력해야 한다. 그와 같은 문화적·문학적 맥락 속에서만 우리는 텍스트의 권위 있는 가르침을 발견할 수 있을 것이다. 고대 저자가 자신의 청중에게 전한 말은 그들에게 권위를 가졌으며, 그 동일한 권위는 시간이 흘러도, 혹은 미래의 계시에 의해서도 빛이 바래지 않는다. 그들에게 권위를 가졌던 텍스트는 옛 언약의 틀을 뛰어넘어서 우리에게도 지속적으로 권위를 가지며, 따라서 우리는 우리의 렌즈를 그들에게 들이대기보다는 그들의 렌즈를 통해 진리를 발견하고자 해야 한다. 고대의 맥락은 종종 모호하거나 불투명하며, 극복하기 쉽지 않은 과제를 우리에게 부과한다. 그럼에도 우리는 최선을 다해 고대의 맥락을 이해하려는 시도를 멈추지 말아야 한다. 문화 제국주의나 시대착오적인 신학은 권위 있는 의사소통의 길을 앗아가는 결과를 낳을 뿐이다.

지난 2천 년간 그리스도인들이 고대 세계에 아무런 관심을 보이지 않았다는 사실을 지적하는 것이 우리에게 핑곗거리가 될 수 없다. 비록 우리의 선임자들은 텍스트를 그런 맥락에서 이해하려는 시도를 거의 하지 않았지만, 우리는 우리에게 주어진 모든 도구를 동원하여 우리가 할 수 있는 가장 신중한 주해 작업을 수행할 책임이 있다. 이것은 초기 그리스도인들이 성취하고자 노력했던 일이기도 하다. 윤리적으로 올바른 주석 작업은 우리가 어떤 도구를 가졌는지에 좌우되는 것이 아니라, 우리가 가진 도구들을 온전히 그리고 제대로 사용하는지에 달려 있다.

우리는 (자신의 현대적인 사고방식을 텍스트에 강요하지 않기 위해서) 고대의 맥락을 분별할 수 있어야 할 뿐 아니라, 구약성서 텍스트를 오로지 신약에 비추어서만 해석하려는 흐름에도 저항해야 한다. 기독교 주석가들이 구약성서 텍스트에 대해 과도하게 기독론적 해석을 강제하고 권위 있는 메시지를 선별하는 데도 그런 관점을 적용해온 것은 흔히 있는 일이었다. 하지만 이런 접근법을 따르게 되면 구약성서의 저자가 그의 청중들에게 전달하고자 했던 전체의 요지는 무시하고 지배적인 메시지만 선호하는 경향이 나타나게 된다. 이 문제는 다음 장에서 보다 자세히 다룰 것이며, 여기서는 나의 연구에 바탕이 되는 전제와 방법론이 "그리스도 중심적"(christocentric)이기보다는 "그리스도 지향적"(christotelic)이라는 점을 지적하는 것으로 만족하고자 한다. 그리스도 지향적 접근법에서는 하나님의 모든 계시가 그리스도를 새로운 고지로 삼고 모든 계시들이 그 방향으로 전진해간다. 우리는 이런 관점에서 구약성서가 그리스도를 가리킨다고 말할 수 있다. 결과적으로 본서에 적용된 이런 접근법은 일차적으로 기독론과 무관하게 텍스트의 맥락을 통해 구약성서의 저자들이 전달하고자 했던 메시지에서 권위의 근거를 찾는다. 물론 기독론은 하나님의 계획과 그분의 왕국에 대한 보다 심오한 이해를 풀어내는 데는 중대한 역할을 하지만, 그렇다고 해서 그런 사실이 구약성서 자체의 맥락 내에 기독론과는 무관한 가르침들이 존재할 여지를 배제하는 것은 아니다(그리고 나는 구약성서 내에 본성상 기독론적이지 않은 요소들이 적지 않다고 믿는다). 그럼에도 구약성서의 모든 메시지는 우리를 그리스도께로 인도한다. 우리는 구약성서 연구에서 기독론을 완전히 배제해서도 안 되고, 그렇다고 해서 기독론이 구약성서 저자들의 모든 가르침을 대체하게 해서도 안 된다.[6] 따라서 구약신학을 다루는 본서 전반에서 나는 구약성서 자체의 맥락에 초점을 맞추는 한편 기독론은 거의 언급하지 않을 것인데, 물론 마지막에 가서는 구약 전체의 지향점(telos)으로서의 기독론에도 합당한 관심이 주어질 것이다.

지속적인 신학적 자극

구약성서의 다양한 장르는 우리에게 서로 다른 문학 양식으로 포장된 내용을 제공한다. 우리는 이러한 양식들의 존재를 인식하고서 그것이 고대 세계에서 어떤 식으로 표현되는지를 최선을 다해 이해하는 한편, 그럼에도 장르는 단지 포장일 뿐이며 전달하고자 하는 결과물은 아니라는 점도 인지할 필요가 있다. 우리가 다루는 것이 내러티브든, 잠언이든, 예언이든, 법조문이든, 혹은 찬양시든, 구약에 적용된 모든 장르들은 신학적인 목적을 가지고 있다. 역사적 사건들을 해석하는 데 가장 중요한 렌즈를 제공하는 것은 신학적 관점이다. 역사적 사건들은 저자들에 의해 단순히 "보도"되기만 하는 것이 아니라 "해석"되는데, 여기서 최종적인 목표는 신학이다. 법률적 진술들을 수집하는 목적도 사회의 구조를 파악하기 위한 것이 아니며, 이스라엘이 어떻게 스스로를 지혜롭고 거룩하신 언약의 하나님이신 야웨의 계획과 목적에 일치시키는가에 관한 통찰을 구하고자 함이다. 결과적으로 수집된 문서는 이스라엘 사람들이 하나님의 임재 앞에서 살아가는 법을 배우는 데 도움을 준다.

---

6   Richard Hays는 복음서 저자들이 보여주는 상호텍스트성에 대해 설명하면서 예수에 대한 그들의 이해가 구약성서에 대한 모형적 이해에 근거한다는 점을 보여주었다. 그는 복음서 저자들이 수행하는 일의 가치를 제대로 평가할 수 있고 구약성서를 문맥에 따라 읽을 때 발견할 수 있는 권위를 배제하지 않으면서도 구약성서를 기독론적으로 해석할 수 있는 방법을 제안한다. Hays, *Echoes of Scripture in the Gospels*.

달리 말해 구약성서의 가장 중요한 기능이 하나님의 계시를 전달하는 것이라면, 고대와 현대를 막론하고 모든 독자들은 계시를 전달하기 위해 사용된 장르가 어떤 것이든 간에 오로지 제시된 하나님의 계시에만 모든 주의를 기울여야 한다. 텍스트 저자가 채택한 장르 혹은 발화행위가 어떤 형태이든 간에, 텍스트에는 계시의 주체이신 하나님에 의한 또 다른 발화행위가 주어진다. 예를 들자면,

- 사건들을 시대 순으로 재구성하려고 시도하는 것이 곧 텍스트의 주된 목적에 초점을 맞추는 일은 아니다. 신학적 요점이 역사적 재구성보다 중요하며, 우리가 특정 사건을 역사적으로 확실하게 재구성할 수 없는 경우에도 신학적 요점은 여전히 유효하다. 달리 말해 발생한 사건에 대한 구약성서의 **해석**이 그 사건에 얽힌 **사실관계**보다 더 중요하다(물론 사건 자체도 참고자료의 역할을 한다).
- 논의 중인 사건의 역사적 정확성을 증명하는 것도 텍스트의 주된 목적에 초점을 맞추는 것은 아니다. 때때로 텍스트가 사건들에 관련된 하나님의 역할을 암시한다 해도 하나님이 개입하셨음을 명시적으로 증명하지는 못한다. 우리가 어떤 사건이 발생했음을 증명할 수 있다 해도—증명의 기준 역시 미심쩍기는 마찬가지다—그 사건에 관한 하나님의 개입은 증명이 불가능하다. 그것은 신앙의 문제다.
- 고대 이스라엘의 법률이나 오경의 법률 조항들에 근거해서 현대를 위한 법률체계를 구축하는 것도 텍스트의 주된 목적에 초점을 맞추는 것이 아니다. 우리는 구약의 법률적 표현들을 사회학적 관점에서가 아니라 신학적 관점에서 이해해야 한다.
- 종말에 일어날 일들을 재구성하려고 시도하는 것도 텍스트의 주된

목적에 초점을 맞추는 것이 아니다. 예언의 역할은 미래를 계시하는 것이라기보다는 하나님을 계시하는 것이다.

더 많은 예들을 열거할 수도 있겠지만 이 정도로 충분하리라 믿는다. 우리는 무엇보다도 텍스트의 신학적 본질에 초점을 맞추어야 한다.

하나님의 임재 및 하나님과의 관계가 근본적인 관심사다

나는 모든 학자들이 구약신학의 핵심으로 제시할 만한 것이 있다고 믿지는 않지만, 성서 전반에 펼쳐져 있고(물론 성서 각 권에서 발견되는 것은 아니지만) 성서 전체를 하나로 묶어주는 주제들이 존재한다고 믿는다. 본서에서 나는 **하나님이 맨 처음부터 자신의 백성들 가운데 거하시기로 의도하셨으며 그들과 관계를 맺고자 하셨다**는 점이 구약성서의 핵심이라고 주장하고자 한다. "나는 그들의 하나님이 되고 그들은 나의 백성이 될 것이다"(레 26:12; 렘 31:14; 겔 37:27; 고후 6:16; 계 21:3). 성서는 창세기의 첫 장에서부터 요한계시록의 마지막 장까지, 다시 말해 에덴동산에서 성막과 성전, 그리스도의 성육신, 오순절 성령의 임재, 그리고 최종적으로 새 창조에 이르기까지 이 주제를 추적해간다. 성서는 하나님이 어떤 분이신지를 그의 백성에게 전달해줌으로써(계시) 그들이 하나님의 임재 앞에 살아가고 하나님의 나라에 참여할 때 어떤 자세로 그분을 대해야 할지 깨닫게 해준다.

이와 같은 요점은 성서에 숨겨진 또 다른 거대한 주제와 관련해서도 중요한 역할을 한다. 구약성서 전반에 걸쳐 이 주제는 그리스도 안에서 완성되는 구속을 정점으로 발전해가면서도 명시적으로 그 모습을 드러내지는 않는다. 일반적으로 학자들은 성서 전체, 특히 구약성서를 구원의 역사 곧 구속사와 관련 짓는다. 만일 구속사라는 용어를 하나님께서 역사와 성서를 통해 하시는 일이 우리를 개인적으로 죄에서 구원하시는 데 초점이 맞춰져 있다는 의미로 사용한다면, 우리는 그 용어의 의미를 지나치게 제한하는 것이다. 물론 우리는 하나님께서 그리스도를 통하여 우리를 죄에서 구원하시고 하나님 앞에 의로운 자들로 서게 해주신 데 대해 영원토록 감사를 드려야 할 것이다. 우리는 결코 이 중요한 요점을 간과할 수 없다. 하지만 하나님께서 하시는 일은 개인들을 구원하시는 것보다 원대한 것이다. 따라서 우리는 감히 성서를 오로지 우리의 구원에만 관계된 것으로 만들려 해서도 안 된다.

최근에 일부 학자들은 "구속사"를 정의할 때 전 우주의 구속과 회복에 대한 하나님의 계획이라는 의미를 덧붙임으로써 그 개념을 보다 명료하게 하고자 시도한다.[7] 이처럼 광범위한 정의는 우리로 하여금 개인의 구원 너머로 시선을 돌리게 해준다는 점에서 유익하다. 여기에는 하나님께서 전 우주(우리를 포함하여)를 자신이 언제나 바라셨던 상태로 회복하기 위해 일하신다는 개념이 포함된다. 이러한 과업은 하나님의 일관된 의도가 어떤 것이었는지를 시사해준다. 우리는 하나님의 행보(창조세계를 회복하시기 위해 그분이 행하신 일들)에 초점을 맞출 수도 있고, 아니면 그분께서 의도하신 결과물(자신의 백성들과 교제하시기 위해 그들 가운데 임재하심)에 초점을 맞출 수도 있다. 하지만 이처럼 보다 광범위한 관점을 염두에 두면서도 우리는 창조세계를 향한 하나님의 궁극적인 소망이 무엇인지에 시선을 고정할 필요가 있다.

구원에 대한 올바른 이해는 창조세계 전체가 그리스도를 통하여 하나

---

7   J. Richard Middleton, *A New Heaven and a New Earth* (Grand Rapids: Baker, 2014). 『새 하늘과 새 땅』(새물결플러스 역간).

님께 회복되는 것까지 포함해야 한다. 그 결과가 새 창조다. 본서에서 우리는 하나님께서 이미 행하신 일들을 살펴보는 한편 그 사역의 결과물이 구약성서에서 어떻게 나타나는지 이해하고자 시도할 것이다.

비평적 방법론을 무시하지 않으면서 복음주의적 토대를 고수하기

비평학계의 관심사는 성서 텍스트의 모든 측면을 정교하면서도 깊이 있게 이해하는 것이다. 여기에는 예컨대 문학비평(장르, 수사기법, 담화 분석 등을 포함하는), 역사비평, 종교사, 텍스트의 구성, (문학적이고 문화적인) 맥락에 대한 관심, 사본 연구, 텍스트의 전승에 대한 탐구 등이 포함된다. 나는 위에 열거한 모든 연구 방법들을 받아들이며, 내가 제시하는 결론에 이러한 분과들의 연구 결과를 반영하고자 시도할 것이다.

일부 사람들의 생각과는 다르게 비평적 분석은 성서 텍스트의 본질에 대한 회의주의적 태도를 요구하지 않는다. 비평적 분석은 성서 텍스트를 고지식한 자세로 대하는 것을 금하는 것이지, 근본적으로 신앙의 기반을 약화시키는 것은 아니다. 나는 텍스트에 대한 피상적인 해석이나 대중문화에 팽배한 단조로운 독법에 대해서는 회의적인 태도를 갖고 있지만, 텍스트의 본질이나 진실성에 대해 회의적인 것은 아니다. 나는 텍스트에 담긴 진리를 밝히는 일이 생각보다 까다로우며, 텍스트를 관통할 수 있게 해주는 비평적인 도구들을 배제한 채 읽을 때에는 오히려 더욱 모호해질 수 있음을 알고 있다. 나는 액면 그대로의 텍스트에 접근하는 것을 연구의 목표로 삼는데, 여기서 "액면 그대로의" 텍스트란 저자가 소통하고자 의도했던 형태를 의미한다. 만일 "액면 그대로"가 텍스트에 대한 단조롭고 무비판적인 해석을 의미한다면, 이런 해석에 대해서는 의심의 눈초리를 보낼 수밖에 없다.

따라서 내가 비평적 분석에 헌신하는 것이 성서에 대한 나의 복음주의적 신앙과 모순되는 것은 아니다. 나는 구약성서가 객관적으로 분석하고 적당한 거리를 유지해야 하는 고대의 수많은 문서 가운데 하나라고 생각하지 않는다. 나는 성서로서 구약의 독보적인 위치를 인정하는데, 이러한 관점은 내가 구약을 고대의 문서 가운데 하나로서 다룰 때도 달라지지 않는다. 우리는 두 관점 가운데 하나를 택해야 하는 것이 아니라 두 관점 모두를 견지해야 한다.

전통적인 신학에 의문을 제기하지는 않으면서 전통적인 해석방법을 탈피하기

우리의 신학이 대체적으로 성서의 토대 위에 세워진다는 것은 엄연한 사실이다. 이는 무엇보다도 성서가 무엇을 말해야 할지를 신학이 강요할 수 없다는 의미다. 오늘날의 신학이 신학적 질문들에 적용된 논리와 함께 성서의 다양한 구절들(사실상 성서 전체)을 종합하여 구성된 것임을 감안할 때 우리는 채택된 성서 구절을 통해 지지하고자 하는 신학적 이슈 전반을 약화시키는 결과를 초래하는 일이 없게 하기 위해서 특정 구절에 대한 전통적인 신학적 주해방식을 탈피할 필요가 있다.

예를 들자면 교회는 역사적으로 "무로부터의 창조"(*creatio ex nihilo*) 교리를 지지해왔는데, 이 교리는 본래 인간 영혼의 창조에 관한 논의(다시 말해 영혼이 선재했는지 혹은 육체가 만들어질 때 함께 존재하게 된 것인지)에 적용되었던 것이 종국에는 아리우스 논쟁, 곧 그리스도가 창조되었는가 여부에 관한 논쟁에 차용된 것이다. 비교적 최근에야 이 교리는 물질세계의 창조 문제에까지 적용되기 시작했다. 기독교 신학은 물질의 영원성을 받아들이지 않으며, 하나님께서 물질세계를 창조하실 때 이전에 존재하지 않던 것으로부터 그 세계를 조성하셨다고 주장한다.

무로부터의 창조 교리는 하나님의 비우발성(non-contingency)이라는 논리에 의해 지지받을 뿐 아니라 신구약 성서의 다양한 구절을 통해서도 보강된다. 이 교리를 지지하기 위해 자주 인용되는 성구 중 하나가 창세기 1:1이다. 하지만 창세기 1:1이 사실상 무로부터의 창조를 묘사하는 것이 아님을 보여주는 강력한 (문맥과 언어학상의) 논증들이 있다.[8] 이런 의미에서 나는 전통적인 **주해**가 창세기 1:1을 무로부터의 창조 교리를 지지하기 위해 사용한다면 그런 주해는 잘못된 것이라고 주장한다. 이와 동시에 나는 건전한 **신학적** 논리와 여타의 성서 구절들에 기초한 창조 교리에 대해서는 전적인 지지를 보낸다. 독자들은 이 책 곳곳에서 그러한 예들을 발견할 것이다. 특정 본문에 대한 해석을 재고하는 것이 신학적 이슈 전반을 약화시키는 것은 아니다.

구약성서 텍스트를 (단지 그리스도 및 신약과의 관계에서만 아니라) 그 자체로서 권위 있는 문서로 대하기

구약을 기독론적으로 해석하는 것은 구약의 권위가 오로지 그 안에서 확인될 수 있는 기독론적 해석에 전적으로 의존한다는 것을 암시할(실제적으로나 결과적으로는 확증할) 위험성이 있다. 극단적으로 표현하자면 이런 방법론은 구약성서(예수님과 사도들이 사용했던 성서)가 그 자체로, 그리고 자체의 문학적 맥락에서는 전혀 권위를 가지지 않는다는 생각을 기정사실화 해버린다. 일찍이 오리게네스가 이런 생각을 심화시켰으며, 그런 사고방식은 마르키온의 저작에서 정점을 이룬다. 현대에는 이와 같은 생각이 규정화된 이론으로 보다는 구약성서 자체에 대한 무관심을 통해 표현된다. 하지만 그리스도의

---

8   예컨대 John H. Walton, *The Lost World of Adam and Eve* (Downers Grove, IL: InterVarsity Press, 2015), 33-34. 『아담과 하와의 잃어버린 세계』(새물결플러스 역간).

조명이 없이는 우리가 구약의 진정한 의미에 도달할 수 없다는 사고방식은 그러한 철학이 현대 신학에 어느 정도로 깊숙이 침투했는지를 보여준다. 이러한 신학은 우리로 하여금 성령의 감동을 받은 구약의 저자가 문맥을 통해 전달하고자 의도했던 텍스트의 의미에 대해 무감각하게 반응하도록 만드는 경향이 있다.

이와는 대조적으로 나는 구약성서의 권위 있는 메시지를 그 자체의 시대적 배경과 맥락에서 탐구함으로써 텍스트의 의미가 기반하고 있는 토대를 발견하고자 한다. 신약성서의 저자들이 구약 본문을 택할 때 일반적으로 그들은 구약성서의 인간 저자가 가졌던 의도를 밝히는 데는 관심이 없다. 그들은 종종 자신의 시대에 적용하기 위해 구약 본문에서 새로운 의미를 발전시키는데, 주로 그들이 그리스도 예수에게 주어진 것으로 간주하는 역할(예를 들어 이스라엘 역사를 회복시키는)에 비추어서 이러한 작업을 수행한다. 물론 그들에게는 그렇게 할 권리가 있으며, 이처럼 새로운 차원의 의미를 발견하는 일은 신학의 발전에 대단히 중요하다. 신약성서는 영감된 저자들의 저작으로서 그 자체의 권위를 주장할 권리가 있으며 그러한 권리가 구약성서의 인간 저자의 의도에 매여 있는 것도 아니다. 복음서 저자들은 구약성서의 의미를 (일축하기보다는) 변환시킴으로써 구약 텍스트가 예수를 이해하는 데 어떻게 사용될 수 있는지를 보여준다.[9]

하지만 구약 텍스트에 대한 이런 새로운 차원의 해석이 구약성서 저자가 최초에 의도했던 의미를 대체할 수는 없다. 이 두 가지 차원의 의미는 나란히 공존할 수 있다. 본서가 구약신학을 다루기 때문에 우리는 신약성서 저자들이 구약성서를 어떻게 다루어왔는지에 대해서 많은 지면을 할애할

---

9   Hays, *Echoes of Scripture in the Gospels*.

수는 없으며, 초점은 구약성서 저자의 의도에 맞춰질 것이다.

구약성서가 비록 현대 조직신학의 기준으로 충분히 발전된 신학이라고 할 수는 없지만 (기독교의 관점에서) 그 자체로 완결성을 갖춘 견실한 신학을 제공한다는 믿음[10]

위에서 제시한 관점에 따라 나는 구약신학이 비록 불완전하지만 견실한 신학을 제공한다고 주장한다. 과거에 특정 문화권에서는 종종 기독교 신앙의 초점을 개인 구원에만 맞추다 보니 구약성서를 신약성서만큼 중요한 문서로 간주하지 않았다. 하지만 나는 구약성서가 하나님의 계시로서 그분의 계획과 목적, 그리고 이를 통해 하나님 자신을 드러내준다고 믿는다. 만일 그렇다면 구약의 계시는 견실한 것이며 진지하게 다루어질 필요가 있다. 하나님은 변치 않는 분이시며 따라서 구약성서에 나타난 하나님의 계시도 결코 시대에 뒤떨어진 것이 아니다.

구약의 계시는 여전히 유효하며 주의를 기울여 다루어져야 한다. 하나님은 그리스도를 통해서만 자신을 계시하신 것이 아니라, 히브리서 1:1에 기록된 것처럼 "옛적에 선지자들을 통하여 여러 부분과 여러 모양으로 우리 조상들에게 말씀"하셨다. 우리는 신약에서는 발견할 수 없는 하나님에 관한 중요한 사실들을 구약을 통해 배울 수 있다. 구약신학은 궁극적으로 하나님의 계획과 목적에 대한 계시, 그리고 그것을 통해 하나님 자신에 대해 계시한 내용을 다룬다. 다른 모든 이슈들은 우리를 그 한 가지의 원대한 목적으로 이끌어가는 역할을 할 뿐이다. 이런 관점은 하나님의 사역을 구속받

---

10 이와 마찬가지로 우리는 신약성서도 그 자체로 완결성을 갖춘 신학이지만 현대 조직신학의 관점에서 보자면 충분히 발전한 신학은 아니라고 말할 수 있다. 건설적인 신학은 논리와 철학의 도움을 입어 신약성서에 남겨진 공백을 채워야 할 필요가 있다.

은 백성의 공동체를 건설하시는 것으로 보는 관점과 대비될 수 있다.[11] 신약에서 하나님의 계획과 목적은 주로 구속으로 특징지어진다. 하지만 그분의 원대한 계획과 목적은 단순히 자신의 백성을 구속하시는 것이 아니라 그들 가운데 거하시는 일에 초점을 맞추고 있다. 하나님의 임재 개념은 구약성서 무대의 중심에 자리 잡고 있다.

신학은 고대 세계의 테두리 안에서 이해되는 동시에 사람들로 하여금 그 시대의 사고방식으로부터 벗어나게 만들었던 계시의 결과로 간주되어야 한다

이스라엘 백성들은 전적으로 고대 근동 세계와 그 문화적 영향 아래 놓여 있었다. 마치 우리가 오늘날 우리의 문화에 깊이 잠겨 있는 것처럼 말이다. 하지만 하나님의 자기계시는 특정한 문화에 기반한 것이면서도 문화를 초월하는 능력이 있다. 그 결과 우리는 성서 시대의 계시와 우리 사이를 갈라 놓는 시공간적인 거리에도 불구하고 바로 그 계시에 의해 변화될 수 있다.

    고대 이스라엘의 상황도 다르지 않았다. 하나님의 계시는 그들을 그들의 문화가 부과하는 사고방식으로부터 이끌어내었고 마음에 변화를 받도록 만들었다. 그 결과 우리에게는 문화로 포장된 혁명적인 계시가 주어지게 된 것이다. 하지만 기억해야 할 것은 구약성서의 신학이 고대 세계의 관습적인 사고방식을 배경으로 삼는다는 점이다. 우리는 구약성서의 신학이 고대의 행동방식과 사고방식에 기초를 두고 있다는 점을 자주 발견하게 될 것이다. 예를 들어 할례 제도와 희생제사 제도는 그것이 구약성서에서 신학적으로 공식화되기 훨씬 이전부터 고대 세계에 이미 존재했었다. 그러므로 우리는

---

11   예컨대 Christopher J. H. Wright, *The Mission of God* (Downers Grove, IL: InterVarsity Press, 2006).

본서에서 이스라엘의 신학을 고대 세계의 맥락에서 제시한 후에 그것이 가지는 지속적인 신학적 의미를 이해하고자 시도할 것이다.

어조와 수사기법

본서는 논쟁을 불러일으키려는 목적으로 저술되지 않았으며 저자가 의도하는 바는 차분한 어조와 균형 잡힌 관점을 유지하는 것이다. 나는 나와 의견을 달리하는 학자들의 견해를 비판하는 데 쓸데없는 시간을 낭비하고 싶지 않다. 나는 냉소주의와 논쟁이 결코 생산적인 수사기법이 아니라고 생각한다. 차라리 나는 신앙을 약화시키는 것이 아니라 공고히 해줄 수 있는 수사기법을 사용하기를 원한다. 그리하여 나는 본서 전체에서 우리가 가진 기독교적 사상, 특히 구약 본문들에 대한 주석과 관련하여 바로잡아야 할 점들을 제안할 것이다. 하지만 나는 이 일에 있어서도 나와 생각이 다른 사람들에 대해 존중을 표하면서 온건한 목소리로 나의 주장을 개진할 것이다. 나는 본서의 독자들이 이런 과정을 통해 자신의 신앙을 더욱 굳건하게 세워가기를 희망한다.

구약신학에 대한 접근법

성서신학은 조직신학과 비교할 때 훨씬 더 서술적인 성격을 띠며, 본질적으로 통합을 지향하는 연구 분야다. 또한 성서신학은 전형적으로 과거, 특히 역사적 발전을 다루는 반면 조직신학은 현재 우리가 무엇을 믿는가를 다룬다. 보다 구체적으로 표현하자면, 성서신학은 구체적인 맥락에서 다루어지는 신념들을 묘사한다. 여기서 구체적인 맥락이 의미하는 바는 시대적인 맥락일 수도 있고(포로 시대 이후의 성서신학), 특정 문학 단위와 관계된 맥락일 수도 있으며(예언서의 성서신학), 아니면 특정 저자와 관계된 맥락일 수도 있다(이사야의 성서신학). 더욱이 성서신학은 특정 주제, 예를 들어 언약에 관한 구약신학이나 내세론과 같은 주제들을 집중적으로 다루기도 한다. 달리 말해 성서신학은 정경의 틀 안에서 행해지는 일종의 역사신학 같은 것이라고 할 수 있다(학문으로서의 역사신학이 다루는 대상은 본래 정경의 틀 바깥에서 발견되는 주제들이다).

이에 비해 조직신학은 신앙에 관한 성서의 모든 정보들을 취합한 후에 그것을 정경이 완성된 이후에 진행된 토론의 역사와 통합함으로써 오늘날 우리가 믿는 것이 무엇인지를 약술하고자(혹은 포괄적으로 개진하고자) 한다. 그러기 위해서 조직신학은 먼저 성서에서 출발하지만 이에 더하여 전통과 이성과 경험을 적용함으로써 성서에 대해 문화적 맥락을 제공하고자 한다.

구약신학은 성서신학의 한 분과로서 정경의 특정 부분에 초점을 맞춘다. 여기서 사용되는 연구방법들은 구약성서 전반에서 통합적으로 정보를 취해온다. 이런 식으로 우리는 이스라엘의 신학적 사상 전반의 형태에 대해 말할 수 있게 된다. 물론 그들이 오늘날의 우리처럼 체계화에 관심을 가진 것도 아니고 그렇다고 해서 우리와 동일한 범주들을 채택한 것도 아니지만 말이다.

그러나 이와 같은 접근법은 심각한 도전을 제기한다. 구약성서가 수천 년의 장구한 역사를 가진 문서이기 때문에 가장 이상적인 그림은 우리가 십수 세기에 걸친 신학적 사상의 발전(혹은 계시의 진보) 과정을 추적해내는 것이다. 하지만 불행하게도 우리가 가진 텍스트의 성격상 우리는 본문들의 연대와 발전 과정을 확신 있게 재구성할 수 없다. 그렇다고 해서 우리가 구약성서 전체를 포로 시대 이후 이스라엘 백성의 사상을 반영하는 것으로 간주하는 단편적인 해석에 동조하는 것은 직무태만일 것이다. 텍스트 내에 여러 층위가 존재한다는 것은 분명하며, 신학적 발전의 흔적도 명백하다.

본서에서 내가 채택하는 접근법은 구약성서 내에 오랜 시간에 걸쳐 편집되어왔거나 혹은 후대에 이르러 하나의 문서로 취합된 보다 오래 된 자료들이 포함되어 있다고 전제하는 것이다. 따라서 나는 예를 들어 출애굽기의 성막 자료에 통일왕국 시대와 포로 시대 이후 편집의 흔적들이 발견되기는 하지만 그럼에도 그 자료가 시내산 시대까지 거슬러 올라가는 관점도 보존하고 있다고 믿는다. 달리 말하자면 나는 성막에 대한 이해가 포로 시대 이후의 렌즈를 통해 걸러짐으로써 오로지 포로 시대 이후의 관점만을 담고 있는 것은 아니라고 가정한다. 나는 그 자료에 고대의 관점 역시 보존되어 있다고 믿는다. 비록 그러한 관점들이 전해져 내려오면서 편집 과정을 거치기는 했겠지만 말이다.

나는 본서를 구약성서의 문학단위나 저자를 기준으로 구성하기보다는 신학적 주제에 따라 구성할 것이다.[12] 또한 가능하다면 각 주제와 관련하여 구약 시대에 발생했을 것으로 보이는 발전 과정을 식별하고자 시도할 것이다. 더 나아가 고대 근동의 보편적인 사상이 구약 텍스트 내에 반영되어 있는지 혹은 그렇지 않은지 논의할 것이며, 이스라엘 신학의 고유성과 그 결과로 나타나는 영속적인 신학, 그리고 그러한 신학이 신약성서로 연결되는 방식들을 탐구할 것이다.

---

12   이것은 G. Hasel의 열 가지 방법론 중 네 번째 것이다. G. Hasel, *Old Testament Theology* (Grand Rapids: Eerdmans, 1975); 참조. Paul House, *Old Testament Theology* (Downers Grove, IL: InterVarsity Press, 1998), 54-55.

구약신학에 고대 근동 문학을 적용하기

학자들이 구약신학을 위한 접근법을 고려할 때 그들은 흔히 정경의 범위 내에서만 작업하려는 경향을 보인다. 학자들은 종종 구약성서에 포함된 책들을 문학적-신학적 작품으로 다루면서 거기에서 신학을 추출해왔으며, 또한 그러한 신학을 신약성서에 투영시키는 것은 그리 생소한 일도 아니었다. 하지만 이런 접근법이 구약성서 내의 고대 근동 맥락과 관련해서는 좀처럼 적용되지 않았다. 또한 고대 근동의 인지환경이 논의에 부각될 때 그 결과는 이스라엘 종교에 대한 서술적 역사가 되어버리곤 했다.

본서에서 나는 위의 두 가지 접근법을 통합하고자 한다. 이러한 방식을 택하는 주된 이유는 구약성서의 신학이 고대 근동의 인지환경을 고려하지 않고서는 제대로 이해될 수 없다고 믿기 때문이다. 이스라엘 사람들은 고대 세계에 속한 사람들이었으며 그들이 사고하는 방식도 고대인들과 다르지 않았다. 하나님께서는 이처럼 고대 세계에 속한 그들에게 말씀하셨으며, 그들에게 익숙한 방식을 사용하여 말씀하셨다. 따라서 부인할 수 없는 사실은 그들에게 계시된 신학이 고대 세계의 외관을 취하고 있었다는 점이다.

이와 같은 접근법의 근본적인 전제는 의사소통 방식에 고맥락(high context) 소통과 저맥락(low context) 소통 방식이 존재한다는 것이다. 고맥락 의사소통에서는 저자와 청중 간에 공유하는 요소들이 많기 때문에 최소한의 설명만으로도 의사전달이 가능하다. 저자는 그의 청중들이 기본적으로 상당히 높은 수준의 이해력을 가질 것으로 기대할 수 있다. 이와는 대조적으로 저맥락 소통에서는 청중들이 지극히 적은 기초지식만을 가지고 있는 상황을 전제한다. 내가 대학원 학생들에게 신학에 관해 이야기할 때 나는 고맥락 소통방식을 적용하지만, 초등학교 고학년 학생에게 신학에 대해 이야기할 때는 저맥락 소통방식으로 전환해야만 한다.

성서 저자들은 고맥락 배경에서 저술 작업을 진행했다. 그들은 청중들과 세계관, 역사, 그리고 다양한 경험들을 공유했으며, 따라서 상당 부분의 공통배경을 전제할 수 있었다. 그러나 우리가 구약성서에 독자로서 접근할 때, 비록 고맥락 의사소통을 시도하기는 하겠지만, 기본적으로는 저맥락 배경을 가진 청중으로 접근할 수밖에 없다. 구약성서의 신학적 실체는 기록된 문헌이 아니라 문화 속에 녹아 있는 것이다.

사회와 문화의 모든 측면들이 한데 어우러져서 우리가 흔히 우주론—우리의 신념과 행동에 근거를 제공하는 메타내러티브, 곧 세계에 관한 이야기—이라고 부르는 것을 구성한다.[13] 우리는 흔히 우리가 가진 우주론(혹은 그것을 "세계관"이라고 부를 수도 있는데, 이 용어는 수많은 논쟁과 모호성을 초래한다) 이야말로 가장 보편적이고 상식적인 것이라고 생각하는 경향이 있다. 하지만 다른 문화는 우리와 아주 다른 "세계관"을 가지고 있으며 그것을 보편적인 것으로 여긴다. 내가 "인지환경"에 대해 언급할 때 나는 다름 아니라 "우주론"과 "세계관"을 염두에 둔 것이다.

인지환경은 사람들이 세계에 대해 어떻게 생각하는지를 아우르는데 여기에는 신들의 지위 및 인간의 역할 문제도 포함된다. 아나샤 포져-영 (Anathea Portier-Young)이 우주론은 내부자를 외부인으로부터, 중앙을 주변부로부터, 정상적인 것을 비정상적인 것으로부터 구분 짓는다고 본 것은 정확한 관찰이다. 인지환경의 논리는 진리와 도덕성에 대한 주장을 정당화시킨다.[14] 신학은 이러한 인지환경을 전제로 한다. 따라서 우리가 구약성서

---

13 Anathea Portier-Young, "Symbolic Resistance in the Book of the Watchers," in *The Watchers in Jewish and Christian Traditions,* ed. Angela Kim Hawkins, Kelley Coblentz Bautch, and John C. Endres, SJ (Minneapolis: Fortress, 2014), 39-49.

14 Ibid., 40.

의 신학을 이해하고자 한다면 구약 시대의 인지환경을 무시해서는 안 된다는 것이다. 유일한 대안은 구약성서에 오늘날 서구의 혹은 기독교의 인지환경을 투사하는 것인데, 만일 그렇게 한다면 우리는 더 이상 구약신학을 서술하는 것이 아니라 우리 자신의 신학을 전개하는 것이다. 그리하여 우리는 결국 구약성서 저자의 의도를 완전히 놓치고 말 것이다. 또한 우리가 구약성서의 저자를 제대로 이해하지 못하면 우리는 텍스트가 갖는 권위와의 연결점도 잃어버리게 된다.

소위 인지환경 비평이 갖는 중요성을 감안해서 우리는 그런 연구가 해석학적으로나 신학적으로 견실한 이유를 간략하게 짚고 넘어갈 필요가 있다. 혹자는 우리가 만일 구약성서를 고대의 텍스트 중 하나로 다루게 되면 우리는 구약성서를 오염시킨 이교와 신화의 영향을 인정하게 되는 것은 아닌지 염려한다. 다른 이는 그런 접근법이 구약성서를 단순히 고대 근동 문학 중 하나에 불과한 것으로 만든다고 생각한다. 하지만 그런 극단적인 사태에 대한 염려는 기우에 불과하다. 고대 근동 문학이 커다란 가치를 갖는 이유는 그것이 우리에게 고대 세계(이스라엘도 여기 포함된다)의 인지환경을 조망할 수 있는 기본적인 안목들을 제공해주기 때문이다. 그처럼 유익한 창문이 존재하지 않는다면 우리는 그 세계를 전혀 들여다볼 수 없을 것이고 우리의 해석은 피상적인 것이 되고 말 것이다. 고대 근동의 문헌을 사용하는 것은 구약성서의 유일성을 경시하는 것이 아니라 오히려 하나님이 주신 계시의 신실성을 탐구하는 것이다.

혹자는 교회사 전체를 통틀어 어떤 기독교 저자도 고대 근동 문헌에 접근할 수 없었다고 반론을 제기할지도 모른다. 하지만 우리가 오늘날 인지환경 비평을 채용하는 것이 그들의 해석과 신학을 결함 있는 것으로 낙인찍는 것인가? 이런 식의 질문은 오해의 소지가 있다. 초기 기독교 저자들 대부분은 성서를 해석하고 적용할 때 그 시대의 당면한 신학적 관심사들을 다루었으며 성서의 주장을 옹호하고 이단을 논박하는 데 초점을 맞추었다. 그들은 저자의 의도를 복원하려고 시도하지 않았으며, 구약신학을 체계화하려고 시도하지도 않았다. 그런 의미에서 우리의 과제는 그들의 것과는 다른데, 그렇다고 해서 덜 중요한 것도 아니다.

예를 들어 만일 우리가 고대 세계에서 우상이 어떤 역할을 했는지 이해하지 못한다면, 우리는 금송아지 사건이나 우상을 만드는 자들에 대한 예언자 이사야의 조롱에 담긴 의미를 이해하기 어려울 것이다. 더욱이 고대 세계 사람들에게 바알이 어떠한 존재였는지 이해하지 못한다면, 우리는 엘리야가 갈멜산에서 바알의 예언자들과 벌인 결투의 중요성을 놓치고 말 것이다. 그리고 만일 우리가 출애굽기 텍스트를 이집트 문화의 배경에서 읽지 않고 자유의지와 구원에 관한 우리의 자신의 관점에서 읽는다면, 하나님께서 파라오의 마음을 완강하게 하신 것이 우리에게는 혼란스럽고 문제시되는 사건일 수밖에 없다. 또한 우리가 고대 메소포타미아의 거대한 지구라트에 대한 지식을 가지지 못했다면, 우리는 바벨탑 사건도 잘못 이해할 수밖에 없을 것이다. 이 모든 상황들은 현대 해석가들이 구약성서를 읽을 때 고대 근동의 인지환경을 고려해야 한다는 점을 보여준다. 따라서 우리는 구약신학을 구성할 때 이러한 정보도 반영해야만 한다.

우리는 성서와 고대 근동 문헌 간의 비교연구가 구약신학에 대해 답변하는 일에 잠재적으로 기여할 수 있는 세 가지 중요한 질문을 제시할 수 있다

- 문화적 적응이 성서의 교훈을 일괄하는 틀을 제공하는가?(아담이 흙으로부터 만들어짐; 단단한 하늘; 에덴동산; 뱀의 상징 등)

- 구약성서가 고대 근동 문학에 의존하는가?(길가메시 홍수 이야기; 시 29; 104편; 잠 23장 등)
- 고대 세계의 유형 자료들, 관점들, 그리고 사상들의 본질은 무엇인가?(신전, 제사장, 제의, 성상, 신들의 회의)

첫 번째 범주와 관련하여 우리의 해석 작업을 이끌어갈 방법론적 지침을 세워두는 것이 바람직하다. 텍스트의 어떤 측면이 문화적으로 상대적인지, 그리고 어떤 측면이 성서의 규범적 신학을 제공하는지에 관한 복잡한 질문들 사이에서 우리는 어떻게 길을 찾아갈 것인가? 우리는 종종 이러한 질문에 역으로 접근하는 경우가 있다. 왜냐하면 우리는 전통적으로 성서를 이해하는 기본적인 방식이 보편화(unversalization)라고 가정하기 때문이다. 하지만 모두가 인정하는 것처럼 어떤 정보들은 보편화될 수 없는 특수한 것인데, 우리는 이처럼 특수한 정보를 문화적으로 적응된(accommodated) 것으로, 그리고 방치하는 것이 안전한 것으로 규정하는 경향이 있다. 이 경우 우리는 불행하게도 성서의 어떤 부분이 문화적으로 상대적인(특수화되고 적용된) 것이고 어떤 부분이 규범적인(보편적으로 모든 시대 모든 사람에게 적용될 수 있는) 것인지에 관해 해답 없는 열띤 논쟁에 말려들게 된다.

이런 접근법은 의사소통의 가장 기본적인 원리를 이해하지 못한 것이다. 왜냐하면 성공적인 의사소통을 위해서 적응(accommodation)은 필수적인 요소이기 때문이다. 우리는 성서가 인간이라는 중개자를 통한 하나님의 성공적인 의사소통 방식이라고 생각하는데, 그렇다면 성서의 메시지는 모든 단계에서 적응된 것이어야만 한다.

적응이 필요한 문화 상대주의적인 요소는 우리가 오늘날 받아들이기 어려운 "사상"만이 아니다. 모든 의사소통 행위가 문화 상대주의적이다. 의

사소통이 가능하려면 화자는 청중들의 마음속에 존재하는 단어와 심상들을 통해서 자신의 뜻을 전달해야 한다. 여기서 질문은 하나님이나 성서 저자가 고대 청중들에게 스스로를 적응시켰는가 여부가 아니다. 다른 가능성은 존재하지 않는다.

중요한 것은 하나님이나 성서 저자들이 스스로를 우리에게(혹은 신약성서나 초기 기독교 저자들에게) 적응시킨 것이 아니라는 점이다. 성서의 모든 의사소통은 고대 청중의 인지환경 내에서 이루어진 것이다. 이 말은 성서가 우리에게는 아무런 중요성도 가지지 못한다는 뜻은 아니다. 하지만 우리를 향한 의미를 찾는 일과 성서의 메시지 중 어떤 부분이 적용된 것이고 어떤 부분이 그렇지 않은 것인지를 결정하는 일은 별개의 과제다. 많은 사람들이 성서가 본질적으로 보편화된 실체라고 전제하고서 그 안에서 특수화될 여지가 있는 요소들을 분리해내려고 한다. 그들은 이것이 성서가 그들에게 말하는 방식이며 성서가 권위 있는 문서로 간주되는 방식이라고 믿기 때문에 이런 방식으로 성서에 접근한다. 그들은 성서가 인생의 다양한 측면에 실제적인 관련성을 가지고 있으며 이에 관해 그들에게 지침을 줄 것으로 기대한다.

이와는 대조적으로 나는 우리가 일단 성서의 모든 요소를 특수화된 것으로 간주한 후에 그 가운데서 보편적으로 적용될 수 있는 특정 요소들을 도출해내려고 시도해야 한다고 주장한다. 왜냐하면 성서는 청중의 인지환경 내에서 소통을 진행하기 때문이다. 하지만 어떤 요소가 보편적인 것으로 간주되어야 할 것인가에 대한 우리의 결정은 각 텍스트의 장르와 발화행위에 대한 우리의 이해에 좌우된다. 성서에서 최우선적이고 가장 중요한 발화행위는 하나님의 자기계시라는 발화수반행위(illocution)다. 우리는 하나님께서 인간 저자의 발화수반행위를 사용하시며 그 모든 행위를 계시의 발화수

반행위로 만드신다고 믿는다.[15]

그럼에도 인간 저자를 통해 최초의 청중에게 주어진 하나님의 특수화된 발화행위는 특정 문화의 테두리 내에서 이루어진 것이었다. 그처럼 상황화 된 발화행위(speech-act)의 보편적 측면은 하나님의 위대한 계획에 동참하도록(발화효과행위, perlocution) 모든 사람에게 주어지는 초청(발화수반행위) 역할을 한다. (이 주제는 아래에서 자세히 다루어질 것이다.) 하지만 우리는 이해하기 전에는 참여할 수가 없는데, 이러한 이해(발화효과행위)는 하나님께서 자신의 목적을 계시하실 때(발화수반행위) 주어진다. 우리는 오로지 성서에 기록된 그분의 계시를 통해서만 하나님의 목적을 알 수 있으며, 그 목적을 이해하는 범위만큼만 진정으로 그분의 목적에 동참할 수 있다. 우리가 그분이 어떤 분이신지에 대해 우리 자신이 알고 있다고 여기는 거짓된 확신으로부터 그분의 목적을 **유추해낼** 수 있다고 생각하는 것은 착각이다. 실상은 하나님에 대한 우리의 관념이 우리가 그분에 대해 알 수 있는 것으로 축소될수록 하나님에 대한 우리의 관념은 그분의 진정한 형상을 반영하기보다는 점점 더 우리 자신을 비추는 거울이 되고 만다. 환언하자면 우리가 하나님을 안다고 생각하면 할수록 우리가 알고 있는 것은 실제 하나님과는 점점더 거리가 멀어진다.

하나님의 발화행위에 대한 이런 이해를 바탕으로 나는 성서에서 보편화될 수 있는 유일한 측면은 하나님의 발화수반행위, 곧 하나님의 자기계시라고 제안한다. 비록 성서 자체가 고대 인지환경에 바탕을 두고 있기는 하지만 말이다. 성서는 인물들의 전기가 아니라 비전선언문이다. 우리에게 지

---

15 이것은 Nicholas Wolterstorff의 신적 전용(divine appropriation) 이론과는 다르다. 그는 하나님이 성서에 포함된 내용 가운데 일부를 선별적으로 전용하신다고 주장한다. Nicholas Wolterstorff, *Divine Discourse* (New York: Cambridge University Press, 1995).

식을 전해주는 이유는 (목적을 가지고서) 참여하게 하려는 것이며, 이러한 지식과 참여를 우리는 규범적인 것으로 받아들여야 한다. 성서의 비전선언문은 우리가 따라야 할 규칙들에 대해서가 아니라 무엇을 믿어야 할지에 대해 이야기한다.[16]

하지만 우리는 하나님 자신 및 그분의 목적과 일체가 된 자들로서 우리에게 주어진 책임을 무시해서는 안 된다. 계시는 책임을 동반하며, 우리에게 하나님께서 위대한 목적을 위해 사용하시기에 적합한 사람이 될 것을 요구한다. 따라서 성서가 확언하는 모든 것이 무오하다고 말할 때 하나님의 발화수반행위가 포함하는 확언은 흔히 생각하는 것보다 훨씬 더 광범위한 것이다.

사람들은 일반적으로 성서가 본성적으로 보편화라는 특성을 가지고 있으며, 우리는 이러저러한 이유에서 특수화된 요소들을 발견하게 된다고 생각하는 경향이 있다. 하지만 성서의 모든 요소는 특수화된 것이며, 다만 하나님의 목적과 그분의 위격만이 보편화된 것이다. 이러한 접근법이 생소하게 느껴지기는 하지만 이것은 적용과 문화적 상대성에 관한 오랜 논쟁에 해결의 실마리를 제공한다. 우리는 성서를 "오직 신앙과 행실"만으로 단순화시킬 수 없으며 특수한 요소들을 무시해서도 안 된다. 오히려 특수한 요소들이 전체 그림 안에서 각자의 의미를 발견하게 해주어야 한다.

성서에서 문학적 의존이 다뤄지는 경우는 극히 드문데, 그 이유는 문학적 차용이 일어났음을 것을 증명하기가 매우 어렵기 때문이다. 게다가 문학적 의존을 입증할 수 있는 경우가 간혹 있다 하더라도 구약성서는 그 안에서 다뤄지는 고대 문헌을 성서 상황에 적용시키기 위해 재상황화한다.

---

16   이 주제를 다루는 데 도움을 준 J. Harvey Walton에게 감사드린다.

세 번째 범주(유형 자료의 본질)는 우리가 가장 빈번하게 다룰 주제다. 예를 들어 우리가 이스라엘의 제사장들이 오늘날 로마 가톨릭교회의 사제들과 같은 기능을 담당했으리라고 가정하기보다는 고대 세계에서 제사장의 역할이 무엇이었는지 이해하기 위해 노력해야 한다는 것은 지극히 당연한 이야기다. 마찬가지로 만일 우리가 고대 세계의 신전들이 현대의 교회와 유사하리라고 상상하는 것은 직무태만일 것이다. 이런 점에서 고대 근동 문학은 이스라엘 사람들이 어떤 식으로 사고했는지를 복원하도록 도와줄 뿐 아니라, 우리 자신의 사고방식이 무의식적으로 우리의 해석에 영향을 주곤 하는 사안들에 대해서도 경종을 울려준다.

구약신학과 신약신학

성서신학은 구약신학과 신약신학으로 이루어져 있으며, 외형적으로 두 분야는 서로 연속성을 갖는다. 그런 점에서 둘은 함께 다루어질 수도 있지만, 각 분야를 별개로 다룰 때 얻을 수 있는 유익도 있다. 어쨌거나 구약 시대 이후로 적지 않은 역사적 발전의 결과들이 신약성서에 깊은 흔적을 남겨놓은 것은 사실이다(이런 현상은 페르시아 사상의 유입으로 출발하였으나 결국은 헬레니즘의 영향이 압도적이었다). 이러한 역사적 사실을 바탕으로 우리는 구약신학을 신약신학과 구별되는 독립적인 것으로 대할 것이다. 만일 우리가 구약성서 텍스트를 헬레니즘이나 그리스-로마 문화, 혹은 기독교적 관심사라는 렌즈로 들여다보게 된다면 우리는 많은 것을 놓치고 말 것이다. 하나님의 계시가 이스라엘 사람들에게는 고대 세계의 외관을 취하고 찾아왔으며, 1세기 유대인들에게는 헬레니즘의 외관을 취하고 찾아왔다. 만일 우리가 고대 이스라엘인의 내세 개념을 바리새인과 사두개인의 관점이나 혹은 심지어 부자와 나사로에 대한 예수님의 비유라는 렌즈를 통해 이해하려고 시도

한다면 우리는 방향 설정을 잘못한 것이다. 마찬가지로 우리는 고대 이스라엘인의 우주관을 아리스토텔레스의 범주나 관점을 적용해서 한정 지으려 해서는 안 된다. 기원후 1세기에 사람들이 특정한 방식으로 생각했다고 해서 이스라엘 사람들도 동일하게 생각했을 것이라고 말할 수는 없다. 신약신학이 구약신학과 분리되어서 제대로 수행될 수 없는 것은 사실이지만, 어쨌거나 구약신학은 신약신학과는 별개로 다루어져야 한다.

구약신학의 동인

앞에서 구약신학의 토대에 관해 몇 가지 질문을 제시했었는데, 여기서는 그 문제를 특별히 "구속사"(redemptive history)라는 개념과 관련하여 좀 더 깊이 있게 논의할 것이다.[17] 우리는 이 개념이 어느 정도는 탄력적이며 서로 다른 사람들에 의해 서로 다르게 이해되어왔다는 점을 지적할 필요가 있다. 그 개념은 하나님이 (애굽으로부터, 혹은 죄악으로부터) 구원하시는 하나님이시라는 사상과 연결되는가? 아니면 하나님이 우주와 그 안에 포함된 만물을 죄악의 파괴적인 영향력으로부터 구속하시는 일에 지대한 관심을 가지신다는 사상을 반영하는가? 일반적으로 구원과 구속이라는 용어는 예수님이 우리 개개인을 구속하시기 위해 우리 대신 죗값을 치르시고, 하나님 앞에 의롭게 만드시고, 죄악을 용서하시는 것을 가리키는 협의적 개념으로 정의된다.

하지만 구약을 다루면서 구속사 개념을 위에서 묘사한 것처럼 협의적

---

17 이것은 "구원 역사"(salvation history), 혹은 학자들 세계에서는 "Heilsgeschichte"라고 불리기도 한다.

인 맥락에서 설명하기는 쉽지 않다. 구약성서는 하나님의 궁극적인 계획, 곧 그리스도(메시아)를 통하여 우리를 죄에서 구원하시는 일에 대해 거의 언급하지 않는다. 그러한 구약 해석은 우리가 텍스트를 신약성서의 렌즈를 통해 바라볼 때나 가능한 것이다. 그와 같은 신학적 궤적에 대한 구약성서의 공헌을 신약신학의 맥락에서 적절하게 탐구할 수는 있겠지만, 그런 접근법에서는 구약성서가 그 자체로 기여하는 바가 간과되기 십상이다.

구속사에 대한 첫 번째 접근 방식―구원하시는 하나님으로서의 야웨―과 관련하여, 물론 그러한 수식어를 하나님께 적용하는 것은 적절한 일임이 분명하다. 그럼에도 우리는 이러한 묘사가 구약성서의 핵심을 짚어낸 것인지 질문해볼 필요가 있다. 구약성서 내러티브에서 구원자 개념을 하나님의 본질적인 성품으로 간주할 수 있을지는 판단하기가 쉽지 않다. 비록 하나님의 구원을 묘사하는 중요한 예들이 구약 내에 존재하기는 하지만 말이다. 사실상 이스라엘 역사의 두 가지 중요한 사건(이집트 노예생활로부터의 구원 및 포로 귀환)이 자신의 백성을 구원하시는 하나님의 능력에 대한 강력한 증거 역할을 하고 있다. 더욱이 구약에는 하나님께서 다윗을 사울과 압살롬의 손에서 구원하신 사건처럼 개인적인 차원에서의 구원에 관한 예들도 있다. 하지만 이 중 어떤 상황도 예수님께서 우리를 죄악에서 구원하신 사건과는 상당한 거리가 있다. 구속사 모델을 선호하는 이들은 종종 신약과 구약을 통합하는 작업에 이 모델을 적용하고자 하는데, 물론 통일성과 연속성을 찾고자 하는 노력은 바람직한 것이다. 하지만 만일 구약성서 메타내러티브의 흐름이 그러한 통합을 정당화시켜주지 않는다면, 그러한 노력은 텍스트의 권위를 해치는 역효과를 낳게 될 것이다. 우리는 통일성을 발견하고자 하는 우리의 노력이 결과적으로 성서의 권위를 약화시키는 것은 아닌지 주의해야 한다.

구속사에 대한 두 번째 접근 방식, 곧 하나님이 창조세계 전반을 구속하는 일에 관심을 가지신다는 사상은 "구속사"를 성서 전체, 혹은 구약성서와의 관계 속에서 다룰 때 더욱 선호할 만하다. 하나님의 계획은 창조세계 전체를 회복하시는 것이며, 하나님은 구속을 통해 그 일을 이루신다. 구속은 그의 궁극적인 목적이다. 하지만 나는 이러한 모델을 시종일관 적용하기가 망설여지는데, 왜냐하면 구약학계에서 이 분야에 관한 연구는 거의 진척이 없기 때문이다. 따라서 나는 구속사를 구약성서에 접근하는 일반적이고 일차적인 매개로 삼지는 않을 것이다.

위에 언급한 모든 노력들은 결국 그리스도를 성서의 중심(center)으로 삼고자 하는 바람에서 비롯된 것들이며, 이는 충분히 납득할 만한 동기다. 그리스도는 종종 하나님의 계획의 정점(climax)으로, 그리고 하나님께서 인류를 포함한 모든 창조세계를 자신에게로 구속하시기 위해 사용하신 도구로 여겨진다. 그러나 여기서도 "중심"과 "정점"은 서로 구별되어야 한다는 점을 다시 한번 강조하고자 한다. 그리스도는 물론 정점이시지만(여기에도 새 창조가 아직 도래하지 않았다는 제한을 덧붙일 필요가 있다), 그렇다고 해서 구약의 중심을 그분께 두는 것이 정당화되지는 않는다. 우리의 해석은 그리스도 중심적(christocentric)이 아니라 그리스도 지향적(christotelic)이어야 한다.

그렇다면 그리스도를 성서의 중심으로 간주하게 만드는 요인은 무엇인가? 의심의 여지 없이 신학적인 동기가 작용했을 것인데, 우리는 교회사 전반에 걸쳐 이러한 동기를 보여주는 신학자들을 발견할 수 있다. 각각의 신학자는 그가 속한 시대와 정황이 부과하는 신학적 도전들로 인해 이러한 기독론적인 접근법을 채택한다. 우리는 이처럼 중요한 역사 중 어느 하나도 간과하지 않은 채 하나님께서 이스라엘과 맺으신 구약성서의 언약이 내포하는 그분의 계획과 목적을 드러내주는 포괄적인 계시를 조망할 수 있어야 한다. 우리는 삼위 하나님을 믿으며, 따라서 삼위일체 각 위격의 계시를 모두 존중한다.

그러나 오늘날 특히 일반 대중은 오로지 개인 구원에만 초점을 맞추기 쉽다. 물론 구원은 중요한 것이지만, 어떤 사람들에게는 구원이라는 요소가 그리스도를 통한 하나님과의 관계 및 신앙이 가지는 모든 측면들을 압도해버릴 만큼 독보적인 유익으로 간주되기도 한다. 물론 구원이 놀라운 유익이기는 하지만, 우리는 그것이 우리 신앙의 중심이 되도록 만들어서는 안 된다. 이런 관점을 가진 사람들은 스스로에게 다음과 같은 질문을 던져볼 필요가 있다. "만일 천국에 대한 약속이 없었다면, 그래도 나는 하나님이 그럴 만한 가치가 있는 분이라는 이유만으로 하나님을 섬길 것인가?" 이것이 바로 하나님께서 창세기 22장에서 아브라함에게 던지신 도전이며, 욥기에서 참소자가 제기하는 도전이기도 하다. 우리는 "조건 없는 섬김"이라는 이슈가 새로운 것도 아니고 실체 없는 질문도 아니라는 것을 안다. 그것은 우리의 신학에서 진정으로 중요한 문제다.

기독론적 해석의 본유적 필연성은 과연 오늘날 유대인이 구약성서가 그리스도를 지목한다는 사실을 인정하지 않고서도 구약신학을 전개할 수 있을 것인가라는 질문을 던져보면 분명하게 드러날 것이다. 구약에 대한 유대교의 접근은 내가 제안하는 접근법과 차이점을 보일 것인가? 나는 유대교의 접근 방식도 구약성서에 표현된 하나님의 계획과 목적을 상당 부분 파악해낼 수 있으며, 그들 역시 하나님의 계획에 동참한다는 사상을 충분히 이해할 수 있을 것이라고 주장한다. 중요한 점은 그들이 발견해낼 수 있는 이와 같은 개념들이 우리가 구약성서에 대한 우리 자신의 연구에서 파악해야 하는 것과 동일한 개념들**이라는** 사실이다. 하지만 차이점도 간과해서는 안 된다. 기독교 해석가로서 우리는 하나님의 계획과 목적이 그리스도 안에서 새로운 차원으로 확대되는 것으로 이해한다. 다시 말해 하나님의 경륜은 단순히 확장되는 것이 아니라, 하나님의 임재가 극적인 방식으로 탈바꿈한다는 사실로 인해 새로운 형태를 띠게 된다. 하나님의 목적은 신약에서 보다 분명하고 정교하게 나타나기 때문에 우리는 우리의 이해가 이러한 지식을 반영하도록 발 빠르게 대응해야 할 것이다. 그런데도 우리가 계속해서 구약성서에만 머무르기를 고집한다면, 우리는 유대인 해석가의 안목을 넘어서는 새로운 것을 구약에서 발견할 수 없을 것이다.

구약신학의 역사와 본서의 위치

하나의 연구 분과로서의 구약신학은 역사가 그리 길지 않다. 18세기 후반에 몇몇 선구적인 학자들이 산발적으로 등장했으나, 대다수의 연구는 20세기에 시작되었다.[18] 이곳에서는 간략한 흐름과 몇몇 이슈들만 제시하고자 한다.[19] 구약신학은 시초부터 교의신학과 대비되는 역사적인 학문으로 간주되었다. 방법론과 관련된 초기의 논쟁들은 주로 신약과 구약의 상관관계가 얼마나 중요한 것인지, 그리고 신학 연구를 신앙의 영역 내에서 수행할 것인가 아니면 개관적인 방식으로 수행할 것인가와 같은 질문들을 다루었다. 이러한 이슈들이 20세기 초 오토 아이슈펠트(Otto Eissfeldt)와 발터 아이히로트(Walther Eichrodt) 간의 논쟁을 촉발했다. 구약신학 연구는 본질적으로 역사적이어야 하는가, 아니면 신학적이어야 하는가? 오늘날에는 다수의 학자들이 구약신학은 엄밀히 말해 역사적 작업이며 교조적 속박이나 간섭으로부터 자유로워야 한다고 주장한다.

---

18 구약성서 신학이 최초로 출간된 것은 1796년 Georg Lorenz Bauer에 의해서였다.

19 Ben C. Ollenburger, ed., *Old Testament Theology: Flowering and Future,* 2nd ed. (Winona Lake, IN: Eisenbrauns, 2004); *Old Testament Theology,* 11-52.

월터 브루그만(Walter Brueggemann)과 관련해 주로 제기되는 또 다른 중요한 논쟁은 단일한 구약신학이 존재하는가 아니면 다수의 구약신학들에 대해 말할 수 있는가에 관한 것이다. 이런 접근법을 따르는 학자들은 구약성서의 각 책들이 오직 하나의 관점을 대변한다고 여기지 않는다. 그들은 구약성서가 단일한 신학적 궤적을 따르는 발전과정을 대변하는 것이 아니라, 서로 대비되거나 심지어 충돌하는 다양한 목소리들을 담고 있다고 주장한다. 예를 들어 이 관점의 지지자들은 욥기와 전도서가 잠언에서 발견되는 보응 원칙과는 반대되는 목소리를 낼 뿐 아니라 오경의 소위 P 자료가 D 자료와 상충한다고 주장한다. 결과적으로 어떤 학자들은 구약신학이 역사적인가 아니면 신학적인가라는 질문에 더하여 텍스트 자체가 통일성을 갖는지 아니면 다양성을 갖는지에 대해서도 의문을 던진다.

심지어 어떤 학자는 일관성 있는 구약신학이 실행 가능한지에 대해서도 의문을 갖는다(J. Barr). 하지만 연구를 수행해가는 과정에서 대부분의 학자는 비록 제시되는 견해의 범위가 상당히 광범위하기는 하지만 일관성을 견지하는 것이 가능하다는 결론에 도달한다. 방법론과 전제에 관한 논의는 이 정도로 하고 이제는 구약신학의 주제와 테마에 관한 논의로 넘어가보자. 눈에 띄는 주제들을 예로 들자면 다음과 같다. 언약(W. Eichrodt), 교제(Th. C. Vriezen), 행동하시는 하나님(G. E. Wright), 약속(W. C. Kaiser), 신앙고백(G. von Rad), 왕국(G. Fohrer, B. Waltke, E. Merrill, P. Gentry, and S. Wellum), (불가해한) 임재(S. Terrien), 공동체(B. Childs, P. Hanson), 테오드라마(K. Vanhoozer), 구원(G. Vos), 하나님의 형상(R. Hubbard, R. Johnston, and R. Meye), 하나님의 이름(M. Noth), 영광(kabod, T. Mettinger), 하나님을 아는 지식(W. Zimmerli), 하나님의 주권과 성결(B. Jacob), 율법/약속의 변증법(R. Clements), 축복과 구원의 변증법(C. Westermann). 목록은 계속되지만 두드러지는 몇 가지 주제들을 언급하자면, 땅, 죄악, 그리고 지혜를 들 수 있다. 위의 예들 중 몇몇 경우에서는 거론된 주제가 곧 구약신학의 "중심"으로 간주되며, 다른 경우에서는 거론된 주제가 단순히 가장 두드러지는 테마나 대립개념, 혹은 구성 원칙이나 메타포로 간주된다. 다양한 견해가 존재하지만, 대다수 학자는 이 모든 주제들이 이스라엘의 신학에서 적어도 어느 정도 중요성을 갖는다는 점을 인정할 것이다.

본서에서는 구약 문헌의 역사적 위치와 배경에 대해서도 주의를 기울이겠지만, 그렇다고 해서 역사적 탐구에 머물지는 않을 것이며, 오히려 역사적 탐구를 통해 오늘날의 교회를 향해 하나님이 주시는 말씀으로서 불변의 가치를 지닌 신학적 계시를 드러내고자 한다.[20] 달리 말하자면 신앙고백적 맥락을 염두에 두고서 역사적 탐구와 신학적 탐구를 통합하고자 시도할 것이다. 따라서 본서는 기독교의 관점에서 저술되었으며, 보다 구체적으로는 넓은 의미에서의 복음주의 노선을 따른다. 비록 내가 구약성서를 이스라엘 사람들의 관점에서 해석하고자 시도하는 것은 사실이지만, 위와 같은 선언은 내가 헌신하고 있는 신앙의 노선을 규정한다. 달리 말해 나는 나의 신앙 노선을 해석의 목표로 두겠지만, 그렇다고 해서 그것을 해석의 렌즈로 삼지는 않을 것이다. 나는 이스라엘의 신앙이 그 백성을 향한 하나님의 자기계시에 바탕을 두는 한에서 그들의 신앙을 항구적인 신학의 근거로 삼을 것

---

[20] 나는 앞에서 언급한 구약성서 신학 저서들을 많이 참조하지는 않을 것이며 그들과는 다른 방식으로 자료에 접근할 것이다(물론 그들의 접근법에도 나름의 가치가 있다). 내가 공감할 수 있는 부분이 가장 많은 저서는 Iain Provan, *Seriously Dangerous Religion: What the Old Testament Really Says and Why It Matters* (Waco, TX: Baylor University Press, 2014) 이다. 나는 Provan의 저서에서 많은 것을 배웠고 독자들에게 본서를 강력히 추천한다. 특히 구약성서를 타 종교인들이나 현대의 회의주의자들과의 대화에 적용하고자 하는 자들에게 큰 도움이 될 것이다. 그럼에도 나는 본서에서 그의 책을 많이 참조하지는 않았는데, 두 연구가 염두에 둔 목표가 다르기 때문이다.

이다. 이처럼 나의 관심사는 고문서나 역사의 범위를 넘어선다.

하지만 그와 동시에 나는 구약성서의 다양한 요소들이 신약이나 초기 기독교 저작, 혹은 현대 신학의 관점에서가 아니라 이스라엘의 맥락에서 이해되어야 한다고 주장한다. 이를 위해 구약성서의 신학적 목소리를 보존하고 있는 텍스트에서 도출할 수 있는 신학을 제시하는 일뿐만 아니라 이스라엘 사람들이 무엇을 믿었는지를 보여주는 데도 관심이 있다. 나는 이런 작업이 학계와 교회 간에 가교 역할을 하게 될 것으로 기대한다. 나는 구약에 계시된 신학을 그리스도인들에게 드러내주되, 그것을 기독교의 렌즈가 아니라 이스라엘 사람의 렌즈를 통해 읽기를 원한다.

하나님의 임재

우리가 구약성서 전반에 걸쳐 전개되고 진보해가는 사상을 찾는 데 관심을 갖는다면, 앞서 역사적 개관을 통해 거론된 몇 가지 가능한 후보들을 떠올릴 수 있다. 물론 "언약"도 유력한 후보 중 하나이며, 그 외에 "토라", "약속" 같은 다른 후보들도 제안될 수 있을 것이다. 하지만 나는 언약 개념조차도 보다 원대한 다른 주제의 일부분으로 대하고자 한다.

다른 이는 성서에서 "왕국"이라는 주제에 초점을 맞출 것을 제안한다. 구약에서 하나님의 왕권과 이에 기반한 다윗 왕국이 중심 주제들이라는 것은 분명한 사실이다. 하나님의 통치는 시편의 주제이며, 그의 주권적인 통치는 성서 내러티브와 예언서에서 공히 전개되고 있는 주제다. 더욱이 그것은 메시아 신학에서도 핵심이 되는 주제이며, 특히 "하나님 나라"에 대한 강조를 통해 신약성서, 특히 복음서로의 전환에도 중요한 역할을 한다. 주지하다시피 요한계시록도 그리스도의 통치에 초점을 맞추고 있다. 그런데 여기서 왕국 주제의 중요성을 폄하할 의도를 가진 것은 아니지만, 그럼에도 나는 보다 원대한 다른 주제를 고려할 필요가 있다고 믿는다.

나는 구약성서 그리고 신구약 성서 전반에 걸쳐 전개되는 주된 주제가 **하나님께서 자신의 백성들과 관계를 맺고자 하는 분명한 의도를 가지고서**("나는 너희 하나님이 되고 너희는 내 백성이 될 것이다"; 참조. 출 6:7; 레 26:12; 렘 11:4; 겔 36:28) **백성 가운데 임재하심**("나는 나의 처소를 너희 가운데 둘 것이다"; 참조. 레 26:11)이라고 제안한다. 이것이 구약신학의 "중심"은 아니라 하더라도 아마도 가장 지배적이고 편만한 주제이며 성서에서 하나님의 계획도 이 주제의 궤적을 따라 진행되어간다. 하나님과 그의 백성 간의 관계가 드러나는 단계들을 가리키는 공식적인 표현은 "언약"인데, 이것은 하나님께서 그런 관계를 가능하게 만드시겠다는 약속이다. 하나님의 백성이 어떻게 하나님의 임재 앞에서 살아가고 또 그분과의 관계를 유지할 수 있는지를 규정하는 것은 "토라"다. 마지막으로 하나님이 우주라는 공간에서 맡으신 역할을 표현하는 말은 하나님의 "왕국"인데, 우리가 하나님과 교제를 누리기 위해서는 여기에 참여해야 한다.

하나님의 임재 및 그분과의 교제라는 주제가 성서에서 어떻게 전개되어가는가

이 주제는 창세기 첫 장에서 처음 소개되는데, 우리는 종종 하나님의 안식이 무엇을 의미하는지 더는 인지하지 못하기 때문에, 혹은 과학적인 질문들에 마음을 빼앗겨버렸기 때문에 이 사실을 깨닫는 데 어려움을 느낀다. 나의 해석에 따르면 (자세한 내용은 본서 제3장이나 이미 출간된 나의 다른 책들을 참조하라) 창조의 7일은 다른 무엇보다도 하나님께서 그의 피조물들과 교제할 수 있는 신성한 공간이 되도록 우주를 조성하시는 일과 관련된다. 그는 에덴을 중심으로 한 이 거룩한 장소에 자신의 통치를 출범시키신 후 안식하신다. 사람들은 (불순종함으로써) 그분을 대신하려 하거나 스스로를 질서의 중심과 지혜의 근원으로 삼으려 함으로써 하나님의 임재 앞으로 나아가는 길을 차단당하고, 그분과의 교제를 망가뜨리고 만다.

성서는 창세기 1장에서 출발하여 하나님께서 자신의 백성들 가운데서 자신의 임재 및 교제를 점진적으로 회복해 가시는 이야기를 들려주는데, 그의 임재와 교제는 결국 새 창조에서 완성될 것이다. 우리는 바로 이 주제가 성서 텍스트 전체에 스며들어 있음을 볼 수 있다. 백성들은 셋의 시대 즈음에 야웨의 이름을 부르면서 하나님의 임재를 구하기 시작했다(창 4:26). 언약은 그의 백성들과의 관계를 수립하시는 하나님의 방편이며, 이를 통해 (출애굽기 말미에서) 자신의 임재를 재수립하신다. 토라는 하나님의 백성이 그분의 임재 앞에서 살아가면서 다시 그것을 잃지 않는 길을 배우도록 주어진 것이다. 성막은 하나님의 임재가 머물 장소였으며, 종국에는 성전에 의해 대체된다. 또한 성전의 성소들은 하나님의 통치가 실행되는 위대한 왕의 궁정 역할을 하는 동시에 그분의 임재가 그의 백성들 가운데 머무는 공간이 되기도 했다. 이와 같은 몇몇 주요 단계들만 살펴보아도 우리는 구약성서가 임재와 교제라는 주제들을 추적하고 있음을 알 수 있다.

예언자들은 장차 하나님께서 이스라엘 백성들 가운데 거하실 것에 대해 말하는 동시에(사 2장; 미 4장), 바빌로니아의 손을 통해 임하게 될 임박한 유기와 징벌에 대해서도 경고한다(겔 10장). 다른 한편으로 소망에 관한 예언자들의 신탁은 하나님께서 그의 백성들을 회복하시고 그들 가운데 다시 거하시게 될 날을 예견한다(겔 40-48장). 이와 같은 몇 가지 예를 통해서 우리는 구약성서가 임재와 관계라는 주제들을 추적하고 있음을 알 수 있다.

우리는 임재와 관계가 구약성서 내에서 그 자체로 본질적이고 주도적인 주제로 간주될 수 있다는 사실을 지적할 필요가 있다. 또한 이 주제는 신약성서에서도 지속되지만 그렇다고 해서 이 중요한 주제를 식별하기 위해서 신약성서에 의존할 필요는 없는데, 왜냐하면 그것이 구약성서의 주요한 흐름들과도 연속성을 갖기 때문이다.

신약성서에서는 이 주제를 성육신 교리와 연결시킨다. "말씀이 육신이 되어 우리 가운데 거하시매"(요 1:14a). 성육신은 하나님의 임재가 전개되어가는 중요한 단계 중 하나이기 때문에 세상에 죽음으로 대속해야 할 죄가 없었다 해도 발생했을 것이다. 또한 성령의 내주하심도 하나님의 임재가 전개되어가는 중요한 단계 중 하나이기 때문에 인류의 상태와 무관하게 예수는 승천하셨을 것이며, 성령은 보냄을 받았을 것이다(행 2장). 이렇게 해서 교회는 하나님께서 그의 백성 가운데 거하시기 위한 성전이 된다(고후 6:16). "그는 그들의 하나님이 되고, 그들은 그의 백성이 될 것이다"라는 선언은 그와 같은 관계를 가리키는 표현이다.

이 주제는 요한계시록 21장에 묘사된 새 창조를 통해 완성되는데, 이때 하나님은 새 땅 위에서 그의 백성들 가운데 거하실 것이다. 하나님과 백성 간의 교제가 그리스도의 사역을 통해 가능케 될 것이며, 전 창조세계는 하나님께서 최초에 의도하셨던 상태로 회복될 것이다. 성서의 이야기는 왕권, 언약, 약속이나 율법으로 시작하고 마무리되는 것이 아니라, 하나님의 임재와 관계로 시작하고 마무리된다. 이 두 가지는 시종일관 하나님의 계획의 핵심이자 성서 전체의 초점이다.

하나님의 임재를 다루는 줄거리가 구원을 다루는 줄거리(구속사)보다 더 중요하다. 예수는 단지 우리를 위해 죽으시기 위해서만 사람이 되신 것이 아니다. 그는 우리 중 하나가 되어 하나님의 임재를 우리 가운데 이루시기 위해 사람이 되신 것이다. 그 결과 우리는 어떻게 하면 하나님의 임재 안에서 살아갈 수 있는지에 대해 더 잘 배울 수 있게 되었다. 이런 관점은 신구약 성서에 나타나는 언약, 성전, 그리고 새 창조라는 주제들을 한데 묶어 준다. 구약성서는 우리가 어떻게 하면 하나님의 임재를 잃어버리지 않고 에덴동산에서처럼 그분의 임재 가운데서 살아갈 수 있는지를 다루며, 신약성서는 어떻게 하면 하나님의 임재로 특징지어지는 하나님 나라에 참여하는 삶을 누릴 수 있는지를 다룬다. 창세기의 첫 장에서부터 요한계시록의 마지막 장에 이르기까지 하나님의 임재와 관계는 성서의 줄거리이자 신학의 초점이다. 이 주제는 하나님이 변함없이 원하시는 것이 무엇인지 보여준다.

고대의 맥락에서 불변의 신앙으로

OLD TESTAMENT THEOLOGY FOR CHRISTIANS
FROM ANCIENT CONTEXT TO ENDURING BELIEF

제2장

야웨와 신들

먼저 서론에서 소개한 몇 가지 주제들을 되새겨보고자 한다. 구약성서가 하나님의 계획과 목적에 대한 계시이며 그 계시를 통해 하나님에 대해 기초적인 이해에 도달할 수 있을 것이라는 우리의 생각이 옳다면, 구약성서에서 가장 중요한 메시지는 당연히 하나님에 대해 가르쳐주는 텍스트에 포함되어 있을 것이라고 합리적으로 기대할 수 있을 것이다. 그 가르침은 만료되지도 않고, 추가되지도 않으며, 진부해지지도 않고, 변하지도 않는다. 그것은 우리가 어떤 부분은 믿기로 하고 어떤 부분은 버리기로 선택할 수 있는 종류의 가르침이 아니다.

　그 가르침에 포함된 진리가 곧 하나님에 대한 우리의 신앙을 구성하는 토대가 된다. 더욱이 구약성서에는 하나님에 관해 신약성서가 결코 말해주지 않는 많은 정보들이 담겨 있다. 만일 우리가 구약성서를 기독론적 관점에서만 읽거나 혹은 신약성서의 시점에서만 읽는다면 우리는 하나님께서 자신에 대해 계시하신 것 중에 많은 부분을 잃게 된다. 그런 관점에서 보자면 이번 장이 본서에서 가장 중요한 장이라고 할 수 있다. 구약은 하나님에 대해 무엇을 가르쳐주는가? 일차적으로는 고대 세계의 이스라엘 청중들에게, 이어서 그들을 통해 우리에게 무엇을 가르쳐주는가? 구약성서가 우리에게 하나님에 관한 모든 것을 드러내 주지는 않지만, 그럼에도 우리는 그 계시가 처음 이스라엘 백성들에게 주어졌을 때와 동일한 생동감을 가지고 우리에게도 강력하게 다가오는 것을 발견할 수 있다. 성서를 읽는 독자들은 하나님의 계시에 대해 이런 태도를 가져야 하며, 계시의 진실성을 신뢰하면서 그 말씀이 우리의 삶을 변화시키도록 허용해야 한다. 리처드 헤이스(Richard Hays)가 지적한 것처럼, 하나님은 "일반적으로 철학적인 설명에 좌우되는 **개념**"이 아니라 "오로지 내러티브를 통해 그의 정체성이 다양한 경로로 펼쳐짐으로써만 알려질 수 있는 '**인격체**'시다."[1]

야웨의 유일성

몇 명의 신들이 존재하는가?

현대 독자들은 일반적으로 이스라엘과 주변 국가들의 차이가, 이스라엘은 한 분 하나님을 섬긴 데 반해 고대 세계의 나머지 지역은 여러 신들을 섬긴 것이라고 생각해왔다. 하지만 이런 관념은 여러 면에서 논쟁의 여지가 있다. 첫째, 내가 보기에 가장 큰 문제는 이와 같은 이분법적인 주장을 무비판적으로 수용함으로써 우리는 신성(deity)과 관련하여 이스라엘과 주변 국가들 간에 존재하는 가장 중요한 차이점을 놓칠 수도 있다는 것이다. 요점은 신(들)의 숫자가 아니라, 신을 어떤 존재로 이해하느냐 하는 점이다. 그럼에도

---

1   Richard B. Hays, *Echoes of Scripture in the Gospels* (Waco, TX: Baylor University Press, 2016), 280(강조는 원저자의 것임). 물론 Hays는 특히 성육신하신 하나님이신 예수를 가장 먼저 염두에 두었을 것이다. 하지만 우리는 구약성서의 하나님도 내러티브 정체성을 가지신 분으로 이해할 수 있다.

우리는 이 사안을 다루기에 앞서 먼저 유일신론에 얽힌 문제를 살펴보지 않을 수 없다.

여러 신들의 존재에 대해 이스라엘이 어떤 견해를 가지고 있었는지를 논하기에 앞서 우리는 먼저 신이 존재한다는 말이 무엇을 의미하는지 물어볼 필요가 있다(신의 존재). 신들은 근원적으로 영적(비물질적) 존재이기 때문에 신의 존재가 육체적·물리적 현존으로 정의될 수 없다는 점은 분명해 보인다. 현대 철학의 관점에서 보자면 신이 존재하는가라는 질문은 어떤 영적인 존재가 현실 세계에 실체나 인격, 혹은 힘으로 존재하는가라는 질문과 동일하다. 그러나 고대 세계에서는 이런 접근법이 잘 먹혀들지 않는다. 고대인들은 현실 세계에 실존하는 영적 존재를 간파하는 인간의 능력이 지극히 제한적이어서 영이 자신의 존재를 어떤 식으로든 현시해주어야만 한다고 생각했다. 달리 표현하자면, 고대인들은 영적 존재가 자신의 실체를 그들의 문화에서 납득할 수 있는 방식으로 현시해줘야만 그것이 실재한다고 결론을 내릴 수 있었다. 사실상 그들은 현시(manifestation)야말로 영적 존재의 실존을 확증해주는 필수 불가결한 증거라고 생각했다. 한마디로 신은 현시된 신(manifested god)으로서 역할을 해야만 실제로 존재한다고 간주된 것이다.

고대 근동 문화에서 사람들은 신들이 자연계에서 작용하는 힘들이나 천상계에서 발생하는 현상들을 통해 현시된다고 믿었다. 아브라함도 이와 같은 인지환경에서 출현한 인물이며, 이스라엘도 역사 내내 그와 같은 인지환경의 지배를 받아왔다. 고대인들에게 이러한 사고방식에서 벗어난다는 것은 쉽지 않은 일이었을 것이다. 이스라엘도 마찬가지였으며, 이러한 그들의 경험이 구약성서 전체에 걸쳐 잘 보존되어 있다.

물론 하나님의 계시가 그들을 다른 방향으로 인도한 것은 사실이지만, 우리는 그 과정이 사람들의 눈에 어떻게 비추어졌을지 신중하게 평가할 필요가 있다. 야웨가 처음 아브람에게 찾아오셨을 때 그분은 세상에 신들이 몇 명이나 존재하는지, 혹은 아브람이 그분만을 참된 신으로 여겨야하는지에 대해 논의하지 않으셨다. 하지만 우리가 십계명으로 눈을 돌려보면 첫 번째 계명에서 분명하게 야웨 외에 다른 신을 섬겨서는 안 된다고 지적한다. 그런데 이 구절에서는 신들이 몇 명인지에 대해 분명히 밝히지 않는다는 점이 예전부터 지적되어왔다. 결과적으로 십계명은 자연스럽게 유일신론(monotheism), 택일신론(henotheism), 일신숭배(monolatry; 다수의 신 가운데 하나를 선택하여 섬김)의 차이점에 대한 논의의 출발점 역할을 하게 되었다.

먼저 **다신론**(polytheism)이란 다수의 신들이 공동체를 이루어 활동하며, 그들이 관할권과 권위를 행사하는 영역도 제각각이라고 여기는 사고방식이다. 다신론의 세계에서 숭배자들은 자신들이 처한 상황에 따라 특정 영역이나 구역을 관장하는 신을 선택해서 그와 소통해야 한다. **일신숭배**(monolatry)에서는 숭배자들이 특정한 신에 초점을 맞추는데, 그들은 자신들이 처한 모든 상황에서 그들이 택한 신이 도움을 줄 것이라고 기대한다. 하지만 일신숭배자들은 다른 신들의 존재도 인정하며, 그 신들이 자신을 택한 사람들에게 도움을 줄 것이고 다른 사람들도 각자의 신을 선택할 권리가 있다고 믿는다. **택일신론**(Henotheism)은 유신론의 또 다른 형태인데, 비록 하나의 신만 존재한다고 주장하지는 않지만, 참으로 숭배를 받기에 합당한 신은 한 분뿐이라고 주장한다. 다른 신들은 단지 신성을 가장한 사기꾼이자 협잡꾼이며 무능력자들로서 신적 권위를 행사할 능력이 없는 열등한 존재들이다. 대부분의 구약성서 문헌들에서 다른 신들의 무능력에 대해 언급하거나 그들을 숭배하는 것을 금하고 그들을 가짜 신으로 규정하는 것은 텍스트에 스며들어 있는 택일신론의 영향이라 할 수 있다.

우리가 생각하기에 순수한 **철학적 유일신론**은 위와 같은 비교를 통해 규명될 수 있는 개념은 아니며, 결국 구별은 의미론의 영역에서 행해져야 한다. 구약성서 전반에 걸쳐 야웨는 스스로에게 독보적인 지위를 부여하며 어떤 경쟁자도 용납하지 않는다. 다른 어떤 존재도 "하나님"으로 불릴 가치가 없으며, 그와 같은 범주에 부여되는 권위를 가질 수 없고, 그와 같은 존재를 향한 자연스러운 반응으로서의 경배를 받기에 합당하지 않다.

기능적 존재론[a]

기능적 존재론이라는 개념은, 이스라엘 사람들에게 "어떤 것이 존재한다"라는 말의 의미는 그것이 수행하는 기능이 무엇인지에 달렸다는 것이다. 이와 유사하게, A라는 존재가 B라는 존재와 다르기 위해서는 B와는 다른 무언가를 해야 하며, 어떤 것이 유일무이한 존재이기 위해서는 유일무이한 행위를 해야 한다는 것이다.

이것은 오늘날 우리가 "존재"를 정의하는 방식과는 다르다. 기독교 세계는 존재를 환원 불가능한 원소, 곧 실체(substance)로 이해한 그리스 철학의 전통을 따랐다. 어떤 물체가 다른 물체와 다르다는 말의 의미는 다른 실체(substance)를 가진다는 것이다. (현대 과학의 물질 존재론은 이런 개념을 한 단계 발전시켜서 오로지 물리학에서 물질 및 운동과 연관 지을 수 있는 것만을 실체로 인정하는데, 존재에 대한 현대의 모델들은 너무나 다양하고 복잡하기 때문에 이 책에서 본격적으로 다루기는 어렵다.) 니케아 공의회의 신학자들이 예수가 하나님과 다른 존재가 아님을 표현하기 위해 채택한 용어는 실

---

a J. Harvey Walton

체(substance; *homoousion*)였다. 여기서 주목할 것은 삼위일체의 위격들을 구분해주는 근본적인 요소가 각 위격의 기능상의 차이(성부는 수난을 당하거나 죽임을 당하지 않았으며, 성자는 예언자들을 통해 말하지 않았고, 만물은 성령을 통해 만들어지지 않았다)는 아니었다. 오히려 그들은 실체(substance)에서 동일하다는 점이 강조되었으며, 바로 이 실체상의 동일성이 그들을 동일한 존재로 만들어준다는 것이다.

이런 사고는 우리가 신이라는 단어를 어떻게 정의하느냐에도 영향을 준다. 이스라엘에서 신은 그가 무엇을 행하는지에 따라, 곧 우주에 질서를 세우고 보전하는 분으로서 정의되었다. 그러나 우리에게 신은 우리가 가진 특정 존재론(유일신론에서는 유일무이한 존재로서)에 따라 규정된다.

우리가 하나님의 존재에 관한 성서의 가르침을 살펴보기 전에 먼저 몇 가지 고려해야 할 문제들이 있다. 먼저 우리는 이 문제에 형이상학적으로 접근할 여지를 완전히 배제해버릴 수는 없는데, 왜냐하면 존재라는 개념 자체가―의식적이고 체계적인 방식으로든 그렇지 않든 간에―형이상학적 사고를 요구하기 때문이다.

한편으로 우리는 성서가 하나님의 존재와 관련하여 아무것도 구체적으로 언급하지 않는다고 주장할 수도 있다. 이 경우 성서는 하나님이 세상에 존재하는 다른 어떤 것과도 명백하게 다르다는 점에서 유일무이한 존재이심을 기정사실로서 가르쳐줄 뿐이며("우리 하나님과 같은 분은 없다"와 같은 표현들을 통해), 존재 및 신 개념이 실제적으로 무엇을 의미하는지는 성서 텍스트에 규정되어 있지 않다. 성서는 단지 "당신이 신을 어떻게 규정하든지 간에 이처럼 야웨가 신이라고 가르칠 뿐이며, 당신이 '있다'라는 말을 어떻게 규정하든지 간에 야웨 한 분만 '있다'고 가르친다"는 것이다. 이런 접근법에 따르면 하나님에 관한 우리의 지식은 거의 무에 가까운 것이 되고 만다. 왜냐하면 우리가 신이라고 생각하는 존재를 묘사하기 위해 사용하는 핵심적인 요소들이 모두 다 우리가 개발한 것들이기 때문이다. 이것은 결국 종교 혼합주의로 이어질 여지가 있을 뿐 아니라, 우리로 하여금 그래서는 안 될 이유가 무엇인지 의아해하게 만든다. 이것이 바로 고대인들이 가졌던 사고방식이었다.

다른 한편으로 우리는 성서가 채택한 형이상학적 접근법이 우리가 이 문제를 어떻게 다룰지를 규정하는 지침이라고 해석할 수도 있다(이것이 전혀 생소한 현상은 아닌데, 신약이 구약의 예언을 다룰 때도 이와 유사한 해석학적 접근법을 채택하기 때문이다). 이는 우리가 "존재"와 "신"에 대한 이스라엘의 정의를 우리 자신의 것으로 차용할 수 있음을 의미한다. 이런 접근법의 가장 큰 문제점은 성서 텍스트가 실제적으로 그런 방법을 보여주지 않기 때문에 우리 스스로 그것을 추론해내야 한다는 점이다. 결국 이것은 또다시 우리가 스스로 구상한 것에 의존한다는 뜻이며, 우리 자신의 고안물을 권위 있는 성서의 가르침으로 둔갑시키는 것이다.

더욱이 우리는 구약과 신약이 각자의 고유한 인지환경과 문화적 사조를 기반으로 서로 다른 모델을 사용할 것이라고 기대할(그리고 신빙성을 가지고 주장할) 수 있다. 그리고 그 차이가 성서의 방법론을 체계화하는 것을 불가능하게 하거나 어렵게 만들 수 있다. 극단적으로 표현하자면 이런 접근법은 성서를 전적으로 시간에 얽매인 것으로, 다시 말해 보편적인 원칙으로서는 부적절한 것으로 만들어버린다. 좋든 싫든 우리의 문화는 나름의 형이상학을 가지고 있으며, 그것은 고대 이스라엘(아니면 헬레니즘 시대 이스라엘)의 형이상학과는 서로 호환되지 않는다. 물론 그렇다고 해서 우리가 우리 나름의 방법론을 개발하는 것을 비난할 수는 없는데, 왜냐하면 성서 텍스트 자체가 우리에게 형이상학을 어떻게 수행해야 하는지에 대해 명시적으로 말해주지 않기 때문이다. 어쨌거나 위의 두 가지 선택지는 극단으로 치우치지만 않는다면 각기 우리에게 실현 가능한 적절한 접근법이 될 수 있다. 또 다른 가능성은 하나님에 대한 관념이 문화적 맥락 속에서 발전해왔으며 그중 일부를 하나님이 계시를 통해 확증하셨다는 것이다. 이런 식으로 하나님의 존재에 대한 관념들은 시간 및 문화 내에서 발전해오면서도 전적으로 문화에 얽매이지는 않게 되는 것이다.

설사 우리가 존재에 관한 (불가피하게 시대착오적인) 현대의 철학적 규정을 거부한다 하더라도 우리는 여전히 성서의 메시지를 명확하게 이해할 수 있으며, 야웨의 자기계시에 대한 올바른 이해는 숫자와 관련된 모든 혼선을 제거해줄 수 있다.

다음 주제는 야웨의 유일성에 대한 관점들이 구약 시대를 거쳐 오는 동안 그 미묘함과 엄밀성에서 진보하고 발전해왔는가 하는 점이다. 통상적으로 주석가들은 이사야서 가운데 제2이사야의 것으로 밝혀진 단락에서 신학적으로 정점에 도달한 표현들을 식별해낼 수 있다고 주장하곤 한다.[2] 그 단

---

2   무엇보다도 다음 구절들에서 발견할 수 있다. 사 43:10-13; 44:6-7; 45:5-6, 21-22.

락에서 우리는 다음과 같은 구절들을 발견할 수 있다.

- 야웨 이전에 어떤 신도 만들어지지 않았다(그 이후에도 마찬가지다).
- 다른 어떤 신도 구원하거나 계시할 수 없다.
- 다른 어떤 신도 야웨가 명령하신 것을 뒤집을 수 없으며, 야웨가 행하신 것을 되돌이킬 수 없다.
- 야웨와 같은 신은 없다. 특히 장차 무엇이 다가올지를 예보하는 능력에 있어서 말이다.

이 독특한 단락에서 반복적으로 등장하는 후렴구는 "나는 야웨라. 나 외에 다른 이가 없다"라는 구절이며, 그 메시지가 무엇을 의미하는지에 대해서는 논란의 여지가 없다. 하지만 문제는 이런 사고가 구약 가운데 이사야서에 처음 등장하는 것인지, 아니면 그런 사고가 지속적인 국제관계의 맥락에서 발전해왔고 단지 이사야가 그것을 특별히 강조했을 뿐인지가 분명하지 않다는 점이다.

이와 동일한 사고의 흐름을 보여주는 진술이 신명기 4:35-39과 열왕기상 8:60에서도 발견된다. 여기서 우리는 구약성서 문헌들과 전승들의 연대 결정이라는 암울한 영역으로 발을 들여놓게 된다. 제2이사야가 한층 진보한 신학적 관점을 보여준다고 생각하는 이들은 자연스럽게 신명기와 열왕기의 구절들을 후대의 첨가로 간주하는데, 이는 잠재적으로 순환논리이자 선결문제 해결의 오류를 보여주는 예라고 할 수 있다. 성서 문헌의 잠정적인 역사를 논하기에 앞서, 우리는 성서에 야웨의 정체성과 관련하여 신명기와 열왕기의 구절에서 볼 수 있는 고도의 정교함을 갖추지 못한 표준적이고 이상적인 계시를 암시하는 구절들, 혹은 제2이사야의 구절들만큼 엄격하지는 않은 관점이 존재했음을 암시하는 구절들은 없는지 질문해볼 필요가 있다.

불행하게도 우리는 단순히 정경 내에 "이른 시기"에 작성된 단락들이 존재하는가라고 질문할 수는 없다. 구약 각 권의 형성사는 지극히 복잡하다. 우리는 다만 이사야가 여기서 주장하는 것과는 다른 무언가를 전달하는 표현들을 정경에서 발견할 수 있는가라고 물을 수 있을 뿐이다.[3] 이러한 방법론은 이스라엘이 이런 중요한 구분을 이해하는 데 실패했고 그 같은 진실을 거부한 것인지 혹은 그들의 일상생활에 그러한 진실을 반영할 여지를 갖지 못한 것인지를 묻는 것과는 다르다. 달리 말해 한편에서는 계시와 이에 상응하는 기대 간의 차이를 인식할 필요가 있으며, 다른 한편에서는 이스라엘 백성들이 자신들의 모든 단점들을 가진 채로 그러한 기대를 실행에 옮겼다는 점을 인식할 필요가 있다. 따라서 이사야서의 모티프는 새로운 체계로서가 아니라 이스라엘 백성이 패러다임 전환에 실패했음을 보여주는 증거로 간주되어야 한다. 곧 야웨의 유일성에 대한 견해는 점진적으로 계시된 진리가 아니라 집요하게 거부되어왔고 따라서 보다 직설적인 수사법을 통해 새로이 강조되어야 할 진리로 이해되어야 한다는 것이다. 구약성서의 어느 단락도 야웨의 유일성에 대해 보다 덜 진보된 관점을 보여주지 않는다. 비록 현대 해석가들은 종교사학파의 수많은 전제들을 여기에 적용하고 싶어 하겠지만 말이다.

야웨의 유일성이 구약성서 내에 어떤 방식으로 표현되어 있는가라는 질문을 넘어서, 우리는 그것이 고대 근동의 다른 자료들과 어느 정도로 구

---

3 물론 우리는 그런 구절들이 정말로 존재하는지, 그리고 신명기나 열왕기상에서 그 자취를 발견할 수 있는 성실한 편집자들이 왜 그런 구절들을 삭제하거나 최소한 수정하지 않았는지 질문해야만 한다. 비상식적이고 부주의한 편집자가 아니고서는 그런 구절들을 그냥 지나칠 리가 없기 때문이다.

별되는지 혹은 구별되지 않는지를 질문할 수도 있다. 그리고 이 질문에 대한 답변은 결코 단순하지 않을 것이다.

만신전, 신들의 회의, 신의 아들들

구약성서는 신성을 주장하는 다른 존재들에 대해 결코 관대하지 않다. 야웨만이 유일한 존재다. 따라서 표준적이고 이상적인 이스라엘 신학의 특징은 만신전의 존재를 허용하지 않는다는 점이다. 하지만 이스라엘 사람들은 사실상 구약 역사 거의 전반에 걸쳐서 그들의 삶에서 이와 같은 이상을 실천하지 못했다. 그럼에도 우리는 본서에서 이스라엘 백성의 실패, 타협, 혹은 혼합주의가 아니라 구약성서에 계시된 신학을 표현하고자 시도할 것이다.

고대 세계의 만신전에서 최고신은 일반적으로 지배권을 차지하고서 다른 신들 위에 군림했다. 때때로 최고신은 이제는 활동하지 않는 보다 노쇠한 신(말하자면 명예 퇴직한 신)의 아들이었다. 경우에 따라서는 리더십에 변화가 생기기도 한다(일례로 바빌로니아 창조설화인 「에누마 엘리시」에 따르면 마르두크는 만신전의 우두머리로 추대되었다). 결국 만신전은 수많은 무명의 신들로 붐볐는데, 현존하는 문헌에서만도 수천의 이름을 발견할 수 있다.

셰마(שְׁמַע)

소위 "셰마"는 이스라엘 신조의 핵심조항이라고 할 수 있다. "이스라엘아, 들으라. 우리 하나님 여호와는 오직 유일한 여호와이시니"(신 6:4). 셰마에 대해서는 다양한 논의를 전개할 수 있지만 본 단락에서는 이 구절이 야웨에 관해 확증하는 내용에 중점을 둘 것이다.[a] 보다 구체적으로 말하자면, 셰마가 이스라엘의 신념체계를 고대 근동의 다른 신념체계들과 구별 짓는 방식을 주의 깊게 다룰 것이다.

사실 고대 근동의 문헌들에는 셰마를 연상시키는 선언들이 존재하는데, 심지어 유일신 사상과 무관한 맥락에서 그런 선언이 발견되기도 한다.[b] 예를 들어 아문 레(Amun Re)에게 바치는 이집트의 찬가에서 우리는 다음과 같은 시행들을 발견할 수 있다. "이 모든 것을 창조하신 당신께 찬미를! 유일자이시며, 홀로 계시고, 무수한 손을 가지셨으며, 위대한 '구주신군'(Ennead; 이집트 아홉 주신들의 무리)의 우두머리시며, 존귀하시고, 홀로 계시며, 비견할 대상이 없으십니다."[c] 람세스 2세 시대의 한 기도문에서 이집트의 신 프타는 "구주신군 가운데 유일한 신"이라고 불리는데, 이는 이집트 만신전의 최고신들과 그의 관계를 묘사하는 것이다.[d] 고대 근동에서 발견되는 신들에 대한 이와 같은 호칭들은 신이

---

a   중요한 연구서들은 다음과 같다. D. I. Block, "How Many Is God? An Investigation into the Meaning of Deuteronomy 6:4-5," in *How I Love Your Torah, O Lord,* ed. D. I. Block (Eugene, OR: Cascade, 2011), 73-97; R. W. L. Moberly, "Yahweh Is One': The Translation of the Shema," in *Studies in the Pentateuch,* ed. J. A. Emerton, Vetus Testamentum Supplements 41 (Leiden: Brill, 1990), 209-15; J. Tigay, *Deuteronomy,* JPS Torah Commentary (Philadelphia: JPS, 1996), 438-41 (excursus 10); M. Smith, *The Origins of Biblical Monotheism* (Oxford: Oxford University Press, 2001), 151-94.

b   이것은 고대 근동에 또 다른 유일신 신앙이나 행위의 예들이 있는가라는 질문과는 다른 것이다. 나는 다음 책에서 그런 신념들에 대해 논평한 바 있다. *Ancient Near Eastern Thought and the Old Testament* (Grand Rapids: Baker, 2009), 93-94.

c   J. Foster, *Hymns, Prayers, and Songs: An Anthology of Ancient Egyptian Lyric Poetry,* SBLWAW (Atlanta: SBL Press, 1995), 62-63.

d   이 기도문을 담은 돌기둥은 네페르-아부(Nefer-abu)가 프타에게 봉헌한 것이다.

"유일하다" 혹은 "홀로 존재한다"라는 개념이 단지 이스라엘의 신학적 사고에서만 발견되는 것은 아니라는 점을 보여준다.

그렇다면 "셰마"는 이스라엘의 야웨 신앙에서만 발견할 수 있는 독특한 선언이 아니라고 할 수 있는데, 왜냐하면 다른 다신론 체계에서도 유사한 선언들을 발견할 수 있기 때문이다.[e] 셰마가 야웨는 유일하며 홀로 계시는 분이라고 선언하는 것은 분명하지만, 그렇다고 해서 야웨만 그러하고 다른 신들은 그렇지 않다고 주장하는 것은 아니다. 그것은 새로운 신학 체계를 보여주는 것이 아니며, 심지어 다신론적 배경을 가진 다른 신들도 동일한 방식으로 특징지어진다. 하지만 이와 같은 유사성이 발견된다고 해서 이스라엘 신학이 다신론을 용인했다고 말할 수는 없다. 다만 "셰마"가 그들을 구분 짓는 특징적인 요소는 아니라는 뜻이다. 셰마는 야웨가 "유일하시다"(אֶחָד "에하드"; 한 분이시다)라고 선언하는데, 다른 신들도 동일하게 묘사된다. 야웨가 강력한 분이라는 주장도 마찬가지다(다른 신들도 그와 같이 묘사된다). 이 구절의 요점은 이스라엘이 그들의 하나님 야웨를 사랑해야 한다는 것인데, 왜냐하면 사랑한다는 것은 하나님의 본성에 대한 철학적 주장이 아니라 야웨에 대한 이스라엘의 충성심을 보여주는 것이기 때문이다.

M. Lichtheim, *Ancient Egyptian Literature* (Berkeley: University of California Press, 1976), 2:109-10.

[e]　일례로 이슈타르(Ishtar)에게 바쳐진 송시는 모든 신들 가운데 그녀와 그녀의 비할 데 없는 위대함에 필적할 자가 없다고 선언한다. A. Lenzi, *Reading Akkadian Prayers and Hymns: An Introduction* (Atlanta: SBL Press, 2011), 126.

만신전에 속한 신들의 위계가 고대 세계의 도시와 국가들을 지배했던 관료주의 구조를 반영한다는 사실은 당연한 일일 수도 있다. 우리는 여기서 몇 가지 범주들을 식별할 수 있는데, 결코 이 범주들을 체계화하려고 시도해서는 안 된다. 왜냐하면 그런 작업은 우리가 가진 사고의 범주를 그들의 세계에 강요하는 일이 될 것이기 때문이다. 우주적인 신들은 천상의 번개, 폭풍, 바다, 샘, 대기와 같은 자연현상들과 연결지어졌다. 각각의 신들은 자신만의 관할권, 권위, 그리고 고유한 특징들을 가지고 있었다. 국가나 도시의 수호신들은 동시에 만신전의 고위 신이거나 천계를 다스리는 신일 수도 있었고, 혹은 신들의 위계에서 낮은 지위를 가진 잘 알려지지 않은 신일 수도 있었다. 다른 한편으로 부족신들은 일반적으로 위의 두 범주에 속하지 않는 하급신들로서 국지적인 관할권만을 행사하는 것으로 간주되었다.

하지만 고대인들은 이와 같은 위계질서가 신들에 의해 그들에게 계시되었다고 주장하지는 않는데, 그들이 이런 사고를 발전시킨 저변에는 몇 가지 논리들이 존재한다. 첫째, 신들이 상호작용하는 방식이 고대 세계에서 정부가 작동하는 방식을 모방한다는 것은 놀라운 일이 아니다. 고대인들은 신들의 세계가 인간 세계와 유사하게 작동한다고 결론 지었다. 따라서 위계구조가 등급과 관할권을 결정했다. 보다 중요한 지위에 있는 신들은 평민들의 필요에 주의를 기울이거나 그들에게 관심을 가지는 일이 드물 것으로 여겨진 반면, 다른 지역신들은 그들의 필요에 보다 민감하게 대응할 것으로 기대되었다. 이처럼 고대인들은 자신들의 모습에 비추어 신들을 창조하고 체계화했다.

두 번째 논리는 고대 문화들에 내재한 몇 가지 사고방식에 근거한다. 고대 근동 사람들은 자신들의 가장 근본적인 정체성을 개인의 자율성에서가 아니라 그들이 소속된 부족과의 관계에서 찾았다. 정체성에 관한 이와 같은 철학과 관련하여 다양한 논의가 가능하겠지만, 여기서는 이 문제를 그들 종교의 다신론적 만신전을 이해하는 하나의 열쇠로 다룰 것이다. 고대 근동 사람들은 스스로를 공동체의 일부로 여기고 자신의 정체성을 공동체 내에서 발견하려고 했을 뿐 아니라, 그들의 신들도 공동체 내에서 기능하는 것으로 간주하여 그들의 정체성을 공동체 내에서 발견하려고 했다. 따라서 만신전은 신들의 공동체였다.

지금까지의 간략한 논의를 바탕으로 우리는 이스라엘 백성들에게 계시된 신학이 상당한 도전을 제기했을 것이라는 점을 이해할 수 있다. 어떻게 한 분 하나님이 이 모든 일을 다 수행하실 수 있겠는가? 어째서 한 분 하나님이 이 모든 일을 다 하시겠는가? 그들에게는 한 분 야웨가 우주, 현상계, 국가, 부족이라는 모든 영역을 동시에 관장하는 신이시라는 개념이 수긍하기 어렵고 말이 안 되는 이야기처럼 보였을 것이다. 이는 마치 현대인들이 특수한 질병에 걸렸을 때 해당 전문의가 아니라 일반의를 찾아가는 것과 같은 일처럼 여겨졌을 것이다.[4] 더욱이 야웨는 어느 공동체에 속한 신이라는 것인가? 설사 그들이 야웨는 다른 누군가를 필요로 하지 않는다는 점을 인정한다 해도 그들은 하나님이 혼자 거하는 것이 바람직하지 않다고 느꼈을 것이다. 사람이 이처럼 고립된 상태에서 자율적으로 살아가는 것은 합리적이지도 않고 바람직하지도 않은 일이었기 때문에, 그들은 신들의 영역도 우리가 경험하는 세계와 크게 다르지 않게 공동체와 그물망처럼 얽힌 상호관계로 특징지어질 것이라고 생각했을 것이다.

하지만 우리는 구약성서에서 천상의 어전회의(divine council), 곧 야웨를 보좌하는 조직과 공동체를 발견할 수 있다. 그분은 홀로 존재하시지만, 홀

---

4   Josh Walton이 제시한 유비다.

로 일하시는 것은 아니다(만신전이 아닌 직속 위원회). 하지만 구약성서에서 이 개념을 다루기 전에 먼저 고대 근동 배경을 살펴볼 필요가 있다. 고대 근동에서 천상의 어전회의는 고대 세계의 만신전에서 통치가 이루어지는 기관이었다. 최고신들이 회기 때마다 모여서 우주의 경영에 관련된 일들을 결정했다(여기에는 운명에 관한 칙령들을 반포하는 일도 포함되었다). 여기서 신들은 각자의 피후견인들과 관할구역을 대표했으며, 자신들의 영역을 보호하고, 권력을 위해 술수를 썼으며, 자신의 관심사를 위해 협상을 진행하고, 자신의 권위를 주장했다. 한마디로 신들은 정치가들이었다. 천상의 어전회의에 참여한 위원들이 때로 신의 아들들이라고 불리기도 했으며, 각 위원들은 그들이 대표하는 영역과 그들이 소유한 다채로운 자질들을 기반으로 나름의 신적 권위를 가지고 있었다.

구약성서에서 천상의 어전회의는 우주에 대한 야웨의 통치가 이루어지는 구조적 실재로 묘사된다. 그것은 야웨를 중심으로 한 공동체라고 할 수 있지만, 우리가 고대 근동에서 발견할 수 있는 그림과는 몇 가지 중요한 차이점이 있다. 어전회의는 하나님의 아들들로 구성되어 있으며(참조. 욥 1장), 고대 근동 어전회의에서 신의 아들들이 그러했던 것처럼(신들의 능력은 천상의 영역과 연관지어졌다), 하나님의 아들들은 천체들과 동일시된다. 그런데 구약성서의 어전회의에서는 하나님의 아들들이 비록 반항적이고 불평이 가득하기는 해도 엄격한 통제하에 놓여 있다(시 82편). 야웨는 그들에게 기업을 배분해주시고(신 32:8, "이스라엘 자손"이라는 MT의 독법 대신 일반적으로 원문으로 인정되는 "하나님의 아들들"이라는 이문[variant reading]을 따름), 그들의 의견을 물으신다(왕상 22:19-22). 그는 그들을 필요로 하지 않으시지만(사 40:12-14), 그럼에도 그들의 일상에 관여하시며 그들과 상의하신다(창 1:26; 3:22; 11:7; 사 6:8).

가장 큰 차이점은 어전회의에 참여한 하나님의 아들들 중 어느 누구도 야웨와 동등하지 않으며(시 89:6-8), 스스로 신적 권위를 행사하지 못한다는 점이다. 그들이 행사하는 모든 권위는 야웨가 그들에게 위임하신 것이다(분배해주신 것이 아니다).

나는 이 같은 점이 십계명 중 제1계명의 주된 요지라고 주장했었다.[5] 내 "앞에" 다른 신들을 두지 말라는 야웨의 명령에 대하여 우리는 전통적으로 "앞에"라는 전치사가 "우선성"을 의미한다고 해석하는 경향이 있다. 다시 말해 그들은 다른 어떤 것도 야웨보다 중요한 것으로 간주해서는 안 된다는 의미라는 것이다. 이와 달리 나는 "앞에"라는 전치사가 문법적으로 인격체를 목적어로 삼을 때는 공간적 위치를 의미한다고 주장한다. 다시 말해 누군가의 앞에 선다는 의미라는 것이다. 만일 (구약성서 전체의 용례에 근거한) 이런 분석이 옳다면, 십계명의 선언은 이스라엘 백성들에게 다른 신들을 야웨 앞에 세우지 말라고 금지시키는 조항으로 이해되어야 한다. 이런 해석이 천상의 어전회의라는 "개념" 자체를 배제시키는 것은 아니지만, 구약성서 어전회의의 "본질"이 어떠한지를 우리에게 밝혀준다.

다시 말해 야웨의 어전회의는 야웨의 지위를 나누어 갖거나 각자의 고유하고 독자적인 신적 권위를 가진 신들로 구성된 것이 아니다. 야웨의 어전회의를 구성하는 하나님의 아들들은 유일한 하나님이신 야웨로부터 역할을 위임받은 미미한 영적 존재들이다. 만일 우리가 신명기 32:8에서 "이스라엘 자손" 대신 "하나님의 아들들"이라는 독법을 받아들인다면, 우리는 그구절이 하나님의 아들들에게 나라와 민족들이 배정되었음을 가리킨다고 해

---

5 John H. Walton, "Interpreting the Bible as an Ancient Near Eastern Document," in *Israel-Ancient Kingdom or Late Invention? Archaeology, Ancient Civilizations, and the Bible*, ed. D. Block (Nashville: Broadman & Holman, 2008), 298-327.

석할 수 있다. 여기서 우리는 자연스럽게 "하나님의 아들들"이란 각 나라가 자신들의 신들로 채택한 영적 존재들이며, 각 나라들은 그 영적 존재들에게 부당하게 높은 지위를 부여한 것이라고 말할 수 있다. 요컨대 몇몇 영적 존재들은 고대 근동 사람들에 의해 부당하게 신의 지위에까지 격상되었으며 결과적으로 나라들은 "신이 아닌 것들"을 숭배하기 시작했다는 것이다(렘 5:7; 16:20; 갈 4:8). 그들은 "신들"이 아니며, (적어도 오늘날의 정의에 따르면) 귀신들도 아니다. 그렇다고 해서 그들이 무존재인 것도 아니다. 우리는 그들을 거짓으로 지어낸 존재들로 보기보다는 잘못 이해된 존재로 간주해야 할 것이다.

구약과 고대 근동 간의 유사성을 발견하게 될 때 우리는 때때로 그것을 잠정적인 적응의 결과라고 결론지을 수 있다. 예를 들어 이스라엘과 고대 근동이 공유하고 있던 견고한 하늘이라는 심상은 궁극적 진실에 대한 하나님의 계시라기보다는 특별한 사안에 대한 고대의 세계관이라고 이해할 수 있다.

때로 우리가 관찰할 수 있는 이러한 유사점들은 우리로 하여금 표면적인 유사점에 가려진 보다 심대한 차이점에 초점을 맞추도록 도와주기도 한다. 희생제사 제도를 예로 들자면, 비록 이스라엘의 희생제사 제도와 고대 근동 다른 문화의 희생제사 제도 간에 중첩되는 부분이 상당히 많음에도 불구하고 우리는 이러한 유사성이 잠정적인 적응의 결과라고 결론 지을 수 없다. 둘 사이의 차이점은 야웨 하나님이 자신의 백성들에게 기대하시는 관계의 방식과 관련하여 아주 중요한 점을 부각시켜준다.

이와 같은 방법론을 바탕으로 우리는 "어전회의" 개념과 관련하여 우리가 어떤 자세를 취해야 할지 평가할 수 있다. 그것은 확고한 신학적 실재인가, 아니면 잠정적인 적응의 결과인가? 만일 후자라면 우리는 어전회의 개념이 고대인들과의 소통을 위해 하나님께서 그들에게 친숙한 개념을 차용하신 하나의 예에 불과하기 때문에 그 개념을 미련 없이 폐기할 수 있다. 신들의 어전회의 개념이 고대 근동에서 이미 잘 알려진 것이었다는 사실에 비추어볼 때, 우리는 하나님이 이스라엘 백성들에게 천상의 어전회의라는 것이 실제로 존재하는 것처럼(그것이 실제로 존재하든 그렇지 않든 간에) 계시하셨다고 결론 짓지 말아야 한다. 그들은 이미 야웨가 그런 식으로 일하실 것이라고 믿는 경향을 가지고 있었을 것이다. 오히려 야웨는 잘 알려진 "어전회의" 모티프를 사용함으로써 자신을 다른 신들과 구별 짓는 독특한 성품들을 계시하고자 하신 것이다.

그렇다면 천상의 어전회의를 다루는 본문들에서 우리가 야웨에 대해 배울 수 있는 원리들은 무엇인가?

- 야웨는 종들을 동원하여 자신의 뜻을 이루신다. 이론상으로는 그럴 필요가 없음에도 말이다.
- 야웨는 그의 종들에게 책임을 부과하시고 그들의 실패를 심판하신다.
- 야웨는 공동체와 조언을—심지어 자신에 대한 것이라도—존중하신다.
- 비록 야웨 주변에 그로부터 임무를 위임받은 수많은 종들이 포진해 있지만, 오직 야웨만이 독보적인 지위를 누리신다. 그는 수많은 최고 신들 중 하나가 아니시다.
- 야웨의 어전회의에서는 정치적 아귀다툼이 발생할 수 없다. 오직 그

분의 통치권만이 절대적이다.[6]

이와 같은 원리들과 우리가 관찰할 수 있는 또 다른 사실들에 근거하여 우리는 야웨의 어전회의에 관한 묘사가 신학적 가치를 가진다고 믿을 충분한 이유가 있다. 그렇다면 우리는 야웨가 실제로 그 어전회의를 통하여 일하신다는 주장을 받아들이지 않을 경우에도 그러한 신학적 가치를 진지하게 다룰 수 있을 것인가? 그리고 그가 구약 시대에는 어전회의를 통해 일하셨으나 이제는 더 이상 어전회의를 통해 일하시지 않는다고 말할 여지는 없는가?

신약성서에서는 "통치자들과 권세들과 이 어둠의 세상 주관자들과 하늘에 있는 악의 영들"(엡 6:12)을 거론하기는 하지만 "어전회의"에 대한 구체적인 언급은 발견되지 않는다. 헬레니즘 시대 유대교는 어전회의 개념을 포기하고 그 대신 체계화된 천사론을 제시한다. 하지만 요한계시록에는 24장로들이 보좌를 둘러싸고 있는 어전회의 장면이 환상 중에 등장하는데(계 4:2-4), 이것은 아마도 구약성서의 어전회의 심상을 차용한 것으로 보인다.[7] 비록 요한계시록에서는 장로들이 회의를 진행하고 조언을 하는 자들

---

6   기독교 전통에서는 오래 전부터 하나의 예외를 제시했는데, 바로 사탄이 체제 전복을 시도했다는 주장이다. 우리는 제6장에서 이 주제를 상세히 다루면서 그것이 비성서적인 주장이며 이에 관련된 기사는 에녹서와 같은 정경 외 문서들처럼 하나의 우화로 받아들여져야 한다고 주장할 것이다.

7   D. Aune, *Revelation 1-5,* Word Biblical Commentary (Nashville: Thomas Nelson, 1997), 288-92, 특히 290-91의 선택지 6번; G. Osborne, *Revelation,* Baker Evangelical Commentary on the New Testament (Grand Rapids: Baker, 2002), 229; C. R. Koester, *Revelation,* Anchor Yale Bible (New Haven, CT: Yale University Press, 2014), 367-69은 그 환상이 천상의 어전회의 패턴을 따라 구성되기는 했지만, 장로들을 지명한 사실에서 볼 수 있듯이 그 같은 심상을 스스로 확장한 것뿐이라고 제안한다.

이 아니라 다만 경배하는 자들로 묘사된다는 차이점이 있지만 말이다.[8] 이러한 증거들을 통해 우리가 내릴 수 있는 결론은 구약성서 어디에서도 하나님이 어전회의를 동원하여 일하시는 것은 아니라고 말하지는 않는다는 것이다. 하지만 어전회의를 사용하신다는 사실이 우리가 성서에서 발견하는 계시를 약화시키는 것은 아니다.

위의 논의들을 고려할 때 하나님이 어전회의를 통해 일하신다는 개념을 받아들이는 것이 합리적일 듯하며, 더 나아가 여기서의 어전회의가 단순히 삼위일체 세 위격 간의 협의를 의미한다고 주장해서도 안 될 것이다. 삼위일체에 대한 그와 같은 이해는 우리가 어전회의에 관해 가지고 있는 모든 정보들과 합치하지 않으며, 성서 어디에도 없는 삼위일체론을 주장하는 것이다. 흥미롭게도 이와 같은 결론은 창세기 1:26이 이스라엘 청중들에게 (삼위일체가 아니라) 어전회의를 시사하는 것으로 이해되어야 한다고 제안할 뿐 아니라, 또한 후대의 계시에 근거한 삼위일체적 해석을 본문에 강요하는 것은 신학적으로도 근거 없는 주장임을 보여준다(왜냐하면 성서 어디에서도 어전회의와 삼위일체를 연관지어 말하지 않기 때문이다). 그뿐 아니라 야웨의 어전회의를 이루는 구성원들이 누구인지, 특히 그들이 열방 나라들에 의해 국가 신으로 채택된 존재들과 동일시될 수 있는지 여부도 분명하지 않다.

결국에 만일 모든 성서가 문화적 요소를 내포한 것이라면, 성서의 권위가 성서의 우주 지리학(cosmic geography)에 근거할 수 없는 것만큼이나 성서의 형이상학에 근거할 수도 없을 것이다. 성서 전체가 이미 청중의 지각이라는 필터를 거친 결과물이다. 어전회의란 하나님께서 우주를 다스리실 때 자신의 지혜로 여러 가지 가능성을 고려하시고 저울질하신다는 심상을

---

8   만일 그들이 계 20:4에 언급된 자들이라면 그들은 사법적 기능을 가지고 있었을 것이다.

표현하기 위한 수단이다. 그는 독단적인 폭군이 아니시라는 것이다. 이와 같은 방식으로 어전회의 개념은 하나님의 의지와 행동을 표현하기 위해 가상적이면서도 손에 잡히는 모델을 제공한다. 그것은 하나님을 인간에 빗대어 표현하는 문화적인 비유다. 여기서 천상의 세계를 비유에 끌어들인 것은 고대 근동의 언어와 문법에서 신적 주권을 표현하는 방식이다. 만일 여러분이 구약성서, 유대 묵시문학, 그리고 요한계시록을 전체적으로 살펴본다면 언어와 표현들이 상당히 유동적으로 사용되었다는 것을 발견할 수 있을 것이다. 그것은 상황화되고 적응된 신학적 언어들이다. 따라서 그러한 표현들을 구체적이고 확고한 지시대상과 연관 지으려 하는 것은 잘못이다.[9]

우리는 텍스트의 권위를 문화적으로 상대적인 청중들의 관념으로부터 도출하려 해서는 안 된다. 하나님은 형이상학을 계시하는 것이 아니라 자신의 계획과 목적을 계시하신다. 텍스트의 초점은 천상의 어전회의가 존재하는가 여부를 주장하거나 긍정하는 데 있지 않다. 우리가 성서로부터 배울 수 있는 유일한 사실은 바로 그것이 이스라엘 백성들이 생각하는 방식이었다는 점이다. 하지만 우리는 텍스트들을 통해 하나님께서 세상 안에서 자신의 계획과 목적을 수행하시기 위해 일하신다는 사실을 배울 수 있다. 모든 존재는 그 본성과 구조가 어떠하든지 간에 이와 같은 하나님의 원대한 계획에 참여하도록 창조되었으며, 우리도 그의 형상으로서 창조세계의 일부다.

---

9   Dan Reid의 통찰력 있는 제안에 감사드린다.

속성들

야웨의 속성들에 대해 논할 때 우리는 일반적으로 구약성서가 야웨를 계시하는 방식을 규정하는 데 초점을 맞춘다. 야웨의 속성을 규정하는 일은 정형화된 선언들(예를 들어 "하나님은 선하시다")을 통해서나 혹은 그분의 행위에 대한 관찰을 통해 수행될 수 있다. 또 한 가지 우리가 기억해야 할 점은 하나님의 행위에 대한 관찰이 언제나 그분의 속성에 대한 추론으로 이어지는 것은 아니라는 사실이다. 특히 그분의 행동 가운데 일부가 어떤 독자들의 마음에 불편함을 초래할 경우에 말이다. 어쨌거나 우리는 정형화된 선언과 그분의 행위에 대한 관찰을 통해 야웨의 정체성에 대해 일정 수준의 이해에 도달할 수 있다. 성서 내러티브와 다른 텍스트들이 드러낼 수 있는 한도 내에서 말이다.

고대 근동에서 신들은 때때로 점성술을 통해 제기된 신탁 질문들에 대한 답을 계시함으로써 판결이나 지침을 제공하지만, 그들은 결코 우리가 구약성서(특히 예언서)에서 발견하는 정도로 자신들의 계획이나 속성에 대한 설명을 제공하지는 않는다(물론 고대 근동에도 예언 문학은 존재했었다). 고대 근동에서는 신들이 스스로를 "계시"(reveal)하기보다는 "현시"(manifest)하는 것이 더욱 일반적이었다. 신들은 사물, 형상, 이름, 천체, 혹은 신들의 회합을 구성하는 다른 대상물들을 통해 자신을 현시했다.[10] 아카드어에서 이런 현시의 예는 다음과 같은 선언에까지 거슬러 올라간다. "너희는 내가 이 슈타르임을 **보게** 될 것이다."[11] 하지만 아카드어에서는 신의 이름을 결코

---

10   Michael B. Hundley, *Gods in Dwellings* (Atlanta: SBL Press, 2013), 210-11, 234.
11   S. Parpola, *Assyrian Prophecies,* State Archives of Assyria IX (Helsinki: Helsinki University Press, 1997), 27.

"*idu*"("알다"를 의미하는 아카드어 동사)의 직접 목적어로 취하지 않는다. 이와는 달리 히브리어에서는 반복적으로 두드러지게 "야웨를 아는 것"에 대해 말하는데, 이는 야웨가 스스로를 계시하신 결과다.[12] 이와 대조적으로 고대 근동 신들의 "현시"는 신에 대한 물리적 접근을 염두에 둔 것이지 결코 신을 아는 지식이나 교제를 시사하지 않는다.

이런 중요한 차이점에도 불구하고 우리는 여전히 우리가 하나님의 존재에 대해 무엇을 알 수 있으며, 또한 우리가 무엇을 아는지를 어떻게 알 수 있는지 질문해야 한다. 야웨가 구약성서에서 자신을 계시하셨을 뿐만 아니라 다양한 방식으로 이스라엘 백성들에게 스스로를 현시하셨음에도 불구하고 우리는 이스라엘 백성들의 형이상학적 이해방식이 우리의 그것과 동일하리라고 생각하는 우를 범하지 말아야 한다. 모든 사람은 스스로 깨닫든 그렇지 않든 간에 나름의 신학을 가지고 있을 뿐 아니라 스스로 인식하든 그렇지 않든 간에 나름의 형이상학도 가지고 있다. 오늘날에도 한 개인이나 그룹이 다른 개인이나 그룹과는 다른 형이상학적 사고방식을 표현하는 것을 관찰할 수 있다. 때로는 동일한 문화권에 속한 사람들 사이에서도 상대방의 형이상학적 사고방식을 해독하기 어려운 경우가 있으며, 그러한 어려움은 우리의 과제가 구체적인 정보가 없는 타문화권 사람에 대한 것일 때 더욱 커진다.

하지만 우리는 텍스트를 통해 야웨가 우리에게 알려지기를 원하신다는 사실과, 그가 자신의 정체성에 대한 일부 정보를 성서에 담아놓으셨다는 사실을 발견할 수 있다. 따라서 우리는 그가 어느 정도까지는 자신에 관한 지

---

12   이와 유사한 예로 샤마쉬(Shamash)는 나부-아플루-이디나(Nabu-aplu-iddina)에게 그 자신을 형상화한 진흙 모델을 보여주면서 우상의 대체물을 만들게 한다(Hundley, *Gods in Dwellings*, 230).

식을 우리에게 허용하셨다고 믿을 이유가 있다. 한마디로 그는 알려지실 수 **있지만**, 그렇다고 해서 **완전히** 알려지시는 것은 아니다. 이와는 대조적으로 이집트에서 개별 신들의 본성은 사람들로부터나 심지어 다른 신들로부터도 감추어져 있는 것으로 간주된다.

> 그러나 홀로 계시는 그는 감추어진 신이시니 자신을 그들 모두에게 감추시며,
> 다른 신들에게도 자신을 감추시기 때문에 그의 본모습은 알려질 수 없다.
> 그는 하늘보다 높은 곳에 계시고 지하세계보다 더 깊은 곳에 계시기 때문에
> 다른 어떤 신도 그분의 참된 본성을 알 수 없다.
> 그의 모습이 글을 통해 밝히 드러날 수 없으니, 이는 그를 목격한 자가 없기 때문이다.
> 그는 자신의 위엄의 깊이만큼 신비로우시며, 그에 관한 모든 생각들을 뛰어넘을 만큼 위대하시고,
> 그의 권능은 우리의 이해를 뛰어넘는다.[13]

야웨는 언제나 자신의 본성에 따라 행동하시지만 우리가 그분의 본성을 알 수는 없다. 하지만 우리는 그분의 행동과 그분이 선포하신 말씀들을 통해 그분의 본성 가운데 일부 측면들을 유추해볼 수는 있다. 그분은 진술이라는 방식으로 스스로를 표현하시는데, 대개는 이야기를 통하시지만 간혹 추

---

13   Foster, *Hymns, Prayers, and Songs*, 77. 이집트의 태양신 아문-레(Amun-Re)에게 헌정된 또 하나의 송시에서는 이렇게 말한다. "당신에 대해 아는 자는 없습니다. 당신이 어떤 모습인지를 묘사할 수 있는 혀는 없습니다"(ibid., 86). 아카드어 기도문들도 때로는 동일한 사고를 표현한다. "주[마르두크], 그는 신들의 마음속에 있는 모든 것을 들여다보십니다. (하지만) 신들 가운데 어느 누구도 그의 길을 알지 못합니다"; Lenzi, *Reading Akkadian Prayers and Hymns*, 499.

상적인 선언들도 사용하신다(하지만 우리는 과연 진술들만으로 누군가를 진정으로 안다고 할 수 있는가?). 확실히 구약성서는 정형화된 조직신학이나 신학적 형이상학을 제공하지 않는다. 성서는 심리학이나 우주 지리학을 가르치지 않을 뿐 아니라 하나님에 대한 유비적이고 철학적인 사고를 가르치지도 않는다. 다시 말해 성서는 조직신학이나 형이상학 교과서가 아니며, 고대 이스라엘인들이 생각하는 방식을 동원하여 그 내용을 제시한다. 따라서 그 정보를 형이상학이나 조직신학으로 재포장하려는 시도는 불가피하게 텍스트를 부당하게 구체화함으로써 텍스트와는 이질적인 시대착오적 명제들을 양산하게 될 것이며, 그런 시도는 텍스트에 과학적 세부사항들을 주입하는 일치주의와 크게 다르지 않다. 결국 그런 접근법은 텍스트에 자신의 사상을 강요하는 것(*eisegesis*)에 불과하다.

물론 우리는 하나님을 믿고 신뢰하고 사랑하기에 충분할 만큼 그분을 알며, 그분과 교제하기에 충분할 만큼 그분을 알 수 있다. 우리는 그분의 계획과 목적에 동참하기에 충분한 정보를 가지고 있다. 하지만 우리는 사람조차도 완전히 알 수는 없는데 하물며 어떻게 하나님에 대해 완전히 알 수 있으리라고 기대할 수 있겠는가? 그런데 우리는 사람들에 대해 때때로 그들이 특수한 상황에서 어떻게 행동하고 우리에게서 어떤 반응을 기대하며 더 나아가 그들이 이에 대해 어떻게 대응할지를 예측할 수 있을 만큼 그들을 알 수도 있다. 마찬가지로 하나님은 자신이 무엇을 하시는지를 우리에게 계시하시며, 따라서 하나님이 어떤 분"이신가"에 관한 우리의 논의에서 가장 중요한 부분은 그분이 "변함없는 분이시"라는 사실에 초점을 맞추어야 할 것이다. 이 주제와 관련하여 우리는 구약성서가 어떤 식으로 야웨 하나님을 고대 근동의 신들과 차별화시키는지를 살펴볼 필요가 있다. 더 나아가 나는 텍스트가 하나님에 관해 계시하는 것을 드러내고, 우리가 거기서 발견할 수 있는 진리를 통합한 후에, 그것을 오늘날 우리의 신앙에 영향을 미치는 진리로서 포용하도록 시도하고자 한다.

이제는 구약성서에 계시된 야웨에 대해 우리가 무엇을 알 수 있는지에 대한 논의를 시작해도 될 듯하다. 우리는 고대의 다른 민족들이 그들의 신들을 대하는 방식이 구약성서와 일치하는 영역들도 발견하게 될 것이고, 한편으로는 전적으로 불일치하는 일부 영역도 발견하게 될 것이다. 하지만 일반적인 일치점과 공통점이 존재하는 영역들에서도 우리는 식별이 필요한 중요한 차이점들이 있음을 발견하게 될 것이다.

우리가 하나님에 대해 관찰할 수 있는 것은 그분이 행하시는 일들에서 말미암은 것이며, 성서 문학을 매개로 우리에게 알려진 하나님의 행위들은 우리가 그분을 경험하고 지각할 수 있는 일차적인 통로가 된다. 혹자는 하나님의 본성이 그와 같은 행위에 대한 관찰을 통해 유추될 수 있다고 믿는 반면에 다른 이들은 하나님의 행위들이 그분의 본성을 결정하기 위한 추론의 근거로 이용될 수 없다고 믿는데, 이 경우 하나님의 본성 자체에 대해서는 아무것도 알려질 수 없다. 고대의 형이상학[14]은 전자의 범주에 속할 것이며("기능적 존재론"; 같은 제목의 별항을 참조하라), 현대 서구 기독교는 후자에 속할 것이다. 후자의 범주를 따를 경우 이스라엘은 고대 근동의 다른 문화들과 서로 다른 형이상학을 가진다고 해서 구별되는 민족이라고 불릴 수는 없을 것이다. 하지만 이스라엘은 야웨의 행위들이 임기응변적이기보다는 일관성을 지닌 것이라고 여겼다는 점에서 차별화될 수 있다. 이스라엘이 그들의 하나님을 심오한 형이상학적 차원에서 다른 신들과 차별화된 분으로 여

---

14 이것은 불가피하게 시대착오적인 명칭인데, 고대 세계에서는 어떤 범주도 조직적으로 규정되지 않았기 때문이다. 물론 모든 사람들은 의식하든 그렇지 못하든 형이상학적 사고를 수행한다.

기지 않았다는 한 가지 증거는 그들이 하나님을 지칭하기 위하여 다른 용어를 사용할 필요를 느끼지 않았다는 점이다. 구약성서는 하나님을 가리키는 용어로 가장 기본적인 셈어 표현인 엘로힘(אֱלֹהִים)을 사용한다. 물론 동일한 용어가 그것을 사용하는 문화에 따라 서로 다른 의미를 지닐 수 있음은 인정해야 할 것이다. 이스라엘 사람들은 그들이 가진 형이상학적 성향으로 인해 하나님이 누구"이신가"(그분의 본성에 대한 정의)에 관심을 두기보다는 하나님이 무엇을 "하셨는가"에 더 큰 관심을 가졌을 것이다. 왜냐하면 하나님의 "행위들"이 그들의 존재론의 중심에 자리 잡고 있었기 때문이다. 이스라엘 사람들은 하나님의 행위들을 관찰하는 데 집중했기 때문에 그분의 본성에 대한 지식보다는 그분의 계시된 정체성을 파악하는 일에 보다 성공적이었을 것이다. 달리 말해 그분의 계시된 행위들이 하나님의 본성이 갖는 신비와 복잡성을 재구성하는 작업의 경계를 한정했다는 것이다. 성서 문학을 통한 계시는 하나님의 행위들에 대해 우리에게 부분적인 지식을 제공해 준다. 물론 이 지식이 성서에 투사된 범위 내에서 하나님의 정체성을 규정하는 데는 충분할 수 있지만, 그분의 본성을 파악하기에는 지극히 피상적인 지식일 뿐이다.

우리가 하나님의 행위들(동사들에 의해 표현되는)에 관한 진술에서 그분의 본성에 관한 선언들로 관심을 돌리고자 할 때 우리는 몇 가지 문제들과 마주치게 된다. 첫째, 하나님이 "의롭게 행동하신다"(acts justly)고 말하는 것과 하나님이 "의를 실행하신다"(executes justice)고 말하는 것은 전혀 다른 의미를 지닌다. 그런데 여기서 "하나님은 의로우시다"(God is just)라고 말하는 것은 적어도 두 가지 점에서 더 큰 문제를 야기한다. 그와 같은 표현은 최소한 "의"라는 것이 하나님과 독립적으로 존재한다는 암시를 주는데, 여기서 우리가 마주치는 문제는 의라는 범주를 구성하는 것이 무엇인지, 그리고 그 경계를 한정하는 기준이 무엇인지에 관한 것이다. 차라리 "의가 하나님께로부터 흘러나온다"(justice flows from God)라고 말하는 편이 나을 것이다.

둘째, 우리가 하나님의 행동들을 관찰할 때 우리는 그러한 행동들이 과연 의로운 것인가라는 의문을 갖게 된다. 우리는 하나님을 판단할 위치에 있지 않으며, 그분이 행하시는 모든 일이 어떻게 의로운 것인지 성공적으로 설명할 수도 없다. 결과적으로 "하나님은 의로우시다"라는 선언은 그것이 우리의 검증을 초월한다는 확신으로서 갖는 가치 외에는 아무런 의미가 없게 되어버리고 만다. 마찬가지로 우리는 하나님의 본성에 대해서도 단지 그분이 스스로에 대해서 하시는 말씀이 진실이라고 우리가 믿는다는 점을 제외하면 확신 있게 말할 수 있는 것이 거의 없다.

더 나아가 우리가 하나님의 속성들을 논할 때 우리는 하나님이 이와 같은 속성들에 의해 제한되는 것이 아니라는 점에 주의를 기울일 필요가 있다. "선"이나 "의"와 같은 개념들은 하나님을 통해 정의되며, 따라서 하나님이 선하신 이유는 우리가 하나님이 행하시는 모든 일들이 선하다고 정의하기 때문이다. 마찬가지로 하나님이 의로우신 이유는 우리가 하나님이 행하시는 모든 일들이 의롭다고 정의하기 때문이다. 그러나 이와 같은 정의의 체계는 모든 관념들을 동어반복으로 환원해버린다는 점에서 사실상 기술로서의(descriptive) 의미는 가지지 못한다. 그럼에도 하나님의 자존성(aseity), 초월성, 유일성과 같은 속성들은 의미심장한 가치를 지닌다. 세부적인 묘사가 중요한 것이 아니다.

철학적 신학이 초래하는 의미론적인 문제들에도 불구하고 구약성서에 계시된 야웨 하나님이 고대 근동의 다른 신들과 어떻게 차별화되는지를 식별하는 것은 어려운 일이 아니다. 예를 들어 야웨는 결코 다른 신들과 가족 관계(아버지, 형제, 혹은 아들)를 갖는 것으로 묘사되지 않는다. 어떤 경우에도 야웨를 성적 행위와 연관 짓지 않는다. 그는 다른 신들과 동등하거나 혹은 그들에게 종속되는 비교의 대상이 되지 않으며, 결코 다른 신들에게 관할권을 양도하지 않는다. 이처럼 구약성서에서 야웨와 다른 신들 간의 관계를 가족의 범주로 해석할 여지를 전혀 허용하지 않기 때문에, 가족관계를 시사하는 모든 용어는 그분이 자신의 백성들(혹은 천사들이나 하나님의 아들들)과 갖는 공동체 관계에 적용될 것이다. 이러한 차이점에도 불구하고 야웨에게 돌려지는 많은(전부는 아니라 하더라도) 속성들이 (어느 정도는) 고대 근동의 다른 신들에게도 동일하게 적용되었다.

이름들과 칭호들

구약성서와 고대 근동 문학에서 신들은 이름들과 칭호들을 통해 구별되고, 칭송되고, 정의되고, 현시되었다. 이름들은 신성의 다양한 측면들을 정의하는 것으로 간주되었기 때문에, 신들에게는 이름이 많을수록 좋은 것으로 여겨졌다. 예를 들어 잘 알려진 바빌로니아 창조 설화인 「에누마 엘리시」는 마르두크에게 주어진 50개의 이름을 열거하는 것으로 정점에 이른다.[15] 또 다른 경우에는 신의 불가해성을 표현하기 위해 신의 이름들이 숨겨지기도 했다.[16]

이와 유사하게 구약성서에 나타나는 하나님의 이름과 칭호도 그

---

15 이 개념들에 관한 논의와 마르두크의 이름들에 관한 고대의 해석으로는 다음을 보라. A. Livingstone, *Mystical and Mythological Explanatory Works of Assyrian and Babylonian Scholars* (Winona Lake, IN: Eisenbrauns, 2007); E. Frahm, *Babylonian and Assyrian Text Commentaries* (Münster: Ugarit-Verlag, 2011); M. Van De Mieroop, *Philosophy Before the Greeks: The Pursuit of Truth in Ancient Babylonia* (Princeton, NJ: Princeton University Press, 2016).

16 Egyptian Coffin Texts, spell 1130; COS 1.17.

수가 십여 개에 달하는데, 그중 상당수는 "엘/엘로힘"(אֱלֹהִים/אֵל)이나 "야웨"(יהוה)와의 조합으로 만들어진 것들이다. 야웨는 불타는 덤불 속에서 자신의 이름을 개인적으로 계시하실 때 "나는…있는 자니라"(출 3:14)라는 표현을 사용하셨다. 그는 또한 자신의 이름들 사이의 차이점과 그 이름들이 가진 의미도 구별해주신다(출 6:2-3). 특히 자신을 "나는 있는 자니라"(אֶהְיֶה "에흐예")라고 명명하신 사실은 구약성서 전체에서 그분이 더는 그 이름으로 불린 적이 없다는 점에서 흥미롭다.[17] 이와 같은 부재가 시사하는 바는 이름이라는 것이 반드시 "호칭"은 아니라는 점이다. 사실 바로 다음 절에서 그가 어떻게 불려야 하는지(다시 말해 그의 호칭이 무엇인지) 가르쳐주기 위해 "야웨"라는 형태가 주어진다. 하지만 이 이름이 이스라엘의 하나님이 어떤 분이신지에 관해 모든 것을 담고 있다고 추론해서는 안 된다. 우리는 고대 근동 문헌을 통해 어떤 이름이나 심지어 이름들의 모음도 그것들이 지시하는 신성의 모든 측면을 담아내지는 못한다는 사실을 발견할 수 있다.

안타깝게도 서기관들이 이미 이른 시기부터 "יהוה"라는 이름에 모음을 표시하는 일을 중단하였기 때문에, 현대 학자들은 그 발음을 추정할 수밖에 없다(발음은 그 단어의 어형[morphology]이나 의미를 파악하는 열쇠가 된다). 결국 [모음을 덧붙인] "야웨"라는 형태도 추론에 근거한 거이다. 그 형태는 "있다"(הָיָה "하야")라는 동사의 3인칭 남성 단수 형태이며, 학자들의 분석에 따르면 사역동사의 의미를 지니는 히필(Hiphil) 어근으로 추측된다(그는 [누

---

17 이 같은 형가가 구약성서에서 50회 가량 등장하는데 대개는 하나님이 그의 백성들에게 그가 그들과 함께하시고 그들의 엘로힘이 되시겠다고 확증하는 장면에 나온다. 하지만 이때는 이름이나 칭호로 사용된 것이 아니라 단순히 동사로서 사용된 것이다. 유일한 예외가 호 1:9인데, 다수의 학자들은 이것이 필사가의 오류라고 생각한다.

군가가/무엇인가가] "존재하도록" 만드신다).[18] 그와 같은 독법에 대해 우리가 강력한 증거를 가지고 있는 것은 아니기 때문에, 야웨라는 이름의 문법적 형태에 관해 섣불리 결론을 내려서는 안 될 것이다. 흥미로운 점은 이집트의 신들 중 하나인 "레"(Re)도 자신에 대해 "나는 있는 자니라"(I am who I am)고 주장했다는 기록이 남아 있다는 것이다.[19]

오직 야웨께만(사람이나 고대 근동의 다른 신들에게가 아니라) 돌려지는 성품들

"전"(omni)으로 시작되는 속성들(예컨대 전지성, 전능성; 참조. 편재성)을 가장 먼저 떠올릴 수 있다. 현대 조직신학에서 자주 사용되는 용어의 상당수는 히브리어에서 대응 표현을 찾을 수 없다. 그렇다고 해서 히브리 성서에 그와 같은 심상이 부재하는 것은 아닐지라도 말이다. 우리는 전통적으로 하나님의 전지성(omniscience)과 편재성(omnipresence)에 관한 증거를 시편 139편 같은 구절들에서 찾는다. 그분의 초월성은 이사야서 중간 부분(제2이사야)의 선언들을 통해 확인할 수 있으며, 그분의 내재성은 시편에 담긴 다양한 진술들에서 엿볼 수 있다. 하지만 우리는 고대 근동의 신들에게 드려진 찬송시들에서 그들도 그들이 섬기는 신들에 대해 이스라엘 사람들과 유사한 믿음

---

18 이 동사의 일인칭 형태("에흐예")는 분명 사역형이 아니다. 사실 이 동사는 결코 히필형으로 사용된 적이 없다. 히필형을 암시하는 "아" 모음을 포함하는 발음 제안은 성서 외 텍스트와 그리스어 번역에서 유래한 것이다. D. Freedman, "יהוה," *TDOT* 5:501-11; K. van der Toorn, "Yahweh," in DDD 2, 910-19. 히필형 해석에 대한 반론으로는 T. N. D. Mettinger, *In Search of God* (Philadelphia: Fortress, 1988), 24-36; J. C. De Moor, *The Rise of Yahwism: The Roots of Israelite Monotheism*(Leuven: Peeters, 1997)을 보라. Mettinger를 위시한 여러 학자들은 "야웨"가 "엘"의 칭호라고 제안한다(다시 말해 원래 이름은 "야웨-엘"[YHWH-El]이라는 것이다).

19 De Moor, *Rise of Yahwism*, 268-69. 그는 문맥을 근거로 이 문장의 의미가 "레[Re]는 변함이 없을 것이다" 혹은 "그가 과거에 그러했던 것처럼, 그는 미래에도 그러할 것이다"라고 결론 짓는다.

을 가지고 있었음을 보여주는 선언들을 발견할 수 있다. 이와 동시에 우리는 그러한 믿음을 여러 신들에게 동시에 표현할 수 있었다는 점도 기억해둘 필요가 있다.

또한 우리가 성서 구절들에서 하나님을 위에 언급된 용어들로 묘사하는 증거들을 발견한다 해도 우리는 그런 구절들이 하나님의 성품을 정의하기 위해 고안된 체계적인 논고가 아니기 때문에(대부분의 경우 시문학이다!) 형이상학적 명료성을 제공할 수 없다는 점도 인정해야 한다. 물론 우리는 그와 같은 구절들에서 이스라엘 백성들이 확증해주었을 결론들을 도출해낼 수는 있는데, 대표적으로 서로 밀접하게 관련된 속성인 야웨의 "자존성"(aseity; 다른 원인이 없이 자신으로부터 존재함)과 "비우발성"(noncontingency; 자율성, 다른 무엇이나 다른 누구에게 의존하지 않음)을 들 수 있다. 그러나 이스라엘을 포함하여 고대 세계에 속한 사람들은 신성과 관련하여 이처럼 형이상학적이고 체계적인 방식으로 그들의 신앙을 표현하지는 않았다. 따라서 만일 우리가 그들이 하나님에 대한 자신들의 신앙을 어떻게 표현했는지에 초점을 맞추고자 한다면 우리는 우리에게 친숙한 용어들을 상당 부분 포기하고서, 그 대신 그들이 흔히 사용했던 용어들로 관심을 돌려야 할 것이다.

거룩(קָדוֹשׁ "카도쉬"). 야웨는 거룩하시다. 이는 그분이 세상에서 거룩성이라고 정의된 어떤 외적 기준에 부합하시기 때문이 아니라, 바로 그분이 하나님이시기 때문이다. 무언가가 거룩하다고 묘사하는 것은 그것이 신적 영역에 속해 있음을 의미한다. (하나님 아닌) 어떤 사물이나 사람이 거룩하다고 말하는 것은 그(것)에게 그러한 지위가 **주어졌다**는 의미다. 다시 말해 거룩은 우리가 추구하거나 획득할 수 있는 성품이 아니다. 하나님은 정의상 거룩하신 분이다. 그분은 그 거룩함을 이스라엘에게 부여하신 후에 이스라엘 백성들 가운데 거하고자 하셨다. 하나님의 임재는 그들에게 혜택을 가져다주고 하나님과의 교제를 가능하게 해주었지만, 그들이 행동을 통해 그들에게 주어진 지위를 유지하는 데 실패했을 때 그에 합당한 결말이 주어졌다. 그 지위 자체는 얻거나 잃을 수 있는 것이 아니지만, 야웨의 임재가 그들을 떠나버린 것이다.

고대 근동에서 신들을 "거룩"한 존재로 묘사한 경우는 극히 드물다.[20] 그들은 순수하고 정결한 것으로 간주되었지만 의미론적으로 히브리어 "카도쉬"(קדוש)에 비견될 수 있는 용어는 존재하지 않는다.[21] 아카드어에서 찾을 수 있는 가장 근접한 예가 "딘기르"(*dingir*)라는 개념인데,[22] 이것은 신들, 신전들, 신들과 관련된(신들의 영역에 포함된) 사물들, 별들 등을 가리키는 한정명사다.[23] 이것은 성품이 아니라 정체성을 표시하는 용어다. 아카드어 문헌에서 사람의 이름을 "딘기르"라는 범주에 포함시키는 일은 아주 드물며 (간혹 왕들에 대해 사용되긴 했으나), 민족 전체를(이스라엘이 거룩하다고 묘사된 것처럼) 그렇게 지칭하는 경우는 전혀 없다.[24]

하나님의 성품에 관한 우리의 이해와 관련하여, 하나님이 "거룩하시다"라고 말할 때 우리는 하나님을 정의하는 범주에 대해 말하는 것인데,

---

20   예외로 보이는 몇몇 경우가 우가리트어 텍스트에 등장하지만, 히브리어에서 관찰할 수 있는 것과 같은 포괄적인 의미론적 범주를 보여주지는 않는다.

21   "Syntactical/Semantic Analysis of *qds*," appendix to John H. Walton and J. Harvey Walton, *The Lost World of the Israelite Conquest* (Downers Grove, IL: InterVarsity Press, 2017), ivpress.com/the-lost-world-of-the-israelite-conquest.

22   단어 앞에서 한정적 접사로 사용된다. 예 ᵈMarduk, 여기서 접두어 d는 *dingir*를 의미한다.

23   M. Hundley, "Here a God, There a God: An Examination of the Divine in Ancient Mesopotamia," *Altorientalische Forschungen* 40 (2013): 68-107; B. N. Porter, "Blessings from a Crown, Offerings to a Drum: Were There Non-Anthropomorphic Deities in Ancient Mesopotamia?," in *What Is a God?*, ed. B. N. Porter (Winona Lake, IN: Eisenbrauns, 2009), 153-94.

24   동료 교수인 Adam Miglio는 내게 아카드어 "*asakkum*"이 신의 임재 앞으로 나아가는 사물들을 가리키는 데 사용된다는 사실을 상기시켜 주었다.

그러한 정의가 그분의 행위들에 대한 정보를 제공해주지는 않는다. 하나님은 거룩하게 행동하시거나 거룩한 일들을 행하시는 것이 아니다. 그분은 정의상 거룩하시다. 따라서 그분의 존재 영역 안에 포함된 모든 것은 그 성품을 공유한다. 야웨께서 이스라엘에 대하여 그들이 거룩하다고 선포하실 때 이스라엘은 그분의 정체성의 일부가 된다. 이와 같은 선언을 통해 야웨는 자신의 정체성을 확장하여 "이스라엘의 하나님"이 되신다. 그러나 이스라엘이 거룩하다고 선언된다고 해서 그들이 거룩하게 행동하거나 거룩한 일들을 행하는 것은 아니다. 물론 야웨의 임재 안에 머물기 위해서는 그와 같은 지위에 합당한 방식으로 살아갈 것이 요청되기는 하지만 말이다.

질투(קָנָא "카나"). 이것은 배타적 의미에서의 전권을 표현하는 방식이다. 한 사람이 다른 누군가에게 속할 때, 사람들은 그것을 인정하고 그 권리를 존중해주어야 한다. 여기서 "소속됨"의 토대는 경제(다시 말해 소유)적인 것이 아니라 관계적인 것이다. 따라서 이 용어는 상호관계에서 비롯된 가치 있는 무언가를 보호하고 보존한다는 의미를 갖는다(출 20:5; 34:14; 신 4:24; 5:9; 6:15). 그것은 소유권 혹은 충성심에 대한 요구에 바탕을 둔 특권의식을 동반한다. 야웨는 다른 신들에 대해 질투하시는 것이 아니라 그들에게 드려지는 예배에 대해 질투하신다(시 78:58). 야웨는 언약에 근거하여 그의 백성들에게 충성심을 요구할 특권을 가지신다.[25] 그분은 자신이 원하는 선물들

---

25 하나님에 대해 사용된 용례 가운데 8회가 형용사형으로 사용되면서(출 20; 34; 신 4-6; 수 24; 나 1) 복수나 용서와 관련된 동사들을 수반한다. 약 20회 가량은 명사형(질투, 열심)으로 사용되는데, 이 가운데 절반 이상이 이사야서와 에스겔서에 등장하면서 그의 신실치 못한 백성이나 원수들에 대한 그의 행동의 근거로 제시된다. 9회는 동사형으로 등장하는데(영어에는 이에 대응하는 동사가 없다), 2회는 히필형(Hiphil, 이스라엘의 행위가 하나님의 질투의 행동을 불러일으킨다; 신 32:16; 시 78:58), 7회는 피엘형(Piel, 하나님께서 이스라엘의 불충이 자신을 어떤 상태에 이르게 했는지 묘사하심)으로 등장한다. 이스라엘은 또한 하나님을 질투의 상태에 이르도록 만들기도 한다(신 32:21; 왕상 14:22;

을 다른 신들이 받을 것을 염려하시는 것이 아니다(필요에 따른 요구가 아니다).
고대 근동에서 신들은 다른 신들의 지위에 대해 질투심을 가질 수도 있었
으며, 심지어 사람들이 가진 것을 탐내기도 했지만, 다른 신들에게 드려지
는 예배와 그들에게 주어지는 관심에 대해서는 질투하지 않았는데, 그런 태
도가 배타적 입장으로 이어진다고 여겼다.[26] 여기서 우리는 하나님께 대해
이러한 성품을 적용하는 것이 영어 단어 "jealous/jealousy"가 갖는 부정적
인 함의를 전혀 전달하지 않는다는 점을 발견할 수 있다.

형언불가능성. 야웨에 대한 가장 지속적인(특히 이사야서에 두드러지는[27])
주장 가운데 하나는 그가 계획을 세우시고 그것을 실행에 옮기신다는 것
이다. 여기서는 단순히 가까운 미래에 관한 즉흥적인 계획들만이 아니라 장
기간의 계획들도 염두에 두고 있다.[28] 이러한 주장들을 통해 그는 그와 같은
일들을 수행할 수 없는 다른 신들로부터 스스로를 구별하실 뿐 아니라 자
신의 주권을 표현하신다. 세상 어느 누구도 그분의 계획을 뒤집거나 변경할
수 없다.

불변성. 구약성서의 몇몇 주요 구절에서 야웨는 자신이 변함없는 분이

젤 39:25; 욜 2:18; 슥 1:14; 8:2). 관련 용어들에 대한 유용한 비교로는 다음을 보라 John
H. Elliot, "Envy, Jealousy, and Zeal in the Bible: Sorting Out the Social Differences and
Theological Implications—No Envy for YHWH," in *To Break Every Yoke*, ed. R. Coote
and N. Gottwald (Sheffield, UK: Sheffield Phoenix, 2007), 344-64.

26   De Moor, *Rise of Yahwism,* 316. De Moor는 히브리어 명칭의 독특성을 축소 해석하려고
      시도하지만, 그는 중요한 의미론적 구분을 모호하게 만들어버렸다. 질투와 관련된 동족어
      들에 대해서는 다음을 보라 E. Reuter, "קנא," in *TDOT* 13:47-58.

27   사 41:4, 21-29; 42:9; 43:9-13; 45:21; 46:10; 48:3-7.

28   나는 이 장구한 논쟁을 지나치게 단순화시켜버렸는데, 그 역사를 반영해 주는 다음 두 학
      자의 수십 년 전 논쟁을 참조하라. B. Albrektson, *History and the Gods* (Lund: Gleerup,
      1967); H. W. F. Saggs, *Encounter with the Divine in Mesopotamia and Israel* (London:
      Athlone, 1978).

라는 사실을 강조하심으로써 스스로를 인생들과 구별하신다(םרֹנֹ; 민 23:19; 삼상 15:29; 시 110:4). 위의 구절들과 함께 야웨가 참으로 뜻을 변경하신다고 암시하는 듯한 다른 구절들도 발견할 수 있다(창 6:6-7; 22:2, 12; 출 33:3, 14- 17; 삼상 2:27-35; 15:11, 35; 렘 26:13; 욜 2:13-14; 요 3:10; 일부 역본에서는 "마음이 누그러지다", "후회하다"와 같이 번역하기도 한다.)[29]

하지만 하나님이 불변하시다는 관념은 종종 예측불가능하고, 변덕스 러우며, 변화무쌍하고, 일관성 없는 태도를 보여주곤 하는 고대 근동 전반 에 걸친 신들의 모습과 대조된다. 그러나 이런 중대한 차이점에도 불구하고 일부 특수한 상황하에서는 야웨가 행동방침을 변경하시기도 한다. 예를 들 자면 인간의 행동이 변함으로써 재고의 여지가 발생하거나 혹은 중보기도 를 통해 하나님이 양보하시는 경우도 있다는 것이다. 하지만 이와 같은 재 고 혹은 양보가 하나님이 과거에 잘못 판단하셨다거나 혹은 중보자가 하나 님보다 더 나은 판단력이나 더 우월한 논리를 가지고 있음을 인정하는 것으 로 받아들여져서는 안 된다. 위에서 논의한 성품들과 마찬가지로 불변성이 라는 성품은 야웨와 고대 근동의 다른 신들을 구별 짓는 요소다. 물론 고대 근동 신들이 내리는 칙령들도 다른 누군가에 의해 변경될 수 없는 것이라고 주장되었지만, 불변성에 관한 구속력은 야웨의 칙령에 비해 훨씬 제한적이 었다.

구원자. 물론 이것 외에도 다양한 항목들을 거론할 수 있겠지만, 본서에 서는 이것이 마지막으로 살펴볼 야웨의 성품이다. 야웨는 종종 그의 백성들 을 어려운 환경에서 구원하신다. 출애굽이나 포로 귀환과 같은 대규모 사건

---

29 보다 광범위한 분석으로는 다음을 보라. J. Walton, *Genesis,* NIVAC (Grand Rapids: Zondervan, 2001), 308-11.

들을 떠올릴 수도 있지만, 보다 일반적인 곤경에서도 그의 백성들을 구원하신다. 하나님의 구원을 묘사하는 데 사용되는 가장 일반적인 용어로는 "가알"(גָּאַל)[30]과 "파다"(פָּדָה)[31]를 들 수 있다. 전자는 어떤 사람이나 혹은 사물이 과거의 안정적이고 정상적인 상태로 회복되는 것을 가리킨다. 사람의 경우에는 종종 가족이나 부족이 행위의 주체가 되지만, 이스라엘이 객체일 때는 하나님이 행위의 주체가 되기도 한다. 이 동사는 종종 어떤 사람이나 사물이 "~로부터" 회복된다고 묘사하지만,[32] 여기서 보다 비중 있게 다뤄지는 것은 그들이 어떤 상태"로" 회복되는가 하는 점이다. 그것은 전형적으로 의무에 관한 표현이다. 반면에 "파다"(פָּדָה)라는 동사는 어떤 사람을 그의 속박과 책임으로부터 자유롭게 해주는 교환, 혹은 거래와 관련된다. 물론 이 동사의 의미 영역이 "가알"(גָּאַל)과 중첩되는 부분이 많으며, 양자 모두 다양한 상황에 적용될 수 있다.

하지만 히브리어 "פָּדָה"와 동일한 어원을 가진 아카드어 동사의 주어가 신들인 경우는 매우 드물며, 개인이 주어인 경우도 흔치는 않다.[33] 고대 근동에서 구원자 개념은 신들의 표준적인 속성에 포함되지 않았으며 결코 특정 인류 집단(예컨대 이스라엘 백성과 같은)과 연관지어지지 않았다.

마찬가지로 구약성서에서도 개인이나 집단이 그들의 죄로부터 구속받는 경우는 없었으며,[34] 따라서 구약성서는 신약성서와는 다른 차원의 사고

---

30   예. 출 6:6; 15:13; 시 19:14; 사 41:14; 43:1, 14; 44:6, 22-24; 47:4; 48:20; 49:7; 52:9.

31   예. 신 7:8; 13:5; 21:8; 시 25:22; 사 35:10.

32   그런 식으로 이것은 구원이나 구출을 가리키는 데 사용된 동사들(נָצַל, יָשַׁע)과 유사점을 보인다.

33   CAD, *padû*.

34   가능한 예외가 시 130:8이다. 하지만 이 구절에서 사람들은 그들의 "아본"(עָוֹן)에서 구속받았다고 말하는데, 이는 그들이 당하던 징벌을 가리키는 것으로 보이기 때문에(다시 말

방식을 보여준다 할 수 있다. 이로 볼 때 구약성서의 "구원자 하나님" 개념

을 신약성서의 "구원자 그리스도" 개념에 해당하는 것으로 간주하여 양자

간의 연속성을 주장하는 것은 방법론상으로 일관성이 없는 일일 것이다. 물

론 후자의 개념이 전자에서 발전한 것은 사실이겠지만 말이다.[35]

하나님과 고대 근동 신들에게 해당하는 (사람에게는 해당되지 않는) 성품들

몇 가지 성품들을 선별적으로 언급하기에 앞서 먼저 이스라엘 사람들이 "엘

로힘"(그리고 셈어 계열의 동족어인 "엘림"[אֵלִים] 및 "일루"[ilu])이라는 용어를 어

떻게 이해했을지 논의해볼 필요가 있다. 그것은 인간의 영역에 속하지 않는

영적 존재들을 지칭하는 일반적인 용어였으며 따라서 고대 근동 사람들은

신성을 가진 것으로 생각되는 모든 대상, 예컨대 망자의 영역에 들어간 영

혼들에게도(삼상 28:13) 이 용어를 사용할 수 있었다. "하나님의 아들들" 역

시 여기 포함될 수 있었다(예. 욥 12장; 시 82편; 89:6-7). 더 나아가 바빌로니아

사상에서는 별들과 신들의 형상들도 비유적이고 중재적인 의미에서 신들의

현시이기 때문에 "일루"(ilu)로 간주되었다.[36] 또한 고대 근동에서 신들의 범

해 그들이 하나님을 거역하던 행위로부터의 구속이 아니라 하나님께서 그들에게 내리셨
던 징벌로부터의 구속을 의미하기 때문에) 이것을 예외라고 보기는 어렵다.

35 욥 19:25에서 욥이 그의 "고엘"(גֹּאֲלִי)이 살아 계신다고 했던 선언을 그리스도에 대한 소
망에 적용해서는 안 된다. 욥은 여기서 그를 죄로부터 구속해줄 누군가를 기대하는 것이
아니다. 그는 이미 자신에게는 드러내야 할 죄가 없다고 선언했다. 그는 자신을 이전 상태
로 회복시켜줄 누군가를 기대한 것이다. 구원의 스펙트럼에서 칭의(justification)의 반대
편 끝자락에 자리한 것이 신원(vindication)이다. 신원은 무죄를 전제하는 반면 칭의는 죄
책을 전제한다.

36 Porter, *What Is a God?*, 특히 F. Rochberg, "'The Stars and Their Likeness': Perspectives
on the Relation Between Celestial Bodies and Gods in Ancient Mesopotamia," 41-
92; B. N. Porter, "Blessings from a Crown, Offerings to a Drum: Were There Non-
Anthropomorphic Deities in Ancient Mesopotamia?," 153-94.

주로 분류되는 존재들은 제의의 대상으로서 숭배 받아야 하는 것으로 인정되었다. 하지만 구약성서에서는 오직 야웨만이 합법적인 제의 활동의 초점이었다.

하지만 하나의 계급으로서 신을 분류할 때는 그들이 관여하는 행위들과 그들이 통제하는 관할권을 고려하여 보다 좁은 의미로 정의할 필요가 있다. 고대 근동에서는 특정 계층의 신만이 창조자, 혹은 전사라는 이름을 얻을 수 있었다(모든 신들이 이 범주에 포함되는 것이 아니었다). 일반적인 의미에서의 신들이란 먼저 "우주적 공생관계"(Great Symbiosis)에 참여하는 자들로 정의되었는데, 이 관계에서는 신들이 인간들에 의해 돌봄을 받고(제의를 통해; 본서 제4장의 논의를 참조) 그 대가로 인간들이 원하는 것을 그들에게 제공한다. 여기에는 우주를 관장하는 신들, 국가나 도시의 수호신들, 부족신들, 그리고 심지어 조상신들도 포함된다. 이스라엘에서 야웨는 본래 부족신으로 (아브람에게) 나타나셨으나 종국에는 우주를 관장하는 신인 동시에 국가의 수호신으로 이해되었다. 고대 세계에서 이처럼 광범위한 영역에 관여하는 신은 알려진 적이 없다.

한편 귀신들은 고대 근동에서 인간도 아니고 그렇다고 해서 "일루"(*ilu*)로 간주되지도 않았는데, 따라서 그들에게는 희생제의도 행해지지 않았고 그들을 숭배하는 전통도 세워지지 않았다. 오히려 그 귀신들을 제어하고 극복하기 위해 신들에게 제의를 통해 호소했다. 흥미롭게도 구약성서에는 사실상 귀신이 등장하지 않는다.[37]

창조주/조물주. 고대 세계의 모든 문화에서 신(들)은 창조주로 간주되

---

[37] 귀신과 그들의 역할에 대한 논의로는 죄와 악을 다룬 제6장을 참조하라. 보다 자세한 논의로는 John Walton and J. Harvey Walton, *Demons and Spirits* (Eugene, OR: Wipf and Stock, forthcoming).

었다. 고대 근동에서 서로 다른 신들이 서로 다른 전통과 시대에 창조신으로 추앙받았다. 하나의 신(일례로 「에누마 엘리시」에서는 마르두크)이 이전 창조신(일례로 아누 혹은 엔릴)의 뒤를 잇는 창조신으로 간주되는 경우도 있었다는 사실을 통해 우리는 창조신이 무엇을 의미하는지에 대해 중요한 성찰을 발견할 수 있다. 바빌로니아인들은 마르두크가 처음부터 창조신이었다고 생각하지 않았으며, 그들의 생각에 마르두크는 그 지위를 획득한 것이다. 창조신이란 우주에 질서를 부여하고 그 질서를 보전하기 위해 필요한 모든 일을 수행하는 존재다. 구약신학과 이스라엘의 관점에서 야웨는 창조신이다(다음 장에서 보다 자세히 다루겠다).

전사. 고대 세계에서 신적 전사가 수행한 역할에 대해서는 많은 자료가 있다.[38] 사실 신들에게 주어진 가장 중요한 책임 중 하나는 질서 유지인데, 여기에는 신들이 관장하는 백성들을 대적하고 문제를 일으키는 방해세력들을 처리하는 일도 포함된다. 이런 사고방식에 따르면 신들이 수행하는 전쟁은 평화의 반대 개념이 아니라 무질서를 초래하는 세력에 맞서는 것이다. 신들은 단순히 전쟁을 승인해주고 전투에 참여만 하는 것이 아니라 실제로 승리를 쟁취하는 전사들이다. 이와 유사하게 이스라엘 백성들도 야웨를 신적 전사로 이해했다. 실제로 그분은 자신의 백성들을 위해서 싸우기도 하시지만 때로는 자신의 백성들을 대항해서 싸우기도 하신다. 심지어 그것이 자

---

[38]   38S. W. Holloway, *Aššur Is King! Aššur Is King!* (Leiden: Brill, 2002); Sa-Moon Kang, *Divine War in the Old Testament and in the Ancient Near East* (Berlin: de Gruyter, 1989); Martin Klingbeil, *Yahweh Fighting from Heaven: God as Warrior and God of Heaven in the Hebrew Psalter and Ancient Near Eastern Iconography,* Orbis Biblicus et Orientalis 169 (Göttingen: Vandenhoeck & Ruprecht, 1999); Tremper Longman and Daniel Reid, *God Is a Warrior* (Grand Rapids: Zondervan, 1995); Patrick D. Miller, *The Divine Warrior in Early Israel* (Atlanta: SBL Press, 2006); C. Trimm, *YHWH Fights for Them! The Divine Warrior in the Exodus Narrative* (Piscataway, NJ: Gorgias, 2014).

신의 성전이 파괴되는 것을 의미함에도 말이다. 하지만 전사로서 야웨의 활동은 고대 근동의 다른 신들에 비해 훨씬 제한적이다. 이러한 유사점과 차이점들을 우리는 다음 장에서 "신들의 전쟁"(theomachy)이라는 관점에서 살펴볼 것이다.

히브리 성서를 살펴보면 우리는 이러한 성품과 관련하여 상당히 분명하게 구분되고 손쉽게 식별이 가능한 세 가지 모티프를 발견할 수 있다. "신적 전사" 범주에는 첫째로 인간 대적자들에 대한 승리가 확인되거나 요청되는 구절들이 포함된다. 이러한 대적들이 시편 저자의 개인적 적들인 경우도 있지만, 대개는 이스라엘의 대적들이다.

둘째로, 신적 전사가 혼돈의 세력과 다투는 장면(Chaoskampf)을 묘사하는 시문학 텍스트에서 우리는 "우주의 주재", 곧 우주 기원론(cosmogonic) 모티프를 접한다. 히브리 성서는 일관되게 하나님의 왕권에 관심을 갖는데, 이것은 고대 세계 전반에서 보편적인 관심사였다. 물론 우주 기원론이 하나님의 왕권을 드러내는 한 가지 맥락이기는 하지만 다양한 맥락 중 하나일 뿐이다. 야웨의 왕권은 비를 내리는 일에서부터 국가의 정치에 이르기까지 우주의 모든 활동에 미치는 것으로 표현된다.[39] 그는 다른 모든 신들보다 우월하시며, 국가들과 제국들을 다스리신다.

이와는 대조적으로 "신들의 전쟁" 모티프는 야웨가 자신의 통치에 대항하는 세력들을 제어하는 맥락에서 자주 등장한다. 예언서와 시편 어디에서도 우주의 **형성**이 [야웨가] 다른 세력들을 제압한 결과라고 암시하는 구

---

39   N. Forsyth, *The Old Enemy* (Princeton, NJ: Princeton University Press, 1987), 53-54. 여기서 니누르타(Ninurta)의 통치는 안주(Anju)라는 새에게 멍에를 채우는 것으로 묘사되는데, 안주는 그의 입에서 빗물을 쏟아낸다.

절을 발견할 수 없으며,[40] 다만 우주에 대한 야웨의 **통치**가 대적들을 무찌르고 세력들을 제어함으로써 완성되었다고 말할 뿐이다. 하지만 그 대부분의 구절들도 "신들의 전쟁" 모티프라기보다는 "신적 전사" 모티프를 다루는 언어에 가깝다. 물론 성서 구절들에서 "신들의 전쟁" 모티프를 발견하기 어렵다는 사실은 놀라운 것이 아니다. 왜냐하면 고대 근동과의 관계에서 논의되는 대부분의 신들의 전쟁 범주들은 다신론 체계에서만 작동할 수 있기 때문이다. 이스라엘 역사의 상당 기간 동안 다신론이 완전히 배제되지는 않았지만, 그럼에도 성서 텍스트 자체는 다신론 세계관을 수용하지 않았다.

구약신학을 다룰 때 우리는 하나님이 전사이심을 항상 염두에 두어야 한다. 하나님은 이스라엘 백성을 위해 싸우신 것처럼 (자신의 백성인) 우리를 위해 싸우신다. 그는 또한 그의 백성들을 영적이고, 물리적이고, 추상적인 모든 적들로부터 구원하신다. 그 어느 것도, 그리고 그 누구도 그분에게 위협을 가할 수 없으며, 그분의 통치를 벗어날 수도 없다. 그의 백성들을 위협하는 영적인 세력들도 그에게는 위협이 되지 않는다. 그는 승리자시다. 동일한 맥락에서 우리는 그리스도에 대해서도 죽음을 극복하심으로써 우리를 죄의 권세에서 구원하신 승리자라고 말할 수 있는 것이다. 하지만 우리가 전사로서의 하나님이라는 심상을 이해하기 위해서 추가적으로 신약성서의 이와 같은 정보를 필요로 하는 것은 아니다. 사실 구약성서는 이와 관련해 보다 구체적인 정보를 풍성하게 계시해준다.

이 부분에 대해 요약과 결론을 제시하는 일은 다음 단락에서 관계 개념을 다룬 뒤로 미루겠다.

---

40   R. S. Watson, *Chaos Uncreated: The Reassessment of the Theme of Chaos in the Hebrew Bible* (Berlin: de Gruyter, 2005), 235.

관계

내가 너희와 함께하겠다

구약성서에서 하나님에 관하여 가장 일반적으로 식별되는 측면 가운데 하나는 그분의 관계성이다. 이와 같은 성품은 또한 그분을 고대 근동의 다른 신들과 예리하게 구분하는 특성이기도 하다. 하지만 논의를 진행하기에 앞서 우리는 먼저 "관계"라고 하는 사실상 불가해한 용어를 통해 우리가 무엇을 지시하고자 하는지를 밝혀야 할 것이다.

우리는 다음과 같이 네 가지 범주의 관계들을 제시할 수 있다.

- 실질적 관계(예컨대 부자관계; 비유: 아버지이신 하나님)
- 공식적 관계(예컨대 부부관계; 비유: 남편이신 하나님)
- 힘이나 필요에 의한 강제적 관계(예컨대 백성과 정부의 관계; 비유: 왕이신 하나님)
- 상황적 관계(예컨대 교사와 학생, 고용주와 피고용인의 관계; 비유: 멘토이신 하나님)

위의 예들에서 관계는 잠재적으로 건강하거나, 중립적이거나, 혹은 역기능적일 수 있지만, 이 모든 관계들은 비유에 토대를 둔 것이다. 따라서 우리는 백성들과 하나님/신들의 관계를 심리학적인 용어들로 묘사하려는(예컨대 부모와 자녀 간의 관계가 갖는 심리학적 본성에 비추어 보려는) 유혹을 피해야만 한다. 심리학적 설명들은 고대 세계에서 신과 인간 간의 관계가 갖는 본질을 밝혀주지 못하며,[41] 설사 심리학적 측면이 존재한다 해도 우리가 고대 문헌들에서 그런 요소들을 추출해내기는 대단히 어렵다.

하지만 우리는 고대 세계 및 이스라엘에서 하나님/신과 백성들 간의 "사랑"이라는 개념을 살펴봄으로써 신-인 관계의 본질에 접근할 수 있는데, 왜냐하면 이것이 바로 고대 텍스트들이 실제로 사용한 용어이기 때문이다. 일반적으로 신들은 인간들을 사랑하고(아카드어 *râmu*), 인간들 역시 신들을 사랑하는 것으로 여겨지지만 고대 세계에서 "사랑"이라는 용어는 감정적이기보다는 정치적인 상호관계가 존재한다는 표현으로 사용되기도 했다. 게다가 신들로부터의 "사랑"이라는 표현은 상당히 드물기도 하고, 그 대상도 일반 백성들이 아니라 왕들인 경우가 많다. 고대의 왕들이 신들과 자신들의 관계에 대해 장황하게 설명하는 수많은 왕실 명문들을 살펴보아도 그들의 관계에서 **감정**을 명확하게 드러내는 표현은 어느 방향으로나 상당히 드물게 발견된다. 이집트의 경우를 살펴보자면, 신들에 대한 백성들의 사랑이 다음과 같은 구절에 담겨 있다. "모든 거룩한 처소에서 그분[Amun-Re]을 찬미하라. 모든 성역들은 그분에 대한 사랑으로 말미암아 유지될 것이다." 토트(Thoth) 신에게 드리는 찬미가에는 이런 구절이 있다. "그분이 생명을 주시기 위해 입을 여실 때, 그분의 눈썹에서 사랑이 용솟음친다."[42] 하지만 메소포타미아에서 이런 유형의 구절들은 단편적으로 발견될 뿐이며, 따라서 그런 구절들을 이집트인들이 그들과 신들의 관계를 어떻게 이해했는지를 보여주는 기본적이고 보편화된 표현들로 간주할 수는 없다.

이와는 대조적으로 구약성서는 이스라엘을 향한 야웨의 적극적인 사

---

41   하지만 비유가 발전하는 과정에 심리학적 관점이 더해지는 경우도 있다(예컨대 부모가 아이를 고대한다거나 그들을 위해 운다는 표현 등이다).

42   Foster, *Hymns, Prayers, and Songs*, 73 (Leiden Hymn 1 350) 그리고 146.

랑과 돌보심에 관한 표현들로 가득한데, 이는 고대 근동 문헌들에서 발견되는 것과는 현저한 차이를 보인다. 실제로 구약성서에는 야웨와 사람들의 사랑에 관한 표현들이 도처에 산재해 있다. 또한 우리는 비록 "사랑하다"(אָהֵב "아하브")라는 것이 반드시 감정적인 느낌이나 애착을 수반하는 것은 아니라 하더라도 긍정적이고 호의적인 관계를 표현한다는 점을 지적할 수 있다. 특정한 몇몇 정황에서는 감정이 원색적인 방식으로 표현되는 것도 발견할 수 있는데, 가장 두드러지는 구절들로는 예레미야 31:3, 예레미야애가 3:22, 그리고 호세아 11:1-11을 들 수 있을 것이다. 위의 구절들은 야웨가 그의 백성들에게 정서적으로 대응하시는 것을 보여주는데, 우리는 이런 예들을 야웨와 이스라엘 간의 관계가 작동하는 주된 양상으로 받아들여서는 안 될 것이다. 구약성서에서 야웨는 백성들의 친구이자 백성들에게 사랑받는 분으로—이것은 고대 근동에서 극히 드물게 사용된 용어들이다—간주되기도 한다. 달리 표현하자면 야웨와 이스라엘의 관계는 심리학적 필요나 정서적인 감정에 의해 주도되는 것이 아니라 야웨에 의해 출범된 동반자 관계, 곧 그가 자신의 계획과 목적을 수행하는 일에 자신과 동역하도록 이스라엘을 초청하심으로써 시작된 관계로 정의된다.

이스라엘을 향한 야웨의 정서적 애착을 보여주는 고전적인 표현으로 종종 거론되는 예는 이스라엘을 야웨의 "특별한 소유"(סְגֻלָּה "세굴라")로 묘사한다는 점이다. 물론 구약성서에서 이 표현이 자주 사용되는 것은 아니지만, 그럼에도 세심한 주의를 기울여 살펴볼 필요가 있다. 이 용어는 구약성서 전체에서 도합 8회 사용되었고 그중 6회가 이스라엘을 가리킨다(나머지 2회는 왕실 보물창고와 관련된다). 이 단어가 가지는 미묘한 의미는 다른 셈족언어들에 대한 비교연구를 통해 더욱 분명하게 밝혀질 수 있는데, 다른 언어들에서도 히브리어와 동일한 의미론적 흔적들을 보여준다.[43] 아카드어에서는 개인이 소장할 수 있는 이동 가능한 재화를 가리키는데, 중요한 점은 이 용어가 비유적으로 사람의 이름에 사용되면서 그 사람이 신과의 관계에서 누리는 지위를 암시한다는 것이다. 이 모든 경우에 이 용어는 히브리어에서처럼 민족 전체와 관련되기보다는 개인에 대하여 사용된다. 보다 중요한 예로, 우가리트어로 기록된 한 서신에서 히타이트의 군왕은 한 지방 통치자('Ammurapi)에게 그가 봉신의 지위에 있음을 상기시키는데, 여기서 주군-봉신 관계를 공고히 하는 개인적인 유대를 강조하기 위해 "sglt"라는 용어가 사용되었다.[44] 따라서 "sglt"라는 용어는 정서적 애착보다는 목적 지향적인 동반자 관계를 가리킨다고 볼 수 있다.

어쨌거나 위에서 언급한 것처럼 구약성서에서 야웨와 이스라엘의 관계가 건강한지 혹은 역기능적인지에 대한 판단은 동반자 관계를 기초로 내려져야 할 것이다. 건강한 신-인 관계는 사랑 혹은 존중에 의해 동기부여 되고, (관계가 갖는 본질에 따라) 순종 혹은 상호복종으로 특징지어진다. 이와 반대로 역기능적인 신-인 관계는 두려움 혹은 필요에 의해 동기부여 되고, 무시 또는 기껏해야 무미건조한 임무수행으로 특징지어진다. 이러한 범주들과 특징들은 이스라엘과 야웨의 관계뿐만 아니라 모두 어느 정도는 고대 근동 사람들과 신들의 관계에도 적용된다.

고대 문헌에서 신들과 인간 사이의 "실질적" 관계를 보여주는 언어를 사용하는 것은 보편적인 현상이었다. 예컨대 이집트 사고에서는 창조 사건을 통해 신들과 인간 간에 실질적인 관계가 존재하게 되었다. 부모/자녀 비

---

43 아카드어 *sikiltu*(이형들로는 *šigiltu, šagiltu, šagālu*) 그리고 우가리트어 *sglt*. E. Lipinski, *TDOT* 10:144-48.

44 E. Lipinski, "סְגֻלָּה," in *TDOT* 10:146.

유도 이집트 문학에서 일반적인 것이었지만 왕에 대해서만 제한적으로 사용되었다. 하지만 적어도 신왕조 시대에는 신이 모든 백성의 아버지/어머니로 간주되었다.[45] 한편 「메리카레를 위한 교훈」에서는 신들이 인간들을 가축처럼 돌보는 것으로 묘사한다. 부자 관계의 비유는 메소포타미아 문헌에도 나타나지만, 여기서도 그 관계는 일반적으로 신과 군주의 관계로 제한된다.[46] 예를 들어 마르두크는 동정심이 많은 것으로 묘사되지만, 현존하는 방대한 기도문 모음집 가운데 그를 가리켜 "아버지"라고 표현한 곳은 어디에도 없다. 하지만 이스라엘의 사고에서 이스라엘 백성(그리고 궁극적으로 그들의 왕)은 야웨의 자녀로 그려진다. 비록 위와 같은 비유들이 문자적으로는 친족관계를 묘사하고 있지만, 메소포타미아와 이스라엘에서 그 관계는 선출에 의해 수립된다는 점에서 보다 형식적인(입양과 같은) 것이라고 할 수 있다.[47] 고대 근동의 신들은 왕들을 후원하기로 선택했으며 야웨는 이스라엘을 그의 백성으로 선택하셨다. 달리 표현하자면, 인류 전체가 그분의 형상에 따라 지어졌다는 점에서 야웨와 그분의 백성 간에는 실질적인 관계가 존재한다고 할 수 있다.

위에서 지적한 것처럼 고대 근동 문화 전반에 걸쳐 신들과 왕들 간의 "공식적" 관계를 암시하는 표현들이 등장한다. 비록 남편/아내 은유보다는 입양 개념이 보다 일반적으로 관찰되기는 하지만 말이다. 하지만 이스라엘에서는 야웨와 이스라엘 간의 공식화된 관계를 지지하기 위해 남편/아내 은

45　J. Assmann, *The Mind of Egypt* (New York: Metropolitan, 2002), 234.

46　여기서 고려해야 할 점은 대부분의 자료가 왕의 후원으로 작성된 것이기 때문에 왕을 부각시키는 데 주안점을 두었다는 사실이다.

47　우리는 모든 인류에 대한 하나님의 관계가 그가 우리에게 부여하신 자신의 형상으로 말미암아 실현된 것이라고 생각할 수 있다.

유를 빈번하게 사용하는데, 이 관계에서 가장 두드러지는 요소는 언약이다. 이와는 대조적으로 고대 근동에서 남편/아내 은유는 신들과 인간 간의 관계가 아니라 신들 간의 관계에 주로 적용된다.[48] 이스라엘을 야웨의 자녀와 동일시하는 개념과 비교할 만한 것은 고대 근동 어디에서도 발견되지 않으며(예. 신 32:5, 19),[49] 신들과 인간 무리들 사이에 이루어진 합의(언약)라는 개념도 찾아볼 수 없다(자세한 내용은 제4장을 참조). 일례로 마르두크에게 드려진 바빌로니아의 기도문에서[50] 그는 종종 백성들의 목자로는 불리지만 그들의 아버지로 불리지는 않는다. 더욱이 마르두크에게 붙여진 수백 개의 호칭 중에 일부가 그를 백성의 보호자, 구원자, 감시자로 언급하기는 하지만, 그러한 호칭들은 단지 보호자와 공급자로서의 신이라는 일반적인 모델을 따른 것일 뿐이다.[51]

"강제적" 신-인 관계는 신들이 왕이나 목자로 간주된다는 점에서 가장 일반적인 것이다. 고대 근동에서 신들이 제공하는 후원은 소위 "우주적 공생관계"를 표현하는 방식이다. 여기서 신들은 음식, 거주, 의복을 필요로 하는 존재들이며 그들이 인류를 창조한 것도 그러한 필요를 채우기 위해서였다. 사람들은 신들을 보살펴줄 것으로 기대되었으며, 신들은 그 대가로 백성들을 보호해줌으로써 그들이 계속해서 신들의 필요를 채워주도록 만들었다. 이와는 대조적으로 야웨의 왕권은 세상 모든 나라에 보편적으로 미치

---

48 M. C. A. Korpel, *A Rift in the Clouds: Ugaritic and Hebrew Descriptions of the Divine* (Münster: Ugarit-Verlag, 1990), 213-32. 특히 그의 결론에 주목하라. "이스라엘에서는 가나안 신들의 연애와 결혼 관계를 의도적으로, 그리고 지속적으로 야웨와 그의 선민 사이의 관계에 대입시키고 있는 것처럼 보인다"(231).

49 하지만 민 21:29에서는 그것을 모압인들에게 적용한다.

50 Takayoshi Oshima, *Babylonian Prayers to Marduk* (Tübingen: Mohr Siebeck, 2011).

51 Ibid., 437-56의 목록을 참조하라.

지만, 보다 구체적으로는 이스라엘을 향하고 있으며 언약이라는 틀 안에서 행사되었다. 야웨는 그의 백성들이 자신과 맺은 언약을 신실하게 지킬 때 그들을 보호하고 그들에게 호의를 베푸는 것이지, 고대 근동의 "우주적 공생관계"에서처럼 백성들이 제의를 통해 그의 필요를 공급해준다는 조건으로 그들을 보호하고 호의를 베푸시는 것이 아니다.

고대 근동 신들과 인간 사이의 "상황적" 관계는 사람들이 그들의 도시 수호신, 조합, 그리고 부족과의 관계에서 처하게 되는 상황들을 통해 발생한다. 하지만 야웨를 향한 이스라엘의 관계는 특정한 상황에서 도출된 것이 아니다.

성서 문헌 전반에 걸쳐 우리는 즉흥적으로 이루어진 일이 없으며 매사에 하나님의 의도가 분명하게 드러나는 것을 확인할 수 있는데, 야웨가 아브람과 언약 관계를 시작하실 때도 그분은 먼저 아브람을 다른 신들에게로 이끌 여지가 있는 모든 주변 환경들을 정리하셨다(그는 아브람에게 본토와 친척을 떠나라고 명하셨다). 야웨는 이를 통해 "야웨의 백성"(עַם יְהוָה; 여기서 "עַם"은 연대감을 나타내는 표현이다)이라는 새로운 정체성을 창출하신 것이다.

앞에서 살펴본 것처럼 고대 세계에서 신들과 인간 사이의 관계는 여러 범주들을 통해 다양한 방식으로 이해되었다. 이스라엘도 여러 면에서 이러한 인지환경에 참여하고 있지만, 이스라엘과 야웨의 관계가 갖는 가장 두드러진 특징은 그것이 언약으로 대변되며, 그 관계에는 상황적 측면이 대체로 부재한다는 점이다. 비록 이스라엘과 고대 근동 간에는 관계의 유형 및 그러한 관계를 표현하기 위한 은유들에서 상당한 정도의 연속성이 발견되는 것이 사실이지만, 우리는 이스라엘과 고대 근동에서 신-인 관계가 **작동하는** 방식에 초점을 맞출 때 거기에 중대한 차이점이 있음을 발견하게 될 것이다.

앞서 살펴본 것처럼 우리는 신-인 관계를 표현하기 위해 적용된 다양한 비유들에도 불구하고 그 관계를 심리학적 관점에서 이해하려 해서는 안 된다. 이스라엘에서는 야웨와의 관계가 그들이 하나님의 계획과 목적을 수행하기 위한 동반자로 선택받았다는 관념을 통해 정의된다. 고대 근동에서는 신들과 인간 사이에서 그와 유사한 관계에 대한 증거를 찾아보기 힘들다.[52] 고대 근동 어디에서도 구약성서에서 종종 표현되는 다음과 같은 지위와 대등한 무언가를 발견할 수 없다. "나는 너의 하나님이 되고/될 것이고, 너는 나의 백성이 된다/될 것이다."

소통

고대 근동에서 신들과 인간 사이의 소통은 매우 드물 뿐 아니라 우발적인데 이는 대부분의 소통이 신탁의 정황에서 이루어지기 때문이다. 신들은 다양한 방식으로 자신을 현시하지만, 그들의 구체적인 계획도 일반적인 교훈도 전달해주지 않는다. 신들은 우주에 질서를 부여하고 사람들은 질서 잡힌 우주(사회를 포함하여)의 기대에 순응하며 그러한 기대와 조화를 이루어야만 했다. 하지만 신들은 순응과 조화를 어떻게 이루어낼지에 대해서는 아무런 정보를 제공해주지 않는다.

이 점에서 이스라엘의 차별성이 토라와 예언서의 계시를 통해 분명하

---

52 고대 근동에서 신들은 왕들과 언약을 맺는 것으로 종종 묘사되지만 그들이 사람들의 무리와 언약을 맺는다는 기록은 대단히 드물다. 사실 지금까지 알려진 것으로는 단 하나의 예가 존재할 뿐이다. 아르슬란 타쉬(Arslan Tash)에서 출토된 기원전 7세기의 아람어 부적에는 이렇게 기록되어 있다. "아슈르는 우리와 영원한 언약을 맺었다. 그는 우리와 (언약을) 맺었다. 엘(El)의 아들들 및 거룩한 만신의 어전에 자리한 지도자들과 함께, 하늘과 영원한 땅의 언약을 바알(Ba'l)의 맹세와 함께."(COS 2.86, p. 223). 이스라엘 언약의 독특성은 언약 관계 자체에만 아니라 언약 관계가 무엇을 성취했으며(공동 정체성) 무엇을 담고 있는지(토라, 하나님의 임재, 계시)에 놓인 것이다.

게 드러난다. 이스라엘으로 하여금 하나님의 목적을 수행하도록 해주는 주된 방식은 그와 같은 소통이었다. 야웨는 다른 어떤 신들보다 더 소통에 관심을 가진 신이었다. 비록 그가 평상시에 개인적인 대화를 소통의 방식으로 삼으시는 것은 아니지만 말이다. 하지만 이스라엘 사람들도 그들의 하나님과 좀 더 많은 소통을 나누기를 희망한다는 점에서는 주변 민족들과(그리고 우리들과도) 크게 다르지 않았다. 그럼에도 우리는 하나님이 이스라엘에게 제공하신 높은 수준의 정보들을 근거로 하나님이 고대 근동의 다른 신들에 비해 소통을 선호하시며 월등하게 높은 관계성을 요구하신다고 결론 지을 수 있다.

그러나 사람들이 신들에게 나아가는 상향적 소통으로 시선을 돌려보면 이스라엘과 주변 민족 사이에 별다른 차이점이 존재하지 않는다. 이스라엘 사람들이 고대 근동 사람들보다 더욱 자주, 더욱 친밀하게 기도했던 것도 아니고 그렇다고 해서 본질적으로 다른 기도를 드렸던 것도 아니다. 내용상의 차이점은 신성에 관한 이스라엘 사람들의 독특한 관점에서 비롯된 것으로 간주될 수 있지만, 그런 차이점이 관계상의 차이점을 의미하는 것은 아니다.

두려움과 필요가 아니라 사랑과 존중을 기반으로 하는 관계

상호관계가 갖는 가장 근본적인 측면은 그 관계의 원동력이 무엇인지를 분석해봄으로써 확인될 수 있다. 고대 근동 사람들은 만일 신들이 그들을 버렸을 때 무슨 일이 벌어질지에 대해 두려워하는 마음이 없었어도 여전히 신들과 관계를 맺기를 원했을 것인가? 만일 오직 신들만 제공해줄 수 있다고 여겨졌던 것들이 사실상 그들에게 필요하지 않은 것들이었다면 그래도 그들은 신들에 대해 관심을 가졌을 것인가? 물론 우리와 시공간적으로나 문화적으로 상당한 거리를 두고 있는 사람들의 속마음을 추측해보는 것은 당연히 어려운 일일 것이다. 하지만 전해져오는 모든 문헌들을 토대로 추측해보건대 고대 근동 세계의 종교적 감성을 지배했던 것은 "우주적 공생관계" 개념이었다. 고대 세계 종교는 필요와 두려움에 의해 작동했다.

고대인들이 인류가 왜 창조되었는지를 평가하는 방식에서도 중대한 차이점이 발견된다. 다음 장에서 살펴보겠지만, 고대 근동 전반에 걸쳐 사람들은 자신들이 신들을 섬기기 위해 창조되었다고 믿어왔다. 그들은 신들의 필요를 채워주는 데 필요한 일들을 수행하기 위해 만들어졌다는 것이다. 이것이 바로 우리가 우주적 공생관계라고 부르는 개념의 중심이 되는 정신이다. 이와 대조적으로 구약성서에서 사람들은 그분과 관계를 맺기 위해 창조되었다(본서 제3장 참조). 물론 상호봉사(우주적 공생)도 관계의 일종이긴 하지만, 구약성서는 야웨가 그의 백성들을 위해 보다 큰 것을 마음에 두고 계신다는 것을 보여준다.

이처럼 한층 진보한 관계를 어떻게 묘사할 수 있을까? 물론 이스라엘에도 "우주적 공생관계"의 정신을 보여주는 관례들이 존재했다는 점에는 의심의 여지가 없다. 그러나 구약성서는 그러한 사고방식의 정당성을 인정하지 않고 비난한다. 이스라엘 백성들에게도 "하나님을 두려워"하라는 명령이 주어졌으며, 때때로 이 명령은 그들의 제의 수행에 흠이 있을 경우 가혹한 보응이 주어질 것에 대해 두려워하라는 경고를 포함하기도 했다(레 10:1-3). 하지만 그런 두려움이 하나님과 그들 간의 관계를 압도하도록 의도된 것은 아니었으며, 오히려 그 두려움은 사랑과 존중에 바탕을 둔 것이었다. 하나님을 두려워하는 것은 다만 지혜의 **시작**일 뿐이다. 마찬가지로 이스라엘 백성을 향한 하나님의 반응도 호혜적인 유익의 교환에 기초한 것이 아니었다. 고대 세계에 만연한 "우주적 공생관계"(Great Symbiosis)를 대체하는 구약성서의 접근법을 가리켜 "위대한 계획"(Great Enterprise)이라 부를 수 있는데, 이는 우주를 향한 야웨의 계획과 목적에 이스라엘이 동참하는 것으로 정의된다. 이스라엘의 역할은 적어도 부분적으로는 순종(토라의 준수)에 기초하는데, 이 점이 바로 우리가 마지막으로 고려할 문제다.

제의 수행과 순종의 역할

순종이라는 주제를 다루기 위해 우리는 먼저 도대체 어떤 계명들과 교훈들이 사람들에게 순종해야 할 지침으로서 주어졌는지 살펴보아야 할 것이다. 우리는 앞에서 고대 근동 사회에서는 신들과 인간들 사이에 의사소통이 활발하게 이루어진 것은 아니라는 점을 지적했었는데, 이는 다음과 같은 질문을 불러온다. 고대 근동 사회에서 사람들이 순종해야 했던 것은 무엇이었을까? 우주적 공생관계의 핵심은 제의의 수행이지만, 그러한 행위는 단지 일반적인 의미에서만 순종이라고 간주될 수 있으며 구체적인 지침들은 주어지지 않았다. 제의 수행이 순종의 요소로 간주될 수 있는 이유는 신들이 일반적으로 그런 제의를 요구하기 때문이다. 하지만 어떤 제의를 언제, 어떻게 수행할지는 전적으로 전통과 제사장의 지침, 그리고 가장 중요하게는 제사장의 집례 방식에 좌우되었다.

고대 근동 세계에서는 어느 누구도 점술을 통해 주어진 계명들을 제외하고는 "신들의 계명에 순종"할 수 없었다. 왕들의 비문에는 그들이 신들의 말씀에 순종했다고 기록되어 있지만(참조. 함무라비 왕은 샤마쉬에게 순종하는 자라고 묘사되어 있는데, 아마도 그는 샤마쉬가 신탁을 통해 지침들을 주었다고 믿었던 것으로 보인다), 그와 같은 경우는 왕들의 비문에서도 대단히 드물며 일반 군중과 관련해서는 그와 같은 기록이 존재하지 않는다. 아마르나 시대 이집트에서는 신들의 뜻에 순종한다는 개념이 명백하게 존재하는데, 물론 이런 유형의 순종은 신의 명령에 대한 순종과는 차별화되어야 한다. 이집트에서 신들과의 관계를 보여주는 가장 중요한 표현방식 가운데 하나는, 백성들이 참여하는 축제의 자리에서 신들이 백성들 가운데 걸어 다닌다는 묘사다.[53] 이 경우 신들과 사람들 간의 관계는 봉사와 충성심으로 표현될 수 있을 것이다. "경건이란 그들이 섬기는 신의 마을이나 도시에 대해 충성을 다하는 것을 의미한다."[54] 이집트 사회가 존중하는 가치들(규율, 절제, 공동체에 복종)에 핵심적인 미덕으로서 추가되어야 할 것이 바로 "침묵"이다. 이처럼 경건은 사람들이 신들의 뜻에 순복하는 것으로 표현된다.[55] 달리 말해 선을 행하는 것은 경건의 행위일 수는 있지만[56] 그렇다고 해서 반드시 순종의 행위라고 할 수는 없다는 것이다. 고대 근동에서 신들의 명령이 전 우주(자연계와 인간 사회)에 질서를 부여했지만, 그들은 사람들이 어떻게 행동할지를 구체적으로 지시하지는 않았다. 사람들은 단지 사회의 질서에 따를 것으로 기대되었는데, 그것이 바로 신들의 뜻이라고 여겨졌기 때문이다. 하지만 이러한 의무는 순종에 관한 것이라기보다는 순응에 관한 것이었다. 다시 말해 경건은 우주의 질서에 순응하는 것이며, 순응이야말로 고대 세계의 관점에서 사람들이 신들과 관계를 맺으며 살아가는 방식이었다.

아마 이스라엘 사람들도 그들의 제의 수행과 사회 활동이 우주의 질서를 유지시키는 일인 동시에 하나님이 세우신 질서에 순응하는 것이라고 여겼을 것이다. 하지만 구약성서의 설명은 여기서 멈추지 않는다. 구약성서의 모든 장르를 통해 분명하게 증명되는 사실이 있는데, 토라에 대한 순종

---

53 Assmann, *Mind of Egypt*, 231-32.

54 Ibid., 233.

55 Ibid., 235.

56 Ibid., 239.

은 이스라엘 백성들에게 기대되는 일이었으며, 그들이 따르고자 했던 길이었고(안타깝게도 그렇지 못한 경우도 있었지만), 야웨의 축복과 심판의 근거였다. 물론 여기에는 몇 가지 중요한 고려사항들이 존재한다. 가장 중요한 것으로, 야웨는 이스라엘의 순종을 필요로 하지 않으신다. 그들의 순종은 하나님께 아무것도 더해드리지 못한다. 하나님이 "선한 행실"을 대하시는 방식은 고대 근동의 신들이 그들에게 바쳐지는 제의들을 대하는 방식과는 다르다(후기 예언서들이 유사한 은유를 사용하기는 하지만 말이다). 야웨는 산타클로스가 아니시며, 구약성서의 "계명들"은 우리 편에서 축복을 얻는 대가로 도덕성을 제공하고 신들 편에서는 즐거움을 얻는 대가로 축복을 제공하는 "우주적 공생관계"의 수정판이 아니다.

우리는 이와 같은 차이점과 관련하여 두 가지 측면을 지적할 수 있다. 첫째, 계명들은 우리의 유익을 위해 주어졌다는 점이다. 길거리에 나가서 놀지 말라는 어머니의 명령처럼 말이다. 어머니가 아이들에게 주는 명령의 동기는 사랑이다. 어머니는 아이가 도로에서 트럭에 치이기를 원치 않는 것이다. 그런데 그녀의 아이들도 트럭에 치이기를 원치 않는 것은 매한가지다. 따라서 이 명령은 "공생관계"의 일부가 될 수 없는 것이다. 둘째, 이스라엘은 하나님의 백성이기 때문에 그들의 행위는 하나님을 반영하며, 결과적으로 계명도 하나님의 정체성과 영예에 대한 요구를 반영한다. 만일 이스라엘이 하나님을 적절하게 대변하지 못한다면, 하나님은 이스라엘을 본보기로 삼음으로써 스스로를 대변하실 것이다. 다시 한번 여기에는 공생관계가 자리할 틈이 없으며, 야웨와 이스라엘의 관계는 서로 짝을 이루는 정체성이 자연스럽게 표출된 결과일 뿐이다.[57]

---

57   J. Harvey Walton의 아이디어다.

이스라엘에 대한 기대는 세밀하고 구체적이다(이런 세부사항들의 중요성에 대한 제5장의 논의를 참조하라). 이스라엘에서 제의 수행은 순종의 행위였지만, 그들의 순종은 단순한 행위를 넘어서는 것이었는데, 왜냐하면 그것은 야웨의 계시에 대한 반응이자 인간적으로 가능한 모든 수단을 동원하여 스스로를 야웨의 백성으로 인식하는 일이었기 때문이다.

요약

고대 세계 전반에 걸쳐 많은 신들이 비교불가능하고 탁월하며 여러 면에서 독특한 존재로, 혹은 그 자체로서 여러 신들의 집합체로 간주되곤 했다. 야웨에 대해서도 이와 유사한 진술이 가능한데, 그것은 이스라엘의 신학에서 근본적인 요소일 뿐 아니라 오늘날의 기독교 신학에서도 여전히 그러하다. 고대 세계에서 비교불가능성은 이스라엘만 가지고 있는 독특한 개념이 아니었다. 이스라엘의 신학을 고대 세계의 나머지와 구별 짓는 독특한 요소는 신적 공동체를 이해하는 방식이었다. 앞서 논의했던 것처럼 고대 근동의 다신론 체계는 신들이 공동체로서 생활하고 활동하는 방식에 틀을 제공했다. 이와는 대조적으로 야웨의 공동체는 어전회의 구성원들의 미미한 지위, 그리고 더욱 중요하게는 언약관계를 통해 자신의 백성 이스라엘과 공동체를 구성하신다는 사실로 차별화된다. 앞으로 밝혀지겠지만 이러한 언약이야말로 구약신학에서 가장 두드러지는 모습이다. 이 언약을 통해 이스라엘 백성은 하나님의 공동체에 가입되고, 그들의 하나님과 맺은 언약의 당사자가 되며, 야웨의 정체성에 동참하게 됨으로써 그가 거룩하신 것처럼 그들도 거룩한 자라고 불리게 된다.

이스라엘 백성은 하나님의 백성이었다. 다른 신들도 백성들 가운데 머물렀지만, 그 백성의 무리들은 스스로가 그 신들의 소유라고 주장하지는 않았다. 하지만 야웨 신앙은 신의 임재에 대한 고대 근동 사회 일반의 이해를 뛰어넘는 역동성을 보여준다. 공동체와 정체성에 대해 이처럼 독특한 사고를 가진 자들로서 이스라엘 백성은 그들의 예배에서 배타성을 견지할 것으로 기대되었다. 그들이 가진 사고의 독특성에 견줄 수 있는 것은 고대 세계 어디에도 없었다. 바로 이러한 사실이 구약신학을 이끌어가는 추동력이 된다. 한편 야웨는 (그의 백성들에게, 그리고 그 백성들을 통해) 자신의 길을 계시하시며 그들을 구원하신다. 이와 같은 관점도 고대 세계에서 견줄 대상이 없는 것이었다.

고대 근동에서 신들은 창조자이자 전사로 간주되었으며, 이스라엘에서의 야웨도 마찬가지였다. 하지만 고대 근동과 이스라엘이 공유하는 고대 인지환경의 핵심적인 강조점은 오늘날 우리의 그것과는 상당한 차이를 보인다. 예를 들자면 고대 세계에서는 창조와 관련해서 질서에 강조점을 두는 반면 오늘날의 우리는 창조에 대해 논할 때 물질의 기원에 초점을 맞추는 경향이 있다. 더욱이 우리는 아주 모호하고 추상적이며 개인적인 관점에서가 아니고서는 야웨를 전사로 생각하는 일이 거의 없으며, 특히 국가 간의 전쟁에 야웨가 개입하신다는 생각은 전혀 하지 않는다.

고대 세계에서 신들이 인간의 행동방식에 대해 갖는 기대치는 우리가 구약성서에서 발견하게 되는 것과 크게 다르지 않지만, 그들이 취하는 행위의 근거는 여러 면에서 다르다. 이스라엘 백성들의 행동방식은 하나님의 목적과 정체성에 대한 그분의 계시와 관련되며, 또한 그 계시의 영향을 받는다. 고대 근동에서 서로 간에 살인이 금지된 이유는 그것이 사회의 질서를 파괴하기 때문이었고 신들이 질서를 요구했기 때문이었다. 물론 이것은 이스라엘에도 해당되는 말이겠지만, 여기에 한 가지 중요한 점을 덧붙이자면, 이스라엘 백성들이 살인을 피한 이유는 그것이 하나님의 구체적인 명령이어서라기보다는 야웨의 본성에 대한 그들의 이해가 그들에게 하나님의 백성으로서 생명을 존중할 것을 요청한다고 믿었기 때문이었다.

고대 근동의 제의 수행 방식은 이스라엘의 전통과 많은 유사성을 지닌다(자세한 내용은 이어지는 장들에서 다룰 것이다). 그럼에도 고대 근동 제의체계의 저변에 깔린 전제들은 야웨가 다른 신들과 얼마나 다른 존재로 이해되었는지를 보여준다. 우리는 이스라엘이 거룩한 장소에서 치르는 피의 정결 예식을 고대 근동의 우주적 공생관계 전통과 비교할 때 그 차이를 명백하게 볼 수 있다.

결론적으로 구약성서는 야웨가 이스라엘을 자신의 백성으로 선택하셨고 그들을 거룩하게 만드셨다는 독특한 주장을 지속적으로 펼치고 있는 것이다. 이에 따라 야웨에 대한 이스라엘의 경배는 배타적인 성격을 띨 수밖에 없다. 그는 백성들 가운데 거하시며, 그들과 관계를 맺으시고, 그들에게 그리고 그들을 통하여 자신을 계시하신다. 그들은 개인적으로나 공동체적으로 야웨의 교훈에 순종할 것으로 기대되었다. 야웨가 이스라엘을 선택하신 이유를 설명하는 가장 적절한 방식은 그것이 바로 모두에게 유익이 되는 방식으로 자신의 임재를 세상 속에 회복시키시기 위한 전략이었다는 것이다.

그렇다면 그리스도인으로서 우리가 구약성서에서 하나님과 관련하여 도출할 수 있는 "불변의 신학"은 무엇이겠는가? 우리는 하나님이 한 분이시고 유일무이하시며, 배타적인 경배를 요구하실 뿐 아니라 그런 경배를 받으시기에 합당하시다고 믿는다. 우리는 하나님이 자신의 목적과 계획을 통해 자신의 정체성을 계시하신 창조주이심을 믿는다. 우리는 또한 하나님이 자신의 백성들 편에서 전쟁을 치르시는 전사이심을 믿을 수도 있다. 여기서 우리가 이것을 비유적으로 받아들여야 할지 혹은 실제적인 것으로 받아들여야 할지, 그리고 그 전쟁이 영적인 세계의 전쟁인지 혹은 현실 세계의 전쟁인지는 또 다른 문제다. 하지만 오늘날에는 야웨가 특정 국가와 언약관계를 맺고 계시는 것이 아니기 때문에 현대 전쟁의 맥락에서 "하나님이 우리 편이시다"라고 주장하는 것은 문제의 소지가 있다.

비록 그리스도인들은 새 언약을 통해 구약에서와는 다른 언약관계에 놓여 있기는 하지만, 구약성서에 나타난 하나님의 계시(한 무리의 사람들을 자신의 백성으로 선택하셔서 그들과 언약을 맺으시는 하나님에 관한)는 오늘날의 우리들에게도 유효할 뿐 아니라 하나님의 백성으로서 우리의 지위와 정체성에 핵심적인 요소가 된다. 구약 시대 이스라엘에게 그러했던 것처럼 새 언약도 우리를 하나님과 특별한 관계 안에 위치시키는데, 앞으로 구약신학의 기독교적 특성을 다룰 때 자세히 논의하겠지만 여기에는 부가가치를 가진 새로운 요소가 추가된다. 하나님과 우리 사이의 관계는 건강할 수도 있고, 중립적일 수도 있으며, 때로는 역기능적일 수도 있다. 또한 하나님과 우리 사이의 공식화된 관계의 특징들도 우리가 위에서 논의한 동일한 범주들로 분류될 수 있다.

하나님의 임재 신학은 구약성서 전반에서 발견되며, 그 신학은 현대 기독교를 이해하는 데도 여전히 중요한 요소다. 우리는 하나님의 임재가 오늘날에는 성령의 내주를 통해 우리 안에 이루어지고 있다고 믿는다. 그런데 많은 그리스도인들은 이러한 교과서적인 사실을 단순히 아는 것에서 멈추고 만다. 하지만 구약성서는 우리로 하여금 하나님의 임재 안에 살아가는 삶의 실체가 얼마나 심오한 의미를 가지고 있는지 이해하도록 도와준다 (보다 자세한 내용은 제5장을 보라).

우리가 하나님을 자신의 백성들을 구원하시는 분으로 이해하게 되면, 구약성서의 구속 개념이라는 불변의 신학은 그리스도가 자신의 피로써 이루신 구속 사건이 발하는 찬란한 광채 앞에서도 빛을 잃지 않을 것이다. 구속자로서의 야웨라는 구약성서의 개념을 두 가지 측면에서 생각해볼 수 있다. 하나는 개인이나 단체를 과거의 일상적인 상태로 회복시킨다는 심상이며(גָּאַל), 다른 하나는 일종의 대가를 지불하고서 개인이나 무리를 속박이나 짐으로부터 해방시킨다는 관념이다(פָּדָה). 이 두 가지 측면은 지속적으로 하나님과 그의 백성 간의 상호관계를 특징짓는 요소들이 되었으며, 우리가 그리스도를 통해 얻는 구속을 넘어서는 영역이다.

기독교적 성찰

구약신학의 여러 측면 가운데 현대 그리스도인들 사이에서 가장 덜 이해되고, 제대로 평가받지 못하며 실천되지 않는 분야는 아마도 "성결"일 것이다. 물론 우리는 성결이라는 주제가 신약성서의 다양한 구절들을 통해 우리에게도 제시되었다는 점을 잘 알고 있다(롬 11:16; 12:1; 고전 1:2; 엡 1:4; 골 3:12; 살전 3:13; 4:4, 7; 딤후 1:9; 딛 1:8; 히 10:10; 12:14; 벧전 1:15; 2:9; 벧후 3:11). 하지만 우리는 종종 성결을 경건한 태도와 동일시하는 우를 범하곤 한다. 구약성서는 이런 잘못된 이해를 교정하는 데 도움이 된다. 성결은 사실상 우리에게 부여된 신분, 다시 말해 우리가 하나님과의 관계를 통해 얻게 된 정체성이다. "거룩하라"는 것은 획득하라는 것이 아니라 이미 주어진 신분에 걸맞은 삶을 살라는 것이다. 우리 자신을 "거룩한" 신분에 합당하게 살아야 하는 자들로 인식할 때 우리는 "성결"을 구성하는 요소가 무엇인지에 대해 진일보한 이해를 얻을 수 있다.

하나님을 특징 짓는 성품들, 그리고 이스라엘 백성들에게(심지어 고대 근동 사람들에게도) 기대되는 성품들은 예나 지금이나 동일하다. 그와 같은 덕목들은 신약성서에도 잘 반영되어 있는데 특히 우리가 익숙히 알고 있는 성령의 열매 목록에 잘 드러난다. 그 열매들은 하나님의 백성들이 어떻게 해야 자신들의 거룩한 신분과 정체성에 합당하게 살아갈 수 있는지를 보여주는 것들이다. 순종은 여전히 하나님과 우리의 관계를 성찰하기에 적절한 덕목이지만, 우리가 순종해야 할 계명은 토라가 아니다(마 19:17; 고전 7:19; 요일).

복음주의 기독교는 종종 행위를 과소평가하고 백안시하곤 한다. 행위는 율법의 조항으로 이해되거나 혹은 율법이 지우는 짐과 관련지어졌는데, 둘 중 어느 것도 우리를 구원하지는 못한다. 우리가 믿는 기독교 신앙에 따르면, 우리는 그리스도를 통하여 하나님과 관계를 맺을 수 있게 되었는데 이는 그리스도가 우리를 구원하셨기 **때문이다**. 그런데 여기서 궁극적인 목표는 하나님과의 **관계**이며, **구원**은 단지 이를 위한 수단일 뿐이다. 이 관계는 우리가 그리스도를 통하여 하나님과 누리는 관계로 정의되는데, 이 관계를 통해 하나님의 목적과 계획의 중심에 자리하는 하나님 나라가 고취된다. 물론 행위가 구원을 얻는 데는 아무런 역할을 못하지만, 하나님과의 관계를 유지하는 데는 중요한 역할을 한다. 구약성서에서 희생제사들과 제의들이 맡은 역할은 하나님과의 관계를 구축하는 것이다. 그런 의식들은 자칫 불가해하고 사변적이며 모호해지기 쉬운 추상적인 심상들에 대해 문화적으로 적응된 교훈과 규범 및 강조점들을 제공해준다. 하지만 그러한 제의 행위들은 지리적인 성소에 머무시는 하나님의 임재에 집중되었다. 오늘날 우리는 우리 안에 내주하시는 하나님의 영을 통하여 그분의 임재를 경험하며, 이로써 "그리스도 안에" 거하는 자라는 신분을 얻게 된다. 그렇다면 우리의 행위는 배제되어야 할 것이 아니라 적절한 방향으로 변형되어야 하는 것이다. 행위를 구성하는 요소들에는 모든 다양한 종류의 예배와 기도뿐 아니라 성만찬과 세례와 안식일의 준수(올바른 이해와 함께; 제5장 참조), 그리고 기독교 종교력에 따른 축일 등이 포함된다. 이 모든 행위들이 **어떤 방식으로** 수행되어야 하는지는 명시되어 있지 않다. 건전한 신학은 다만 그러한 행위들이 수행되어야 **한다는 사실**만을 지적할 뿐이다. 구약에서와 마찬가지로 여기서도 우리의 동기는 두려움과 필요가 아니라 사랑과 존중이어야 한다.

하지만 우리는 신약성서에서 발견되는 요소들이 마치 구약성서에 속하거나 혹은 구약성서에 표현되어 있는 것처럼 해석하는 일에는 대단히 주의를 기울이고 신중을 기해야 한다. 예를 들어 신약의 그리스도인들은 그리스도를 모방하도록 권장되지만 구약성서에서는 이에 대응하여 하나님을 모방하라고 권면하는 구절을 찾아볼 수 없다. 구약성서는 하나님의 백성들에게 하나님께서 귀하게 여기시는 성품들을 드러냄으로써 하나님의 본을 따르라고 요구한다. 정의가 하나님께로부터 흘러나오기 때문에 우리는 정의를 추구하는 자들이 되어야 한다. 하지만 신약의 성도들은 하나님의 모방자가 될 수 있는데, 이는 하나님이 그리스도 안에 반영되어 계시기 때문이다(엡 5:1-2; 빌 2:5-11).

또 다른 예로, 우리는 대중적인 복음주의 신앙을 표현하는 방식 중 하나인 "하나님과 개인적인 관계를 맺는다"라는 개념을 구약성서에서는 전혀 찾아볼 수 없다. 구약성서에서는 성도의 정체성이 개개인으로서가 아니라 공동체 안에서만 발견될 수 있었기 때문에, 야웨와 성도의 관계는 이스라엘이라는 **민족**을 통해 표현되었으며 지파/가족 집단에 반영되었다. 우리는 신약성서에서도 여전히 이런 정서를 감지할 수 있다. 예를 들어 빌립보 감옥의 간수가 예수를 따르기로 결심했을 때 그는 자신뿐 아니라 그의 전 가족을 대표해서 이런 결정을 내린다(행 16:31-33).

신약성서는 구약신학에서 발견되는 개념들을 어떻게 심화시키는가?

과거에 구약성서와 고대 근동을 구분 짓는 근거가 언약이었던 것처럼 신약성서에 전개되는 대다수의 구분들은 새 언약에 기초하고 있다. 여기서 다음 몇 가지 점을 강조할 필요가 있다.

- 우리는 국가가 초래한 위기로부터 구원을 얻은 것이 아니라, 무엇보다도 우리 **자신**이 초래한 위기로부터 구원을 얻은 것이다. 우리는 그리스도의 중재를 통하여 죄에서 구원받았다.
- 하나님의 임재 사상은 성육신을 통해 비약적인 발전을 이루는데, "임마누엘 신학"은 하나님의 임재를 우리의 육체 가운데서 경험할 수 있게 해준다(요 1:14).
- 과거에는 희생제사 제도와 토라를 통해 잠정적으로만 허용되었던 하나님과의 관계가 이제는 그리스도를 통하여 완전하고도 영구적인 방식으로 수립되는데, 이는 하나님께서 처음 우리와 관계를 맺으실 때 의도하셨던 바가 성취된 것이다.
- 하나님께 고유한 성품들, 그리고 하나님께서 우리에게 기대하시는 성품들이 이제는 성령의 중재를 통해 우리에게 가능해졌으며, 우리의 삶에서는 성령의 열매로 드러난다.
- 하나님께서 자신의 백성들과 공동체를 이루신다는 개념에 덧붙여서, 우리는 삼위일체 하나님 안에서 발견되는 존재론적 공동체에 대해서도 알게 되었다.

이와 같은 요소들은 새로운 계시에 근거한 발전이며, 우리는 이런 요소들을 구약성서에서 발견하려 해서도 안 되고 구약성서에 주입하려고 해서도 안 된다.

고대의
맥락에서

불변의
신앙으로

OLD TESTAMENT THEOLOGY FOR CHRISTIANS
FROM ANCIENT CONTEXT TO ENDURING BELIEF

제3장

우주와 인류

구약성서가 세계를 상당히 인간 중심적인 관점에서 바라본다는 점에서 "우주"와 "인류"라는 두 가지 주제를 한 장에서 다루는 것은 나름대로 의미 있는 일이다. 구약신학에 따르면 하나님께서는 인류를 위하여 세상을 창조하셨다. 이런 신학은 신들이 자신들을 위해 우주를 창조했다는 고대 근동의 사고와 극명한 대조를 이룬다. 그들의 관점에 따르면 인류는 결과적으로 전 우주가 신들의 필요를 지속적으로 채워주는 데 보탬이 되도록 신들의 노예 역할을 맡은 것이다.

우주

우주의 창조

구약성서와 고대 근동 간에 존재하는 중대한 차이점을 해명하기 위해 우리는 먼저 오늘날 우리가 창조주에 대해 생각하는 방식을 되새겨볼 필요가 있다. 현대 서구인의 관점에서 볼 때 우주적 차원에서의 창조는 물질계에 속한 행위로서 이전에 존재하지 않던 물질이 존재하게 되는 것을 의미한다.

125

또한 창조는 일회적인 활동이다. 일단 물체가 창조되고 나면 그것은 계속 존재한다는 것이다. 이런 사고방식에서 존재는 물질의 차원에서 정의되며 창조주 하나님의 사역은 세포나 별과 같이 그가 존재하게 만드시는 물체를 통해 정의된다. 이처럼 우리가 존재를 정의할 때 오늘날 우리의 개념들을 사용하는 것이 불가피한 일이기는 하지만, 우리는 에른스트 케제만이 간파했던 진리, 곧 "존재라는 것은 언제나 근본적으로 우리가 속한 세계의 시각에서 이해된다"[1]라는 사실을 인정해야만 할 것이다. 결과적으로 우리는 고대인들이 존재를 어떻게 이해했는지 질문할 필요가 있다는 말이다. 우리는 그들이 우리와 다른 방식으로 생각했다는 사실을 발견하더라도 놀라지 말아야 한다. 고대인들에게 창조의 핵심은 물질계가 아니라 질서였다.

기업의 은유를 사용하자면, 현대의 관점은 창조자를 기업의 창업주에 비유하는 것인데, 그는 회사를 세우고 그 회사를 수용할 물리적인 공간을 마련한다. 고대 근동의 관점에서도 기업의 창업주가 창조자로 간주될 수 있지만, 대대로 그의 뒤를 잇는 최고경영자들 역시 창조자로 간주된다. 왜냐하면 각 세대의 최고경영자들 역시 자신의 통제하에 회사를 재편성하고 구조를 개선하기 때문이다. 한편 고대 근동 관점에서 물리적인 건물을 세우는 일은 기업을 설립하는 프로젝트에서 상대적으로 덜 중요하게 여겨진다.

이와 같은 은유를 통해 우리는 고대 세계에서 창조자의 역할이 단회적인 물리적 행위로 정의되지 않았다는 사실을 발견하게 된다. 오늘날 우리가 우리의 세계관에서 최초의 물리적 행위로 간주하는 것이 그들에게도 창조 행위로 간주되었을 것은 분명하다. 하지만 고대 세계 사람들은 우주를 구성

---

1   E. Käsemann, *Perspectives on Paul* (Minneapolis: Fortress, 1971), 26. 물론 Käsemann은 내가 여기서 제시하는 광범위한 존재론적 이슈를 다루기보다는 육체에 대한 바울의 견해에 대해 말하는 것이기는 하지만, 그의 관찰도 이 주제와 무관하지 않다.

하고 질서를 부여하는 과정, 곧 우주를 세워가는 과정에 훨씬 더 많은 관심을 가졌다.

이러한 고대 세계의 창조 개념에서 일회적인 물리적 행위는 관심 밖의 일이었고 그다지 중요하게 여겨지지 않았는데, 왜냐하면 고대인들은 존재를 물질적으로 정의하지 않았기 때문이다. 그들에게는 어떤 대상이 물질성을 가진다고 해서 존재하게 되는 것이 아니었다. 그들은 어떤 대상이 질서 체계 내에서 역할과 기능 그리고 목적을 가질 때 그것이 존재하게 된다고 생각했다. 창조와 존재는 물질적 차원이 아니라 영적 차원에서 그 의미를 발견한다. 질서를 가져다주는 것이 창조자의 주된 사역이었으며, 그것은 지속적으로 수행되어야 하는 일이었지 한 번에 완결될 수 있는 일이 아니었다. 신의 섭리는 질서를 능동적으로 유지하기 위해 모든 차원에서 매 순간 활동하고 있었다. 그리하여 이집트인들은 창조가 매일 새롭게 발생한다고 생각했다. 하지만 이런 창조 개념은 그들이 물질세계가 매일 밤 일몰과 함께 파괴되는 것으로 여겼다는 것을 의미하지는 않는다. 그들에게 태양은 질서를 상징했으며, 어둠은 비질서(nonorder)를 상징했다.

창조에 대한 이런 관점에서는 인과관계의 정도도 비교적 덜 중요하게 여겨진다. 물론 물리적 대상을 소환할 수 있는 것은 창조자뿐이다. 하지만 이러한 물리적 대상들은 질서 체계 안으로 통합되기 전까지는 아직 존재하는 것이 아니다. 창조의 모든 단계에서 수행되는 창조자의 행위가 창조자의 정체성을 구성하는 일부분이다. 인류를 최초로 창조한 사건과 이후에 개별 인간들을 창조한 사건 간에는 중요성에서 차이가 전혀 없다. 태양이 최초로 출현한 사건이 이후에 매일 아침 태양이 출현하는 사건보다 더 중요한 것이 아니다. 모든 것이 창조자의 행위이며, 한 사건에서의 그의 행위가 다른 사건에서의 그의 행위에 비해 덜 중요하게 여겨지지 않는다. 창조는 단순히 최초의 행위에 그치는 것이 아니며, 창조자가 지속적으로 수행하는 그의 본업인 것이다. 고대 세계에서 사람들은 우주 자체의 물리적 메커니즘 내에서의 하나님/신들에게 관심을 가지기보다는 창조의 수행자로서의 하나님/신들에게 관심을 가지고 있었다.

오늘날 "자연법"이라는 범주는 현대 세계의 규칙성(예컨대 운동의 법칙)을 다루는데, 그것은 확정적이고, 추적 가능하며, 물질세계와 관련된 것이다. 물론 고대인들도 규칙성이라는 개념을 가지고 있긴 했지만, 그들에게 규칙성은 신들의 개입을 허용하는 것이었다. 사실 그들에게 우주의 규칙성이란 신들이 규칙 제정에 관여한다는 것을 의미했다. 이러한 사고방식은 이스라엘 사람들에게도 예외가 아니었다. 구약성서는 기적(다시 말해 "자연적"인 것에 반대되는 개념으로서의 "초자연적"인 사건들)에 대해 말하기보다는 하나님의 "표적과 기사"(signs and wonders)에 대해 이야기한다. 이 표적과 기사는 야웨의 권능, 자기 백성들을 향한 배려, 다른 신들에 대한 그의 탁월성, 그리고 구원하는 능력을 현시하는 사건들이었다. 하지만 그 사건들은 태아가 복중에서 자라는 것(시 139:13)과 비교해서 두드러지게 더욱 "초자연적"인 것으로 간주되지는 않았다. 이와 유사하게 성서 텍스트에서 날씨는 언제나 하나님의 활동을 반영하는 것이었다. 바람은 언제나 그의 명령을 수행하며, 모든 폭풍우도 그가 보내신 것이다!

물론 자연계의 인과성을 토대로 한 현대적인 설명이 반드시 하나님의 개입을 배제하는 것은 아니며, 고대 세계의 규칙성 개념은 물질적 대상의 상관관계와 행동양식을 포함하는 것이었다. 하지만 고대인들은 궁극적으로 사회적 기능에 더욱 큰 관심을 가지고 있었다. 예를 들어 메소포타미아에서 우주의 일상적이고 규정적인 요소들(고대 관점에서의 "자연법")은 대부분 사람들의 행동양식에 관계된 것들이었다. 여기에는 보다 방대한 규모의 제도(왕정제)에서부터 문화현상(매춘), 돌발행동(입맞춤), 추상화(속임수를 "검은 드레스 입기"라고 표현하기), 손재주(불 피우기), 혹은 국제관계(적대적인 국가들)에 이르기까지 사람이 관여하는 다양한 요소들이 포함되었다.[2] 이러한 모든 상황들은—인체의 작동이나 천체의 운행, 그리고 곡물의 성장과 마찬가지로—신들이 내리는 명령에 의해 규제되고 다스려졌다.

따라서 우리는 고대 세계에서 창조자 신은 우주에 질서를 부여하고 그 질서를 유지하는 데 필요한 모든 일을 수행하는 존재로 간주되었다는 것을 알 수 있다. 이러한 질서 체계에 물질적 우주도 포함되기는 했지만, 우주가 갖는 물질성이 핵심은 아니었다. 고대에는 인간 세계가 작동하는 방식에 더 큰 관심이 주어졌는데 여기에는 물질적 우주가 인간 세계에 질서를 부여하는 일에서 차지하는 역할에 대한 관심도 포함되었다. 창조에 대해 고대 세계가 공유했던 이런 관점은 (평평한 지구나 단단한 하늘이라는 개념에 대해 우리가 판단하곤 하는 것처럼) 옳고 그름을 판단할 수 있는 성격의 것이 아니다. 그들의 사고방식은 단지 우리가 창조에 대해 생각하는 방식과 다른 것뿐이다.[3]

고대 근동의 창조자 신들에 관한 이런 이해를 바탕으로 이제는 창조주 야웨라는 구약성서의 개념으로 우리의 관심을 돌려보자. 분명한 것은 이스라엘 사람들은 엔릴이나 마르두크, 아문-레, 혹은 프타가 아니라 야웨를 창조주로 여겼다는 점이다. 하지만 과연 그들은 창조주가 무슨 일을 **하는지**에

---

2   거의 100개에 달하는 요소들이 다음 수메르어 텍스트 목록에서 발견된다. "Enki and Inanna," ETCSL project, Faculty of Oriental Studies, University of Oxford, http://etcsl. orinst.ox.ac.uk/cgi-bin/etcsl.cgi?text=t.1.3.1&charenc=j# (2017년 4월 1일 접속). 다음 항목도 참조하라. "Enki and World Order," ETCSL project, http://etcsl.orinst.ox.ac.uk/cgi-bin/etcsl.cgi?text=t.1.1.3#.
3   우리는 이런 사고방식을 다른 영역들에도 적용할 수 있을 것이다. 예를 들어 직장 내에서의 입지는 어떤 역할이 주어지느냐 따라 결정되는 것이다.

대해 고대 근동 사람들과는 다른 이해를 가지고 있었던 것인가? 그들은 창조주에 관해 현대인들의 사고 범주와 유사한 방식으로 자연과 초자연을 구별했던 것일까? 그들은 물질 창조에 관심을 가졌는가, 아니면 그보다는 질서를 부여하는 일에 초점을 맞추었는가? 아니면 그들도 고대 근동 세계에서 보편적으로 받아들여지던 방식으로 창조라는 범주를 규정했는가?

이 사안을 설명하기 위해 나는 "문화의 강"이라는 은유를 사용하고자 한다. 우리가 살아가는 현대 세계에서 보편적으로 받아들여지는 문화의 강을 묘사하는 일은 그리 어렵지 않다. 다양한 사조 가운데 우리는 인권, 자유, 자본주의, 민주주의, 애국심, 개인주의, 세계화, 탈식민주의, 정교분리, 포스트모더니즘, 그리고 시장경제 등의 개념이나 사고방식을 식별할 수 있으며, 여기에 과학적 자연주의, 팽창하는 우주, 경험주의, 그리고 자연법과 같이 창조와 관련된 몇 가지 요소들을 추가할 수 있다. 보다 최근에 등장한 것으로 소셜미디어 개념은 우리가 속한 문화의 강에서 중요한 사조로 대두되고 있다. 여기 묘사되는 문화의 강을 구성하는 사조들이 주로 미국에 기원을 둔 것일 테지만, 그것들은 전 세계를 관통하여 흐르면서 다른 많은 문화에도 영향을 미치고 있다. 어떤 이는 이와 같은 흐름들과 함께 표류하기를 바랄 수도 있고 다른 이는 그와 같은 흐름들을 거슬러 상류로 헤엄쳐가고자 몸부림칠 수도 있다. 하지만 모든 문화는 그 강의 물줄기를 끌어다가 사용한다. 비록 그 강이 각 문화 내에서 취하는 형태는 가지각색이겠지만 우리는 문화의 강을 벗어날 수 없다.

고대 세계에서 문화의 강은 모든 다양한 문화들을 관통하여 흘렀다. 이집트, 히타이트, 페니키아, 가나안, 아람, 아시리아, 바빌로니아, 그리고 이스라엘 문화도 예외가 아니었다. 비록 문화와 문화 간에 차이가 있고 또 시대의 흐름에 따라 변화하는 부분들도 있었지만, 일부 핵심적인 요소들은 변함없이 지속되었다. 하지만 그 시대의 사조들은 현대 문화의 강에서 발견할 수 있는 사조들과는 전혀 다르다. 고대 문화의 강에서 우리는 예컨대 집합적 정체성, 신들의 포괄적이고 보편적인 통제, 왕권의 역할, 농경 사회, 점성술, 신전 중심주의, 형상(우상)의 매개적 역할, 영계와 마법의 실재성, 신화적 존재, 신들의 의사소통 방식으로서 천체의 운동과 같은 사조들을 발견할 수 있다. 이스라엘 사람들도 동일한 문화의 강에 속해 있었다. 때로 그들은 아무런 저항 없이 사조에 몸을 맡긴 채 흘러가기도 했으며, 어떤 경우에는 하나님의 계시로 용기백배해져서 얕은 물가로 걸어 나가거나 혹은 상류를 향해 거슬러 헤엄쳐갔다. 그들이 문화의 강에 대해 어떤 식으로 반응을 했든지 간에, 그들은 우리가 속한 문화의 강이 아니라 고대 세계의 **바로 그** 문화의 강에 속해 있었다.

문화의 강 은유는 우리가 구약성서 해석을 위해 접근하는 방식을 결정하는 데 도움을 준다. 하나님께서는 이스라엘 사람들에게 자신의 계시를 전달하시기 위해 이스라엘 중개자들을 사용하시기로 선택하셨다. 우리는 종종 이러한 중개자들을 가리켜 성서 "저자들"이라고 부르지만, 우리는 구약성서의 많은 부분은 구두로 전승되었으며 특정 부분에서는 편집자들이 중요한 역할을 맡았다는 점을 인식하고 있다.[4] 또한 이러한 중재자들도 그들의 청중들과 마찬가지로 그 시대 문화의 강에 깊이 잠겨 있었다. 하나님께서는 바로 그 문화의 강이라는 맥락에서 그들과 소통하시며 그들도 동일한 틀 안에서 청중들과 소통한다. 하나님의 메시지, 하나님의 목적, 그리고 하나님의 권위는 바로 그 "통신원"들의 입을 거쳐 우리에게 전달되며, 그들

---

4   자세한 논의는 다음을 보라. John H. Walton and D. Brent Sandy, *The Lost World of Scripture* (Downers Grove, IL: InterVarsity Press, 2013).

의 언어 및 문화 안에서 형태를 갖춘다. 우리는 이것 외에 다른 기원을 가진 권위 있는 말씀을 알지 못하며, 따라서 우리가 가진 것은 고대 문화의 강에 속한 중재자들을 통해 전달된 하나님의 메시지뿐이다.

다시 말해 만일 우리가 하나님의 권위 있는 메시지가 가지는 파급력을 온전히 전달하는 방식으로 성서를 해석하고자 한다면 우리는 우리가 속한 문화의 강을 벗어나서 그들이 속한 문화의 강을 이해하려고 시도해야 한다. 우리가 구약성서에서 만나는 "통신원"들은 우리가 속한 문화의 강에 대해 알지 못했다. 그들은 우리가 속한 문화의 강을 대상으로 소통한 것도 아니고 그런 상황을 예측하지도 못했다. 우리는 우리 문화의 강에서 통상적인 것으로, 혹은 시대의 흐름으로 여겨지는 것들을 논의의 출발점으로 삼아서는 안 된다. 성서는 우리를 위해 기록되었지만(다시 말해 우리는 성서에 담긴 하나님의 메시지에 우리가 속한 문화의 강 안에서 반응함으로써 유익을 얻을 것으로 기대되지만), 우리에게(우리의 문화와 언어를 사용하여) 기록된 것은 아니다. 성서의 메시지는 문화를 초월하지만, 그것은 이스라엘이라는 고대 문화의 강과 혼연일체가 되어서 주어진 것이다. 그 메시지는 우리 문화의 강에 대해서도 의미 있는 정보를 제공해줄 수 있지만 그렇다고 해서 우리 문화의 강에 속한 어떤 구체적인 요소들을 지시대상으로 삼는 것은 아니다. 성서가 소셜미디어에 대해, 혹은 그것의 문제점과 유익에 대해 이야기하지는 않지만, 그 대신 우리가 다른 사람과 지혜롭게 소통하는 방법에 대해 그리고 말이 가진 힘에 대해 유익한 심상들을 제공해준다. 성서는 우리가 말할 때에 신중해야할 것을 가르쳐준다. 따라서 성서는 오늘날 우리가 속한 문화의 강에 대해 전혀 알지 못했음에도 불구하고 우리가 하나님의 백성으로서 우리 자신의 행동을 돌아볼 수 있도록 도와준다.

또 다른 예로, 고대 문화의 강에는 현대 과학의 지식이 전혀 반영되어 있지 않다. 우주 지리학, 생리학, 기상학, 전염병학, 천문학 같은 현대 과학의 제반 분야들이 그들의 문화의 강 내에서도 나름의 형태를 가지고 있었는데, 이는 오늘날 우리가 생각하는 것과는 거의 닮은 점이 없다. 만일 우리가 성서를 해석할 때 하나님의 권위 있는 메시지가 갖는 힘을 변함없이 확실하게 전달하는 방식으로 해석하고자 한다면, 우리는 하나님께서 소통을 위해 선택하신 인간 중재자들을 통해 우리에게 전달된 말씀을 우리가 어떻게 이해해야 할지 알려주는 방법들의 도움을 얻어야만 한다. 하나님께서 인간 중재자들이 속한 문화의 강을 통해 그들과 소통하셨기 때문에 우리는 그들의 문화의 강이라는 맥락에서 그 말씀을 읽어야 한다. 바꾸어 말하자면, 우리 자신의 문화의 강에 비추어 읽으면 안 된다는 것이다. 성서는 우리가 속한 문화의 강을 구체적으로 염두에 두고서 소통하는 것이 아니라, 성서가 기록되던 당시의 문화의 강을 배경으로 소통한다는 것이다.

위에서 지적한 것처럼, 무수한 고대 근동 텍스트를 통해 우리에게 이미 익숙해진 고대 세계 문화의 강에서 존재라는 것은 물질성에 관련된 것이라기보다는 질서 잡힌 체계 내에서의 역할과 기능에 관련된 것이었다. 우주에 질서를 부여하는 것이 곧 창조였으며(그래서 우리는 창조를 기업을 설립하는 일이나 커리큘럼에 비유했다), 그들이 속한 문화의 강에서는 질서를 부여하는 것이 가장 중요한 창조행위였다. 이러한 관점은 우주론에 관한 텍스트들에만 아니라 시문학, 기도문, 지혜문학, 마법 주문, 그리고 심지어 역사적 문서에 이르기까지 다양한 종류의 문헌들에도 만연해 있었다. 우리는 빅뱅이론을 고대 텍스트(성서를 포함하여)에 주입하려 해서는 안 될 뿐 아니라 존재와 창조에 대한 물질적 정의를 고대 텍스트에 주입하려 해서도 안 될 것이다. 그들이 속한 문화의 강에서 창조는 언제나 목적 지향적이었으며, 그 목적은 질서 부여를 통해 표현되었다. 성서의 권위 있는 메시지에 대한 우리의 해석

은 성서 자체의 문화의 강을 배경으로 성서 텍스트 자체에서 도출되어야
한다.

이제 우리는 창조주로서 하나님의 모습을 구약성서에서 어떻게 그리고
있는지 말할 수 있다. 하나님은 혼돈(무질서)을 물리침으로써 창조를 수행하
시는 것이 아니며, 질서를 회복하기 위한 전쟁 같은 것은 없었다. 질서라는
것은 물론 대단히 핵심적인 개념이지만 투쟁을 통하여 얻어질 수 있는 성
질의 것은 아니다. 창조는 오로지 하나님의 명령에 의해 수행된 것이다. 대
항하는 세력도, 극복해야 할 적도 없었다. 하지만 성서 외에도 고대 근동의
창조 전승 가운데 갈등이라는 요소를 포함하지 않는 것들이 다수 존재하기
때문에 우리는 굳이 성서의 창조관이 고대 근동의 세계관을 논박하려는 시
도라고 해석할 필요가 없다. 성서는 단지 창조와 창조주에 대해 나름의 설
명을 제시하는 것일 뿐이다.[5] 이러한 창조관에 대한 유비로서 우리는 새 집
으로 이사하는 사람을 떠올릴 수 있다. 이사하는 날 새 집은 지어진 목적에
따라 기능하도록 (지붕, 기초, 벽, 전기설비, 배관, 냉난방 및 환기장치 등이) 완벽하
게 준비되어 있다. 하지만 아직 가구들이 배치되지 않았으며 박스들도 포
장된 채로 쌓여 있다. 이것은 전쟁터의 모습은 아니며 다만 집 주인이 마음
에 품고 있는 기능과 목적에 따라 정리하는(질서를 부여하는) 과제만 남은 것
이다. 정리는 차근차근 진행되어가며, 어떤 의미에서는 지속적인 성격을 갖
는다. 우리는 이런 과정을 가리켜 "주택"을 창조(건축)한다고 표현하기보다
는 "집"을 만들어간다고 말할 수 있을 것이다.[6]

---

5   구약성서를 논쟁의(polemical) 책으로 다루는 문제를 보다 자세히 논한 것으로는 다음
     을 보라. J. Walton, "Polemics," in *Behind the Scenes of the Old Testament*, ed. J. Greer, J.
     Hilber, and J. Walton (Grand Rapids: Baker, forthcoming).

6   집안을 관리, 유지하는 지속적인 일을 맡은 전업주부에 대해서도 "집을 만드는 사

구약성서에서 확실히 하나님은 그 주택을 건축하신 분으로 간주되어 왔다. 하지만 집을 만들어가는 것이야말로 창조주가 수행할 더욱 중요한 작업이다. 이스라엘을 포함하여 고대 근동 사람들은 집을 만들어가는 이야기에 더욱 관심을 가졌으며 창세기 1장이 바로 집을 만들어가는 이야기다(구약성서에서 창조를 연상시키는 다른 모든 구절들과 고대 근동의 우주론 이야기들도 마찬가지다). 고대 세계의 문화의 강은 질서를 부여하는 일을 창조주의 주된 업무로 생각해왔으며 이스라엘 사람들도 동일한 관점을 공유했다.

성서와 신앙의 문제를 진지하게 대하는 그리스도인으로서 우리가 가장 중요하게 여겨야 할 것은 창조의 동인(動因, 행위)과 메커니즘 간의 구분이다.[7] 창조주 하나님에 대한 구약성서의 교훈은 우리로 하여금 성서 전반에 스며들어 있는 "신적 동인"(divine agency)에 대한 신념을 확증하도록 이끌어간다. 어쨌거나 하나님은 창조를 수행하는 분이시다. 현대인들은 창조의 메커니즘에 관심을 갖지만 구약성서는 창조의 메커니즘에 대해서는 말하지 않는다. 그 문제는 창조나 하나님의 역할에 대한 고대인들의 이해를 구성하는 핵심 요소가 아니었다. 반대로 현대과학은 창조의 동인에 대해서는 거의 아무런 정보도 제공해주지 않으며 메커니즘에 대해서만 할 말이 많다. 창조에서 하나님의 행위를 인정하는 우리들도 창조의 메커니즘에 대해 광범위한 설명을 제공할 수 있다. 결국 창조에 대한 논의는 동인에 관한 논의인 것이다. 진화나 다른 과학적 설명들은 오직 메커니즘에 대해서만 발언권을 가질 뿐이다.[8]

람"(homemaker)라는 표현을 사용한다는 점을 기억하라.

7   April Maskiewicz의 통찰력 있는 조언에 감사드린다.

8   R. Asher, *Evolution and Belief* (Cambridge: Cambridge University Press, 2012), 6.

"신들의 전쟁" 범주들

- 신들 가운데 불만을 가진 프롤레타리아 계급이 역할 문제로 반란을 일으키다
- 대우주 내에서의 질서 대 무질서(Chaoskampf, 혼돈과의 전쟁)
  - 최초의 질서 수립(우주 기원론)
  - 혼돈의 괴물로부터의 위협
  - 계절이나 하루를 주기로 갱신
- 신들 가운데 권리를 주장하는 경쟁자들이 통치권을 두고 벌이는 다툼
- 신들 사이에서 통치권을 쟁취하기 위한 세대 간 투쟁
- 신의 백성을 대적하는 자들과의 전쟁

신들 가운데 불만을 가진 프롤레타리아 계급이 역할 문제로 반란을 일으키다. 신들의 전쟁 가운데 이런 종류의 것은 고대 근동 세계 가운데 오직 메소포타미아에서만 발생하는데, 이는 대표적인 아카드어 서사시 「아트라하시스」와 「에누마 엘리시」를 통해 우리에게 익숙하다. 「아트라하시스」에서 신들 세계의 반란은 주모자의 죽음으로 결말이 난다. 「에누마 엘리시」에서도 대적들은 진압되어야 했는데, 여기에는 주모자인 킹구와 그를 옹호했던 티아마트(아울러 그를 따르던 무리들)도 포함되었다. 그 결과로 사람들이 창조되어 신들의 업무를 떠안게 되었으며, 이 반란은 노동과 관계된 신들의 역할을 걸고 벌어진 것이었다. 구약성서에서는 이런 종류의 반란에 대한 기록을 찾아볼 수 없다.

대우주 내에서의 질서 대 무질서(Chaoskampf, **혼돈과의 전쟁**). 고대 인지환경에서 무질서는 다양한 측면에서 모습을 드러냈다. 신들과 인간들에게 주어진 과제는 무질서로 기울어지는 성향을 억누르는 한편 무질서가 질서 잡힌 세계 안으로 침투하는 것을 막아내는 것이었다. 과거 어느 시점엔가 질서가 수립되었지만, 그렇다고 해서 전쟁이 끝난 것은 아니었다. 반복되는 위협이 산발적으로 발생하기도 하고 계절이나 하루를 주기로 발생하기도 했다. "카오스"라는 용어를 이런 현상에 대해 적용하는 것이 타당한지에 대해서는 논란의 여지가 있지만, 우리는 여기서 이런 범주의 "신들의 전쟁"을 묘사하기 위해 이 용어를 사용하되, 다만 대우주 내에서의 무질서와 관련된 요소들에 대해서만 제한적으로 사용할 것이다. 이런 제한을 염두에 두고서 우리는 "혼돈과의 전쟁"(Chaoskampf)의 세 가지 하위 범주를 살펴볼 것이다. 세 가지 하위 범주는 모두 적수가 대우주적 무질서, 혹은 최소한 비질서(nonorder)를 대변한다는 특징을 공유하고 있다. 이와 같은 적수들의 유형이 "혼돈과의 전쟁" 범주를 다른 범주들과 구별해주는 역할을 한다.

"혼돈과의 전쟁"의 첫 번째 하위 범주는 대우주적 질서가 최초로 수립되는 것을 다루는(우주 기원론) 텍스트들로 구성된다. 이 범주에 속하는 고전적인 문헌은 「에누마 엘리시」인데, 기억해야 할 것은 이것이 이와 같은 주제를 다루는 거의 유일한 고대 문헌이라는 사실이다.[a] 이 문헌에서는 바다를 의인화한 티아마트가 대적이며 우주 기원론으로 결

---

a　David Tsumura, *Creation and Destruction* (Winona Lake, IN: Eisenbrauns, 2005), 190.

말지어진다. 내가 고대 문헌에서 제시할 수 있는 유일한 다른 예는 「메리카레를 위한 교훈」이라는 이집트 문헌에 나오는 한 줄의 텍스트다. "그['레']는 그들을 위하여 하늘과 땅을 만들었다. 그는 바다 괴물을 굴복시켰다."[b] 이 범주에 공통되는 요소는 대적이 바다를 상징하고 대우주적 질서가 수립된다는 것이다.

두 번째 하위 범주의 특징은 신들 사이에 수립된 기존의 질서를 위협하는 대적이 일어난다는 것인데, 따라서 이것도 비록 간접적이긴 하지만 대우주적인 사건이라고 할 수 있다.[c] 이 범주의 예들로는 비교적 덜 알려진 두 개의 아카드어 이야기("Nergal/Labbu"[네르갈/라부][d]; "Tishpak/Lion-Serpent"[티슈파크/사자-뱀][e])와 보다 잘 알려진 "Ninurta/Anju"(니누르타/안주)[f]의 이야기가 있다. 세 번째 하위범주에서는 대적

COS 1.35, line 131. 이 같은 주장은 "그는 물들의 탐욕을 물리쳤다"라는 Lesko 의 번역을 수용할 경우에는 폐기되어야 한다. L. H. Lesko, "Ancient Egyptian Cosmogonies and Cosmology," in *Religion in Ancient Egypt,* ed. B. E. Shafer (Ithaca, NY: Cornell University Press, 1991), 103. Lesko의 이 같은 대안적 제안은 "괴물"(snk, 모든 사본에서 이런 형태로 나타난다)이라고 표현된 것이 사실상 "skn"(탐욕)이라는 단어의 음위전환(metathesis)이라는 Posener의 주장에 기반한 것이다. J. Hoffmeier, "Some Thoughts on Genesis 1 & 2 and Egyptian Cosmoogy," *Journal of the Ancient Near Eastern Society* 15 (1983): 29-39, n90.

c 「에누마 엘리시」에서 티아마트의 위협도 이 같은 범주에 해당하는 것으로 볼 수 있다. 한 가지 차이점이 있다면 여기 포함된 예들에서는 결과적으로 우주가 생성되지 않는다는 점이다.

d B. R. Foster, *Before the Muses,* 3rd ed. (Bethesda, MD: CDL, 2005), 495-97, 579-80. 다음 책의 논의도 참조하라. T. Lewis, "CT 13.33-34 and Ezekiel 32: Lion-Dragon Myths," *Journal of the American Oriental Society* 116 (1996): 28-47.

e Foster, *Before the Muses,* 581-82.

f Ibid., 555-78. 니누르타(Ninurta)의 다른 소규모 전투들도 여기 포함될 수 있을 것이다. 예컨대 니누르타(Ninurta)와 아작(Azag).

138 교회를 위한 구약성서 신학

자가 일상적인 주기를 위협하는데, 대개는 계절의 풍요 혹은 매일 아침 뜨는 태양과 관련된다. 전자의 예는 레반트 지역에서("Baal/Mot"[바알/모트]; "Illuyanka"[일루얀카]), 후자의 예는 이집트에서("Apophis"[아포피스]) 발견할 수 있다.

신들 가운데 권리를 주장하는 경쟁자들이 통치권을 두고 벌이는 다툼. "신들의 전쟁" 가운데 이번 범주에서 해결되어야 할 문제는 어떤 신이 책임자인가 하는 것이다. 경쟁의 참가자들은 개별 신들이며, 걸려 있는 것은 신들의 영역에 대한 통치권이다. 「에누마 엘리시」가 이 범주에 포함되며(킹구와 마르두크 간의 다툼), 고대 근동 전반에 걸쳐 이와 유사한 예들을 발견할 수 있는데, 이집트에서는 세트와 호루스, 레반트 지역에서는 얌과 바알, 히타이트에서는 쿠마르비 텍스트가 대표적이다. 위의 예들에서 대적자는 우주 그 자체에 속한다기보다는 관료체계의 일원으로서 자리하고 있다. 그러나 이러한 기사들이 항상 실제 전투 상황을 염두에 둔 것은 아니며 패배한 적군이 반드시 파멸되는 것도 아니다. 더욱이 이런 예들은 우주적 갈등이 아니라 정치적 갈등을 염두에 둔 것이다.[g]

---

g   N. Wyatt, *Myths of Power: A Study of Royal Myth and Ideology in Ugaritic and Biblical Tradition*, Ugaritisch-biblische Literatur 13 (Münster: Ugarit-Verlag, 1996); N. Wyatt, "Arms and the King: The Earliest Allusions to the Chaoskampf Motif and Their Implications for the Interpretation of the Ugaritic and Biblical Traditions," in *'Und Mose schrieb dieses Lied auf....' Studien zum Alten Testament und zum Alten Orient: Festschrift fr O. Loretz,* Alter Orient und Altes Testament 250 (Münster: Ugarit-Verlag, 1998), 833-82. Chaoskampf 모티프에 대한 다음 자료들의 신중한 평가도 참조하라. Tsumura, *Creation and Destruction,* 143-97; Rebecca S. Watson, *Chaos Uncreated: A Reassessment of the Theme of Chaos in the Hebrew Bible* (Berlin: de

통치권 쟁취를 위한 세대 간 투쟁. 둔누(Dunnu)의 신통기(Theogony)에서는 한 세대의 신들이 이전 세대의 신들을 대체하려 시도하다가 전투가 발생한다. 이것은 젊은 세대가 연합하여 연로한 엘리트 지도자들에 대항하는 것이라기보다는 개별적인 신들이 근친상간, 부친살해, 모친살해 등을 동반한 정복전쟁을 수행하는 것이었다.

신의 백성을 대적하는 자들과의 전쟁. 우리는 아시리아 왕실의 명문들에서 이 범주와 관련된 기록을 다수 접하게 되는데, 거기서 아슈르(Aššur) 신은 대적과의 싸움에서 선봉에 서는 것으로 묘사된다. 구약성서에서는 야웨가 그의 백성을 이집트의 노예상태에서 구원하시거나 이스라엘 왕의 편에서 싸우시는 것으로 묘사하는 장면이 이 범주에 해당한다.

Gruyter, 2005).

어쨌거나 이스라엘은 창조자를 조금 다른 방식으로 정의했던 것으로 보이며, 아마도 창조자에 대해 고대 근동 세계에서 보편적으로 받아들여지던 것과는 다른 "직무 기술서"(job description)를 가지고 있었던 듯하다. "창조"라는 것은 본래 존재와 비존재 간에 전이(transition)를 야기하는 행동인데, 창조자와 그의 사역에 관한 이스라엘의 관점은 창조를 물질적인 것으로 보기보다는 질서와 목적에 관한 것으로 보았던 고대 근동의 관점과 일맥상통한다. 야웨는 우주(인류와 그들의 삶의 터전인 사회를 포함하여)에 형태와 조직과 질서와 목적을 부여하셨고 지금도 부여하고 계시는 바로 그분이시다. 이 점에서 이스라엘의 창조 신학은 우리의 창조 신학보다는 고대 세계 다른 문화권의 창조 신학에 훨씬 가깝다고 할 수 있다. 창조자로서 신을 정의하는 방식을 제외하고 이스라엘과 예컨대 바빌로니아인들 사이에 존재하는 가장 두드러지는 차이점은 바빌로니아인들의 관점에서 우주를 구성하는 근본적인 요소들이 신들의 명령에 의해 통제되기는 하지만 신들에 의해 시작된 것은 아니었다는 점이다. 그들은 그와 같은 요소들이 신들을 초월한 영역에 속한 것이라고 치부해버린다. 그러나 이스라엘은 야웨가 자신의 명령을 통해 우주의 근본 요소들을 통제하실 뿐만 아니라 그것을 시작하신 분이라고 생각했다.[9]

고대 문헌에서 종종 발견되곤 하는 창조의 또 다른 측면은 갈등과 관련되는데, 이 갈등을 통해 적대 세력들이 극복되고 질서가 수립된다. 고대 문화의 강에서 이런 측면을 탐구하고자 한다면 우리는 신들의 전쟁이라는 개념을 살펴보아야 하다. 고대 근동의 인지환경 내에서 신들은 다양한 상황과 다양한 차원에서 전투(흔히 "신들의 전쟁"[Theomachy]이라고 묘사된다)에 관여한다. 신들 간의 전투, 개별 전투 및 공동 전투, 위협 요소가 되는 실체 및 비실체와의 전투, 그리고 인간과의 전투가 여기 포함된다.[10] 그런데 고대 인

---

9 텍스트상의 증거들에 대한 논의로는 다음을 참조하라. J. Walton, *Genesis 1 as Ancient Cosmology* (Winona Lake, IN: Eisenbrauns, 2011), 46-66. 『창세기 1장과 고대 근동 우주론』(새물결플러스 역간).

10 중요한 논의들은 다음과 같다. Bernhard W. Anderson, *Creation Versus Chaos* (New York: Association, 1967); Debra S. Ballentine, *The Conflict Myth and the Biblical Tradition* (Oxford: Oxford University Press, 2015); Bernard F. Batto, *Slaying the Dragon* (Louisville: Westminster John Knox, 1992); John Day, *God's Conflict with the Dragon and the Sea* (Cambridge: Cambridge University Press, 1985); Carola Kloos, *Yhwh's Combat with the Sea* (Leiden: Brill, 1986); Susan Niditch, *Chaos to Cosmos* (Atlanta: Scholars Press, 1985); David Tsumura, *Creation and Destruction* (Winona Lake, IN: Eisenbrauns, 2005); Mary K. Wakeman, *God's Battle with the Monster* (Leiden: Brill, 1973); Rebecca S. Watson, *Chaos Uncreated: A Reassessment of the Theme of "Chaos" in the Hebrew Bible* (Berlin: de Gruyter, 2005). 여기 제시된 논의는 다음과 같은 나의 기고문에서 발췌한 것이다. "Creation in

지환경 내에서 "신들의 전쟁"이 어떤 역할을 감당했는지를 결정하기 전에 먼저 대적이 어떤 존재인지, 그리고 갈등의 쟁점이 무엇인지가 제시되어야 한다.

앞서 별항("신들의 전쟁" 범주들)으로 제시한 분석의 결과는 대체로 부정적이며, "신들의 전쟁" 개념은 고대 인지환경을 구성하는 표준적인 내용들로 간주되기 어려운 요소들을 담고 있다. 예를 들어 가나안과 이집트 문헌에서 신들의 반란에 대한 증거를 찾을 수 없으며, 다만 한 신이 다른 신에 대해 도전했다는 간헐적인 증거가 있을 뿐이다. 또 다른 예로 「에누마 엘리시」는 세 가지 범주의 "신들의 전쟁" 기사를 담고 있다. 첫째 범주는 불만을 가진 계급의 반란인데, 이 반란은 인류의 창조를 통해 해소된다. 둘째 범주는 대우주적 무질서(혼돈)인데, 티아마트의 개입으로 시작되고 우주 기원론으로 해결된다. 셋째 범주는 통치권을 두고 벌이는 다툼인데, 킹구가 운명의 서판(tablet of destinies)을 소유함으로써 시작되고 마르두크가 권좌에 오름으로써 해결된다. 여기서 「에누마 엘리시」는 하나의 특이한 사례로 간주되어야 하며 종종 제시되는 것처럼 고대 세계 우주 기원론의 근본적인 패러다임으로 간주되어서는 안 된다.

앞서 신적 전사에 관한 논의(제2장)에서 지적했던 것처럼, 히브리 성서에서 야웨가 비질서를 초래하는 자연의 세력들과 전투를 벌이는 몇 안 되는 장면들은 "혼돈과의 전쟁"(Chaoskampf)으로 묘사되기보다는 야웨가 "우주의 주관자"이심을 보여주는 장면으로 간주되어야 할 것이다. 여기서는 창조 자체가 아니라 하나님의 왕권이 주된 관심사다.

Gen 1:1-2:3 and the Ancient Near East: Order Out of Disorder After Chaoskampf," *Calvin Theological Journal* 43 (2008): 48-63.

지금까지 이스라엘과 고대 세계의 관념이 어떤 면에서 유사하며(예컨대 질서에 주안점을 둔다는 점에서) 어떤 면에서 다른지(예컨대 창조 사건에서 갈등의 유무) 살펴보았는데, 그렇다면 이제 우리는 창조 내러티브들을 어떻게 평가해야 할지—장르 문제를 어떻게 다룰 것인가라는 문제에서 시작하여—간략하게나마 제시할 수 있을 것 같다. 창조 내러티브에 관한 논의는 종종 곧바로 "역사"와 "신화" 중에 하나를 선택하는 문제로 돌변해버리곤 한다. 하지만 이런 이분법은 우리가 살아가는 현대 문화의 사고방식을 깊이 반영하는 것으로 대단히 잘못되었을 뿐 아니라 오해를 초래한다. 더욱이 현대의 범주와 개념은 논의를 진행해가는 데 방해가 되기도 한다. 우리가 원하는 구분을 정당화하기 위해 고대 세계 문화의 강을 손바닥 뒤집듯이 우리의 사고범주에 적용해서는 안 된다.

　　먼저 우리는 고대 세계에 오늘날의 역사기록(방법론, 목표, 문학양식에 있어서)과 유사한 것이 존재하지 않았다는 점을 기억할 필요가 있다.[11] 따라서 우리는 구약성서나 고대 근동 문헌의 내러티브를 "역사"나 "역사기술"로 규정하기보다는 그것들이 인간 세계에서 발생한 실제 사건들을 지시대상으로 삼았다고 말하는 편이 나을 것이다. 우리가 종종 "신화"라고 부르는 텍스트들은 역사적 "사건"들에는 별 관심이 없지만, 그럼에도 그 텍스트들은 그것을 만들어낸 사람들이 "실재"라고 간주했던 것들을 제시하고 있다. 고대 세계에서 우주 기원론을 다룬 텍스트들은 후자의 범주에 들어맞으며, 따라서 우리는 그 텍스트들을 소위 우주론적 실재를 지시대상으로 삼는 내러티브로 정의해야 할 것이다. 이러한 텍스트들에 담긴 실재들은 역사의 사건들을

11　예컨대 우리는 학문으로서의 역사기술(historiography)과 내러티브로서의 역사기술을 구분할 수 있을 것이다.

초월하며, 그들의 목적은 형이상학적 실재를 전달하는 것이다. 그들에게 역사적 사건들은 단지 실재의 일부분만을 대표할 뿐이며 가장 중요한 부분들은 반영하지 못하는 것으로 간주된다. 고대인들의 사고에서 실재는 "사건"보다 훨씬 더 거대한 범주에 속한 것이다.

구약성서의 우주론 텍스트들도 실재에 대해 이와 동일한 관점을 가지고서 작동하는데,[12] 그것들도 우주가 사건들을 초월한다는 이해를 반영한다. 우리는 종종 그러한 텍스트들을 "기원"에 관한 기사들이라고 부르지만 그보다는 "정체성"에 관한 기사라고 부르는 것이 더 정확할 것이다. "신화"는 잘못된 명칭인데, 왜냐하면 그것은 오늘날 우리의 문화의 강에서나 통용될 수 있는 고정관념을 고대 텍스트에 강요하는 것이기 때문이다. 고대 세계에서와 마찬가지로 이스라엘의 우주론도 사건들이라는 제약을 초월해서 보다 광활한 실재를 제시한다. 이스라엘 사람들이 사건들에 대해 기록할 때 그러한 사건들은 언제나 신적 행위의 차원에서 의미를 발견하며, 이러한 신념과 관점이 아니고서는 그런 사건들은 이해 불가능한 것이 되어버린다.[13]

따라서 이스라엘 사람들이 우주론을 기술할 때 그들이 사건들에 관심을 두는 대신에 우주를 영적 차원에서 이해하고자 하는 실재 개념을 제시한다는 것은 놀랄 일이 아니다. 바로 이 영적 차원이 그 기사를 더욱 중요한 실재로 만드는 것이다.

고대 저자들이 전달하고자 했던 실재는 우주에 질서를 부여함으로써

---

12 보다 자세한 논의는 다음을 참조하라. John Walton and Tremper Longman III, *The Lost World of the Flood* (Downers Grove, IL: InterVarsity Press, 2018). 『노아 홍수의 잃어버린 세계』(새물결플러스 역간).

13 J. Assmann, *The Mind of Egypt* (New York: Metropolitan, 2002), 242-43. 이것은 고대 근동에서도 마찬가지다.

창조를 수행하신 분으로서의 야웨의 역할에 초점을 맞춘 것이었다. 그 질서는 고대 세계에서 일반적으로 발견되는 개념과 크게 다르지 않은데, 다만 서로 다른 차원에서 작동한다는 점으로 구별할 수 있을 것이다. 야웨는 우주에 질서를 부여하시는데, 고대 근동 세계에서처럼 일상의 기능적 차원에서만 그리하시는 것이 아니다. 다른 신들이 우주에 질서를 부여하는 이유는 그들 자신을 섬기도록 만들기 위함이며, 인간은 여기서 단지 기계의 톱니바퀴처럼 움직일 뿐이다. 하지만 구약성서에서 야웨는 자기 자신이 아니라 사람들을 섬기도록 만들기 위해 우주에 질서를 부여하시며, 우주는—그가 거기에 임재하심으로써—신성한 공간으로 질서지어진다. 그가 안식하실 때 (출 20:8-11) 그는 지상의 거룩한 장소에 거처를 마련하시고 그곳에서 통치하신다(시 132:13-14; 자세한 내용은 아래를 보라).

인류

인간의 역할과 기원: "하나님의 형상"[14]

만일 우리가 우리 자신 및 인류 전체를 어떻게 규정할지와 관련하여 구약성서에서 불변의 신학을 도출하고자 한다면 우리는 구약성서가 고대 근동

---

14 가장 중요한 자료들은 다음과 같다. Z. Bahrani, *The Graven Image* (Philadelphia: University of Pennsylvania Press, 2003); Angelika Berlejung, "Washing the Mouth: The Consecration of Divine Images in Mesopotamia," in *The Image and the Book*, ed. K. van der Toorn (Leuven: Peeters, 1997), 45-72. E. Curtis, "Man as the Image of God in Genesis in the Light of Ancient Near Eastern Parallels" (PhD diss., University of Pennsylvania, 1984); W. R. Garr, *In His Own Image and Likeness: Humanity, Divinity, and Monotheism* (Leiden: Brill, 2003); S. L. Herring, *Divine Substitution: Humanity as the Manifestation of Deity in the Hebrew Bible and the Ancient Near East* (Münster:

의 관점에서 제공하는 정보들을 이해하는 데서 출발해야 할 것이다. 구약성
서와 고대 근동에서 이러한 과제는 하나님의 형상에 대한 이해와 밀접한 관
련이 있다. 언제나 그래왔던 것처럼 우리는 구약성서와 고대 근동 간에 표
면적인 유사성을 발견하는 한편 세부사항에서는 중대한 차이점을 발견하게
될 것이다.

우리는 하나님의 형상에 관한 고대 근동의 개념을 탐구할 때 서로 다르
면서도 관련이 있는 세 개의 렌즈를 사용할 수 있다.

- 신의 임재를 현시하기 위해 제작된 신의 형상 - 우상
- 사람들 사이에서 발견할 수 있는 신의 형상(거의 대부분의 경우는 왕)
- 부조와 입상들로 표현되고 다양한 방식으로 사용되는 왕의 형상

각각의 렌즈는 우리에게 고대 세계에서 하나님의 형상이 어떻게 받아들여
졌는지 이해할 수 있도록 통찰력을 제공한다. 신들의 형상은 지상에서 신의
임재와 조우할 수 있게 해주는 수단이 된다. 여기서 형상과 신은 하나의 대
상으로 인식된다. 그렇다고 해서 형상이 곧 신이라고 이해되었던 것은 아니
며 형상은 신의 현시(manifestation)였다. 이처럼 형상은 하늘에서 태어났지만
땅에서 만들어짐으로써 사람의 눈에 보이는 신의 현존이 된 것이라고 믿어
졌다(이는 하늘의 별들이 하늘에 거하는 신들의 가시적인 현현인 것과 같은 원리다). 형
상은 신의 현존을 사람들에게 중재해주는 역할을 하는 동시에 사람들이 바

Vandenhoeck & Ruprecht, 2013); C. McDowell, *The Image of God in the Garden of Eden: The Creation of Mankind in Genesis 2:5-3:24 in Light of the* mis pi, pit pi *and* wpt-r *Rituals of Mesopotamia and Ancient Egypt* (Winona Lake, IN: Eisenbrauns, 2015); J. R. Middleton, *The Liberating Image* (Grand Rapids: Brazos, 2005); R. S. Peterson, *The* Imago Dei *as Human Identity: A Theological Interpretation* (Winona Lake, IN: Eisenbrauns, 2016).

치는 경배를 신들에게 중재해주는 역할을 한다. 형상은 신들에 의해 선택되며, 신들에 의해 파송되고, 신들을 위해 제 임무를 다한다. 그것은 신을 위해 일하는 독립적인 개체라기보다는 신이 지상에서 일하도록 만들어주는 수단 중 하나에 불과하다. 더 나아가 형상은 신들의 영역에서도 나름의 지위를 갖는다.

또한 신들의 형상은 종종 사람들을 매개체로 삼기도 했는데, 물론 거의 대부분의 경우 그 대상은 왕이었다. 이집트 문서인 「메리카레를 위한 교훈」이 현존하는 거의 유일한 예외인데, 여기서는 모든 사람이 신의 형상으로 간주된다. 어떤 왕이 신의 형상이라고 불릴 때 그 칭호는 각각의 왕에게 하나의 전형(archetype)으로서 적용된다. 다시 말해 이 같은 칭호는 그의 직책에 대해 주어지는 것이라는 뜻이다. 왕이 대관식을 거쳐 왕좌에 오르면, 그가 얻은 직책으로 말미암아 신의 형상이라는 지위가 그에게 주어진다는 것이다. 따라서 이 범주에서는 형상이 대표적 의미와 기능적 의미를 동시에 갖는다. 왕은 신적 후견인을 통해 후원을 받으며 결과적으로 지상에서 신을 대리한다. 또한 그는 이론상으로는 신으로서 자신의 역할을 감당한다. 그들은 공식적으로 파트너 관계인 것이다. 그리고 이와 같은 파트너 관계가 때로는 문서상의 계약으로 도식화되기도 하고 때로는 부자관계의 언어로 정형화되어 왕이 신의 아들로 표현되기도 했다. 이와 같은 후견인-의뢰인 관계를 매개로 신은 왕과 동일시되었고, 이어서 왕은 신과 동일시되었다.

세 번째 범주에서, 왕이 봉신국가 도시의 신전이나 제국 영토의 경계에 자신의 형상을 세울 때 그 형상들은 왕을 대리하는 존재로서 그 장소에 서 있는 것이었다. 다시 말해 왕은 그 형상과 함께 그곳에 현존하는 것으로 간주되었다는 뜻이다. 비록 그가 몸으로는 다른 장소에 있다 하더라도 말이다.

여기서 간략하게 요약한 예들을 통해 우리는 고대 세계에서 형상 개념이 기능, 대리, 대표, 중재, 신분, 그리고 동일시(identification)와 같은 심상들을 표현한다는 것을 관찰할 수 있다. 형상 개념이 외형적인 유사성이나 고유한 능력들에 초점을 맞추는 경우는 없었다. 물론 심미적으로는 형상이 신의 성품들을 상징하기는 하겠지만 말이다. 예컨대 왕이 신의 형상과 동일시되는 것은 그가 신이 가진 어떤 성품들을 가졌거나 혹은 신이 그에게 그와 같은 성품을 주었기 때문은 아니라는 것이다. 왕은 왕좌에 오르는 동시에 단순히 그와 같은 신분에 "진입"하는 것이다. 이와 유사한 방식으로 신의 우상은 예전들을 통해 중재적 기능을 수행하도록 새로운 형태로 탈바꿈하지만, 그렇다고 해서 신의 물리적 외형이 어떠한지에 대한 정보를 제공하는 것은 아니다.

이 같은 관찰들에 근거해서 우리는 구약성서가 하나님의 형상이라는 개념을 어떻게 발전시켰는지, 그리고 구약성서의 형상 개념이 고대 근동의 그것과 어떤 점에서 유사하고 어떤 점에서 다른지 탐구해보기로 하자. 위에서 다루었던 고대 근동 배경을 고려할 때 우리는 하나님의 형상이라는 개념이 이스라엘의 청중들에게 전혀 생소한 것은 아니었을 것이라고 추측할 수 있다. 그것은 사실상 고대 문화의 강에서 주도적인 흐름 가운데 하나였다. 그들도 이와 같은 범주에 대해 잘 알고 있었으며, 그들이 이처럼 친숙한 개념에 대해 어떻게 생각하도록 기대되었는지는 성서 텍스트가 밝혀줄 것이다.

형상 개념이 처음 텍스트에 출현하는 자리에서 우리는 사람들(남자와 여자를 포함하여)에게 "하나님의 형상"이라는 신분이 부여되었음을 발견하게 된다.[15] 나는 여기서 "신분"이라는 용어를, 누군가에게 주어졌으며 받는 사

---

15 전치사와 관련하여 학자들 간에 상당한 논쟁이 지속되고 있지만("~ 안에"[ㅁ]와 "~처

람의 입장에서 선택의 여지가 없는 무언가를 가리키는 것으로 사용하였다. 이와는 대조적으로 "정체성"은 그들이 스스로를 어떻게 바라보는지, 그리고 다른 사람들이 자신들을 어떻게 바라보기를 원하는지를 반영하는 용어다. 따라서 구약성서에서 하나님의 형상은 하나님이 그들에게 주신 "신분"이라고 말할 수 있다. 이처럼 신분을 부여할 때 하나님은 그의 백성들을 자신과 동일시하신다. 그러는 과정에서 그는 자신의 정체성을 계시하시는데, 사람들은 이러한 정체성을 자신의 것으로 수용함으로써 하나님께서 그들을 만드신 목적에 부합하게 살아가도록 스스로를 자리매김하는 방법이 무엇인지 올바로 이해할 수 있게 된다. 사람들은 스스로를 하나님의 형상과 동일시할 수도 있고 이를 거부할 수도 있지만, 그들의 선택이 그들의 신분을 변화시키는 것은 아니다. 그들의 신분은 집합적으로 표현된다(왜냐하면 사람이라고 불릴 수 있는 모든 사람이 여기 포함되기 때문이다).[16] 우리는 개별적으로 하나님의 형상인 것이 아니라 공동체적으로 그분의 형상을 이룬다.

하지만 우리가 고대 근동 맥락에서 살펴보았던 범주들이 이곳 구약성서에도 그대로 적용될 수 있다. 사람들이 하나님의 목적을 수행하기 위해 하나님의 형상으로서 공동체적으로 하나님과 보조를 맞추어 자기 역할을 감당한다는 사상은 창세기 1:28에서 발견되는데, 거기서 인류에게는 땅을 정복하고 다스리는 역할이 주어졌다. 이와 같은 역할은 하나님이 우주에 질서를 부여하시는 창조 사역을 지속하실 때 인류가 하나님의 파트너로서 일하도록 만들어준다. 또한 구약성서에서는 대리, 대표, 그리고 하나님의 현존을 위한 "중재"와 같은 요소들도 발견된다. 구체적으로 이런 요소들을 담고

럼"[ס]), 우리의 논의에는 큰 영향을 미치지 않는다.

16   집합적 측면은 다음과 같은 구절들에 표현되어 있다. 창 1:27; 5:1-2; 9:6.

있는 텍스트를 콕 집어 지적하기는 어렵겠지만 말이다. 이와 동시에 우리는 성서 텍스트나 고대 세계 어디에서도 하나님의 형상을 심리학적·신경학적 범주의 측면에서 다루는 경우는 없다는 사실을 관찰할 수 있다. 성서 텍스트는 오늘날의 문화에 해당하는 고유한 이슈들을 다루지는 않는다. 물론 구약성서가 하나님의 형상을 사람과 동물들을 구별하는 요소로 대한다는 점은 분명하다(창 9장). 하지만 우리가 가진 어떤 자질(예컨대 자의식, 양심, 윤리의식, 형이상학적 사고 등)이 우리를 동물과 구별 짓는다고 해서 그것을 하나님의 형상으로 간주할 수 있다는 말은 아니다. 그와 같은 자질들은 우리가 우리에게 맡겨진 역할을 감당할 수 있도록 하나님께서 허락하신 능력들이다. 하지만 형상은 자질들의 모음이 아니라 신분이다.

고대 근동의 맥락 및 이에 병행하는 구약성서의 정보들은 우리를 다음과 같은 결론으로 이끈다. 하나님의 형상을 우리가 하나님과 공통으로 소유하고 있는 것들의 목록으로 정의할 수 없다는 것이다. 우리는 하나님께서 우리와 마찬가지로 관계성을 가지신다고 말할 수 있지만, 그렇다고 해서 그러한 유사성이 "관계성"을 하나님의 형상으로 규정하게 만들어주는 것은 아니다(이 말은 하나님의 형상이 우리로 하여금 하나님과 관계를 맺도록 만들어준다는 점을 부정하라는 것이 아니다). "감정 표현의 능력"이라는 범주에 대해서도 같은 말을 할 수 있다. 이와 같은 관점도 구약성서 텍스트나 고대 근동 문화권에서 발견되는 정서보다는 우리가 속한 세계의 정서를 반영하는 것으로 보인다. 마지막으로 우리는 이와 같은 증거들에 입각하여 구약성서에서 하나님의 형상이 외형적인 유사성을 의미하는 것이 아니라고 결론 지을 수 있다.

우리가 구약성서와 고대 근동 사이에서 발견할 수 있는 주된 차이점은 구약성서에서 하나님의 형상을 "보편화"한다는 점이다. 모든 인류에게 이와 같은 신분이 주어졌으며, 따라서 각자에게 맡겨진 역할이 있다. 이러한 신학을 현대에 적용한다면, 우리는 어떤 개개인이 하나님의 형상을 소유했느냐 그렇지 않느냐라는 논란을 불식시킬 수 있을 것이다. 어떤 사람이 영적으로 거듭나지 못했거나, 신체적인 장애가 있거나, 정신적으로 무력하거나, 젊거나 나이가 많거나, 능력이 뛰어나거나 그렇지 못하거나, 이 모든 조건과 무관하게 모든 사람은 "하나님의 형상"이라는 신분을 소유하고 있다. 하나님의 형상은 유전적인 것도 아니고 생물학적인 것도 아니다. 우리는 그것을 잃어버릴 수도 없고 획득하는 데 실패할 수도 없다. 우리가 인간인 한 우리는 공동체로서 하나님의 형상의 한 부분이다.[17] 질서를 부여하는 임무를 위임받고 지상에서 하나님의 형상을 대변하며 하나님이 부여하신 신분을 소유할 자는 인류 전체다. 이런 의미에서 하나님의 형상은 신약성서에 나타나는 그리스도의 몸이라는 개념에 비견될 수 있을 것이다. 우리 중 어느 한 사람이 개인적으로 그리스도의 몸이 되는 것이 아니며, 우리는 전체로서 그리스도의 몸의 일부가 되는 것이다. 이와 유사하게 우리 중 어느 한 사람이 하나님의 형상이 되는 것이 아니며, 우리는 공동체적 인류로서의 하나님의 형상의 일부가 되는 것이다.

　이렇게 공동체적으로 주어진 신분이 인류에 대한 구약성서의 이해를 인류에 대한 고대 근동의 이해와 구별 짓는다. 고대 근동에서 인류에게 주어진 신분은 신들의 필요를 채워주기 위해 창조된 노예의(아니면 기껏해야 종의) 신분이었다. 하지만 구약성서에서 인류는 하나님의 목적을 수행하는 대리인의 역할을 맡았으며, 하나님이 창조하신 만물의 감독자로 세워졌다. 이것은 이스라엘 사람들에게 패러다임의 전환이었으며 오늘날까지도 우리가

17　하지만 이것은 우리가 "인간"을 어떻게 정의하느냐에 도움이 되지 않는다.

하나님과의 관계에서 우리 자신을 어떻게 이해할지를 규정해주는 신학적 선언으로 자리매김한다.

신학적 인류학. 오늘날 인격(human personhood)이 육체, 혼, 그리고 영으로 구성되어 있다는 삼분론적 관점은 보편적으로 채택되는 견해다. 이와 같은 견해는 다양한 그리스 철학 사조와의 관계에서 발전해왔으며, 종종 신약성서에서 발전된 입장을 대변하는 것으로 간주되기도 한다(살전 5:23). 물론 그와 같은 견해의 학문적 엄밀성에 대해서는 (형이상학적으로나 의미론적으로나) 광범위한 논쟁이 진행되어 왔으며 기독교 역사에서 보편적인 교리로 채택된 적은 없었다(인간을 육체와 영혼으로 나누는 이분설도 광범위한 지지를 얻고 있다). 그럼에도 우리는 이 지점에서 우리의 대화를 시작하고자 한다. 우리는 먼저 고대 근동의 관점을 살펴본 후 그것을 구약성서의 개념과 비교할 것인데, 그 과정에서 후대 신학이라는 여과장치로 그러한 개념들을 걸러내지 않도록 주의할 것이다.

우리는 고대 근동에서 인간의 본성과 관련해 다양한 견해들을 발견할 수 있다. 이집트인들도 이스라엘 사람들과 마찬가지로 종종 인간이 신의 호흡을 통해 생명을 얻게 된 것으로 묘사하곤 한다. 하지만 이집트인들의 사고에서 인간의 본성은 육체(*djet*-육체나 *ha'u*-육체), "아크"(*akh*), "카"(*ka*), "바"(*ba*), 그리고 심장, 배, 그림자, 이름과 같은 대상들로 구성된 것이다.[18] "카"(*ka*)와 "바"(*ba*)라는 용어는 영어나 우리말로 옮기기가 불가능한데, 현대 서구 문화에 그에 상응하는 개념이 존재하지 않기 때문이다. 일반적으로 내적인 "카"는 신들의 세계나 미래 세대와의 연관성을 표시하며, 외적인

---

18   J. Assmann, "Dialogue Between Self and Soul: Papyrus Berlin 3024," in *Self, Soul and Body*, ed. A. Baumgarten, J. Assmann, and G. Stroumsa (Leiden: Brill, 1998), 384.

"카"는 한 사람이 태어날 때 함께 태어난 눈에 보이지 않는 쌍둥이로서 내세에도 지속적으로 존재한다. 이와는 대조적으로 "바"는 정신적이고 인지적인 능력들과 관계된다. 그것은 공동체의 일원으로서 한 사람의 외적 자아와 관계된 것이며, 타자에게 투사된 인격(persona)이라고 할 수 있다. "바"는 육체와는 독립적으로 존재하면서 한 사람의 명성을 좌우하고, 그가 죽은 후에도 계속 남아 있다. 신들도 "바"를 가지고 있는데, 그것이 신의 형상 내에 실재하는 것으로 간주된다. 사람이 죽은 후에는 그의 "카"가 내세에 존재하며, 그의 "바"는 인간의 영역 너머에 존재하고, 그의 "아크"는 유령의 형태로 나타난다(그들의 "그림자"라기보다는 "영"에 가깝다).

메소포타미아에서 인간 본체의 구성에 관한 대부분의 정보는 「아트라하시스 서사시」에서 발견된다.[19] 서사시에 담긴 정보에 따르면 인류를 창조하기 위해 사용된 다양한 재료는 인간 본성의 다양한 측면들과 상응한다. T. 아부쉬(T. Abusch)의 해석에 따르면 인간의 영(*etemmu*)은 신의 살점에서 유래한 것이며, 인간의 지성(*tēmu*), 자아, 혹은 혼은 신의 피(*dāmu*)에서 유래했다.[20] 예컨대 "피는 지성의 역동적인 자질이며, 살은 진흙에 새겨진 육체에서 온 것이다."[21]

우리가 이스라엘의 관점을 이해하기 위해서는 두 가지 핵심 단어, 곧 "네페쉬"(נֶפֶשׁ)와 "루아흐"(רוּחַ)의 용례를 살펴볼 필요가 있다. 일반적으로 제안되는 구분에 따르면, "네페쉬"는 느끼고 지각하는 반면 "루아흐"는 행

19　T. Abusch, "Ghost and God: Some Observations on a Babylonian Understanding of Human Nature," in *Self, Soul and Body in Religious Experience*, ed. Baumgarten, Assmann, and Stroumsa, 363-83.

20　Ibid.

21　Ibid., 371-72.

동한다.[22] 한 개인이 자신의 고유한 "루아흐"를 가지고 있는지에 대해서는 결론지어 말하기가 어렵다. 그 대신 각 사람은 하나님의 "루아흐"를 가지고 있으며[23] 그것이 그의 생명을 유지시킨다고 말할 수는 있다(욥 34:14; 시 104:29). 모든 피조물의 "루아흐"는 하나님께로 돌아가는데, 이는 모든 "루아흐"가 그의 것이기 때문이다.[24]

이와는 대조적으로 "네페쉬"는 하나님께서 모든 살아 있는 피조물에게 주신 것이다.[25] H. W. 볼프(H. W. Wolff)는 다음과 같이 주장한다. "사람이 [네페쉬를] 가진 것이 아니라 그가 곧 [네페쉬]**이며**, 그는 [네페쉬로] 살아간다."[26] 볼프의 주장은 아담이 살아 있는 "네페쉬"가 되었다고 표현하는 창세기 2:7 같은 구절을 통해 지지를 받는다. 하지만 드물게는 잠재적으로 이와 모순되는 그림을 보여주는 구절들도 있는데, 예컨대 "네페쉬"가 떠났다(창 35:18)라고 말하거나 돌아왔다(왕상 17:22)라고 말하는 경우들이다. 그것은 독립적인 혼이나 유령을 가리킨다기보다는 한 개인이 "사람"이기를 멈춘다는 의미로 이해될 수 있을 것이다.[27] 이스라엘 사람들은 예컨대 사람이

---

22   일반적인 제안에 대해서는 다음을 보라. H. J. Fabry, "רוּחַ," in *TDOT* 13:365-402. 아카드어와 수메르어에는 "루아흐"에 해당하는 단어가 없다. 우가리트어에서 같은 어근을 가진 단어는 인류학적 측면을 반드시 표현하는지가 확실하지 않다.

23   Ibid., 386-87; 특히 욥 27:3-4. 이와 관련하여 가장 모호한 구절은 슥 12:1이다.

24   Ibid., 387-88.

25   "네페쉬"(נֶפֶשׁ)에 관해서는 다음을 참조하라. R. C. Steiner, *Disembodied Souls* (Atlanta: SBL Press, 2015). 여기에는 고대 근동 용어들에 관한 많은 유용한 정보들이 담겨 있다. H. Seebass, "נֶפֶשׁ," in *TDOT* 9:515-16; H. W. Wolff, *Anthropology of the Old Testament* (Philadelphia: Fortress, 1974).

26   Wolff, *Anthropology of the Old Testament,* 10. 이와 동시에 "네페쉬"는 사람 안에 머무는 것으로 인식된다(창 1:30; 삼하 1:9).

27   "네페쉬"가 생명을 의미하지 않는 경우로는 다음을 참조하라. Steiner, *Disembodied Souls*, 69.

혼수상태에 빠졌을 때 "네페쉬"가 떠난다고 생각했던 것 같다.[28] 하지만 하나님은 그런 사람에게 있어서도 자아의 근원이다. "네페쉬"가 육체로부터 구분되는 혼과 같은 것을 의미하지 않는다는 점은 하나님 역시 "네페쉬"로 묘사된다는 사실을 통해서도 분명해진다(사 1:14; 하나님의 "루아흐"가 사람들에게 주어진다고 말하기는 하지만 하나님이 "루아흐"라고 묘사되지는 않는다). 해부학의 용례에서 "네페쉬"는 목구멍을 의미하며, 형이상학의 영역에서 "네페쉬"는 삶에 대한 경험과 생명을 의미한다(레 17:11에서는 생명, 곧 "네페쉬"가 피에 있다고 말하며, 신 12:23에서는 피가 곧 "네페쉬"라고 말한다). 네페쉬의 복수형은 사람들을 의미하거나 때로는 "자신"을 의미하기도 한다.[29] 사람이 호흡하기를 멈출 때(죽거나, 놀라거나, 충격을 받거나 혹은 혼수상태에 빠져서) 그는 그를 한 사람, 혹은 자기 자신으로 만들어주는 활력이 되는 "네페쉬"를 잃어버린 것이다.

하지만 우리는 이스라엘 사람들이 "네페쉬"가 내세로 간다고 믿었는지 이제 결정을 내려야 한다.[30] 시편 16:10에 나오는 상당히 미미한 증거와 (1) 어떤 텍스트도 네페쉬가 존재하기를 멈춘다고 말하지 않는다는 사실, 그리고 (2) 일부 남은 자들이 확실히 내세에 존재하는 것으로 간주되었다는 사

---

28 아 5:6. 여기서 화자는 자신이 비유적으로나 실제적으로 혼수상태에 빠졌으며 숨이 멎었고, 혼절했다고 묘사한다. Steiner의 유용한 논의를 참조하라: *Disembodied Souls*, 70. Seebass는 생명의 힘이라는 의미를 선호한다(*TDOT* 9:515). 때로는 "루아흐"가 떠나기도 하고 되돌아오기도 한다(삿 15:19; 삼상 30:12); Steiner, *Disembodied Souls*, 81.

29 의미론의 영역에서 히브리어 "네페쉬"는 아카드어 "나피쉬투"(*napistu*)와 중첩되는 부분이 많다(*CAD* N/1: 296-304).

30 Seebass는 그렇지 않다고 주장한다. *TDOT* 9:515-16에서 그는 증거의 부재를 근거로 제시한다; 반면에 Steiner는 시신이 무덤 속에서 부패할 때 "네페쉬"가 내세로 간다고 생각한다. Steiner, *Disembodied Souls*, 106-9. 여기서 가장 중요한 정보는 탈무드 자료이며, 그 기원이 철기 시대까지 거슬러 올라가는 것으로 간주되는 제2성전 시대 자료들에 의해 지지받는다.

실을 기반으로 나는 잠정적으로 "네페쉬"가 내세에까지 도달한다는 관념을 받아들이고자 한다. 이 같은 결론을 채택하고서 나는 다시 사람이 "네페쉬"를 **가졌다**라는 개념으로 되돌아가고자 한다. 육체는 인간 본성과는 무관한 것이다. 사람이 살아 있는 동안 그는 육체 안에 갇힌 "네페쉬"다. 육체가 죽으면 "네페쉬", 곧 그 사람은 무덤을 통해 내세로 내려간다.

사람은 "루아흐"를 잃지 않고서도 "네페쉬"를 잃을 수 있다. 하지만 "루아흐"를 잃으면 당신은 "네페쉬"도 함께 잃게 된다. 어떤 이가 죽으면 그의 "루아흐"는 하나님께로 돌아가고 그의 "네페쉬"는 (아마도) 내세로 내려간다. 문제는 내세에서는 인간 본성(네페쉬)이 유지는 될지언정 활기(루아흐)를 얻지는 못한다는 것이다.[31]

하지만 이러한 결론이 우리의 탐구 목적에는 별 의미가 없다. 구약성서는 이스라엘 사람들에게 신학적 인류학의 구조에 대해 설명하는 책이 아니다. 특히 "네페쉬"와 "루아흐"에 대한 성서의 정통적인 견해를 제시하는 것도 아니며, 다만 적절한 맥락에서 당시 청중들에게 잘 알려진 용어를 사용한 것뿐이다. 성서는 인간의 형이상학적 구성요소들을 신학적으로 논의하는 데 필요한 용어들이나 올바른 길에 관한 신적 계시를 제공하고자 의도한 것도 아니며, 이스라엘 청중들에게 익숙한 용어들로 그들과 접촉하는 것이다. 환언하자면, 성서 텍스트는 모든 독자들이 채택할 수 있는 고유한 신학적 인간학을 주창하기 위해 위와 같은 용어들을 사용한 것이 아니다. 성서가 사용한 용어들은 다만 의사소통을 위한 특정한 인지환경을 대변할 뿐이며, 등장인물들은 자신의 고유한 신념을 표현하기 위해 그 용어들을 사용

---

31 현대의 인공지능(artificial intelligence) 개념이 그 같은 아이디어를 대변할 수 있을 것이다. 이 분야의 선구자 역할을 한 "Siri"(애플사의 지능형 개인비서 소프트웨어)를 떠올려보라.

한 것이다.

우리가 늘 염두에 두어야 할 점은 등장인물의 신념과 텍스트의 영감된 메시지를 구분할 필요가 있다는 것이다. 이스라엘 사람들이 사용했던 용어들에 대해 이집트나 메소포타미아의 자료들에서 병행하는 구절들을 찾기는 쉽지 않다. 하지만 그들이 공유한 인지환경은 그들 모두가 심리학적이고 철학적인 범주들보다는 신학적이고 기능적인 범주들에 중점을 두는 경향이 있음을 시사한다(사실상 그들에게는 심리학적·철학적 범주라는 것이 존재하지 않는다). 어쨌거나 우리는 위에서 다룬 고대 용어들의 의미를 적절하게 담아낼 수 있는 언어적 범주를 가지고 있지 않다는 사실로 인해 어려움을 겪을 수밖에 없다.

구약성서가 인간을 구성하는 요소들에 관한 논의에 해결책을 제시해주는 것이 아닐뿐더러 이 주제에 대해 신적 계시가 아니라 다만 이스라엘 사람들의 관점을 제공할 뿐이라는 우리의 주장이 사실이라 해도, 우리는 형이상학에 대한 성서의 침묵을 통해 유의미한 사상들을 도출해낼 수 있다. 우리가 구약성서에서 이끌어낼 수 있는 불변의 신학은, 인간의 구성요소를 형이상학적으로 어떻게 규정하든지 간에 사람의 생명, 호흡, 인성, 정체성, 그리고 존재는 하나님이 주신 것이라는 점이다. 우리는 개인의 종말에 관한 이슈들이나 자아의 자리 및 본성과 같은 형이상학적 이슈들, 혹은 발달 단계에 있는 태아가 어느 시점에 인간이 되는지와 같은 생물학적 이슈들에 대해 성서로부터 통찰력을 얻을 수 없다. 이 모든 질문들은 현대 문화의 강에 기원을 둔 것들이며 성서 텍스트에서는 다뤄지지 않는다. 그럼에도 우리의 모든 것은 하나님에게서 온 것이다.

기원. 오늘날 우리가 인간의 기원에 대해 생각할 때 우리는 통상적으로 과학적 이슈들—생물학, 유전학, 인류학, 생화학 등등—에 관련된 질문들을 던지게 된다. 오늘날의 환경에서 이는 지극히 당연한 일이며 우리가 속한 문화의 강을 반영하는 것이기도 하다. 하지만 고대 세계의 사람들은 그런 학문들에 대해 알지 못했고 그런 지식들을 가지고 있지 않았으며, 그런 주제들에 관심을 갖지도 않았다. 고대 세계 전체를 통틀어 인류의 기원에 관한 기록들은 인간의 정체성, 특히 신들의 세계와의 관계에서 갖는 정체성에 깊은 관심을 보인다. 그 기록들은 인간의 육체나 인간이라는 종(species)이 물질적으로 어떻게 존재하게 되었는지에 초점을 맞춘 것이 아니라 인간의 정체성이 어떻게 구성되었는지에 중점을 두었다. 따라서 우리는 이러한 텍스트들이 오늘날 우리가 생물학이라고 부르는 분야보다는 인류학이라고 부르는 분야에 더욱 관심을 보였다고 결론 지을 수 있다.

바빌로니아 문헌 가운데 왕의 창조와 관련된 흥미로운 기사가 있다.[32]

> 31 당신은 벨레트-일리, 위대한 신들의 배우자이며,
>
> 당신은 인류-인간을 만드신 분이십니다:
>
> 왕을 만드시고 [그를] 섭정으로 삼으셨으며
>
> 그의 모든 육체를 탁월함으로 장식하셨습니다.
>
> 35 그의 용모를 치장하시고 그의 육체를 보기 좋게 만들어 주셨습니다.

벨레트-일리는 그녀에게 맡겨진 임무를 완수했으며 다른 위대한 신들도 왕에게 특정한 속성들을 부여했다.

---

32   Foster, *Before the Muses*, 495-97; E. Jimenez, "'The Creation of the King': A Reappraisal," *Kaskal* 10 (2013): 235-54.

그들은 왕에게 [위대한] 신들의 편에서 싸우도록 전쟁의 능력을 주셨으며
아누는 왕관을 그의 것으로 주셨고, 엔릴은 [왕좌를 그의 것으로 주]셨습
니다.

40 네르갈은 무기들을 그의 것으로 주셨고, 니누르타는 [영예를 그의 것으
로 주]셨으며,

벨레트-일리는 [이목]구비를 [그의 것으로] 주셨습니다.

앞선 시행들에서는 인류가 "벨레트-일리"(Belet-ili)에 의해 창조되었다고 말
하는데 그녀는 진흙 덩어리를 쥐고 그것을 다른 첨가물들과 혼합한 듯하며
(이 부분의 텍스트가 손상되었다), 다른 신들도 인류에 대해 각자에게 맡겨진 작
업을 한다. 이후로는 초점이 왕에게로 향하는데, 여기 사용된 동사들은 창
조의 행위를 암시하는 것들이며(33행에서 왕을 가리킬 때는 아카드어 "파타쿠
[patāqu]"라는 단어가 사용되었으며, 35행에서 그의 용모를 가리킬 때는 "바누[banū]"라
는 단어가 사용되었다), 여기서 언급된 용모들은 왕으로서의 정체성과 기능에
관련된 것들이다. 이런 텍스트는 고대 세계에서 창조가 물질성보다는 정체
성에 초점을 맞춘다는 사실을 보여준다.

이와 유사한 관점을 인류가 공예가의 신인 크눔에 의해 토기장이의 녹
로에서 만들어진 것으로 묘사하는 이집트 부조에서도 확인할 수 있다. 부
조에서는 종종 이 장면을 이중으로 표현하곤 하는데, 그 이유는 왕과 그의
"카"가 동시에 빚어지기 때문이다. 여기서도 창조 기사의 강조점이 인간의
정체성("카")과 그의 기능(맥락이 왕의 대관식이라는 점에서)에 놓여 있음을 볼
수 있다.[33] 생물학적 기원에는 관심이 없으며, 중요하게 여겨지는 것은 그

---

33 S. Morenz, *Egyptian Religion* (Ithaca, NY: Cornell University Press, 1973), 183-85.

의 정체성이다. "신왕국의 하트셉수트와 투트모세 2세의 치세 기간에 [크눔은] 신들과 인간, 그리고 동물들을 토기장이의 녹로에서 빚어내는 존재로 묘사되었는데, 이것은 신왕국 시대부터 로마 시대에 이르기까지 텍스트와 부조에서 유행했으며 파라오가 신의 아들로 태어난다는 사상과도 연관된다."[34]

인류의 기원에 관한 고대인들의 사고에서 정체성이 보다 핵심적인 요인으로 간주되었다는 사실은 인간을 창조하기 위해 사용되는 재료들에 대해 텍스트가 무엇을 말하는지를 살펴봄으로써 더욱 분명하게 드러날 것이다. 구체적인 재료들에 대해서 합의된 결론이 도출되지는 않았지만, 재료들을 통해서 무슨 관념을 전달하고자 했는지는 어느 정도 식별이 가능하다.

〈표3.1 고대 근동 텍스트에서 인류의 창조를 위해 사용된 재료들〉

문헌	언어	재료
괭이의 노래	수메르어	땅의 균열
에엔구라에게 바치는 송시	수메르어	땅의 균열
엔키와 닌마	수메르어	진흙(토기장이의 녹로)[a]
KAR 4	수메르어와 아카드어	반란으로 도살된 신의 피[b]
아트라하시스	아카드어	반란으로 도살된 신의 살과 피
에누마 엘리시	아카드어	반란으로 도살된 신의 피
피라미드 텍스트	이집트어	진흙(토기장이의 녹로)
관문서	이집트어	눈물[c]
메리카레를 위한 교훈	이집트어	신의 육체

---

34   P. O'Rourke, *Khnum, in The Oxford Encyclopedia of Ancient Egypt,* ed. D. B. Redford (Oxford: Oxford University Press, 2001), 231.

a 아마도 특별한 진흙을 가리키는 듯하다. 왜냐하면 그것은 압수(Apsu)의 꼭대기에 있는 진흙의 "심장"에서 취해진 것이기 때문이다. 이 같은 묘사는 이 진흙이 재생력을 가지고 있음을 제안할 수도 있다. Jacobsen은 이것을 "후손을 낳는 진흙"(fathering clay)이라고 번역한다(*HTO 156*). Lambert("The Relationship of Sumerian and Babylonian Myth as Seen in Accounts of Creation, in *La Circulation des biens, des personnes et des ides dans le Proche-Orient ancient*," ed. D. Charpin and F. Joanns [Paris: Recherche sur la Civilisations, 1992], 134)는 텍스트의 바로 윗줄에서 피가 언급되었을 것이라고 믿는데, 이것은 죽임을 당한 신의 피가 아니라 엔키(Enki) 자신의 피일 것이다. 하지만 텍스트가 난해하기 때문에 결정적인 진술은 불가능하다. 또 한 가지 주목할 점은 「아트라하시스 서사시」에서 "이기기"(Igigi)와 "아눈나"(Anunna) 신은 진흙을 사용하기 전에 거기에 침을 뱉는다는 사실이다 (lines 233-34).

b KAR 4에는 죽임을 당한 두 신이 반란자들이었다는 언급이 없다.

c 이집트어에서 눈물을 뜻하는 단어(*rmwt*)는 백성을 뜻하는 단어(*rmtn*)와 대단히 흡사하다; J. van Dijk, "Myth and Mythmaking in Ancient Egypt," *CANE* 3:1707. 「관문서」의 주문 1130을 참조하라. *COS* 1.17, p. 27.

오직 「아트라하시스 서사시」에서만 일반적인 재료와 신적인 재료가 혼합되어 사용되는 것으로 묘사한다.[35] 하지만 때로는 재료를 수단으로 하지 않고서도 신적 개입이 발생한다. 예를 들어 어머니 여신이 인류를 출생하기도 하고(엔키와 닌마) 신의 호흡을 통해(「관문서」, 「메리카레를 위한 교훈」) 개입이 일어나기도 한다. 「관문서」에서 신은 이렇게 말한다. "나는 내 입을 통해 그들을 이끌어 생명으로 인도할 것인데 나의 호흡이 그들의 코에 생명이 될 것이다. 나는 나의 호흡을 그들의 목구멍에(인간뿐만 아니라 모든 피조물을 향해) 불어넣을 것이다."[36]

더욱이 고대 근동 텍스트에서 인류는 개별적인 인간으로서가 아니라

---

35 두 가지 언어로 기록된 「엔키와 닌마」에서도 혼합이 발생한다고 제안한다. Lambert, "Relationship," 129-35.

36 *CT* 80:106-8; James Allen, *Genesis in Egypt* (New Haven, CT: Yale University Press, 1995), 24.

집합적인 군중으로 창조된다. 어떤 텍스트도 최초의 부부를 통해 다른 인류가 출생한다고 말하지 않는데, 왜냐하면 창조되는 것은 인류의 **정체성**이기 때문이다.[37] 고대인들은 최초의 개개인들이 어떻게 출현했는지가 아니라 인간이라는 종족의 정체성에 관심이 있었다. 따라서 재료들은 이 같은 정체성에 대한 그들의 이해를 집약한 것이지 생물학에 대한 그들의 이해를 반영하는 것은 아니다.

구약성서에서는 먼지가 재료이며, 하나님의 호흡이 인류에게 주입된다. 여기서 우리는 인류의 기원에 관해 동일한 접근법을 발견하는데, 세부 사항에서는 약간의 차이가 있다. 고대 근동에서는 육체의 형태를 만들기 위한 수단으로 진흙이 사용되는 반면 창세기에서는 먼지가 사용된다. 그런데 먼지와 진흙은 차이가 있는데, 먼지로는 형태를 빚을 수 없다는 점이다. 반면에 진흙을 사용하는 것은 공예작업 과정에서 이점이 있다.[38] 위의 문헌들에서 진흙이 (창세기의 먼지와는 달리) 명시적으로 죽음과 연결지어지지는 않지만, 에라(Erra)와 이슘(Ishum)은 진흙이 바로 피(생명/지성)가 몸에서 빠져나가고 난 뒤에 남는 부분이라는 점을 지적한다.[39] 먼지는 생명력이 없으며

---

37 가능한 유일한 예외는 KAR 4로 명명된 이중 언어 창조텍스트에서 발견된다. W. G. Lambert, *Babylonian Creation Myths* (Winona Lake, IN: Eisenbrauns, 2013), 330-45. 이것이 태고의 두 인물을 가리키는 것으로 보는 해석으로는 다음 논의를 참고하라. R. Averbeck, *COS* 4.90, p. 338n31.

38 T. Abusch, "Ghost and God: Some Observations on a Babylonian Understanding of Human Nature," in *Self, Soul and Body*, ed. Baumgarten, Assmann, and Stroumsa, 371: "[진흙은] 인간의 물질적 형태를 표현한 것이며 인간을 만들기 위한 기본 재료 역할을 한다."

39 「에라와 이슘」에서는 소들이 죽으면서 진흙으로 변한다고 말한다. I.74 (*COS* 1.113). A. Kilmer는 태반의 외형이 진흙을 닮았다는 점 때문에 고대인들이 진흙을 창조의 재료로 여기게 된 것이라고 제안한다. 그들은 태반을 자궁 속에서 아이가 형성되고 남은 물질로 보았던 것 같다. A. D. Kilmer, "The Brick of Birth," *Journal of Near Eastern Studies* 46 (1987): 211-13.

형체를 만들기에도 적절하지 않다. 먼지는 오직 죽음이라는 사건에서만 땅과의 연관성을 대표한다. 이런 관점은 고대 세계에서 오직 구약성서에만 독특하게 존재하는 것이다. 더 나아가 구약성서에서는 어떤 물리적인 신적 요소(신의 눈물이나 반란으로 도살된 신의 피와 같은)도 인간에게 제공되지 않는다. 하지만 고대 근동에서와 마찬가지로 구약성서에서도 하나님은 생명의 근원이며(주입), 인류의 정체성을 주조하는 분이시다.

구약성서와 고대 근동 문헌 간의 유사성과 차이점에 대한 비교연구를 통해 우리는 이스라엘이 고대 근동의 다른 민족들과 마찬가지로 육체(בָּשָׂר "바사르")의 형성에 대해서보다는 인격의 형성, 특히 그들의 정체성("네페쉬", 창 2:7; 또한 "루아흐", 슥 12:1) 형성에 더욱 관심을 두었다고 결론 지을 수 있다.[40] 사실 창세기 2장의 히브리어 텍스트를 자세히 들여다보면 우리는 텍스트가 하나님께서 그의 **육체**를 땅의 먼지**로부터** 만드셨다고 말하지 않는다는 점을 발견할 수 있다. 텍스트는 하나님이 "인간"(정관사를 동반한 "하아담"[הָאָדָם]), 곧 땅의 먼지를(땅의 먼지"로부터"가 아니라) 만드셨다고 말한다.[41]

---

40 대안적인 관점이 에녹2서 30:89에서 발견되는데, 거기서 아담의 몸은 일곱 가지 재료로 만들어진다: 몸은 땅으로부터, 피는 이슬과 태양으로부터, 눈은 바다로부터, 뼈는 돌로부터, 이성은 천사들과 구름들로부터, 혈관들과 머리카락은 들풀로부터, 영은 하나님의 영과 바람으로부터 만들어진다. 다음을 보라, C. Böttrich, "The Figures of Adam and Eve in the Enoch Tradition," in *The Adam and Eve Story in the Hebrew Bible and in Ancient Jewish Writings Including the New Testament,* ed. A. Laato and L. Valve (Winona Lake, IN: Eisenbrauns, 2016), 226. 이 같은 묘사는 인간의 정체성에 초점을 맞추고 있다.

41 문법학자들(Bruce K. Waltke and Michael O'Connor, *An Introduction to Biblical Hebrew Syntax* [Winona Lake, IN: Eisenbrauns, 1990], 174)은 텍스트에서 전치사 "민"(מִן, ~로부터)이 생략되었음에도 구문론상으로 이 문장은 재료를 의미하는 것으로 사용될 수 있다고 주장한다(아 3:10; 신 27:6; 삼상 28:24). 다른 학자들(P. Joüon and T. Muraoka, *A Grammar of Biblical Hebrew,* 2nd ed. [Rome: Gregorian and Biblical Press, 2011], § 125v; C. H. J. van der Merwe, J. A. Naudé, and J. H. Kroeze, *A Biblical Hebrew Reference Grammar* [Sheffield, UK: Sheffield Academic, 1999], §29.3)은 전치사를 동반하지 않은 구문의 기능이 다른 식으로 이해될 수 있다고 주장한다. 전치사를 동반하지 않은 구문의 두

스가랴 12:1도 하나님께서 인간의 "루아흐"를 만드셨다(יָצַר, "야차르")고 설명함으로써 "인간을 만든다(같은 동사인 '야차르')"는 것이 무엇을 의미하는지에 대해 또 다른 관점을 제공해준다. (여기서 "루아흐"를 만드셨다는 것이 "먼지로부터" 만드셨다는 의미는 아닐 것이다 왜냐하면 사람의 "루아흐"는 하나님에게서 온 것이기 때문이다.) 고대 근동에서와 마찬가지로 창세기 2장도 전통적인 방식으로 하나님이 인간의 정체성을 창조하셨다는 사상을 전달한다. 이 정체성은 모든 인류에게 해당하는 것이며 최초의 부부에게만 해당하는 독특하고 생물학적인 요소는 아니다.[42]

이와 같은 관찰은 창세기의 관심이 인류 전체를 향한 것이며 최초의 두 사람만을 향한 것은 아니라는 결론으로 이어진다. 창세기 1장에는 개인에 대한 언급이 없다. 하나님은 "아담"을 창조하셨는데, 여기서 아담은 양성(남성과 여성)을 모두 포함한 인류 전체를 의미한다. 새 집단과 물고기 집단이 다섯째 날에 창조되고 들짐승 집단이 여섯째 날에 창조된 것처럼, 사람 집단이 창조된 것이다. 창세기 2장에서는 인간이 어떻게 형성되는지에 관심이 주어지지만, 텍스트가 제공하는 것은 현대 문화의 강에 젖은 우리가 기대하는 것과는 달리 인류의 기원에 관한 생물학적 정보가 아니다. 창세기도 고대 문화의 강을 거스르지 않으며 인류 전체의 정체성에 관한 정보를 전달한다. 바로 이 지점에서 성서 텍스트가 우리에게 제공하는 불변의 신학을 발견할 수 있는데, 비록 성서가 고대 근동과 동일한 접근법을 채택하기는

단어는 동일한 지시 대상을 가리킨다는 것이다. 동격 관계는 신분이나 성품, 자질 등을 표현하기 위해 사용될 수 있다.

42 나는 원형적(archetypal)이라는 용어를 사용하여 자세히 설명했다. John H. Walton, *The Lost World of Adam and Eve* (Downers Grove, IL: InterVarsity Press, 2015). 『아담과 하와의 잃어버린 세계』(새물결플러스 역간).

하지만 그럼에도 성서가 제시하는 인류의 정체성은 고대 근동이 제시하는 정체성과는 차이가 있다. 그렇다면 창세기 2장을 인류의 기원(생물학)에 대한 기사로 규정하기보다는 인류의 정체성(인류학, 구체적으로는 신학적 인간학)을 다루는 기사로 규정하는 것이 더욱 정확할 것이다.[43]

인간의 기능. 고대 세계에서 인류가 존재하는 목적이 무엇인가에 대한 관심은 보편적인 것이었다. 모든 세대의 사람들이 그러한 것처럼 고대인들도 삶의 의미를 찾고자 분투했고 그들이 추구해야 할 목표가 무엇인지에 대해 궁금해 했다. 그들은 자연스러운 반응으로 신들을 바라봄으로써 신들이 어떤 목적을 가지고서 인류를 창조한 것인지 밝혀보고자 했다(현대 세계에서는 자연스러운 반응이 아닐 것이다).

고대 근동 전체를 통틀어 인류의 목적이 무엇인지에 대해 보편적으로 수용되는 관점은 인간이 제의를 수행하고 신전에서 신들에게 음식을 제공함으로써 그들을 섬기기 위해 존재한다는 것이었다. 이것이 바로 앞에서 살펴보았던 "우주적 공생관계" 개념이다. 인간은 이처럼 자신에게 맡겨진 과업을 수행해야만 신들의 호의를 잃지 않게 된다. 인류가 번성하고 우주가 운행하는 것은 신들의 계획과 욕구에 따른 것이다. 제4장에서 주장하는 것처럼 이스라엘도 이와 같은 세계관을 어느 정도는 공유하고 있다. 이스라엘의 사고에서도 야웨를 위해 행해지는 제의들은 우주가 본궤도를 따라 운행되도록 보장해준다. 차이점이 있다면 야웨에게는 부족한 것이 없으며, 비록 이스라엘 백성들에게도 야웨의 호의를 얻으려는 욕구가 존재하긴 했지만 이스라엘 제사 제도의 초점은 그의 호의를 얻는 데 있는 것이 아니라 야웨

---

43 이와 유사한 방식으로 우리는 7일 간의 창조 기사도 우주의 기원에 관한 설명이라기보다는 우주의 정체성(다시 말해 질서 잡힌 신성한 공간)에 관한 기사로 간주해야 할 것이다.

의 임재에 맞추어져 있었고, 그의 임재는 이스라엘의 성결이 유지되어야만 지속될 수 있었다는 점이다. 결국 야웨의 임재가 그의 호의를 표현한 것이기는 하지만, 호의보다는 임재가 우선시되어야 했다. 이와는 대조적으로 고대 근동 사람들은 신들의 필요를 채워주고 이를 통해 우주의 질서를 유지하는 데 기여함으로써만 자신들의 목적과 의미를 발견할 수 있었다. 반면에 이스라엘 사람들은 선택받은 하나님의 언약 백성이자 땅위에서 하나님의 임재를 수호하는 자라는 신분을 통해 자신들의 목적과 의미를 발견했다.

신들의 노예인 사람들

고대 근동에서 사람들은 자신들이 신들의 필요를 채우기 위해 창조되었다고 생각했다. 그들은 당면한 문제에 대한 해결책으로 만들어졌다는 것인데, 이것은 사전에 계획된 창조의 초점이라기보다는 그들이 사후에 고안해낸 생각이었다(이것이 구약성서 관점과의 차이점이다). 고대 근동에서 신전에 딸린 정원들은 신들에게 바칠 식물들을 재배하는 장소였다. 이와는 대조적으로 하나님께서는 사람들에게 식물을 제공하시기 위해 에덴동산을 계획하셨다(거룩한 장소에 딸린 정원이라는 점에서는 위의 경우와 동일하다). 구약성서에서도 사람들은 하나님을 섬기지만, 일하는 노예로서가 아니라 하나님의 대리자로서 섬기는 것이다. 하나님은 자신의 피조물 가운데 거하시기 위해서, 그리고 그들이 힘을 모아 하나님의 계획과 목적을 이루고자 힘쓰는 동안 그들과 교제하시기 위해 거룩한 장소를 세우셨다. 그러나 고대 근동의 신들은 사람들의 보살핌을 받기 위해 그들 가운데 거한다.

인간의 두 번째 기능은 하나님의 형상이 되는 것이다. 우리가 앞서 살펴본 것처럼 고대 근동 전반에서 발견되는 보편적인 사고방식에서는 오로지 왕만이 이런 기능을 수행한다. 하지만 구약성서에서는 이러한 신분과 기능을 모든 사람에게 돌린다. 결과적으로 고대 근동에서는 하나님의 형상이 모든 인간의 기능이라고 말할 수 없는 반면(오로지 왕에게만 해당하는 것이기 때문에) 구약성서에서는 "하나님의 형상"이 인간의 목적과 의미를 묘사해주는 주된 방식이다. 구약성서에서 인간의 존엄성은 사람들이 하나님의 형상으로서 갖는 신분과 기능에 달린 것이다. 이스라엘에서 존엄성, 목적, 그리고 의미는 형상의 차원을 넘어 하나님께서 함께하시는 선택받은 백성이라는 독특한 정체성에까지 확대된다. 하지만 고대 근동 사람들은 그와 같은 신분에 대해 알지 못했기 때문에 오로지 신들이 그들을 필요로 한다는(구약성서의 신학과는 정반대되는 사상) 확신 속에서만 존엄성을 발견할 수 있었다. 신들의 필요를 채워준다는 생각이 성실하게 제의를 수행하는 자들의 형통이라는 관념으로 환원되고 그것과 동일시되는 순간, 인생의 목적과 의미는 건강, 부요, 지위, 그리고 가족에게 초점을 맞추게 된다. 불행하게도 이것이 바로 신학과 이념을 초월하여 모든 인간에게 보편적인 성향이다.

일부 고대 근동 문화에서는 신들의 필요를 공급해준다는 개념이 기원 내러티브에 접목되기도 한다. 특히 수메르어와 아카드어 텍스트에서 신들은 스스로의 필요를 공급하는 일에 싫증이 나서 그들의 궂은일을 떠넘기기 위해 인류를 창조하기로 계획한다. 이런 믿음은 신들을 섬긴다는 생각에 어느 정도의 신랄함을 더해주는데, 이스라엘의 사고방식에서는 그런 요소를 발견할 수 없다.

인간의 역할과 기원에 대한 결론. 하나님의 형상 개념, 신학적 인간학, 인류의 기원, 그리고 인간의 기능에 대해 지금까지 탐구한 것들을 바탕으로 우리가 "인간"이라는 주제와 관련하여 여기서 도출할 수 있는 구약성서의 불변하는 신학이 무엇일지 생각해보자. 우리는 이 주제와 관련된 불변의 신학이 인간의 정체성 및 기능에 관한 것이어야 한다고 제안한다. 물론 이 주제를 다루는 구약성서의 관점들이 고대 근동의 개념들과 중대한 차이를 보이는 것은 사실이지만, 구약성서의 관점들을 생물학 및 물질적 기원에 초점을 맞춘 현대의 강조점들과 비교해보면 그 차이는 훨씬 더 크다(표 3.2를 보라).

〈표 3.2 인간의 기능과 기원에 대한 관점들 비교〉

	정체성	기능	목적	미래의 기대
고대 근동	신들과 무미건조한 재료들을 통해 만들어진 부산물	신들을 섬김으로써 질서를 가져옴	신들의 필요를 채움	이집트: 현상유지 혹은 신분상승 다른 문화권: 내세에서 인격의 생존
구약성서의 인간관	먼지; 하나님의 형상	정복하고 다스림으로써 질서를 가져옴	하나님과의 교제	내세에서 인격의 생존; 선조들의 공동체에 참여
구약성서의 이스라엘관	먼지; 하나님의 형상; 하나님의 선택받은 백성	제사장들이 거룩한 장소를 지킴으로써 질서를 가져옴	하나님의 임재를 보존하기 위해 언약을 이행함	내세에서 인격의 생존; 선조들의 공동체에 참여
현대 세속사회의 관점	진화; 영장류	번식과 생존	종족을 유지하고 번성시킴	없음
현대 기독교의 관점[a]	그리스도 안에 거하는 자	대위임령을 통해 왕국의 질서를 가져옴	하나님 나라에 참여	새 창조; 인격의 생존; 새로운 몸으로 부활

a   이것은 신약성서가 보여주는 관점이며, 대중적인 기독교의 일반적인 경향과는 차이가 있다.

구약성서는 인간의 정체성에 대한 기본적인 이해를 제공하는데, 이것은 오늘날에도 여전히 유효하다. 모든 인간은 먼지와 같다. 그들은 죽음을 피할 수 없고 부서지기 쉬운 존재다. 모든 사람이 그에게 주어진 하나님의 형상으로 말미암아 먼지를 초월하는 존재가 된 것처럼 이스라엘도 언약으로 말미암아 고귀한 신분으로 승격되었다. 이스라엘은 여전히 하나님의 형상으로 남아 있을 뿐 아니라 하나님은 또한 그들을 제사장들, 곧 하나님의 임재를 수호하는 자들로 삼으셨다. 기독교 신학은 우리가 이스라엘과 같은 존재일 뿐 아니라 그보다 나은 신분을 가졌다고 가르친다. 우리는 여전히 하나님의 형상으로서 하나님이 세우신 질서를 (정복하고 다스리는 일을 통해) 유지하는 임무를 맡고 있다. 거기에 더하여 하나님께서는 그리스도가 우리를 위하여 죽게 하시고 성령이 우리 안에 거하게 하심으로써 우리를 보다 나은 존재로 만들어주셨다. 우리의 정체성은 우리가 무엇으로부터 만들어졌는가에 의해 결정되는 것이 아니라 하나님께서 우리를 그리스도 안에서 어떤 자로 만드시는가에 의해 결정된다. 이와 같은 정체성을 위한 기초 작업은 구약성서에서 이미 수행되었지만, 그리스도를 통한 최종적인 승귀의 작업은 구약에서 아직 예견되지 못했다.[44] 우리는 우주에 질서를 부여하는 역할을 지속적으로 감당하는 동시에 하나님 나라에 참여하여 그 나라를 확장시킴으로써 하나님 나라에 질서를 가져오는 자들이 된다. 이스라엘에게 언약은 질서의 촉매제 역할을 하는데, 그 중심에는 하나님의 임재가 자리하고 있다. 우리에게 주어진 것은 또 다른 언약이지만 맡겨진 임무는 서로 다르지 않다.

모든 인류가 추구해야 할 목표는 하나님과 관계를 맺는 것이며—이것이 우리가 창조된 이유다—그 목표는 하나님과 인류 간의 파트너 관계로 정의될 수 있는데, 시초부터 이 목표는 하나님의 형상 개념으로 표현되었다.

---

44   J. Harvey Walton의 아이디어다.

이스라엘은 언약에 참여함으로써 하나님의 파트너가 되며, 오늘날 그리스도인들은 하나님 나라에 참여함으로써 하나님의 파트너가 된다. 이와 같은 사고는 이스라엘이 마주했던 고대 근동 환경 및 오늘날 우리가 마주하는 세속의 환경과 극명한 대조를 이룬다. 고대 근동 문화에서 인간은 신들의 노예에 불과했으며, 현대 인문주의 사회에서 우리는 우리 자신의 노예에 불과하다. 언약 안에 거하고 그리스도 안에 거하는 자들은 하나님의 백성, 곧 하나님 나라의 구성원으로서 거룩한 성품을 덧입고 그분의 이름으로 부름 받은 자들이다. 우리는 더 이상 노예가 아니다. 구약성서에서 수립된 사상이 이처럼 연속성을 가지고 신약성서의 신학으로 발전해간다.

타락

구약성서의 죄 교리를 다루기에 앞서 우리는 구약 텍스트 어디에서도 창세기 3장에 기록된 사건을 "타락"이라고 부르거나 사람들 혹은 세상이 "타락했다"라고 표현하지 않는다는 점을 염두에 둘 필요가 있다.[45] 예언서들은 어떻게 인류가 하나님의 형상을 간직하라는 소명을 수행하는 데 실패했는가보다는 어떻게 이스라엘이 언약을 통해 주어진 신-인 관계에서의 소명을 수행하는 데 실패했는가에 더 큰 관심을 보인다.[46] 하지만 "타락"(fall)이라

---

45 이것은 신약에서도 마찬가지다.

46 Ziony Zevit가 지적하는 것처럼 예언자들은 이스라엘의 죄를 에덴동산의 죄와 연관지을 기회가 충분히 있었는데도 그렇게 하지 않았다(*What Really Happened in the Garden of Eden?* [New Haven, CT: Yale University Press, 2013], 19-22). 사 43:27에서 이스라엘의 시조가 범죄했다고 언급할 때 그는 아담이 아니라 야곱을 염두에 둔 것이다.

는 용어는 상당히 적절한 것인데, 왜냐하면 성서의 언어에서도 "유혹에 넘어진다"(fall into temptation)와 같은 표현들을 사용하기 때문이다. 하지만 우리는 성서 텍스트에 관한 논의에서 타락이라는 개념에 지나치게 큰 비중을 두지 않도록 주의해야 할 것이다. 구약성서에서는 아담의 죄가 모든 사람의 죄를 불러왔다고 말하지 않는다. 비록 죄의 여파가 구약성서 전반에 걸쳐 만연한 것을 우리가 목격할 수는 있지만 말이다. "타락"이라는 표현이 사용된 최초의 용례를 우리는 구약 위경인 에스라4서에서 발견할 수 있다(7:118). "아담이여, 당신은 무슨 일을 행한 것입니까? 비록 죄를 지은 것은 당신이지만, 타락은 당신 혼자만의 것이 아니라 당신의 후손인 우리 모두의 것입니다."[47] 이런 점을 염두에 두고서 나는 편의상 본 장에서 타락이라는 용어를 일관적으로 사용할 것인데, 이는 죄 문제를 다룰 때 전통적으로 채택해온 방식이기도 하다.

구약성서를 그 자체의 맥락에서 살펴보면 타락이 단순히 불순종이나 금지된 과일을 따먹은 문제가 아니라는 점이 분명히 드러난다. 그와 같은 행위들이 범죄로 간주될 수는 있겠지만 그것들은 단지 타락의 외적 표현으로서의 범죄들에 불과하다.[48] 타락은 하나님과 같아지겠다는 결정(다시 말해 신-인 관계에서의 소명을 뒤집는 일)을 의미하는데, 그것은 뱀의 말과(창 3:5) 여

---

47   James H. Charlesworth, *The Old Testament Pseudepigrapha* (Garden City, NY: Doubleday, 1983), 1:541. 이 문헌의 연대는 기원후 100년경이다. 여기서 인간이 범죄에 동참했음을 시인한다는 점에 주목할 필요가 있다. 또한 바룩2서 48:42-43을 보라. "타락"(the fall)이라는 표현은 초기 기독교 저자들에 의해 대중화되었지만, 그리스 교부들에게서는 거의 발견되지 않는다. 4세기(니사의 그레고리오스)에 이르러서도 이 용어는 신학적인 의미를 갖는 전문용어로 사용되지 않았다. 하지만 라틴 교부들에게는 이 개념이 보다 보편화된 것이었다. 이 같은 역사적 정보를 제공해준 동료 교수 George Kalantzis에게 감사드린다.

48   I. Provan은 여기서 말하는 범죄가 하나님이 선하시다는 사실을 근본적으로 부인하는 것이라고 본다. *Seriously Dangerous Religion* (Waco, TX: Baylor University Press, 2014), 174.

자의 반응(창 3:6), 하나님의 평가(창 3:22)를 통해, 그리고 추방의 이유로서 (창 3:23) 제시된다. 남자와 여자가 하나님과 같아지는 방식은 나무가 가지는 상징적 역할로 제한되는데, 따라서 그들이 전지해졌다거나 전능해졌다는 암시는 어디에도 없다.

나는 아담과 하와가 불순종하여 선악과를 따먹은 것은 스스로를 질서의 중심과 근원으로 삼음으로써 하나님과 같아지고자 시도한 것이라고 주장하는데, 이런 자세는 하나님께서 사람을 부르신 목적과 극명한 대조를 이룬다. 하나님은 정의상 지혜의 근원이시니 그의 임재가 지혜의 구심점이며, 나아가 하나님을 두려워하는 것이 곧 지혜의 시작이다. 성서에서 지혜는 삶의 모든 범주(언어생활, 가정생활, 정부, 대인관계, 하나님과의 관계, 결정 내리기)에서 질서를 추구하는 일에 초점을 맞춘다. 우리가 질서를 지각한 후에 그것을 추구하고 보전하는 한편 다른 사람에게도 질서를 주선하고 권장하면서 실행에 옮기도록 할 때 그 결과로 지혜가 뒤따라오는 것이다. 참된 지혜는 하나님을 중심으로 하며 하나님에게서 나는 것이지, 결코 한 개인이나 보편적인 인류에게서 발견되는 것이 아니다. 하나님을 두려워한다는 것은 질서의 중심이 되시는 하나님의 권위에 스스로를 복종시키는 것이다.[49] 나무의 열매를 취함으로써 아담과 하와는 하나님을 떠나서 스스로를 지혜의 중심으로 삼으려 한 것이다. 이는 곧 하나님과의 파트너 관계를 유지하는 대신 독자적으로 자신들의 길을 가겠다는 선언이다. 이것은 마치 "나도 혼자서 할 수 있어요"라거나 "나 혼자 할래요"라고 말하는 것처럼 철부지 어린아이에게나 어울리는 반응이다. 이런 반응들이 하나님의 권위 자체를 거부하는 것은 아니지만, 그와 같은 반응들은 하나님으로부터 독립하겠다는 고집의 표

---

49   Rhett Austin의 통찰을 담은 표현이다..

현이다. 그들의 행동은 "이것은 **내** 문제입니다"라고 선언하는 것이며, 이런 유형의 행동은 창세기 3장에서 처음 등장한 이후로 (개인적으로나 집단적으로도) 인류를 특징짓는 행동이 되고 말았다.

인간을 지혜의 근원과 중심으로 삼는 이런 행동은 결과적으로 인류에게 질서 잡힌 세계가 아니라 무질서를 가져다주었다. 이와 같은 무질서는 모든 시대의 모든 사람에게만 아니라 우주 전체에까지 퍼져나갔다. 일단 우리가 하나님의 목적과 부조화를 이루게 되면, 우리는 창조세계 전체와도 부조화를 이루게 된다. 모든 창조세계가 신음하는 이유는 그것이 손상을 입었기 때문이 아니라 우리와 더는 조화로운 관계를 유지할 수 없게 되었기 때문이다. 우리가 변한 것이지 창조세계가 변한 것이 아니다. 최악의 상황은 우리가 하나님의 임재 앞에서 누리던 삶을 빼앗겼다는 사실이다. 지혜는 선한 것이며 따라서 우리는 하나님께서 그것을 사람들에게서 거두어 가시길 원하시지는 않을 것이라고 확신 있게 말할 수 있다. 하지만 참된 지혜는 과정을 통해 얻어지는 것이며, 일반적으로는 지혜로운 사람들의 교훈을 통해 전수되는 것이다. 달리 표현하자면, 타락이란 아담과 하와가 부당한 방법으로 지혜를 얻었으며 하나님의 역할을 그들 자신이 찬탈하고자 시도했다는 사실로 정의될 수 있다. 그들은 차라리 지혜의 가르침을 따라 하나님의 대리자로서 질서를 부여하는 임무를 충실히 감당하는 가운데 자연스럽게 하나님의 역할에 동참했어야 했다.[50]

만일 우리가 질서를 확장하는(다시 말해 "정복"하고 "다스리는") 일에 하나

---

50 이와 유사한 사고가 롬 8:17에 표현되어 있다. 우리는 그리스도와 함께 유업을 받을 자다. 우리는 우리 자신이 그리스도를 대신하여 자동으로 상속자가 되었다고 생각해서는 안 된다. 우리는 상속자로서 그에게 동참하는 것이며, 그를 통해서만 상속자인 것이다. 마찬가지로 우리는 하나님과 상관없이 지혜를 얻을 수 있다고 생각해서도 안 된다. 바람직한 유일한 지혜는 하나님께 참여함으로써만 얻을 수 있는 것이다.

님과 보조를 맞추고자 한다면 우리는 지혜를 얻어야만 한다. 그런데 우리는 지혜를 내 맘대로 사용할 수 있는 탈취물로 여겨서는 안 되며 그것을 하나님이 우리에게 안겨주시는 선물로서 얻어야만 한다. 하나님 나라가 어떤 모습이어야 할지 스스로 안다고 믿으면서 그들만의 하나님 나라를 구현하고자 하는 자들도 이와 유사한 오류를 범하는 것이다. 제2성전 시대 유대의 열심당원들로부터 기독교 십자군에 이르기까지 일부 하나님의 백성들은 하나님의 계획과 목적에 동참하는 자들로서 하나님과 보조를 맞추기보다는 자신의 지혜에 의존하여 하나님 나라를 이해하고 성취하고자 끊임없이 시도해왔다.

이런 이해를 바탕으로, 나는 타락을 임의로 선택된 시험과제에 대한 불순종으로 정의하는 것이 부적절하다고 주장한다. 여기서 나는 선악을 알게 하는 나무를 에덴동산에 속한 본유적인 자산으로 대하기보다는 순종(선에 대한 지식)과 불순종(악에 대한 지식)을 위한 **기회**를 제공하는 도구로 이해하는 해석을 염두에 두고 있다. 그와 같은 해석에 따르면 하나님은 아담과 하와에게 단순히 해변을 걷지 말라고 명령하실 수도 있었다. 나는 그들이 빼앗긴 지혜가 임의적인 것이 아니며, 그들이 빼앗긴 지혜의 "내용"이 그들이 그것을 빼앗겼다는(시험에 실패했다는) 단순한 "사실"보다 더 중요한 것이라고 주장한다. 한 걸음 더 나아가, 우리가 낙원을 빼앗겼다는 사실보다 더 치명적인 것은 우리가 거룩한 장소를 빼앗겼으며 그 장소가 제공하는 하나님과의 관계를 잃게 되었다는 사실이다. 결과적으로 우리는 하나님의 파트너가 될 수 있는 자질에 손상을 입었으며, 우리 자신의 조야한 능력을 가지고서 우리 자신의 지혜로 우리 나름의 질서를 세우고자 함으로써 하나님의 창조세계를 망치고 있다.

본 장에서 지금까지는 이 주제에 대한 구약성서의 관점을 파악하기 위해 다양한 시도를 해왔었는데, 이제는 성서 텍스트 너머 고대 세계의 관점으로 시선을 돌려보자. 고대 근동에는 "시원에 관한 이상화된 시나리오"로 우리에게 알려진 것이 없다는 점에서 타락 같은 관념이 존재하지 않았다고 말할 수 있다. 메소포타미아의 사고에서는 도시환경을 배경으로 한 문명이 이상화된 사회였으며 "바깥 세상"은 "야수들, 원시 괴물들, 귀신들, 표류하는 영혼들, 그리고 방랑자들"로 가득한 장소였다.[51] "바깥 세상"에 대한 그림은 또한 태고 시대에 대한 묘사이기도 하다. 최초의 남녀, 거룩한 장소, 계명에 대한 불순종, 하나님과 같아지기 위해 지혜를 구함과 같은 요소들은 존재하지 않는다. 고대 근동 맥락에서는 죄에 관해 논의하는 것도 적절하지 않다. 그들에게도 신의 뜻을 거슬러서 그 대가를 치른다는 개념은 존재했지만, 앞에서 언급한 대로 신-인 관계에서의 소명은 "우주적 공생관계"로 도식화되었고 여기서 인간에게 주어진 책임은 신들의 필요를 채워주는 것이었다. 우주적 공생관계에서 그들이 분담한 역할은 대개 제의 수행과 관련된 것이었지만, 이는 또한 윤리적인 행실도 포함했다. 왜냐하면 그들은 신들이 원만한 사회 운영을 위해 충분할 정도로 정의가 실현되기를 원한다고 믿었기 때문이다. 사회가 무법천지가 되면 생산성이 떨어질 수밖에 없고, 그렇게 되면 사람들은 곡물을 재배하거나 양 떼를 키움으로써 신들에게 드릴 선물을 마련하는 데 어려움을 겪게 될 것이다.

고대 근동과 구약성서에서 죄는 종종 객체화되곤 했다. 다시 말해 거의 물질적인 것으로서 사람이 짊어지거나 사람에게서 제거될 수 있는 것으로 간주되었으며 물리적인 결과(특히 질병)를 초래하는 것으로 인지되었다. 이

---

51 F. A. M. Wiggermann, "Agriculture as Civilization: Sages, Farmers, and Barbarians," in *The Oxford Handbook of Cuneiform Culture,* ed. Karen Radner and Eleanor Robson (Oxford: Oxford University Press, 2011), 674.

런 이유에서 우리는 고대 근동 사고에서 "타락"이라는 개념을 발견하기를 기대할 수 없는 것이다. 고대 근동 사람들은 자신들이 우주적 공생관계라는 틀 속에서 신들과 파트너십을 맺은 것으로 여겼다. 우리가 구약성서에서 발견할 수 있는 것은 하나님의 계시에 대한 성찰인데, 그것은 결과적으로 이스라엘의 독특한 신학을 낳았다. 우리가 고대 근동 사상에 대해 아무리 많은 것을 배운다 해도 이 주제에 관한 구약성서의 신학을 재구성할 수는 없을 것이다. 하지만 구약성서 텍스트들에 대한 해석이 신약성서에서 어떻게 전개되며 교회사에 등장하는 신학적 도식들 속에서 어떻게 표현되는지 살펴보기에 앞서 텍스트를 고대의 맥락에서 되짚어보는 일은 많은 유익을 가져다줄 것이다.[52] 물론 고대의 맥락을 탐구하는 일이 반드시 후대의 발전을 부인하는 것으로 받아들여져서는 안 된다. 하지만 구약성서 텍스트를 그 자체의 맥락에서 살펴보기 위해서는 텍스트에 틀을 제공하는 이슈들을 고대의 배경에서 바라볼 필요가 있다. 구약성서의 신학적 사고에 따르면 창세기 3장은 최초의 죄에 관해 말하기보다는 질서가 세워져 가는 과정 중에 있는 세계 속으로 (죄를 통해) 무질서가 침투하는 장면을 보여주고 있다. 텍스트는 인류를 대표하는 두 사람이 비극적이게도 그들의 창조주로부터의 독립을 선언함으로써 인류 전체가 하나님의 임재 앞으로 나아가는 길을 차단당하는 과정을 보여준다. 창세기 3장은 문학적으로나 신학적으로 개별 인간의 죄악된 상태에 초점을 맞추기보다는(물론 이 점에 대해서도 침묵하는 것은 아

---

52 죄에 관한 개신교의 이해는 바울보다 아우구스티누스에게 더 많은 빚을 졌다. 아우구스티누스와 타락에 관한 논의로는 다음을 보라. Willemien Otten, "The Long Shadow of Human Sin: Augustine on Adam, Eve and the Fall," in *Out of Paradise: Eve and Adam and Their Interpreters*, ed. Bob Becking and Susan Hennecke (Sheffield, UK: Sheffield Phoenix, 2010), 29-49. 아우구스티누스는 신플라톤주의와 금욕주의의 영향을 깊이 받았으며, 영지주의, 펠라기우스주의, 그리고 도나투스주의를 반박하고자 하는 열정이 넘쳤다.

니지만) 어떻게 하나의 집합체로서의 인류가 하나님으로부터 소외되었는지에 초점을 맞춘다.

요약: 불변의 신학

이번 장 전체에 걸쳐 우리는 불변하는 신학의 다양한 요소들을 제시했는데, 이제 결론적으로 그것들을 정리할 필요가 있을 것 같다.

질서의 중요성. 창조에 대한 우리의 관점을 물질계 너머 질서의 수립과 유지라는 영역에까지 확장함으로써 얻을 수 있는 유익이 크다. 물질의 창조와 질서의 창조 둘 다 창조주의 활동 영역이다.

문화의 강이 갖는 중요성. 구약성서가 제공하는 정보는 고대 이스라엘이 공유했던 문화의 사조를 반영하기 때문에 거기에서 도출할 수 있는 불변의 신학은 제한적인 것임을 명심해야 한다.

대적하는 세력이나 극복해야 할 혼돈은 없었다. 창조자 하나님이 우리가 살아가는 세상에 이상적인 질서를 수립하셨을 때 그는 대적과의 다툼을 통해 그 질서를 전리품으로 얻으실 필요가 없었다. 대적하는 등장인물들이나 세력들은 존재하지 않았다.

하나님의 행위. 창조와 관련된 불변의 신학은 하나님이 사용하시는 메커니즘보다는 그분의 행위(agency)에 큰 비중을 둔다. 메커니즘은 단지 문화를 반영할 뿐이다.

창조자로서 하나님의 역할의 범위. 야웨는 우주에 형태와 기관과 질서와 목적을 주시고 그것들을 유지하신다.

하나님의 형상. 인류에게는 특별한 신분이 주어졌는데, 우리가 그러한 정체성을 집합적인 형상으로 공유한다는 사실을 받아들이는 것이 대단히 중요하다. 사람이라면 누구나 "하나님의 형상"이라는 신분을 가지고 있다. 그 형상은 유전적이거나 생물학적인 것이 아니며, 우리는 그것을 잃어버릴 수도 없고 자력으로 획득할 수도 없다.

인격. 인간의 형이상학적 구성요소가 어떻게 이해되고 식별되든지 간에, 그들은 생명, 호흡, 인격, 정체성, 그리고 존재를 하나님으로부터 부여받았다. 또 한 가지 기억해야 할 것은 우리가 개인적 종말과 같은 신학적 이슈들이나 자아의 자리 및 본성과 같은 형이상학적 이슈들, 그리고 발달 단계에 있는 태아가 언제 사람으로 간주될 수 있는가와 같은 생물학적 이슈들에 대한 통찰력을 성서 텍스트에서 발견할 수 없다는 사실이다. 이 모든 질문들은 우리가 살아가는 세계의 문화의 강에 뿌리를 둔 것들이지 성서 텍스트가 제시하는 것들은 아니다. 그럼에도 우리가 가진 모든 것은 하나님께로부터 온 것이다.

인간의 정체성. 하나님이 생명의 근원이시며(우리에게 숨을 불어넣으심으로써) 인간의 정체성을 주조하신 장본인이시다.

우리에게 주어진 신분. 언약과 그리스도 안에 속한 자들은 하나님의 백성이자 하나님 나라의 구성원으로서 거룩한 성품을 덧입고 그분의 이름으로 부름 받은 자들이다. 우리는 더 이상 노예가 아니다.

고대의 맥락에서 불변의 신앙으로

OLD TESTAMENT THEOLOGY FOR CHRISTIANS
FROM ANCIENT CONTEXT TO ENDURING BELIEF

제4장

언약과 왕국

정체성, 신분, 그리고 계시

하나님께서 아브람과 맺으신 언약은 그에게 하나님의 계획에 동참할 수 있는 기회를 제공해주었으며, 이후에 이와 동일한 특권이 이스라엘 국가에게 주어졌다(출 6:7; 19:5-6). 그 언약은 하나님께서 자신의 백성들에게 스스로를 계시하시고 그들 가운데 다시 거하실 수 있는 (에덴동산 이후로 아직까지 놓이지 않은) 길을 예비하기 위한 방편이 되었다. 시내산에서 주어진 계명들도 결과적으로 이스라엘 백성들에게 그들이 하나님의 임재를 유지하고 그분의 총애를 받으면서 그들에게 주어진 거룩한 신분에 따라 살아갈 수 있는 길을 가르쳐주는 지침이 되었다. 우리가 보는 것처럼 언약이라는 주제는 구약신학에 지대한 영향을 미치고 있으며 원저자와 청중들의 사고에 깊이 스며들어 있다.

고대 근동에서 어떤 신이 한 무리의 사람들과 계약을 맺는다는 사고는 이스라엘에서만 발견되는 독특한 것이었으며 그런 상황에 대한 선례는 거의 찾아볼 수 없다.[1] 하지만 신들이 왕들과 언약을 맺는 경우는 종종 발견되는데, 차후에 다른 맥락에서 이 문제를 다시 다룰 것이다. 우리가 주목해야 할 또 다른 비교 대상은 신-인 관계의 본질에 관한 것인데, 이것이 고대 근동에서는 "우주적 공생관계"로, 이스라엘에서는 언약이라는 "위대한 계획"으로 대변된다.

또한 언약은 우리가 신약에서 목격하게 될 신학적 주제들의 발전에 토대를 제공한다. 물론 새 언약이 옛 언약과 어느 정도는 노선을 달리하지만, 두 언약 간에 존재하는 수많은 연속성 가운데 핵심이 되는 사상은 "하나님께서 자신의 목적을 수행하시기 위해 사람들과 파트너십을 맺으신다"는 것이다. 이 문제는 4장 전체에 걸쳐 다양한 맥락에서 등장하게 될 것이다.

정체성과 신분

시작하기에 앞서 우리는 먼저 야웨가 계획을 세우시고, 목적을 가지시고, 자신의 계획에 인간들을 동료로 포함시키시는 하나님으로 묘사된다는 사실을

---

1   아르슬란 타쉬(Arslan Tash)에서 출토된 기원전 7세기 페니키아어(혹은 아람어) 부적의 문구는 아슈르 신과 "우리" 사이의 "영원한 언약"을 언급하는 것으로 번역될 수 있다. 더 나아가 부적의 문구는 그 언약이 "하늘과 영원한 땅의 언약으로" 맺어졌다고 설명한다. *COS* 2.86, 222-23. 상세한 논의는 다음을 보라. Z. Zevit, "A Phoenician Inscription and Biblical Covenant Theology," IEJ 27 (1977): 110-18; David Sperling, *Ve-Eileh Divrei David: Essays in Semitics, Hebrew Bible and History of Biblical Scholarship* (Leiden: Brill, 2017 [1981년의 컨퍼런스 발제문]), 60-69. 문제는 여기서 "언약"으로 번역된 단어가 일반적으로 "저주"를 가리키는 데 사용된 것이며 맹세를 뜻할 수도 있고 언약을 뜻할 수도 있다는 점이다. 세부적인 논의는 다음을 보라. H. C. Brichto, *The Problem of Curse in the Hebrew Bible* (Philadelphia: SBL, 1963), 22-71. 아슈르 신이 자신에게 맹세의 저주를 하는 것은 언약 관계에 진입하는 데 필수적인 요소다. 이것을 구약성서와 병행으로 간주하기 위해서는 보다 신중한 논의가 필요한데, 왜냐하면 부적의 몇 줄 아래에서는 이 같은 저주가 맹세와 관계된 것이라고 말하기 때문이다(이것이 부적이라는 점을 고려할 때 아마 보호의 맹세를 의미할 것이다).

지적할 필요가 있다. 이런 그림은 창세기 첫 장에부터 분명하게 드러나는데, 사람들은 하나님의 형상으로서 질서를 가져오는(정복하고 다스리는) 사역에 동참하는 자들로 묘사된다. 우리는 언약의 각 단계에서 이와 같은 사상을 발견할 수 있다. 하나님은 아브람, 이스라엘, 그리고 다윗 왕을 각각 자신의 계획에 참여자와 도구로 삼으심으로써 그들과 맺은 협정을 이행하신다. 아브람, 이스라엘, 그리고 다윗이 맡은 역할이 미세하게 서로 다르지만, 그들은 동일하게 하나님의 계획과 목적에 파트너로 참여하여 자신의 역할을 수행한다.

이러한 관찰들을 토대로 이제는 정체성과 신분을 구분하는 중대한 작업을 진행하고자 한다.[2] 나는 **정체성**(identity)이라는 용어를 사람이 자기 자신을 어떻게 바라보는가를(예를 들어 소속단체, 직업, 혹은 인구통계학적 위치, 하나님의 백성 등으로서) 가리키는 표현으로 사용한다. 정체성은 당신이 무엇을 원할지, 무슨 일에 끌릴지, 그리고 무엇을 행하도록 설득당할지를 결정한다. 또한 정체성은 당신이 스스로에 대해 어떻게 생각할지를 선택하는 일에 관련되며, 다른 사람들이 당신에 대해 어떻게 생각할지를 고려하는 데까지 확장된다(예컨대, "저분은 역사학 교수님이시다", "그녀는 훌륭한 아내이자 자상한 어머니다", "저 친구는 해결사다" 등등). 당신이 스스로 창조해내는 인격은 당신이 어떤 일들에 신경을 쓸지, 무엇을 원할지를 결정하며, 결과적으로 당신이 무엇을 행할지를 결정한다. 어쨌거나 당신이 누구이며 어떤 사람인지는 당신이 어떤 일을 하는가에 달려 있다.

이와는 대조적으로 **신분**은 다른 사람들이 당신을 어떻게 바라보는가와 관련이 있다. 신분은 당신에게 기대되는 것이 무엇인지를 결정하는데, 우

---

2   이러한 사고를 발전시키도록 통찰을 제공해준 J. Harvey Walton에게 감사드린다.

리는 이것을 힘으로 얻거나 획득하는 경우도 있고 때로는 수여받기도 한다. 성서는 이런 신분들에 대해 언급하는데, 때로는 그것들(거룩, 죄악성, 하나님의 형상, 피조물 등)[3]을 일부 사람에게 적용하는가 하면 때로는 모든 사람에게 적용하기도 한다. 신분은 외적인 표지들에 의해 정의되는 반면 정체성은 행동에 의해 정의된다. 결국 한 사람의 정체성이 그의 신분과 조화를 이루면 문제가 없는데, 때로는 문제가 있더라도 다른 사람이 눈치 채지 못하게 처신을 잘 하는 경우도 있다. 하지만 당신이 스스로를 규정하기를 원하는 모습, 곧 당신의 정체성이 당신의 신분과 조화를 이루지 못할 때 당신은 당신의 신분에 따라 기대되는 모습과는 다르게 행동할 수밖에 없을 것이다(탕자의 경우를 생각해보라).

이스라엘은 언약을 통해 야웨의 백성이라는 신분을 부여받았는데, 그들은 그 신분을 그들의 정체성으로 삼아야 했다. 이와 동시에 야웨는 이스라엘과의 언약 관계에 들어가심으로써 이스라엘의 하나님이라는 정체성을 취하신 것이다. 언약이 전개되는 과정에서 하나님은 아브람(창세기 12; 15장), 이스라엘(출 6:7), 그리고 마지막에는 다윗(삼하 7장)을 선택하셨는데, 이와 같은 언약의 각 단계들은 새로운 선택 행위와 새로운 방향의 계시를 동반한다. 언약의 맥락에서 선택이란 개인이나 단체에게 새로운 신분을 부여하시는 하나님의 행동을 의미한다. 여기서 각각의 선택 행위는 일련의 사건들로 이어지는데, 그 사건들은 우리에게 하나님께서 언약을 통해 스스로 취하신 정체성에 부합하도록 행동하시는 전형적인 방식이 어떠한 것인지를 가르쳐준다. 따라서 야웨는 단순히 선택하시는 하나님으로만 이해될 것이 아니라, 택하신 백성들에게 특별한 지위를 부여하시는 동시에 그가 부여하신

---

3   가정이나 공동체에서 한 사람이 맡는 역할은 신분과 정체성의 요소들을 포함한다.

새로운 신분에 걸맞은 정체성을 자신에게도 취하시는 하나님으로 이해되어야 할 것이다. 사람들이 그들에게 부여된 신분에 걸맞은 정체성을 취할 때 그들은 하나님과의 교제 안으로 들어갈 수 있다.

하지만 하나님과의 관계(교제)라는 것은 상당히 모호한 개념이다. 여기서는 관계라는 용어를 하나님의 목적(하나님 나라 건설)을 수행하는 일에 참여하는 "기회와 특권"으로 정의하고자 한다.[4] 고귀한 대의명분에 동참하는 것은 우리가 축적할 수 있는 어떤 이익보다 훨씬 더 가치 있는 일이며, 원대한 계획의 일부가 될 수 있는 기회는 우리에게 강력한 동기가 될 수 있다. 설사 손에 잡히는 이익이 주어지지 않는다 하더라도 말이다. 중요한 것은 우리가 관계를 이런 식으로 정의함으로써 감정적인 요소나 보응의 개념을 배제할 수 있다는 점이다(관계는 우리가 하나님에 대해 어떻게 느끼고 하나님이 우리에 대해 어떻게 느끼시는가를 의미하는 것이 아니다). 또 한 가지 주목할 점은 구약성서에서 하나님과의 관계는 개인적인 차원을 넘어선다는 사실이다.[5]

이스라엘에게 주어진 이런 새로운 신분을 압축적으로 표현하는 것이 언약이다. 구약신학의 이 측면은 하나님의 본성에 관한 중요한 진리를 계시해주는데, 그는 백성들에게 새로운 신분을 주시고 그에 따라 스스로도 새로운 정체성을 취하시는 분이다. 하나님의 백성이라면 누구나 새로운 신분을 가지고서 하나님과 교제를 누리기 때문에 결과적으로 자신의 새로운 정체성을 발견하게 된다. 이 새로운 정체성과 관계는 처음부터 하나님께서 그의 백성들에게 주고자 원하셨던 것들이며, 이것이 바로 그가 우리를 창조하신 목적이다.

---

4 J. Harvey Walton의 유용한 정의다.
5 이런 관점이 신약성서에도 적용될 수 있다는 주장이 가능한데, 그것은 현재 논의의 초점은 아니다.

계시

언약은 복합적인 개념이며 그것을 이해하기 쉽게 풀어주는 것이 우리에게 맡겨진 중요한 과제다. 많은 사람들이 언약에 접근할 때 그 최종 단계의 정점(새 언약의 중보자이신 그리스도)에 서서 과거를 돌아다보며, 그 결과 대체적으로 언약을 하나님께서 그리스도의 죽음과 피를 통해 그의 백성을 구원하신 사건과 연결 지어 생각하는데, 여기에는 사후판단의 이점(advantage of hindsight)도 작용한다. 물론 이런 해석이 잘못되었다는 것은 결코 아니지만 그럼에도 그런 해석은 근시안적인 것이라고 할 수밖에 없다. 그런 해석에 내재된 시대착오적인 관점은 보다 방대한 신학적 이슈들을 모호하게 만들어버린다. 언약은 단순히 죄에서의 구원이라는 주제를 향해 질주하는 것보다는 훨씬 더 광범위한 기능을 가진다.

언약의 목적은 창세기 12:1-3에 나오는 최초의 언약 문구에 이미 밝혀져 있다. 하나님은 아브람에게 "땅 위의 모든 민족이 너를 통하여 복을 받을" 것이라고 말씀하셨는데, 그리스도의 죽음을 통해 우리가 얻는 것보다 더 큰 복은 아마도 상상할 수 없을 것이다. 하지만 우리는 구약과 관련해서만 아니라 신학의 보다 광범위한 이슈들과 관련해서도 시야를 좀 더 넓힐 필요가 있다.

이 사안을 다른 각도에서 조망해보기 위해 우리는 "이스라엘의 청중들은 하나님께서 그들을 통해 전 세계에 복을 주신다는 말씀을 어떻게 이해했을까"라는 질문을 던져볼 필요가 있다. 먼저 우리는 그런 축복과 관련된 특정 본문들과 정황들을 지목할 수 있다. 아브람은 동방의 왕들을 물리침으로써 가나안 전 지역에 축복을 가져다주었다(창 14장). 요셉을 통하여 전 세계가 굶주림을 면하게 되었다(창 41장). 솔로몬의 지혜는 이스라엘의 경계 너머까지 영향을 미쳤다(왕상 10장). 에스더의 용감한 행동은 유대인의 생명을 구원하는 데서 그친 것이 아니라 폭군(하만)을 그의 권좌에서 끌어내리기까지 했다.

역대기의 계보들

구약성서에서 아마 역대상 1-9장보다 독자들에게 더 지루하게 여겨지는 구절을 찾기는 쉽지 않을 것이다. 이 구절들이 어떻게 하나님의 말씀으로 기능할 수 있는지 이해하려면 우리는 이 구절들이 역대기 전체에서 어떤 기능을 담당하는지 살펴보아야 한다.

히브리 정경에서 역대기가 맨 끝자락에 위치하고 있다는 점과 그 책의 연대가 대략 기원전 400년으로 추정된다는 점으로 볼 때 역대기는 아마 구약성서에서 가장 마지막에 기록된 책일 수 있다. 역대기가 담고 있는 대부분의 내용이 이미 사무엘서와 열왕기를 통해 우리에게 익숙한 것이지만, 이스라엘의 역사를 바라보는 역대기의 관점은 위의 책들과는 차이를 보인다. 두 청중 모두 하나님께서 그들이 현재 처한 상황에서 무슨 일을 행하실지 이해하고자 소망했지만, 저자들의 마음속에는 서로 약간 다른 질문이 자리 잡고 있었다. 예를 들어 사무엘-열왕기는 이스라엘이 유배 중에 있을 때 탈고되었으며 이스라엘의 신분과 정체성에 대해 이런 질문을 던진다. "우리가 어쩌다 여기 오게 되었는가?" 반면에 역대기는 한 세기 혹은 한 세기 반 뒤에 저술되었지만 여전히 신분과 정체성에 대해 혼란스러운 상황에서 이렇게 묻는다. "우리는 누구인가?" 역대기의 청중이었던 이스라엘 사람들은 유배지에서 본토로 귀환한 자들이었다. 본토로 귀환한 지 한 세기가 넘게 흘렀지만 그들은 여전히 광대한 제국의 변방에 위치한 힘없는 속주의 신민들로서 하루하루를 버텨가고 있었다. 예언자들의 신탁이 그들에게는 공허한 외침일 뿐이었으며, 그들의 상황은 그들이 기대했던 영광스러운 회복과는 거리가 멀어 보였다. 그들은 민족적 정체성에 대해 의문을 가질 수밖에 없었다. "우리는 여전히 야웨의 선택받은 백성인가? 예언된 언약의 축복은 언제 주어지는 것인가?" 그들은 조상들의 땅에 돌아와 있었지만, 그 땅은 사실상 그들의 것으로 여겨질 수 없었다. 그들의 민족은 심각하게 훼손된 상태였고 마치 제자리걸음을 하고 있는 것처럼 느껴졌다. 온 땅이 그들을 통해 복을 얻게 되리라는 기대를 갖기 위해서는 어마어마한 상상력이 필요할 것처럼 보였다.

이러한 상황에서 계보는 역대기 저자가 의도했던 그림에서 어떤 역할을 할 수 있을 것인가? 성전의 중심성(백성들 한가운데 하나님이 거하심), 온 땅에 대한 하나님의 통치권(다윗 왕조의 왕이 부재함에도 불구하고), 그리고 제사장과 레위 지파에 의해 관리되는 하나님 나라의 중요성(이 모든 요소들은 역대기 저자의 역사관을 보여준다)에 대한 새로운 비전을 제시하기에 앞서 역대기 저자는 이스라엘 사람들에게 정체성에 대한 의식을 불어넣어줄 필요를 느꼈으며, 그런 상황에서 계보가 등장한 것이다.

계보는 이스라엘 사람들이 하나님의 거대한 청사진 속에서 어디에 자리하고 있는지 어렴풋이나마 깨달을 수 있도록 그들에게 큰 그림을 제시해준다. 그들은 자신들의 모습과 현재 상황을 넘어서서 그들이 원대한 계획의 일부라는 사실을 보아야만 했는데, 그것은 단순히 다윗이나 모세 혹은 아브라함부터 진행되어오던 계획이 아니라 아담에게까지 거슬러 올라가는 장구한 계획이었다(이는 앞서 설명한 "하나님과의 교제"가 의미하는 바와 일맥상통한다). 그들에게 필요한 것은 이스라엘 역사에서 하나님의 백성으로서의 분명한 자기 정체성을 가진 자들 사이에 존재하는 연대의식을 되찾는 것이었다. 그들은 자신들의 정체성에 기초가 되는 바로 그 요소를 회복해야만 했다.

이스라엘의 계보가 먼 조상들로부터 시작하여 지파별로 암송될 때 이스라엘은 하나님 나라를 상속받은 선민으로 그려졌다. 그들은 자신들이 하나님의 백성으로서 갖는 지속적인 신분을 되새길 수 있었고, 그들이 살아가고 있는 험난한 세태 속에서도 그들에게 주어진 신분을 그들의 정체성의 기반으로 삼을 수 있었다. 역대기의 계보는 히브리서의 저자가 그의 청중들에게 그들을 둘러싼 수다한 증인들을 기억하라고 요청했던 권면(히 12:1)과 동일한 역할을 한다.

계보는 오늘날 우리가 매주 공예배 시간에 신앙고백문을 암송할 때 느끼는 것과 유사한 깨달음을 가져다준다. 매 주일 모든 교회에서 회중들이 기립하여 믿음으로 신조를 암송할 때, 그들의 확신은 시간의 경계를 넘어 전 세계로 퍼져나간다(스포츠 경기장의 파도타기를 연상하면 될 것이다). 암송을 통해 우리는 자신의 신분을 확인하고 정체성을 확립하며 전 세계 신자들과의 연대를 선포한다. 그런데 암송이 가지는 파급효과는 스포츠 경기장의 파도타기보다 더 강력한데, 왜냐하면 암송이 만들어내는 파도는 공간을 통해서만 아니라 시간을 거슬러서도 전달되기 때문이다. 우리가 입술로 신조를 고백할 때 우리는 수 세기 전에 호흡했던 성도들과도 어깨를 나란히 하여 그들과 우리 자신을 동일시한다. 우리 한 사람 한 사람 모두가 횃불을 들고 선 하나님의 백성들이다.

물론 역대기의 계보가 기독교 신앙고백과는 다른 종류의 연대 선언(solidarity statement)이기는 하지만 그들은 동일한 결과를 만들어낸다. "반지의 제왕 시리즈" 1편 〈반지 원정대〉의 시작 부분에 등장하는 빌보의 생일연설(겸 이별연설) 장면에서 그는 호빗 부족의 명부를 읽어내려간다. 부족들의 이름이 차례차례 불릴 때마다 해당 부족에 속한 이들이 환호한다. 우리는 이스라엘 백성들도 (먼 과거부터 현세대에 이르기까지) 그들의 지파나 가문의 이름이 불릴 때 동일한 반응을 보였으리라고 상상해볼 수 있다. 계보를 통해 지파들은 야웨의 백성으로서 그들이 갖는 연속성과 연대감을 새롭게 느끼면서 힘을 얻었을 것이다. 그들은 스스로를 참으로 거대한 어떤 세계의 일부로 인식하게 되는 것이다. 따라서 우리는 예배시간에 "우리는 하나님의 백성입니다. 그분의 이름으로 부름을 받은…"[a]이라고 찬양하면서 느끼는 감정을 역대기의 계보를 읽으면서도 느낄 수 있어야 한다. 하나님은 이스라엘 사람들에게 하셨던 것처럼 우리에게도 신분을 주셨는데 그 신분으로 말미암아 우리는 이전보다 더 나은 존재가 될 수 있었으며, 그것이 바로 우리가 취해야 할 정체성이다.

---

[a]   Wayne Watson의 찬송 가사.

하지만 이런 몇 가지 선별적인 내러티브로 구약성서 전체의 본질적인 관점을 제시할 수는 없다. 예언자들은 이스라엘에게 주어진 역할을 "이방인의 빛"으로 묘사하면서 하나의 거대한 의제를 제시하였다(사 42, 49장에서는 고난의 종에 대하여, 사 60장에서는 이스라엘에 대하여). 그와 같은 비유는 이스라엘이 처음 제사장 나라와 거룩한 백성으로(출 19:6) 선택되었을 때부터 감당해야만 했던 역할이 무엇인지를 보여준다.

제사장 나라로서 이스라엘은 열방에게 하나님으로부터 오는 계시를 전달해주고 그들을 하나님의 임재 앞으로 인도해줄 것으로 기대되었다. 민족들이 예루살렘에 나타날 하나님의 임재 앞으로 나아가기 위해 그 빛나는 도성으로 밀려들어올 것이고 하나님이 자신에 대해 계시하시는 말씀을 배우게 될 것이다. 이처럼 이스라엘의 중재를 통해 모든 사람이 야웨가 하나님이라는 사실을 알게 될 것이다. 이제 우리는 하나님께서 이스라엘과 언약을 체결하신 한 가지 이유가 자신의 계획과 목적을 그들에게와 또한 그들을 통해 모든 민족에게 계시하시기 위한 것이었다고 결론 지을 수 있다. 참으로 하나님의 모든 특별계시는 이스라엘을 매개로 해서(그들의 역사, 율법, 예언, 그리고 이스라엘 유다 지파의 후손으로 태어나신 예수님에 이르기까지) 이루어진다. 하나님의 계시가 구약성서에서는 이스라엘을 통해 주어졌으며, 그 계시를 통해 지상의 모든 민족에게 복이 임했다.

우리가 계시를 축복으로 생각해야 하는 이유가 무엇인가? 고대 세계에서 신들은 자신들에 대해 많은 것을 계시해주지 않았다(예외적으로 점술을 통한 문의에 대해 아주 구체적이면서도 때로는 암호와 같은 답변을 주기도 한다). 바빌로니아인들이나 이집트인들은 그들의 신들이 어떠한 모습을 하고 있으며 사람들에게서 무엇을 원하는지 단지 추론할 뿐이었다. 고대 세계 신학의 근본적인 전제는 신들에게 부족한 것이 있으며 인류는 그들의 필요를 채워주기 위해 창조되었다는 것이었다. 제사 제도는 신들에게 먹을 것과 마실 것을 제공하도록 설계되었으며 신전들은 그들의 거처로 사용되기 위해 화려한 궁전처럼 지어졌다. 우상들은 엄선된 재료들로 만들어졌으며 값비싼 의복과 장신구로 치장되었다. 신들은 최고의 음악가들의 연주를 들으면서 그들을 위해 마련된 호화로운 연회에 참석했으며, 그들에게 바쳐진 풍성한 제물들, 십일조, 세금, 그리고 전리품들이 신전 곳간을 가득 채웠다. 일반적인 통념은 신들이 사람들로부터 돌봄을 받기를 원하며 사람들이 그들의 변덕스러운 모든 요구를 다 들어줘야만 사람들에게 호의를 베푼다는 것이었다. 어쨌거나 신들도 만일 그런 돌봄을 받고자 한다면 성실하고 근면하게 자기 임무를 수행하는 인간들을 보호해주고 그들에 필요한 것을 공급해줄 수밖에 없었다. 하지만 사람들이 경험하기로 신들은 변덕스럽고 바라는 게 많으며 즉흥적인 데다가 사람들을 돌보는 일에는 무관심했다. 신들은 오로지 자신들의 안위에만 관심을 가지고 있었으며 자신들의 필요가 최우선이었다.

고대 세계 신들과 인간 사이의 이런 관계를 묘사하기 위해 나는 제2장에서 "우주적 공생관계"(Great Symbiosis)라는 용어를 소개했었다. 이러한 공생관계에서 사람들은 신들을 돌보고(신들이 그들에게 재앙과 파멸을 가져다주지 않도록), 신들은 사람들을 보호하고 돌봐줌으로써 사람들이 그들의 필요를 채워주는 일을 지속할 수 있는 동기를 부여했다. 고대 세계에서 사람들이 신들에 대해 일반적으로 생각하는 방식이 이러했기 때문에, 야웨는 그가 창조하신 사람들과 구축하고자 했던 새로운 관계를 공고히 하기 위해서 자신의 뜻을 계시하셔야만 했다. 이러한 계시가 특별히 중요한 이유는 야웨가 고대 근동의 다른 신들과는 달리 부족한 것이 없고 사람들에게 바라는 것이 없다는 사실 때문이었다. 야웨가 이스라엘에게 자신을 계시하심으로써 이제는 상호의존, 보응, 그리고 쌍방 간의 필요를 전제로 하는 "우주적 공생관계"가 언약을 매개로 하여 수립된 소위 "위대한 계획"으로 대체되어야만 했다. 이 관계에서 야웨는 고대 근동의 신들이 그들의 숭배자들에게 하는 것과 동일하게 이스라엘을 보호하시고 그들에게 필요한 것을 공급해주신다. 차이점이 있다면 이스라엘 사람들에게 맡겨진 역할은 고대 근동 사람들처럼 신들의 필요를 채워주는 것이 아니라 야웨의 계획과 목적을 이루어가는 것이라는 점이다.

이처럼 야웨는 언약을 통하여 자신이 그들과는 본질적으로 다른 하나님이심을 계시하신다. 그의 계시는 단순히 세상에는 여러 신이 아니라 오직 한 분 하나님이 계신다는 선언만 담고 있는 것이 아니다. 계시는 하나님의 목적과 정체성을 다룬다. 출애굽기 앞부분에서 야웨가 이스라엘을 위하여 그들 곁을 찾아오신 장면에서 야웨가 그들에게 기대했던 것을 다음과 같은 문장으로 표현할 수 있다. "그러면 너희는 내가 야웨이며 야웨가 곧 하나님인 줄 알게 될 것이다"(이는 출애굽기 앞부분에서 반복적으로 등장하는 문구들을 조합한 것이다). 그러한 기대가 다시 한번 반영되어 나타나는 두드러진 맥락은 바빌로니아 포로 상황이었다. 우리에게 익숙한 위와 같은 공식문구에서 우리는 하나님의 의제가 무엇인지 확인할 수 있는데, 하나님은 언약을 통해 이스라엘에게 자신을 드러내시며, 이스라엘을 통해 전 세계에도 자신을 드러내실 것이다. 이스라엘에게는 이처럼 야웨의 계획과 목적에 동참하는 파트너의 신분이 주어졌다.

하지만 계시는 그 자체로 끝이 아니며 야웨가 이스라엘과 언약을 맺으신 궁극적인 이유도 아니다. 사실 하나님은 계시가 출현하기도 전에 이미 아브람에게 관계를 제안하셨다. 아브람은 "우주적 공생관계"의 문화에 뿌리를 두었던 인물이기 때문에 그는 야웨와의 새로운 관계를 위해 대대적인 패러다임의 전환을 경험할 필요가 있었다. 알려지지 않은 존재와 관계를 맺는다는 것은 어려운 일이다. **따라서 언약은 계시를 위한 메커니즘을 제공하는 공식적인 관계로 정의될 수 있다. 언약은 새로운 정체성을 토대로 야웨**

와 관계를 맺는다는 것이 무엇인지 이해하기 위한 기초적인 틀을 제공한다.

구약성서에 반복적으로 등장하는 "그러면 너희는 내가 야웨임을 알게 될 것이다. 나는 너희 하나님이 되고 너희는 나의 백성이 될 것이다"라는 공식문구는 이스라엘 백성들이 언약을 이런 식으로 이해해야 한다는 것을 보여준다. 더욱이 이와 같은 공식문구는 구약성서에서 장르를 불문하고 모든 시대에 걸쳐 나타난다. 이와 같은 빈번한 출현으로 인해 그 문구는 이스라엘 신학의 근간이 되었을 뿐 아니라 항구적인 신학으로서 자리 잡게 되었다.

이런 관점에서 우리는 언약이 구속사를 대변한다기보다는 계시사를 대변한다고 결론 지을 수 있다. 계시사는 세속 역사에서 다루는 주제인 사람의 행위가 아니라 하나님의 행위에 초점을 맞추는 "거룩한 역사"[6]라고 할 수 있다. 당연한 이야기지만 구속사의 정점은 구원인데, 그리스도와 그가 베푸시는 구원은 십자가라는 위대한 사건과 빈 무덤을 통해 계시되고 성취되었다. 또한 그리스도의 사역에 대한 계시가 하나님의 계시에 대해 새로운 관점을 제공한다는 점에서 우리는 그것을 하나님의 계시 역사에서 하나의 중요한 단계로 취급할 수 있다. 하지만 구약 시대에 속한 사람들은 하나님의 계획이 이런 방향으로 흘러갈 것이라는 사실을 알 수 없었다.

더 나아가 우리에게 주어진 구원이 물론 위대한 것이지만 우리는 이 구원이 "하나님과의 교제"라는 최종 목표를 위한 수단이라는 사실을 기억해야 한다. 그런 의미에서 계시와 구원은 자신의 백성들 가운데 거하시고 그들과 관계를 맺고자 하는 하나님의 계획에서 핵심을 이루는 구성요소들이다. 우리는 계시를 통해 하나님의 계획과 목적을 알게 된다. 또한 그리스

---

6   독일어 표현인 "Heilsgeschichte"를 문자적으로 번역한 것이다.

도의 구원사역을 통해 우리는 하나님과 온전한 화목을 이루었으며 하나님께서 시종일관 우리와 맺고자 원하셨던 관계가 이제 가능해졌다. 하지만 이스라엘 백성들은 하나님의 계획 가운데 계시라는 요소를 알았을 뿐이며 화해라는 요소는 알지 못했다. 물론 계시라는 요소는 그리스도인 독자들에게도 중요한데, 왜냐하면 하나님을 아는 지식은 결코 우리와 무관하지 않으며 또한 우리가 하나님 나라에 자리 잡고 그분을 신뢰하는 가운데 그분과 실질적인 교제를 누리기 위해서는 그분에 대한 지식이 반드시 필요하기 때문이다. 그리스도인 독자인 우리에게 구약성서는 하나님을 더욱 깊이 알고 그분의 나라에 동참함으로써 우리 자신의 정체성을 그분 안에서 발견하게 만들어주는 계시의 말씀이다.

이런 관점에서 우리는 아브람과 이스라엘이 하나님의 백성으로 선택받았다는 데 동의할 수 있다. 그러면 우리는 그들의 역할을 어떻게 정의할 수 있을 것인가? 그들이 하나님의 백성인 이유가 하나님께서 그들을 구원하시려고 선택하셨기 때문은 아니다. 이 장면에서 구원은 핵심적인 요소가 아니다. 그들은 하나님과 관계(하나님이 기획하시고 하나님이 세우신 조건에 따라 세워지는 관계이자 구약성서의 맥락에서 실현가능한 형태의 관계)를 맺기 위해 선택받은 자들이며, 또한 그들은 하나님의 계시를 만방에 전파하기 위한 도구로서 선택받은 자들이다("땅의 모든 족속이 너로 말미암아 복을 얻을 것이라", 창 12:3). 그들은 (죄로부터의 구원을 위해 선택받은 자들이기 이전에) 하나님의 계시를 위해 선택받은 자들이기 때문에 "계시의 민족"이라고 불릴 수 있을 것이다.

언약이 전개되는 과정

지금까지는 언약의 본질과 목적을 이해하기 위한 기초 작업을 진행해왔는데, 이제는 언약이 구약에서 시작하여 신약으로 이어지면서 전개되는 방식에 관심을 집중시킬 것이다. 하나님께서 맨 처음 아브람에게 언약을 제시하셨을 때부터(창 12:1-3) 언약은 단계별로 전개되어왔다. 각 단계별로 새로운 관점의 계시가 주어지고, 새로운 선택의 대상이 나타난다.[7] 그 과정을 다음 네 단계로 정리할 수 있다.

관계(Relationship) – 내주(Dwelling) – 통치(Reigning) – 구원(Saving)

관계: 아브람과 그의 가족

언약의 첫 단계에 하나님께서는 아브람과 그의 가족에게 자신을 상급으로 주시겠다는 언약(창 15:1)을 체결하셨다. 흥미로운 것은 하나님께서 그들과 함께하시는 축복을 제공하시기 전에 먼저 공식적인 관계를 맺으셨다는 점이다. 구약성서가 보여주는 것처럼 언약은 결국 지상에 하나님의 임재를 재건하는 것을(광야의 성막과 예루살렘 성전을 통해) 목표로 삼고 있지만, 초기 단계에서는 이런 목적에 대한 암시가 주어지지 않았다.

아브람은 (추측건대 광야에 제단을 세움으로써, 창 12:7, 8) 하나님의 임재를 촉발했으며, 하나님은 다양한 방편으로(예컨대 창 21:22; 26:28; 28:15) 아브람 및 그의 후손과 **함께하셨다**. 하지만 아브람의 진영에는 하나님의 거처로서

---

7   노아 시대의 언약은 또 다른 범주에 속하는데, 왜냐하면, 거기에는 선택이나 새로운 상태의 수립이라는 요소가 없기 때문이다. 게다가 신성한 공간과의 근원적 연관성도 없다.

의 가시적인 성소는 존재하지 않았다. 물론 야곱이 잠시나마 거룩한 장소의 존재를 인식하기는 했지만(뻗엘에서, 창 28:16-17; 35:6-7) 그때에도 하나님께서 아브람의 가족 한가운데 머무신 것은 아니었다.

하나님께서 율법보다 관계를 먼저 제시하셨다는 점도 흥미롭다. 이러한 순서는 율법의 기능이 이스라엘 백성에게 하나님의 임재 가운데 살아가는 방법을 깨우쳐주는 것이었다는 점을 고려할 때 당연한 것으로 보인다(제5장을 참조하라). 아브람과 그의 가족은 아직 하나님의 임재를 공식적인 형태로 경험하는 것이 아니었기 때문에 그 단계에서는 율법이 제 기능을 다할 수 없었을 것이다.

마찬가지로 하나님께서 교리―관계를 유지하기 위해 반드시 동의해야만 하는 일련의 신념들―를 먼저 제시하신 것도 아니다. 하나님께서 아브람에게 믿으라고 요구하신 것은 단 한 가지, 곧 야웨는 자신이 약속하신 모든 유익들을 반드시 성취하시는 신실하신 분이시라는 사실뿐이었다. 하나님은 아브람에게 먼저 행동하라고(하나님께서 그에게 버리라고 하신 것으로부터 떠나라고) 요구하셨으며 그의 행동은 그의 믿음을 확실히 보여주는 증표가 되었다. 야웨는 처음부터 아브람에게 오직 야웨 한 분께만 충성하고 그분만 경배하라고 구체적으로 요구하신 것이 아니었다. 우리가 유일신론(monotheism)이라고 부르는 신앙을 요구하시지도 않았고, 그렇다고 일신숭배(monolatry)나 택일신론(henotheism, 여러 신 중 하나를 선택)을 요구하신 것도 아니다. 우상을 금하는 계명도 전면에 등장하지 않는다. 그 대신 우리는 야웨가 공백이 있는 시나리오를 펼치고 계신 것을 발견하게 되는데 그 공백들은 그분에 의해 차차 채워질 것이었다.

앞서 우리는 고대 근동의 종교가 "우주적 공생관계" 개념을 중심으로 체계화되었다고 지적했다. 만일 인간의 주된 책무가 신들의 필요를 공급하는 것이며 그 업무가 주로 신전 제의를 중심으로 이루어지는 것이라면, 통상적으로 종교행위는 지역을 기반으로 할 수밖에 없다. 다시 말해 신전 제의가 정기적으로 수행되기 위해서는 그 일을 맡은 사람들이 신전 가까이에 거주해야만 했다는 것이다. 신전 제의 외에도 또 다른 차원의 종교 활동이 가정과 진영 혹은 씨족 집성촌 내에서 이루어졌는데, 지방 사람들은 (가족신과 같은) 하위 신들이나 심지어 죽은 조상들까지도 신으로 섬기고 있었다. 그렇다면 하나님께서 아브람에게 그의 본토와 친척을 떠나라고 하셨을 때 하나님께서는 아브람에게 그가 사는 도시의 신전에 속한 신들뿐만 아니라 그가 개인적으로 섬기는 가족신들과도 절연할 것을 요구하신 것이다. 이처럼 언약은 공식적인 관계(언약 자체에 규정된)를 통해 출범하는데, 야웨는 바로 그 규정들을 통해 그가 자신의 백성들과 관계 맺기를 기뻐하시는 신이심을 계시하신다.

아브람의 신앙과 그의 "개인적인 신"

우리는 아브람이 야웨께 부름받기 전에 어떤 신들을 섬겼는지 알지 못하지만 그가 야웨를 섬기는 유일신 사상을 가진 가문 출신이 아니라는 점은 알고 있다(수 24:2). 따라서 아마 그는 "우주적 공생관계" 개념을 가지고 있었을 것이고, 다수의 신들을 받아들였을 것이며, 메소포타미아에서 행해지던 신전 제사에 참여했을 것이고, 조상신들 및 가족신들과도 소통했을 것이다. 그리고 우리는 그가 종교 행위에 참여할 때 이를 위해 고안된 우상들을 사용했을 것이라고 추측할 수 있다.

"개인적인 신"(personal god)이라는 고대의 개념은 야웨가 아브람에게 접근하신 방식과 관련해서 가장 흥미로운 점이다. 아브람 당시에 이것은 고대 세계에서 이제 막 태동하기 시작한 개념이었다. "개인적인 신"이라는 용어는 다소 부적절한 명칭인데, 왜냐하면 우리가 오직 한 사람에 의해서만 숭배 받는 신에 대해 이야기하는 것은 아니기 때문이다. 이 용어는 특정 가족이나 가문과 보다 밀접한 관계를 유지하는 신을 가리킨다. 개인적인 신은 우리가 알 수 없는 어떤 이유로 한 가족과 가문에 대해 특별한 관심을 가진 신이라고 이해하면 된다. 일반적으로 개인적인 신은 하위 계급의 신이었지만 그럼에도 (우주적 공생관계 내에서 이루어지는) 그들 간의 호혜적인 관계는 서로에게 상당히 큰 유익을 가져다주었다. 수호신과 가문 모두 그들이 절실하게 필요로 하는 돌봄과 보호를 받을 수 있었다.

야웨가 아브람에게 찾아오셔서 언약관계를 맺자고 제안하셨을 때 아브람은 아마도 그분을 개인적인(가문의) 신으로 이해했을 것이고, 따라서 그런 관점에서 그분을 대했을 것이다. 아브람의 아내가 불임이었다는 점에서(창 11:30) 야웨가 그에게 주신 거대한 가족에 대한 약속은 상당한 의미를 갖는 것이었다. 이에 더하여 야웨는 "개인적인 신"으로서 아브람 가족의 종교와 제의에서 상당한 관심을(배타적인 것은 아니더라도) 독차지했을 것이다. 따라서 야웨는 굳이 아브람이 전혀 알지 못하는 새로운 모습으로 자신을 드러내시면서 아브람에게 즉각적이고 파격적인 패러다임 전환을 요구하실 필요가 없었을 것이다. 그 대신 야웨는 시간이 흐르면서 어느 정도는 일상이 되어버린 전략, 다시 말해 "익숙한 것에서부터 시작한다"는 전략으로 아브람에게 다가가셨다.

우리는 아브라함의 종교적 활동에 대해 창세기가 묘사하는 모든 요소들이 아브라함 당시에 일반적으로 통용되는 것이었다는 점을 발견하게 된다. 그의 종교 생활의 초점이 이제 야웨에게로 전환되었다는 점을 제외하고는 새롭게 등장하는 요소가 전혀 없다. 제단에서 희생제사를 드린다는 점도 동일하고, (조상들의 형상을 본 딴) 드라빔(창 31:34)이 다른 우상들과 함께 야곱의 식솔들 가운데서 사용되었다(창 35:2). 하지만 내러티브 내에 존재하는 많은 공백들이 우리에게 다음과 같은 질문들을 불러일으킨다. 아브라함은 야웨의 우상을 사용했을까? 그가 한 장소에 정착했을 때 그는 신당과 유사한 무언가를 세웠을까? 성서 텍스트가 아브람의 종교활동이 구체적으로 어떤 모습이었는지 세세하게 묘사하는 데 관심이 없기 때문에 우리는 그것을 알 방법이 없으며, 상상과 추측을 통해서 얻을 수 있는 것도 없다. 그럼에도 우리는 아브람의 행위가 야웨의 지침에 의해 변화된 몇몇 부분들을 제외하고는 메소포타미아의 일반적인 형태와 상당히 유사했으리라고 짐작할 수 있다. 그러한 변화의 대표적인 예가 언약 관계다.

우리가 주목해야 할 또 다른 변화를 창세기 22장에서 발견할 수 있다. 그때까지만 해도 아브라함이 가지고 있던 "우주적 공생관계" 사고방식에 도전하는 요소는 전혀 없었다. 아브람은 종교적인 제의들을 통해 야웨를 돌보고 있었을 것이고(구체적으로 명시되지는 않았지만 다른 대안이 제시되지도 않았다), 야웨는 아브람의 개인적인 신으로 활동하셨을 것이다. 하지만 창세기 22장에서 상황이 되돌릴 수 없을 만큼 급변한다. 아브람이 가진 신앙의 실체가 어떠한 것인지는 이미 밝혀졌다(창 15:6).

하지만 이제 새로운 질문이 대두된다. 아브라함이 하나님을 경외한 동기가 무엇이었는가?

하나님께서 아브라함에게 이삭을 바치라고 요구하셨을 때 그와 같은 요구는 아마도 메소포타미아 문화권에서 살아가는 사람 누구에게나 주어질 수 있는 범위에 속한 것이었다(물론 그와 유사한 예를 문서상으로 특정하기는 쉽지 않다). 하지만 아브라함에게 주어진 언약관계로 인해 상황은 우리가 고대 근동에서 일반적으로 접할 수 있는 것과는 다르게 전개된다. 아브라함은 단순히 아들만을 바치라고 요구받은 것이 아니라, 언약을 통해 그에게 약속된 모든 유익들을 이삭과 함께 제단에 제물로 바치라고 요구받은 것이었다. 이삭이 사라지면 가족과 땅과 축복이 가져다줄 모든 유익들이 함께 사라지는 것이다. 이것은 이제 "우주적 공생관계"와 선을 그으라는 진지한 요구다.

그때까지만 해도 아브라함이 행한 일들은 믿음을 요구하면서도 보응(비록 즉각적인 것은 아니었지만; 참조. 창 15:13)을 동반하는 것들이었다. 하지만 이삭을 제물로 바치는 일에는 어떤 보응도 약속되지 않았으며 다만 아브라함이 이제까지 언약관계를 통해 얻을 수 있었던 모든 유익을 잃어버리는 것을 의미할 뿐이었다. 결과적으로 하나님의 요구는 아브라함이 "우주적 공생관계"와 단절했는지 여부를 확인하는 시험이었다. 아브라함은 여전히 하나님과의 관계를 상호 유익이나 호혜성에 기반한 것으로 여기고 있었는가? 아브라함은 아무런 유익이 약속되지 않는 상황에서도 야웨께 충성을 다할 것인가? 그는 모든 유익을 잃더라도 믿음을 지킬 것인가?

야웨는 여기서 아브라함에 대한 기대치를 높이신다. 아브라함의 믿음은 상호이익이 보장되는 관계에 기반한 것인가? 아니면 그는 야웨와의 언약을 이익과는 무관한 관계로 받아들이고 있었는가? 비록 야웨는 많은 것을 주실 수 있는 분이시지만, 야웨와의 올바른 관계는 그분이 무엇을 주실 것인지가 아니라 그분이 누구신지에 근거해야 한다. 이삭의 결박 이야기는 아브라함의 사고에서 대전환이 일어났음을 보여준다. 그는 고대 근동의 "우주적 공생관계"와 절연하고 그 대신 "위대한 계획"(야웨와 이스라엘 간의 독특한 언약관계)에 동참하게 된 것이다.

내주(Dwelling): 하나님의 임재 앞에서의 삶을 위한 토라

언약의 다음 발달 단계에서 야웨는 그의 백성을 이집트의 노예 상태에서 구원하시고 시내산을 거쳐 그들을 아브라함의 땅으로 인도하신다. 그곳 시내산에서는 한 걸음 더 나아가 하나님께서 아브라함과 이삭과 야곱의 후손인 이스라엘 백성을 그의 언약백성으로 선택하신다(출 6:6-8; 19:4-6). 아브람과 처음 관계를 맺으셨을 때만 해도 하나님은 (언약의 비준과 할례라는 증표를 통해 관계를 공식화하셨다는 점을 제외하고는) 당시 고대 근동에서 통용되던 사고틀을 벗어나지 않으셨다. 그런데 이스라엘 내러티브 가운데 바로 이 지점에서 언약은 한 민족 전체로 확대된다. 이것은 그때까지만 해도 고대 세계 어디에서도 찾아볼 수 없는 새로운 개념이었다.[8]

---

8   Theodore J. Lewis, "Covenant and Blood Rituals: Understanding Exodus 24:3-8 in Its Ancient Near Eastern Context," in *Confronting the Past: Archaeological and Historical Essays on Ancient Israel in Honor of William C. Dever*, ed. S. Gitin, J. Wright, and J. P. Dessel (Winona Lake, IN: Eisenbrauns, 2006), 341-50.

고대 세계의 "언약들"

구약성서에 나타난 하나님과 이스라엘 간의 언약(בְּרִית "베리트")을 흔히 고대 근동의 다양한 종류의 국제 조약들이나 충성의 맹세 혹은 토지 증여 등과 비교하곤 했다. 이에 관한 논의는 상당히 난해한데, 심지어 기본적인 용어의 번역에 대해서도 합의가 이루어지지 않았다.

아카드어에서 "아두"(*adû*, 일반적으로 아람어에서 차용된 단어로 간주됨)라는 용어는 맹세를 통해 서로에게 (종종 충성의) 의무를 부과하는 쌍방 간의 공식적인 합의를 의미했다.[a] 많은 경우에 이것은 "권리를 규정하는 조약"인데 그렇다고 해서 "아두"의 의미가 그것에만 제한되는 것은 아니다. S. 파폴라(S Parpola)와 K. 와다나베(K. Watanabe)는 다른 범주들, 예컨대 일반적인 조약, 쌍무조약, 불가침조약, 평화우호조약, 상호원조조약, 동맹조약, 유배 중인 왕족과의 조약 등을 소개한다.[b] 또 다른 용어인 "마미투"(Mami-tu)는 위와 같은 합의에서 행해지는 맹세 자체와 관련된 것이다. 때로 이 용어들은 신들이 왕과 후원관계를 맺고 그의 편이

---

[a] 다양한 종류의 협약을 나타내기 위해 사용된 다른 용어들을 포함하는 전문적인 논의는 다음을 보라. J. Lauinger, "The Neo-Assyrian *adê*: Treaty, Oath, or Something Else?," *Journal for Ancient Near Eastern and Biblical Law* 19 (2013): 99-115. 가장 광범위한 연구로는 다음을 보라. S. Parpola and K. Watanabe, *Neo-Assyrian Treaties and Loyalty Oaths*, State Archives of Assyria 2 (Helsinki: Neo-Assyrian Text Corpus Project, 1988), xv-xxv. 이 사안과 관련하여 현재 어떤 논의가 이루어지고 있는지 간결하게 요약한 것으로는 다음을 보라. C. Crouch, *Israel and the Assyrians: Deuteronomy, the Succession Treaty of Esarhaddon, and the Nature of Subversion* (Atlanta: SBL Press, 2014), 106-24.

[b] Parpola and Watanabe, *Neo-Assyrian Treaties*, xv-xxiii.

되어서 그의 왕권을 지지하는 상황과 관련해서 사용되기도 한다.^c

하지만 중요한 것은 특정 집단에 대한 신의 선택, 혹은 신과 인간 집단 간의 공식적인 관계를 규정하는 문구는 오직 하나의 단편적인 텍스트에서만 발견된다는 사실이다. 더욱이 고대 근동의 신들이 "우주적 공생관계"를 통한 상호의존이나 왕들에 대한 후원을 넘어서는 방식으로 사람들과 관계를 맺기를 원했다는 증거는 거의 발견되지 않는다.

바로 이러한 차이가 이스라엘 민족의 독특한 신학을 가장 분명하게 들여다보게 해주는 지점인데, 왜냐하면 바로 이곳에서 우리는 이스라엘 민족을 그들의 이웃과 구분 짓는 요소가 무엇인지 확실히 알 수 있기 때문이다. 또한 바로 그 차이점을 통해 우리는 구약성서에서 (그들에게나 우리에게나) 가장 중요한 신학적 관점을 발견할 수 있어야 한다.

---

c   가장 좋은 예는 아슈르(Aššur)가 에사르하돈(Esarhaddon)과 맺은 언약이다. S. Parpola, *Assyrian Prophecies,* State Archives of Assyria 9 (Helsinki: Neo-Assyrian Text Corpus Project, 1997), 22-27(3.3, line 27). 다른 예로는 "마르두크 예언"(Marduk Prophecy)과 "우루-이님기나 개혁 문서"(Reform Text of Uru-inimgina)가 있다.

가족과의 협약에서 민족/집단/국가와의 협약으로의 전환은 야웨가 가족의 신("개인적인 신")에서 국가의 신으로 전환하는 것을 의미한다. 고대 세계에서 신이 이처럼 관계의 대상을 전환한 다른 예는 찾아볼 수 없다. 이처럼 우리는 언약관계의 이 단계에서 몇 가지 독특한 신학적 발전을 목격할 수 있다.

여기서 우리는 새로운 차원의 선택(하나님의 선민으로서의 이스라엘 민족)만이 아니라 새로운 차원의 계시(사실상 성서 전체에서 가장 중요한 계시)인 토라를 발견하게 된다. 토라는 질서 잡힌 사회를 건설하기 위한 토대를 제공하는 데서 그치는 것이 아니라 더 큰 일을 수행한다. 소위 "율법"은 이스라엘 백성들이 어떻게 하면 거룩하신 하나님의 임재 앞에서 올바르게 행동할 수 있는지(제5장을 보라), 그리고 어떻게 하면 하나님의 언약백성으로서의 신분에 걸맞은 정체성을 취할 수 있는지를 계시해주는 언약 조항들이다. 하나님은 거룩하시며 그의 백성들에게 새로운 신분을 주시는데, 그 신분이 그들에게 거룩함을 부여한다. 그들이 이 "위대한 계획"의 파트너가 되었을 때 그들은 자신들에게 주어진 과제를 수행하는 데 필요한 정체성을 취한 것이다. 토라는 하나님의 임재가 다시금 지상에 분명하게 드러나는 그때를 위하여 그들을 준비시키고, 더 나아가 무장시킨다. 하지만 토라는 목적이 아니라 수단일 뿐이다. 사실 토라보다 더 중요한 것은 성막(하나님의 임재의 회복)이다.

두 돌판

야웨가 마련하시고 친히 손으로 글자를 새기신(출 24:12; 31:18; 32:15) 돌판들은 오늘날 하나님의 율법과 (때로는) 구약성서 전체를 대표하기도 하는 상징이다. 우리는 일반적으로 두 돌판이 십계명을 담고 있는 것으로 생각해왔는데, 그런 결론에 이르는 것이 당연해 보이기도 한다(신 4:13; 10:4). 하지만 우리가 기억해야 할 사실은 출애굽기에서 두 돌판은 토라(십계명, 율법책)가 아니라 성막을 위한 지침들을 담고 있는 단락에서 처음 소개될 뿐 아니라 계속해서 언급되고 있다는 점이다.

출애굽기 31:18, 32:15에서는 이 돌판들을 "에두트(עֵדֻת)의 돌판들"이라고 부른다(NIV에서는 이를 "언약법"[covenant law]이라고 번역하지만,

사실 히브리어에서 언약을 가리키는 대표적인 단어는 "베리트"[בְּרִית]다). "에두 트"는 두 단체 간의 공식적인 협약을 가리키는 표현이다(아카드어에서 이에 상응하는 단어인 "아데"[adé]와 유사한 용례인데, "아데"는 의무와 그에 상응하는 반응을 수반하는 맹세의 협약을 가리킨다).[a] 이 용어는 성막과 관련해서 사용되었을 뿐 아니라("에두트"의 장막, "에두트"의 성막), 성막을 구성하는 부품들에 대해서도 사용되었다(예컨대 "에두트"의 궤, "에두트"의 휘장). 일반적으로 그와 같은 표현들은 토라의 복사본이 성막 내부의 언약궤 안에 보관되어 있었음을 시사하는 것으로 여겨졌는데, 여러 증거들을 볼 때 그것은 자연스러운 결론인 듯하다.

하지만 이 돌판들이 출애굽기의 문맥 내에서 언급된 위치로 볼 때 두 돌판에는 성막의 제작에 관한 지침이나 혹은 더 나아가 설계도면이 담겨 있을 가능성도 있다. 고대 근동에서 신들은 종종 신전의 건축에 관한 지침들을 하달했을 뿐 아니라 도면들을 제공하기도 했다(기원전 2000년경의 것으로 추정되는 유명한 구데아 좌상의 무릎에 위치한 설계도면처럼 말이다). 사실 구약성서 텍스트에도 하나님이 그와 같은 도면을 제공하셨다는 암시가 있으며("타브니트"[תַּבְנִית]; 출 25:9, 40; 26:30; 27:8; 민 8:4),[b] 구데아 왕의 신전 낙성식 실린더는 성막의 건축에 관한 지침과 설계도면들이 맹세의 언약을 대변하는 것임을 시사한다. 이 실린더에서 구데아 왕은 신들의 "확고한 약속"에 대해 언급하는데, 그 약속은 신들이 거

---

a   Parpola and Watanabe, *Neo-Assyrian Treaties*, xv-xxv.

b   V. Hurowitz, *I Have Built You an Exalted House* (Sheffield, UK: JSOT Press, 1992), 168-70.

할 처소인 신전을 건축하겠다는 결정으로 말미암아 주어진 것이다.[c] 더 나아가 우리는 문서로 기록된 지침과 거룩한 공간을 건축하는 작업 간의 상관관계를 에샤라(Ešarra)의 신전 건설에 관한 에사르하돈 왕의 묘사에서 발견할 수 있다. "나는 천상의 문서에 따라 [그것을] 아름답게 건축하였습니다."[d] 그렇다면 야웨와 이스라엘 간의 맹세 언약도 그의 백성들이 그에게 합당한 장소를 준비하면 그들 가운데 거하시기 위해 찾아오시겠다는 약속으로 간주될 여지가 있다.

이와 같은 증거들은 출애굽기에서 돌판들이 최우선적으로는 성막의 건축을 위하여 마련된 것이며, 토라는 거룩한 공간에 근접하여 살아가기 위한 지침으로서 부차적인 역할을 한다는 점을 보여준다.[e] 이러한 구분은 토라의 가르침들이 돌판에는 하나도 포함되지 않았다는 의미가 아니라,[f] 성막에 관한 지침들을 돌판의 내용에서 배제하는 것은 부주의한 처사라는 의미다.

---

c   D. O. Edzard, *Gudea and His Dynasty*, RIME 3/1 (Toronto: University of Toronto Press, 1997), Cyl B: 24.11-14, p. 101.

d   Hurowitz, *I Have Built You an Exalted House*, 245.

e   William Schniedewind, "Scripturalization in Ancient Judah," in *Contextualizing Israel's Sacred Writings*, ed. B. Schmidt (Atlanta: SBL Press, 2015), 313.

f   출 34:1, 4, 27-29을 함께 읽어보면 돌판에는 적어도 열 가지 말씀이 포함되어 있었던 것 같으며, 그것이 언약(בְּרִית "베리트")을 대표하는 것들이다.

나는 토라가 성막에 대해 부수적인 역할을 하는 것이며 그 반대는 아니라고 주장한다. 토라는 타락이 되풀이되는 일을 막기 위해 고안된 것인데, 타락은 곧 하나님의 임재 앞에 나아갈 길을 잃어버리는 것을 의미한다. 토라는 또한 이스라엘 사람들이 야웨의 임재라는 본질적으로 위험한 실재 가까이에 살아가면서도 생명을 보전할 수 있는 방편을 마련해주기 위한 것이다. 만일 하나님의 지속적인 임재라는 요소가 사라진다면 토라는 그 근원적인 중요성을 잃고 말 것이며, 신약성서에서 오순절 이후로는 율법의 역할이 사라졌다고 여기는 것도 동일한 맥락이다. 성령이 강림하심과 동시에 하나님의 임재가 그의 백성들 가운데 머물러 계시며, 이제는 지리상의 장소가 아니라 그 백성들이 성전이 되는 것이다(고전 3:16; 6:19; 고후 6:16). 그럼에도 불구하고 시내산 단계의 언약에서는 토라가 하나님의 임재를 백성들 가운데 회복시키기 위한 방편으로서 계시되었다. 하나님의 지속적인 임재는 아브람과의 단순한 공식적 협약을 뛰어넘는 친밀한 관계를 구축할 수 있는 기회를 제공한다. 참으로 하나님께서 아브라함과 그런 공식적인 관계를 시작하신 것은 에덴동산 이후로 그의 백성들 가운데 또다시 거처를 마련하시기 위한 첫걸음이었으며, 이 일은 결국 성막에서 완성될 것이다(출 40:34).

회막

성막(מִשְׁכָּן "미쉬칸")이라는 용어는 거룩한 시설 전체를 가리키며, 주변 뜰까지도 포함하는 개념이다. 한편 회막(אֹהֶל מוֹעֵד "오헬 모에드")은 하나님이 거하시는 내실인 지성소에 인접한 외실을 가리킨다(출 40:7, 22-26; 레 4:4-7).[a] 희생제사는 뜰에서 드려졌으며 회막은 제사장들이 하나

---

a   이 두 가지를 구분하는 자세한 논의는 다음을 보라. L. M. Morales, *The Tabernacle Pre-Figured* (Leuven: Peeters, 2012); Michael B. Hundley, *Gods in Dwellings* (Atlanta: SBL Press, 2013).

님을 만나기 위한 장소였다(출 30:36). 다시 말해 "미쉬칸"이라는 용어는 하나님의 임재에 초점을 맞춘 것이며, "오헬 모에드"라는 용어는 하나님께서 그의 백성들과 나누고자 의도하신 소통적인 상호관계에 초점을 맞춘 것이다.

성막의 건축 이전에는 임시방편으로 진영 바깥에 회막이 세워졌고, 그곳은 모세와 야웨의 만남을 위한 장소로 사용되었다(출 33:7). 민수기에 이르러 진영 한가운데 성막이 세워지고 다시 성막 한가운데 회막이 자리 잡았다. 사사기에는 회막에 대한 언급이 없으며 사무엘서와 열왕기에서도 한 차례 언급될 뿐이다. 역대기에서는 회막이라는 용어가 빈번하게 등장하지만, 이는 아마도 성막 시대를 회상하면서 사용된 용어인 것으로 보이며, 성전 내부에 세워진 실제 천막을 의미하는 것이 아니라 성전의 전실(antechamber)을 가리키는 용어로 사용되었다(대상 9:23).

한 마디 덧붙이겠다. 만일 우리가 창세기 1장을 하나님께서 우주 내에 하나님의 거처로 삼으실 거룩한 공간을 만드시는 일에 관한 기사로 간주하는 한편 창세기 2장은 거룩한 공간(에덴동산) 내에서 하나님이 그의 백성과 나누시는 관계에 대한 기사로 간주할 수 있다면, 창세기 1장은 우주적인 "미쉬칸"을 다루는 것이며 창세기 2장은 "오헬 모에드"(회막)로서 "미쉬칸"(성막)의 역할을 다루는 것으로 볼 수 있다.[b] 또 다른 관점에서 우리는 예수가 성육신을 통해 "미쉬칸"(요 1:14)이 되시는 한편 회막을 구분했던 휘장을 둘로 가르심으로써(마 27:51) 하나님의

---

[b]   창세기에서 이 주제가 어떻게 다루어지는지는 제6장을 보라.

임재 앞에 자유롭게 나아가는 길을 열어주셨을 뿐 아니라(히 10:20) 하나님의 임재로 말미암아 죄악된 인간들이 마주해야 했던 위험요소를 제거해주신 것이라고 주장할 수 있다.

통치: 우리 하나님이 다스리신다

수 세기 동안 성막은 이스라엘 백성 가운데서 야웨의 거처 역할을 해왔다. 솔로몬 시대에 이동식 천막 사당이 수도 예루살렘에 세워진 영구적인 건축물로 대체되면서 구조적인 전환이 일어났고, 성전은 거룩하신 하나님을 위한 화려한 궁전을 의미하게 되었다. 하지만 그런 변화 이전에 언약의 발전에서 다음 단계를 대표하는 중요한 사건이 발생하는데, 다름 아니라 야웨가 다윗을 왕으로 선택하신 것이다.

고대 세계에서 왕이 성취할 수 있는 가장 큰 업적 가운데 하나는 성전의 건축(혹은 복원)이었는데, 이는 "우주적 공생관계"의 틀에서 볼 때 납득 가능한 일이었다. 성전이 장엄하고 화려할수록 신들은 더욱 크게 기뻐하고 왕과 그의 백성에게 더 큰 번영을 가져다줄 것으로 생각되었다. 이런 점에서 성전을 건축하겠다는 다윗의 제안을 야웨가 거절하신 것은 의미심장한 일이었다(삼하 7:1-7). 고대 세계의 문헌에서 신들이 때때로 신전 건축에 대한 제안을 거절하는 경우가 있는데, 이는 신이 그 왕을 선호하지 않기 때문에 벌어지는 일이었다.[9] 이와는 대조적으로 다윗은 야웨의 마음을 흡족하게 해드렸던 왕이었는데, 이것은 사무엘하 7장 후반부에서 야웨가 다윗에게

---

9   거절당한 왕의 이름은 "나람-신"(Naram-Sin)이다. 그다음 왕조(Ur III)에 기록된 "아카드의 저주"(The Curse of Akkad)라는 단편에 자세한 내용이 나온다. J. S. Cooper, *The Curse of Agade* (Baltimore: Johns Hopkins University Press, 1983).

특별한 언약을 제안하셨다는 점에 비춰볼 때 분명한 사실이다.

야웨가 이 언약을 제안하신 때가 다윗이 언약궤를 새로 건설된 수도 예루살렘의 중심부에 안치시킨 직후였다는 것은 우연의 일치가 아니다. 그때까지 언약궤는 블레셋 사람들에 의해 탈취되었다가 되돌아온 후로 버려진 채 방치되어 있었다(삼상 6:2-7:2). 다윗이 언약궤를 다시 예루살렘에 안치시킴으로써(삼하 6장) 하나님의 임재가 이스라엘 가운데서 다시 두각을 나타내게 되었으며, 야웨는 이에 대한 응답으로 새로운 수준의 관계를 제안하신다.

이 새로운 수준의 관계는 다윗 언약을 통한 새로운 단계의 선택으로 표현되는데, 여기서는 다윗과 그의 후손들이 야웨의 지지를 받는 왕조를 이룰 것이라는 약속이 주어진다. 달리 표현하자면 야웨의 통치가 다윗과 그의 후손을 통해 실현된다는 것이다. 한편 이 언약은 계시의 새로운 단계를 대표한다. 하나님은 단지 그의 백성 가운데 임재하시는 것으로 그치시는 것이 아니라 예루살렘 성전의 보좌에서 그의 백성들을 다스리신다는 것이다. 이 같은 요소가 내러티브 문학에서는 자주 표현되지 않는 반면에 시편에서는 하나의 주요한 주제로 자리 잡고 있다는 것이 보편적인 견해다. 가장 두드러지게는 시편 93-100편의 연작시에서, 시편 132편에 등장하는 거처, 안식처, 성전, 언약궤, 그리고 통치 사이에 존재하는 상관관계에 대한 명백한 표현에서, 그리고 5중의 찬가(시 146-150편)로 마무리되는 시편 145편의 장엄한 피날레에서 그와 같은 요소가 분명하게 드러난다. 하나님은 그의 왕국 전체를 다스리시는 위대하신 왕이시며, 다윗과 그의 후손들은 야웨가 보좌에 앉히신 섭정왕으로서 그분의 뜻을 신중하게 펼쳐야 하는 자들이다.[10] 하

---

10   삼하 7:16("네 집과 네 나라")에서 대상 17:14("내 집과 내 나라")로의 전환을 상기시켜 준 동료 교수 Adam Miglio에게 감사드린다.

나님께서는 이 왕들을 통하여 백성들을 다스리실 뿐 아니라 그의 왕권과 왕국의 본질을 계시하신다. 하나님이 그들 가운데 내주하시는 장소는 단순한 거주지가 아니라 왕의 보좌가 있는 알현실이며, 야웨는 그 보좌에서 이스라엘과 열방을 다스리실 뿐 아니라 전 우주를 통치하신다.

이런 몇 가지 요소들은 사무엘상 전반부에서 묘사하는 군주국가로의 전환이라는 맥락에서 이해될 수 있을 것이다. 다윗 언약이 수사학적 중심 주제로 등장하는 사무엘서는 사무엘을 예언자, 제사장, 그리고 사사로 소개하는 것으로 시작하는데, 그는 후에 이스라엘의 킹메이커로서 중요한 역할을 감당한다. 물론 고대 세계에서 어떤 왕이 자신은 신의 후원을 받아 보좌에 올랐으며 신이 그의 선임자들을 제거해줬다고 주장하는 것이 특이한 일은 아니었다. 모든 왕은 그의 통치권을 합법화하기를 원하며, 종종 그런 합법화의 근거로 신들을 이용한다. 그렇다면 다윗이 권좌에 오른 사건은 뭐가 다르단 말인가? 사무엘서는 이 질문에 답을 주며, 그 답의 상당 부분은 사무엘이라는 인물에게서 찾을 수 있다. 후일에 다윗에게 기름을 부어 왕으로 세웠던 사무엘은 성서 내러티브 내에서 다양한 방식으로 묘사된다. 예를 들어 그는 아이를 낳지 못하던 경건한 여인에게서 특수한 사건을 통해 태어나게 된다(삼상 1장). 이후로 그는 성전에서 양육되는데(삼상 2장) 그는 그곳에서 젊은 나이에 예언자로서의 소명을 받는다(삼상 3장). 그리고 결국 그는 하나님이 주신 권위로 이스라엘을 이끌고 나가 적들과의 전쟁에서 그들에게 승리를 안겨준다(삼상 7장). 사무엘을 야웨가 선택하신 지도자와 도구로 간주할 때, 다윗에게 기름 붓는 자로서 사무엘의 역할은 오직 야웨의 선택에 의한 것이라는 사실을 통해 정당화된다. 심지어 다윗에게 기름을 붓는 장면에서도(삼상 16장) 야웨가 개입하셔서 사무엘 자신의 판단을 뒤집으신다.

더욱이 왕정제로의 전환은 사무엘에 의해 시작된 것이 아니다. 백성들이 이와 같은 전환을 주도했는데, 그리 바람직하지 않은 동기에 의해 이루어진 전환이었다. 그럼에도 이 사건을 자세히 살펴볼 필요가 있는데, 왜냐하면 이 기사는 결과적으로 다윗 언약에 대한 우리의 이해에 영향을 미치게 될 많은 정보를 제공하기 때문이다. 무엇보다도 우리는 먼저 백성들이 "어떤 이유에서 왕을 원"했으며, 야웨는 "어째서 그들의 요구를 탐탁지 않게 여기"셨는지 물어볼 필요가 있다. 백성들은 사무엘이 나이 많아 늙었고 그의 아들들은 무능하다는 이유에서 그들이 왕을 요구했다고 설명한다. 그들은 "모든 나라와 같이 우리에게"(삼상 8:5) 왕을 세워 달라고 요구하는 한편 다른 나라들처럼 "우리 앞에 나가서 우리의 싸움을"(삼상 8:20) 싸워줄 왕을 갖게 해달라고 요구한다.

이스라엘 사람들이 제시한 모든 이유들은 성서 텍스트와 고대 근동 문화의 맥락에서 나름 이해가 되는 것들이다. 이스라엘은 사사들이 다스리던 수 세기 동안 주기적으로 대적들의 손에 고통을 당해왔으며 따라서 이를 대체할 수 있는 정치체제를 원하는 것은 당연한 일이었다. 백성들은 대적들의 지속적인 침략에 대항하기 위해 한 명의 지도자 아래서 연합할 필요가 있다는 합리적인 결론에 도달했다. 물론 성서 텍스트에 정통하지 않은 독자라도 그들이 대적의 지배하에 놓이게 된 것이 그들의 부족체제 때문이 아니라 야웨에 대한 그들의 불충 때문이라는 것을 알아챌 수 있을 것이다. 결과적으로 그들은 본질상 영적인 문제에 대해 정치적인 해법을 구한 것이다.

왕정제 자체에 신학적 문제가 있는 것은 아니며 사실상 왕정제는 언약의 초기 단계부터 이미 예견되어오던 것이었다(창 17:6; 35:11; 49:10; 민 24:17; 신 17:14-20; 삼상 2:10). 그럼에도 야웨는 사무엘에게 이스라엘 백성들이 왕을 요구함으로써 야웨를 그들 위에 왕으로 모시기를 거부한 것이라고 말씀하신다(삼상 8:7). **바로 이 같은** 진술이 본 문맥에서 우리를 혼란에 빠뜨리는 부분이다. 이스라엘 백성들이 열방과 동일한 왕을 원한 것이라면 그들은 신의 도움 없이 독자적으로 활동하는 왕을 요구한 것은 **아니라고** 할 수 있다. 고대 세계의 어떤 국가도 신의 후원을 받지 못하는 왕을 원하지는 않았다. 그들은 왕과 신 사이에서 하나를 선택하려고 하지 않았다. 그들은 구체적으로 신과 밀접한 유대관계를 가진 왕을 원했다. 그렇다면 이스라엘도 야웨를 대신할 왕을 구한 것은 아닐 것이다. 신을 대신하는 왕은 "다른 나라들"이 가진 것과 같은 왕이라고 할 수 없기 때문이다. 또한 이스라엘이 구한 것은 전쟁터에서 오로지 자신의 힘으로만 백성들을 이끌어가는 왕도 아니었을 것이다. 그렇다면 무엇이 문제란 말인가? 그들이 어떻게 야웨를 거부했다는 것인가?

해답은 문맥의 흐름 속에서 찾을 수 있다. 사무엘상의 근접 문맥에서 이스라엘 백성들은 블레셋 사람들과 힘겨운 전투를 벌이고 있었으며, 언약궤를 전장에 가져옴으로써 전세를 만회할 수 있을 것이라고 기대했다(삼상 4:3-4). 이런 계획이 처음에는 성공하는 듯 보였지만(삼상 4:5-9), 결국은 팔레스타인 사람들이 전투에 승리하여 엘리의 두 아들을 죽이고 언약궤를 전리품으로 취해 갔다. 이 내러티브는 언약궤를 잘못 사용하는 방식이 어떤 것인지를 보여준다. 과거에도 야웨의 명령에 따라 그의 임재의 상징으로서 언약궤를 전장에 가져왔었지만(수 6장), 언약궤는 오로지 야웨가 그렇게 지시하실 때만 그분의 임재의 상징으로서 기능할 수 있다. 어쨌거나 엘리의 아들들은 언약궤를 그들의 수호신처럼 모셔다 놓고 야웨를 그들 마음대로 주무르고자 했다.[11] 이러한 배경에서 우리는 이스라엘이 왕을 요구했을 때

---

11   J. Harvey Walton, "A King like the Nations: 1 Samuel 8 in Its Cultural Context," *Biblica* 96 (2015): 179-200.

그들은 언약궤가 그들의 기대에 부응하지 못한 경험에 대한 반발로서 그리한 것이라고 이해할 수 있다. 언약궤를 대신할 수호신을 찾다가 그들은 왕이 그 역할을 대신해줄 것이라고 기대한 것이다. 고대 세계에서 그들은 참으로 왕들과 신들 사이의 상호작용을 이런 식으로 이해했던 것이다. 왕들은 신들의 깃발아래 군인들을 전장으로 이끌어가면서 신들에게 원조를 요청했다.

요점은 이스라엘 백성들이 그들을 압제자들로부터 구원할 수단이나 방식을 야웨가 결정하시도록 맡기기를 거부하고 그들 스스로가 모든 과정을 통제하기를 원했다는 것이다. 이스라엘 백성이 야웨를 그들의 왕으로 받아들이기를 거부했다고 그가 지적하셨을 때, 그는 그들이 국가로서 그들의 운명을 스스로 움켜쥐고자 시도함으로써 야웨를 그들의 요구에 부응해야 하는 종의 신분으로 격하시켰다는 사실을 염두에 두셨을 것이다. 이러한 행동은 참으로 그분의 왕권에 대한 반역이라 할 만하다.

사울은 이스라엘 백성들이 기대하는 "왕의 직무 기술서"(royal job description)에 따라 자신에게 맡겨진 임무를 다하도록 야웨가 이스라엘에게 주신 인물이었지만, 그들의 판단에 결함이 있었던 만큼 그들의 선택이 성공할 것처럼 보이지는 않았다. 사울이 실패하자 야웨는 이제 그가 의도하신 "직무 기술서"에 따라 나라를 다스릴 다른 왕을 선택하시려고 준비하셨다 (삼상 13:14). 그리고 다윗이 골리앗과 치른 전투에 관한 내러티브에서 우리는 하나님께서 염두에 두신 가장 중요한 판단기준이 무엇인지를 발견하게 된다.

다윗이 그의 형들에게 음식을 가져다주기 위해 전쟁터에 찾아와서 야웨를 모독하는 골리앗의 비방을 접했을 때, 그의 마음은 의분으로 가득해졌다(삼상 17:26). 비록 사울은 가장 키가 큰 인물이었고 경험이 풍부한 전사였으며 이스라엘 군대를 이끌 책임을 안고 있는 왕으로서 골리앗을 대적하기에 최적의 후보인 것이 분명했지만, 그는 오히려 다윗이 골리앗과 싸우고자 한다는 말에 솔깃해 한다(삼상 17:31).

우리는 그들의 대화에서 다윗이 야웨의 명예를 지키는 일에 열심을 가지고 있음을 발견할 수 있다(삼상 17:32-36). 그는 진심으로 그것이 야웨의 전투이며 야웨의 이름이 존귀히 여김을 받아야 한다고 믿었기 때문에 이길 희망이 없어 보이는 싸움을 위해 기꺼이 달려 나가고자 했다(삼상 17:45-47). 골리앗을 향한 다윗의 선언을 통해 우리는 다윗이 자신을 위해 자신의 싸움에 하나님을 끌어들이려 한 것이 아니라 하나님의 싸움을 싸우고자 한 인물임을 알 수 있다. 한마디로 다윗은 이스라엘에 대한 야웨의 왕권이 갖는 의미를 온전히 인식하고 있었다. 그것이 바로 야웨가 다윗을 왕으로 선택하시고 후에 그와 언약을 세우신 이유일 것이다.

언약의 세 번째 단계에서는 (이스라엘을 향한 하나님의 통치와 왕의 선택을 통하여) 하나님이 이스라엘과 함께하신다는 것이 무엇인지를 드러내고, (왕정제를 통하여) 하나님과 새로운 차원의 관계를 수립하는 한편, 시편 전반에 걸쳐 익히 알려진 것처럼 야웨가 이스라엘과 열방 및 세계와 전 우주의 왕이심을 계시한다.

구원: 그리스도의 피를 통한 새 언약

언약의 마지막 단계는 구약성서에서 새 언약이라고 불리는 한편 신약성서에서 새 언약으로서 성취된다. 하지만 새 언약이 예레미야서와 에스겔서에서 처음 소개되었을 때 그 언약은 이스라엘 집과 맺어진 것이라는 사실을 지적할 필요가 있다(렘 31:31-33; 겔 37:15-28). 또한 우리는 우리가 앞선 발전 단계들에서 추적해왔던 모든 요소들을 이 마지막 단계를 요약하는 공식문구에서 발견할 수 있다. 새 언약 아래 속한 이스라엘 백성들은 야곱에게 주어진 땅에서 살게 될 것이며(겔 37:25), 그들은 토라를 준수할 것이고(겔 37:24), 야웨는 그들 가운데 거하실 것이며(겔 37:26-27), 다윗의 혈통이 그들 위에 군림할 것이고(겔 37:24), 그들은 야웨의 목적과 그의 왕국을 증진하는 일에 야웨와 파트너 관계를 맺을 것이다("나는 그들의 하나님이 되고 그들은 내 백성이 되리라", 겔 37:27). 또한 그들은 열방을 비추는 빛이 될 것인데, 왜냐하면 "내가 이스라엘을 거룩하게 하는 여호와인 줄을 열국이 알" 것이기 때문이다(겔 37:28). 우리는 여기서 이전에 언급되지 않은 요소들도 발견할 수 있는데, 그중 대표적인 것으로는 죄 용서, 그리고 하나님의 백성들 마음에 토라를 새기신다는 약속을 들 수 있다.

비록 구약성서에서도 죄 용서에 대해 언급하기는 하지만, 언약의 마지막 단계에 대한 구약성서의 논의는 희생제사, 속죄, 그리고 죄로부터의 구원에 대해서는 침묵한다. 아마도 죄 용서라는 주제는 언약의 마지막 단계를 위해 새로이 고안된 요소일 것이다. 하지만 이것은 이스라엘이 성전에 거하시는 하나님과 관계를 맺는 방편이었던 제사 제도에서 이미 핵심요소로 자리 잡고 있었다. 이 단계에서 하나님은 바빌로니아 유배로 이어진 이스라엘의 죄악을 용서하시고 그들을 약속의 땅으로 회복시키고자 하시는데, 그렇다고 해서 속죄를 위한 새로운 메커니즘을 제시하시지는 않으며, 선택과 계시의 새로운 단계들을 식별하게 해주는 새 언약의 다양한 측면들을 상술하는 일은 신약성서의 몫으로 남겨둔다.

마음에 새겨진 토라

현대의 독자들과 신학자들은 마음에 새겨진다는 말이 율법의 내면화를 의미하는 것으로 받아들이는 경향이 있는데, 이는 대체적으로 유사한 맥락에서 유사한 언어를 사용하는 잠언의 구절들에 기인한다(잠 3:3; 7:3).[a] 하지만 예레미야 31장의 표현이 "새기는 것"과 "마음"에 대해 언급하면서도 잠언과는 다른 표현들을 사용한다는 점에 비추어 위와 같은 결론을 재고해볼 필요가 있다. 잠언에서 마음에 글자를 새기는 사람은 그 자신이다. 사람이 자신의 마음 판에 글자를 새긴다는 은유는 서기관이 밀랍으로 만들어진 연습용 서판에 글자를 새기는 모습을 암시한다. 서기관은 그들의 과제를 반복적으로 서판에 새기는 연습을 함으로써 기교를 연마한다. 자신의 마음에 글자를 새긴다는 것은 이처럼 특정 방식의 삶을 반복하는 것을 의미하거나 암기 혹은 내면화를 의미할 수도 있다. 하지만 다른 누군가(예컨대 야웨)가 한 사람의 마음에 글자를 새긴다고 말할 때 위와 같은 해석은 개연성이 떨어질 것이다. 예레미야는 야웨가 율법을 그의 백성들에게 강제로 주입하려 하신다고 주장하지는 않았을 것이다. 다른 누군가가 서판에 글자를 새긴다는 말은 그 교훈이 경험을 통해 습득될 수 없다는 뜻이다.

우리는 고대 근동의 인지환경에서 이에 대한 납득할 만한 대안을 발견할 수 있다. 고대 문헌에서 우리는 종종 "창자 점"(extispicy)으로 알려진 점성술을 시행하는 과정에서 짐승의 내장에 글자를 기록하는 장

---

a   이 같은 비유를 전적으로 적용하지 않는 예로는 신 6:6; 시 37:31; 40:8 등이 있다.

면을 발견할 수 있는데(렘 31:33에서 "마음"이라고 표현된 단어[קֶרֶב "케레브"]가 실제로는 "창자"와 "심장"을 의미한다는 점에 주목하라), 이는 특수한 사안에 대한 특별한 신적 계시를 얻고자 하는 사람의 요청으로 행해지는 것이었다. 점술을 시행하는 과정에서 짐승이 신 앞에서 도륙당하고 신의 호의를 얻기 위해 음식이 바쳐진다. 점을 치는 제사장은 질문에 대한 답을 창자 위에 기록해달라고 신에게 요청한다. 그러고 나서 제사장은 신의 대답이 무엇인지 결정하기 위해 창자를 자세히 검토한다. 이처럼 짐승의 창자는 신들의 서판 역할을 한다.

새 언약에서 마음에 새겨지는(창자에 기록되는) 것은 토라다. 히브리어 "토라"(Torah)는 아카드어에서 신들이 제물로 바쳐진 짐승의 창자에 기록하는 신탁을 가리키는 단어(têrtu)와 어원이 같으며, 히브리어를 배우는 학생들이 익히 알고 있는 것처럼 토라라는 단어의 가장 기본적인 의미는 가르침이며, 때로 그러한 가르침은 계시를 통해 주어진다..

예언자 예레미야는 창자를 이용한 점술에 일반적으로 통용되는 은유를 사용함으로써 그의 청중들에게 새 언약에서는 야웨가 그의 백성들에게 토라를 어떤 방식으로 계시하시는지를 설명하고자 한다. 앞에서 우리는 토라의 역할이 이스라엘 사람들에게 하나님의 임재 앞에서 살아가는 방법과 그분이 세우신 질서와 목적에 참여하는 방법을 보여주는 것이었다고 했는데, 새 언약의 백성들은 하나님께서 자신을(다시 말해 그가 일하시는 방식과 그가 기대하시는 바를) 그들 모두에게 알리심으로써 하나님의 임재 앞에서 살아가는 방법을 그들에게 깨우쳐주신다는 사실을 발견하게 된다. 그리하여 하나님은 그의 백성들의 신실함을 통해 알려지신다. 하나님의 법을 마음에 새긴 백성들은 하나님을 전하는 도구 (mediums of communication)가 된다. 바울 사도가 고린도후서 3:2-3에서 이와 비슷한 이해를 가지고서 동일한 비유를 사용한다는 것은 흥미로운 사실이다. "너희는 우리의 편지라. 우리 마음에 썼고 뭇 사람이 알고 읽는 바라. 너희는 우리로 말미암아 나타난 그리스도의 편지니, 이는 먹으로 쓴 것이 아니요 오직 살아 계신 하나님의 영으로 쓴 것이며, 또 돌판에 쓴 것이 아니요 오직 육의 마음판에 쓴 것이라." 이 비유에 대한 바울의 해석에서 마음은 저장고가 아니라 통로로 사용되는 도구다.[b] 이런 식으로 새 언약에서는 토라가 율법이나 규례 혹은 윤리적 규범들의 모음 역할을 하는 것이 아니라 신분과 정체성을 하나로 묶어주는 역할을 한다.

---

b J. Walton, *Ancient Near Eastern Thought and the Old Testament* (Grand Rapids: Baker, 2006), 258. 『고대 근동 사상과 구약성경』(기독교문서선교회 역간).

구약성서는 언약의 이 마지막 단계가 다가오고 있음을 시사하는 동시에 그 단계의 결말을 상술하면서도 그 성취의 메커니즘에 대해서는 침묵한다. 오직 신약에 이르러서만 우리는 예수가 언약을 완수하시는 방식을 목도함으로써 어떻게 그러한 결말이 성취될 수 있었는지 배우게 된다. 예수의 죽음과 부활을 통해 새 언약의 모든 요구들이 실현된다는 것이다. 또한 이제는 그리스도의 피와 죽음을 통해 주어진 속죄와 칭의를 통해 그리스도의 사역을 자신의 것으로 받아들이는 모든 자에게로 선택이 확장되는데, 우리는 이것을 선택의 새로운 단계라고 부를 수 있다. 이 선택은 더 이상 자연적이거나 획득된 민족적 정체성을 통해 규정되는 것이 아니라 오직 신앙에의 헌신을 통해서만 규정된다. 더 나아가 이제 새로운 무리는 야웨가 자신을 세상에 계시하시기 위해 사용하시는 민족으로서 선택되는 것이 아니라, 하나님께서 죄악으로부터 구속하신 백성으로서 선택되는 것이다. 하나님께서 이러한 과업을 완수하시기 위해 사용하신 메커니즘이 곧 계시의 새로운 차원이며, 그리스도의 죽음과 피라는 메커니즘을 통해 주어지는 구원이 곧 새로운 계시의 내용이다.

하나님의 백성과 하나님 나라

구약에서나 신약에서나 하나님 나라는 오직 하나님의 백성으로만 이루어진다. 그렇다면 하나님 나라라는 명칭은 어떻게 정의되거나 이해되어야 할 것인가? 구약성서에서 하나님은 이스라엘을 그의 백성으로 선택하셨다. 이를 통해 그들에게는 특별한 신분이 주어졌으며 그 신분은 유익과 동시에 감당해야 할 역할을 동반한 것이었다. 그들에게 주어진 유익은 하나님이 그들에게 주시고 하나님 자신이 거하시는 땅에서 살아가는 백성이 되었다는 것이며, 그들이 감당해야 할 역할은 하나님의 계시를 위한 도구로서 열방을 비추는 빛이 되는 것이었다. 야웨가 그들 가운데 거하셨기 때문에 이스라엘은 하나님 나라의 수도가 될 것으로 기대되었다. 실제로 그들에게는 이와 같은 시민권이 주어졌으나 그들이 언제나 그들에게 주어진 거룩한 신분에 걸맞은 모습을 보여준 것은 아니었다. 우리는 여기서 언제나 존재해왔고 지금도 여전히 존재하고 있는 긴장을 발견하게 된다. 다시 말해 하나님 나라에서 살아가는 하나님의 백성들이 언제나 하나님의 백성답게 행동하거나, 하나님 나라에서 그들에게 주어진 자리를 빛내거나, 그 나라를 바람직한 방식으로 대표하는 것은 아니라는 것이다. 하나님의 백성이 취하는 정체성이 그들에게 주어진 신분과 언제나 조화를 이루는 것은 아니다. 그들은 신분상으로는 시민권을 가진 자들이지만 현실적으로는 이방인처럼 살아갈 때가 많다. 이스라엘 민족은 하나님 나라의 가시적인 표현이었지만 오직 그들 중 일부(종종 의로운 남은 자로 불리는)만이 그들의 신분에 합당한 정체성을 행동으로 구현하고 있었다.

하나님은 그리스도를 통하여 교회를 그의 백성으로 선택하시고 막힌 담을 허무셨다(엡 2장). 여기서 우리는 우리에게 새로운 정체성을 가져다주는 신분을 발견하게 되는데(우리는 그리스도 안에 있다), 또한 우리는 새로운 피조물로서(고후 5:17) 하나님의 "위대한 계획"에 파트너로서 참여하게 된다. 우리가 이러한 관계를 통해 얻게 되는 유익은 다음과 같은 것이다. 우리의 죄악은 사해졌을 뿐 아니라 말갛게 씻겨나갔고, 우리는 그리스도를 통하여 하나님께 온전히 나아갈 권세를 얻게 되었다. 우리에게 맡겨진 역할은 대위임령으로 요약될 수 있다. 그리스도가 우리 안에 거하시기 때문에 우리는 우리의 신분에 걸맞은 방식으로 살아가야 하며 우리 자신을 하나님 나라의 모범 시민으로 삼아야 한다. 비록 우리에게 이런 신분이 주어지긴 했지만 우리는 여전히 제대로 살아가지 못한다. 인류의 역사에는 하나님의 백성이라는 신분에 일치되는 정체성을 확립하는 일에 처참하게 실패한 그리스도인들의 잔해로 가득하다. 이제까지 존재해왔던 긴장은 오늘날의 하나님 나라에도 여전히 존재하는데, 바로 그 긴장이 신분과 정체성 사이에 놓인 간극을 증명하는 것이다. 우리는 새로운 신분을 부여받음으로써 합법적인 시민이 되었지만, 우리가 현재 가진 정체성은 우리에게 여전히 이방인의 흔적을 남기고 있다.

이런 면에서도 교회와 이스라엘 간에는 연속성이 존재한다고 할 수 있다. 그들 모두 선택을 통해 새로운 신분을 부여받았으며 그들 모두 하나님의 백성, 곧 거룩하신 하나님을 그들 가운데 모신 자들로서 하나님의 목적에 동참하도록 부름 받은 하나님 나라의 시민으로 여겨졌다. 하지만 하나님의 계획이 밝혀짐으로써 누리게 되는 유익들에 있어서는 차이점과 불연속성이 존재한다. 하나님 나라라는 개념과 관련된 최우선적인 관심사는 구원이 아니다.[a] 하나님 나라는 하나님과의 동반자 관계를 추구하는 신실한 시민을 통해 세워지는 것이다. 새 언약과 언약의 이전 단계들 사이에 존재하는 가장 중요한 공통점은 하나님이 그의 백성들 가운데(그리고 결과적으로 그들 안에) 거하신다는 사실이다. 그들에게 주어진 역할이 무엇이든 간에 "하나님의 백성"은 하나님을 그들 가운데 모신 자들로 정의될 수 있다.

---

[a]   나는 여기서 "구원"(salvation)이라는 용어를 개인적인 관점을 반영하는 것으로 사용했다. 우주가 물질적 우주와 집합으로서의 인류를 포함하는 것으로 간주할 때 그것은 하나님 나라 전체를 포괄할 수 있다.

이제까지 언약의 각 단계들에 대한 틀을 제공했다면 이제는 구약성서의 보다 광범위한 신학적 주제들을 그 틀에 끼워 맞추는 작업이 남아 있다.

땅

언약의 가시적인 측면들 중에서 가장 중요한 것은 아브람에게 약속되고 이스라엘에게 주어진 땅이다. 이스라엘의 열두 지파에게 땅은 대대로 그들의 소유지(אֲחֻזָּה "아후자")와 기업(נַחֲלָה "나할라")이 되었다. 그것은 언약이 가져다주는 가장 중요한 유익인 동시에 가장 논란이 되는 측면이기도 한데, 그것은 오늘날의 정치에서도 동일한 역할을 하고 있다.

우리가 주목할 필요가 있는 첫 번째 사실은 구약성서가 한결같이 땅은 궁극적으로 이스라엘이 아니라 야웨께 속한 것이라고 주장한다는 점이다. 야웨가 땅을 주셨다는 것은 그가 이스라엘에게 자신의 땅을 소유하도록 허락하셨다는 의미다(고대 근동의 용어로 "토지 불하"[land grant]). 이와 같은 구분은 땅에 관한 다른 모든 논의에도 영향을 주게 된다. 가나안 사람들이 그 땅에서 쫓겨난 이유는 그 땅이 사람들이 사용하기에 부적절한 곳으로 지목되었기 때문이다. 야웨는 그 땅을 자신의 거처로 사용하고자 하셨으며, 그가 원하시는 대로 그 땅과 관계를 맺고자 하셨다. 이스라엘은 그 땅을 차지할 자격을 얻기 위해 아무 일도 하지 않았다. 야웨가 그들을 선택하셔서 그 신성한 장소에 정착하게 하셨고 그의 제사장 나라가 되게 하셨다(겔 37:25-28).

이스라엘은 결국 바빌로니아 유배 시대에 그 땅으로부터 쫓겨나고 말았다(백성들은 언약에 관한 구체적인 조항을 어기는 죄를 범했다). 따라서 언약이 그 땅에 관한 권리를 보장해주는 것은 아니었으며, 거주자들에게 땅이라는 선물을 받기에 합당한 자들이 되도록 힘쓸 것을 요구했다. 요컨대 여호수아 시대 이스라엘 사람들은 그 땅을 스스로 취한 것이 아니며 오히려 하나님이 그 땅을 가나안 사람들로부터 취하셔서 이스라엘에게 주신 것이다. 더욱이 야웨가 땅을 주시는 장면에서 사용되는 히브리어 동사는 "나탄"(נָתַן)인데, 이것은 범용적인 단어로서 그 땅이 선물로 주어진 것인지(gift) 아니면 무상으로 불하된 것인지(grant) 분명히 밝히지 않는다. 하지만 우리가 구약성서 전반에 걸쳐 텍스트와 신학을 살펴봄으로써 어느 정도 분명한 답을 얻을 수는 있다. 하나님이 백성 가운데 더 이상 머물러 계시지 않는다면 제사장은 필요하지 않으며 결과적으로 토지임차권(현대 용어로)의 근거가 사라지게 된다. 또한 이렇게 제사장 나라로 지명된 그들이 언약에 대해 충성하지 않을 때 그들의 역할은 박탈되며, 따라서 토지임차권의 근거는 또다시 사라지게 된다.[12]

이제는 궁극적으로 땅의 진정한 소유자가 누구인지 분명히 밝힐 때가 되었다. 이 점에 관해서는 사실상 의문의 여지가 없다. 일반적으로 그리고 엄밀히 말해서 땅은 야웨께 속한 것이다(레 25:23-24; 수 22:19; 렘 2:7; 겔 36:5; 호 9:3). 이와 같은 소유권 지명은 당시 고대 세계에서 일반적으로 수용되던 사상, 곧 신들이 땅의 궁극적인 소유자라는 인식을 반영한다.[13] 고대 세계에서는 엘리트 집단(특히 왕들)이 신실한 종복들이나 동료들 혹은 봉신들에게 땅의 소유를 허가해주는 것이 일반적인 관행이었다. 하지만 그 땅은 언제나 지배자의 재산으로 남아 있었다.

---

12 이것을 대체신학(supercessionism)으로 이해해서는 안 된다. 왜냐하면 여기서 교회가 이스라엘을 대체한다거나, 이스라엘 언약의 유익을 물려받는다고 말하지 않기 때문이다.

13 J. Milgrom, *Leviticus 23-27*, Anchor Yale Bible (New Haven, CT: Yale University Press, 2001), 2184-87.

헤렘

이스라엘의 가나안 정복이 갖는 신학적 측면은 "헤렘"(חֵרֶם; 진멸) 개념에 대해 기본적인 오해로 말미암아 종종 잘못된 방향으로 해석되곤 한다. 아래 지적하는 요점들을 통해 헤렘에 관한 대화를 새롭게 구성할 필요가 있다.[a]

1. 헤렘이라는 용어는 땅과 거기 속한 도시들이 더 이상 사람이 사용하기에 적절하지 않다는 의미를 지니고 있다.
2. 제사장들은 신성한 구역에서 봉사할 수 있는 자들로서 예외적인 지위를 갖는다(민 18:10; 겔 45:1-5; 48:10-12). 그 땅은 제사장들을 제외한 모든 사람들에게 출입금지 구역이다(겔 44:9).
3. 또한 이 용어는 어떤 식으로든 주변의 이방문화에 동화됨으로써 그 땅에서 부적격자가 된 사람들을 가리키는 데도 사용된다. 그들은 결국 추방되어야 하며, 저항할 때는 죽임을 당하게 된다.
4. 현재 그 땅에 거하는 사람들은 그곳에서 퇴거당해야 하는데, 이는 그들이 무슨 잘못을 저질렀기 때문이 아니다. 그 땅을 오염시키는 것, 그리고 야웨의 신성한 공간에 적합한 질서와 조화를 이루지 못하는 것은 (그들의 행위가 아니라) 그들이 그곳에 존재한다는 사실 자체다(תּוֹעֵבָה "토에바" = 질서의 규범에 위배되는 것).[b] 에스

---

a   각 항목에 대한 자세한 논의는 다음을 보라. John H. Walton and J. Harvey Walton, *The Lost World of the Israelite Conquest* (Downers Grove, IL: InterVarsity Press, 2017).

b   겔 43:8. "그들이 그 문지방을 내 문지방 곁에 두며 그 문설주를 내 문설주 곁에 두어서 그들과 나 사이에 겨우 한 담이 막히게 하였고 또 그 행하는 가증한 일(תּוֹעֵבָה)

겔의 성전 기사에서 레위인들은 신성한 공간에서 쫓겨나는데(그
들의 "아본"[עָוֺן]의 결과로), 그들은 "토에바"를 범했기 때문에 그곳
에 가까이 갈 수 없었다(겔 44:12-13).

5. 그 땅에 거하는 사람들을 추방한 주된 이유는 그들이 이스라엘
   사람들에게 언약에 위배되는 혼합주의적 관행을 전파하지 못하
   게 하려는 것이었다.

6. 언약은 이스라엘이 하나님의 목적을 수행하는 일에 그분의 파트
   너가 되었음을 의미한다. 가나안 사람들은 언약의 파트너가 아
   니었으며 이스라엘이 그 역할을 수행하는 데 방해가 될 것으로
   여겨졌다.[c] 그 땅은 출입통제 구역이 되었으며 프로젝트 관계자
   를 제외하고는 모두 그곳에서 나가야만 했다.

7. 우리는 가나안 사람들의 죄악을 묘사하는 구절들을 다시 분석해
   볼 필요가 있다.

   • 창세기 15:16은 다음과 같이 말하는 것으로 이해되어야 한다.
     "너(아브람)는 평안히 죽을 것이다. 그러나 그들은 4대 만에
     (너의 생애가 마감된 후에) 돌아올 것이다. 왜냐하면 그 당시에는
     (עַד־הֵנָּה "아드 헤나") 아직 퇴거요구서(עָוֺן "아본")가 발행되지
     않았기 때문이다(לֹא־שָׁלֵם "로 샬렘").[d]

   • 레위기 18:24-28과 신명기 9:4-6은 그 땅 백성들을 언약적

로 내 거룩한 이름을 더럽혔으므로(טִמֵּא) 내가 노하여 멸망시켰거니와(וָאֶכְבֹּל)."

c 그들에게도 언약의 파트너로 참여할 여지가 남아 있기는 했지만(참조. 라합), 그들
   은 관심의 대상이 아니었다.

d Walton and Walton, *Lost World of the Israelite Conquest*, 50-63.

질서의 범위 내에 속하지 않으면서도 야웨의 신성한 공간에 인접하여 살아가는 자들로 묘사한다. 그들은 고대 근동 문헌에서 흔히 이방인으로 규정되는 자들로 그려진다.

8. 우리는 이것을 예수가 성전을 정화시킨 사건과 비교해봄으로써 몇 가지 흥미로운 점을 발견할 수 있다.[e] 예수는 파는 자들과 사는 자들 양편 모두(막 11:15) 몰아내셨는데(*ekballein*, 이것은 70인역이 출 23:28-31에서 사용한 것과 같은 동사다), 이는 그들이 신성한 공간에 대한 토지사용-제한법(תּוֹרַת־הַבַּיִת "토라트 하바이트", 성전법; 겔 43:12)을 어겼기 때문이다(세속적인 활동을 수행함으로써). 여기에는 몇 가지 불법행위들이 개입했을 가능성도 있지만(예수는 그들을 도둑이라고 부르신다), 그들이 추방당한 근본 원인은 그들이 그 공간을 차지하는 것 자체가(그들의 행위가 아니라) 성전을 더럽히는 일이며(טָמֵא "타메"), 신성한 구역의 질서를 위반하는(תּוֹעֵבָה "토에바") 것이기 때문이다. 그들은 성전을 도둑들의 소굴로 만들었다. 주목할 점은 도둑들이 자신들의 소굴에서는 도둑질을 하지 않는다는 사실이다. 소굴은 그들이 피신하는 장소일 뿐이다.

---

e   Bradley Cameron의 제안이다.

토지 불하(land grant)는 대개 조건적이었지만 때로는 항구적인 성격을 띠기도 했다(다시 말해 대여 기간이 정해진 것이 아니라 영원히 수혜자의 소유로 남게 되었다는 것이다).[14] 이와 같은 계약조건은 우리가 언약에서 발견하는 것과 유사하다. 구약성서에서 언약, 혹은 언약의 유익을 묘사하기 위해 "올람"(עוֹלָם)이라는 용어가 종종 사용되는데, 이는 흔히 "영원한" 혹은 "영구적인"이라고 번역된다(창 13:15; 17:8; 48:4). 하지만 그런 번역은 오해를 불러올 수 있는데, 본래 그 단어에는 그런 추상적인 의미가 포함되어 있지 않기 때문이다. 사실상 "올람"이라는 단어는 토지 불하가 구체적인 기간이 정해지지 않은 열린 계약임을 가리킨다. 토지는 무기한적으로 소유하도록 주어진 것이며 따라서 토지 불하는 지속적인 성격을 갖는다. 토지를 소유한다는 것은 언약의 유익을 충만하게 누리는 것을 의미한다(다시 말해 영구적인 소유권이나 추상적인 권리를 뜻하는 것이 아니다). 따라서 "올람"이라는 표현은 토지의 소유권이 결코 취소될 수 없음을 의미하지 않으며, 이는 바빌로니아 유배 기간에 땅에 대한 그들의 소유권이 취소되었던 사실로 충분히 증명된다.

그렇다면 하나님은 어떤 이유에서 땅을 언약의 일부로 제공하셨으며, 땅이 언약에서 차지하는 역할은 무엇인가? 성서의 폭넓은 증거를 바탕으로 나는 이스라엘에게 땅이 주어진 이유가 그들에게 살아갈 장소를 제공하기 위해서가 아니라, 자신의 백성들 가운데 거처를 정하시고자 하는 야웨의 목적을 이루기 위해서라고 주장한다. 땅이 그들에게 살아갈 장소를 제공한 것은 사실이지만, 중요한 것은 그곳이 그들에게는 하나님의 임재 앞에서 살

---

14   Weinfeld는 토지 불하가 근원적으로 무조건적인 성격을 갖는다고 제안했지만 Knoppers 는 그의 제안을 철저하게 반박했다. M. Weinfeld, "The Covenant of Grant in the Old Testament and in the Ancient Near East," *Journal of the American Oriental Society* 90 (1970): 184-203; G. N. Knoppers, "Ancient Near Eastern Royal Grants and the Davidic Covenant: A Parallel?," *Journal of the American Oriental Society* 116 (1996): 670-97. 또 한 다음 논문도 참조하라. Richard S. Hess, "The Book of Joshua as a Land Grant," *Bib* 83 (2002): 493-506.

아가는 땅이었다는 점이다. 야웨는 그들 가운데, 곧 그의 임재를 통해 신성하게 된 지리적 공간에 거하시기로 하신 것이다. 그 땅은 백성 가운데 임재하시고자 하는 하나님의 의도가 성취되는 장소였다. 그는 단순히 그의 백성들에게 거주할 땅을 주시고자 하셨던 것이 아니라, 자신이 그들 가운데 거하실 장소를 세우시기를 원하셨다(출 15:17). 따라서 땅은 하나님의 임재가 회복되고 이스라엘이 하나님의 임재를 모시는 역할을 맡게 되는 장소로서 중요한 의미를 갖는다.

하나님의 임재가 아직 실현되지 않았을 때(족장 시대에서 가나안 정복 시대까지)나 혹은 그들이 땅을 떠났을 때(포로 기간 동안)조차도 그 땅은 하나님께서 건설하시거나 회복하시고자 뜻하신 대상으로서 중요한 의미를 가지고 있었다. 따라서 땅을 주시겠다는 제안이 반드시 경제적인 관점(소유)이나 정치적인 관점(권리)을 반영하는 것은 아니다. 이와 같은 요소들에 대한 논의는 땅이 근본적으로 야웨에게 속한 것이며 그의 임재의 장소라는 사실을 염두에 두고서 진행되어야 한다. 이 같은 사실은 예컨대 어째서 땅과 성전이 경우에 따라서는 공존하는 실체들로 다루어지는지를 설명해준다. 어쨌거나 땅이라는 주제는 신성한 공간이라는 주제와 밀접하게 연결되어 있다. 야웨가 그 땅을 그의 소유로 선언하시는 이유는 그 땅에 자신의 임재를 회복시키려는 뜻을 가지고 계시기 때문이다. 또한 그가 그 땅을 이스라엘에게 하사하시는 이유는 그들을 제사장 삼아서 그들 가운데 거하시기로 선택하셨기 때문이다. 그 땅을 소유하는 것 자체만으로 그들에게 유익이 되는 것이 아니며, 오직 야웨가 그들 가운데 거하실 때만 소유가 의미를 갖는 것이다.

우리는 이처럼 다면적인 상관관계를 신명기 6-12장에서 발견할 수 있다. 야웨의 백성들은 그에게 충성을 다하고 그의 법을 지킬 것으로 기대되었는데, 그 법은 가나안 사람들이 그 땅에서 추방된 이후로 그들이 하나님의 임재 앞에서 어떻게 살아가야 할지를 알려주기 위해 고안된 것이었다. 한편 신명기 6장 이하의 모든 말씀은 결국 12장으로 이어지는데, 본문에서는 야웨가 자신의 이름을 그가 그 땅(그의 땅)에서 택하실 장소에 두실 것이라고 지적한다. 덧붙여서 야웨는 그 땅을 그들에게 소유물로 주셔서 그들로 하여금 야웨 가까이에서 살게 하실 것이다.

하지만 우리는 이와 같은 사상이 신명기 이전에도 이미 표현되고 있었다는 것을 기억해야 한다. 우리는 출애굽기 15장에 실린 모세의 노래 가운데 몇 구절이 하나님께서 거하시고 통치하시기 위한 거룩한 장소로서의 땅에 대해 언급하고 있는 것을 발견할 수 있다. 출애굽기 15:13에서는 "주의 거룩한 처소"에 대해 언급하는가 하면 출애굽기 15:17에서는 "주께서 백성을 인도하사 그들을 주의 기업의 산에 심으시리이다"라고 말씀한다. 그리고 이어서 출애굽기 15:18은 다음과 같은 문장으로 위의 두 구절에 대한 결론을 제시한다. "여호와께서 영원무궁하도록 다스리시도다." 이런 구절들을 통해 우리는 초기 이스라엘 전승이 땅의 역할을 어떤 식으로 생각해왔는지 알 수 있다.

따라서 창세기 12장에서 아브라함이 그의 본토를 떠나라고 요구받았을 때, 그 요구는 단순한 지리적 이동 이상의 것을 의미하고 있었다. 메소포타미아에서 땅은 부동산이나 국가적 정체성의 토대로 이해된 것이 아니었다. 땅은 신들의 소유였으며, 백성들은 그 땅에 거함으로써 그들이 섬기는 신들의 신전 가까이에 머물 수 있었다. 땅에 거하는 모든 사람은 인접한 신전으로 가서 제물을 바치거나 다양한 제의와 축제를 행함으로써 신들을 섬겼다. 누군가의 땅은 그의 신과 깊은 연관을 맺고 있었다. 앞서 지적한 것처럼 한 사람이 자기 땅을 떠난다는 것은 무엇보다도 그 땅을 다스리는 신을 떠난다는 것을 의미했다. 따라서 우리는 야웨가 아브람을 새로운 땅으로 인도하셨을 때 그곳은 야웨의 땅으로서 그가 섬김을 받으실 장소였으며, 우리가 나중에 확인하게 되는 것처럼 그가 거하실 장소인 성전을 세우실 땅이었을 것이라고 추측할 수 있다. 또한 창세기 12장에서 아브람이 처음 그 땅에 발을 들이는 장면에 대한 기사에서 다른 세부적인 내용들에 대해서는 침묵하는 반면에 아브람이 한 장소에서 제단을 쌓은 사실만은 언급하는 것을 볼 수 있다. 아브람이 제단을 쌓은 것은 우연히 일어난 사건이 아니라는 것이다. 아브람은 하나님의 임재를 촉구하는 한편 신성한 공간을 위한 접점을 마련한 것이었다.

구약성서는 반대편 극단에서 예언자들이 장래 이스라엘의 회복과 유배로부터의 귀환에 대해 말할 때, 약속의 땅으로의 귀환에 대한 약속은 거의 예외 없이 그들 가운데 하나님의 임재가 회복될 것이라는 메시지를 수반했다(사 2:2-5; 4:2-6; 14:1-2["여호와의 땅!"]; 57:13; 60:4-21; 렘 31:23-25; 33:10-11; 겔 20; 39:25-29; 45:1; 호 2:21-23; 슥 2:7-12). 이러한 정서를 가장 강렬하게 표현하는 구절은 에스겔 37:21-28이다.

주 여호와께서 이같이 말씀하시기를 "내가 이스라엘 자손을 잡혀 간 여러 나라에서 인도하며 그 사방에서 모아서 그 고국 땅으로 돌아가게 하고 그 땅 이스라엘 모든 산에서 그들이 한 나라를 이루어서 한 임금이 모두 다스리게 하리니, 그들이 다시는 두 민족이 되지 아니하며 두 나라로 나누이지 아니할지라. 그들이 그 우상들과 가증한 물건과 그 모든 죄악으로 더 이상 자신들을 더럽히지 아니하리라. 내가 그들을 그 범죄한 모든 처소에서 구원하여 정결하게 한즉 그들은 내 백성이 되고 나는 그들의 하나님이 되리라. 내 종 다윗이 그들의 왕이 되리니 그들 모두에게 한 목자가 있을 것이

라. 그들이 내 규례를 준수하고 내 율례를 지켜 행하며 내가 내 종 야곱에게 준 땅 곧 그의 조상들이 거주하던 땅에 그들이 거주하되 그들과 그들의 자자 손손이 영원히 거기에 거주할 것이요 내 종 다윗이 영원히 그들의 왕이 되리라. 내가 그들과 화평의 언약을 세워서 영원한 언약이 되게 하고 또 그들을 견고하고 번성하게 하며 내 성소를 그 가운데에 세워서 영원히 이르게 하리니, 내 처소가 그들 가운데에 있을 것이며 나는 그들의 하나님이 되고 그들은 내 백성이 되리라. 내 성소가 영원토록 그들 가운데에 있으리니 내가 이스라엘을 거룩하게 하는 여호와인 줄을 열국이 알리라" 하셨다 하라.

땅은 단순한 소유물이 아니었다. 언약의 관점에서 볼 때 만일 하나님이 거기 거하시지 않는다면 땅을 소유하는 것은 사실상 아무 의미가 없었다. 이스라엘이 실제로 포로에서 귀환했을 때 성전 건축 프로젝트를 소홀히 했던 문제가 예언자들의 비난의 초점이 되었다. 일례로 학개는 그의 청중들에게 성전 건축이 마무리되지 않았기 때문에 그 땅이 그들에게 아무런 유익을 주지 못한다는 냉혹한 사실을 통렬하게 지적했다(학 1:2-11). 하나님이 그 가운데 함께하시지 않는다면 땅은 소출을 내지 않는 황량한 곳이 되고 만다. 따라서 땅에 대한 언약은 이스라엘이 그곳에서 살아간다고 해서 성취된 것이 아니라 야웨가 그곳에서 그들과 함께하셔야 비로소 성취되는 것이다.

우리는 이처럼 언약이라는 것이 처음 아브람에게서 출범할 때부터 오직 하나님의 주도로 시작된 것이었으며, 그 언약을 세우신 목적도 하나님 자신이 그의 백성들 가운데 임재하시는 것으로 특징지어지는 독특한 관계를 수립하는 데 있었음을 확인할 수 있다. 따라서 언약과 하나님의 임재는 서로 밀접하게 연결된 개념인데 이는 새 언약에 대해서도 마찬가지다 예레미야서와 에스겔서에서 새 언약이 선포되었을 때 야웨는 이미 파괴된 성전을 떠나신 상태였다. 이스라엘과의 새 언약은 이스라엘이 야웨에 대한 신실함을 버리고 야웨도 성전을 버리심으로써 중단되었던 언약관계를 재건하는 것을 목표로 했다. 새 언약에서 야웨는 다시 한번 그의 백성들 가운데 임재하실 것인데, 이 약속은 포로 시대 말기 스룹바벨 때에 성전이 재건되고 언약과 율법이 갱신됨으로써 성취되었다. 하지만 예수 그리스도는 그보다 한층 진일보한 차원에서 언약이 성취될 것이라고 말씀하시는데("피로 세운 새 언약", 고전 11:25), 이는 오순절에 성령이 강림하실 것을 알리시는 동일한 맥락에서 이루어진 일이었다. 하나님의 임재가 전혀 새로운 차원에서 실현될 날이 임박했다.

왕국

언약은 공식적인 왕국의 수립으로 이어졌는데, 이는 다윗과 그의 후손이 야웨가 세우신 왕들로서 섬기도록 선택됨으로써 가시화되었다. 게다가 앞에서 이미 지적한 것처럼 언약은 시초부터 왕과 왕국을 예견하고 있었다(창 17:6; 35:11; 49:10; 수 24:17; 신 17:14-20; 삼상 2:10). 그럼에도 언약은 궁극적으로 다윗 왕국을 겨냥한 것이 아니라 하나님 나라 곧 메시아의 왕국에 관한 것이었다. 언약 자체가 하나님 나라를 건설하는 것이 아니라 형태와 방향을 제시하는 것이다. 창조세계 전체(우주, 땅, 이스라엘, 백성들, 우리의 삶)에 대한 하나님의 통치는 언약에 매여 있지 않다. 언약은 하나님 나라를 시공간과 사람들 안에서 실현하는 방편인데, 한마디로 언약은 하나님이 자신의 통치와 왕국을 드러내시는 방식이라고 할 수 있다.

하나님의 왕국은 지상에 이스라엘 왕국이 존재하는지 여부와 무관하게 언제나 왕성하게 활동하는 나라인데, 이것이 바로 역대기가 강조하는 개념이다. 포로 시대 이후 이스라엘에는 독립적인 왕국도 왕도 존재하지 않았다. 하지만 역대기가 전하는 중요한 메시지 가운데 하나는 그럼에도 하나님이 통치하신다는 것이었다. 재건된 성전에 하나님이 임재하셔서 제사장들과 레위 지파의 섬김을 받으신다는 사실만으로도 하나님의 왕국과 언약의 실재를 증명하기에 충분했다. 이처럼 언약과 임재는 지상 왕국과 다윗의 혈통보다, 또는 심지어 독립 국가의 존재보다 더 중요한 것으로 제시된다.

언약 안에 계시된 토라는 이스라엘 백성들에게 하나님의 임재 앞에서 살아가는 지침을 제공하기 위한 것이었는데, 동일한 지침이 하나님의 왕국에서 살아가는 데도 필요했다. 이스라엘의 제사장들은 신성한 공간을 지키는 수호자들이었으며(제5장을 보라), 왕들은 야웨의 섭정으로서 그의 왕권을 행사하여 그 땅에 정의를 실현하고 안전을 지킬 책임을 맡은 자들이었고, 예언자들은 이스라엘 백성들에게 회개하고 야웨께 돌아와 신실함을 회복하라고 촉구하는 언약의 대변자였다. 이러한 직무들과 기관들은 고대 근동 문화에서도 발견되는 것들이지만, 이스라엘에서는 이 모든 것이 언약 안에서, 그리고 언약을 위해서 작동하도록 고안되어 있었다.

임재

지금까지 논의한 바를 요약하자면, 나는 언약이 관계를 정립하고 계시를 전달하는 도구의 역할도 하지만 그 궁극적인 목표는 하나님의 임재—에덴동산에서 소멸되었으나 하나님의 궁극적인 계획의 한 부분인—를 땅 위에 회복시키기 위한 기초를 제공하는 것이라고 믿는다. 야웨가 언약을 통해 이스라엘과 관계를 맺으시고 계시를 통해 그들에게 자신을 알리신 이유는 그들 가운데 임재하심으로써 땅 위의 모든 사람들이 복을 얻게 하시기 위함이었다. 이스라엘이 선택받은 것은 그들에게 선천적인 어떤 자격이 있어

서가 아니었으며 다만 하나님께서 그런 식으로 자신의 계획을 실현하시고
자 결정하셨을 뿐이다. 그럼에도 선택은 그들 민족에게 특권을 부여했다(눅
19:5에서 예수가 삭개오에게 하신 말씀과 비교해보라; "내가 오늘 네 집에 유하여야 하
겠다").

계획

언약은 백성들과 관계를 맺으며 그들 가운데 머물고자 하시는 하나님의 장
기적인 계획을 담고 있다. 비록 고대 근동 텍스트 가운데도 신과 한 무리의
사람들 간의 언약관계에 대해 말하는 단편 하나가 존재하기는 하지만, 그것
은 땅위에 거하는 그의 백성들 가운데 임재하시고자 하는 야웨의 원대한 계
획과 비교하기에는 턱없이 부족한 것이다. 그 언약의 형태와 목적은 야웨가
어떤 하나님이신지와 밀접한 관련이 있는데, 고대 세계에서 그와 같이 행동
하는 신은 어디에도 없었다(제2장을 보라). 야웨는 시간의 한계를 넘어서까지
시행되는 계획을 가지고 계셨으며, 비록 그가 대상으로 삼으신 것이 인류
전체이고 그의 최종 목표가 그의 모든 피조물 가운데 거하시면서 그들과 관
계를 맺는 것이었음에도 불구하고 그가 도구로 택하신 것은 이스라엘이라
는 하나의 집단이었다. 야웨 언약의 이런 특징들은 그를 다른 모든 신들로
부터 구별 짓는 독특한 요소다.

이 모든 논의는 하나님에 대해 무엇을 가르쳐주는가?

본서에서 우리는 시종일관 구약성서에서 도출할 수 있는 불변의 신학, 곧
이스라엘의 청중들에게 맨 처음 계시되고 이해되었으며 오늘날에도 여전히
시공간을 초월하여 하나님의 계획과 목적에 대한 권위 있는 계시로 자리 잡
고 있는 신학이 무엇인지 발견하고자 노력해왔다. 성서의 어느 부분을 펼치

더라도 우리의 탐구는, 주어진 텍스트가 하나님이 행하신 일에 대해 우리에게 가르쳐주는 것은 무엇인가라는 질문에서 출발해야 한다. 왜냐하면 우리는 성서가 하나님의 자기계시라고 믿기 때문이다. 그런 가르침은 구약성서 텍스트 자체에서 도출되는 것이며, 그 시대의 맥락에서 해석되고, 신약성서에서 이루어지는 발전에(비록 그런 발전도 그 자체로 계시적인 중요성을 가지기는 하지만) 의존하지 않는다.

우리가 언약으로부터 배울 수 있는 가장 중요한 신학적 주제들을 열거하자면 다음과 같다.

- 야웨가 세우신 장기적인 계획은 먼저 한 인물과 관계를 맺으시고 이어서 그의 후손들과도 관계를 맺으심으로써 인류에게 복을 가져다 주는 것이었다.
- 그 계획은 한마디로 땅위에서 그의 백성들과 함께 거하시면서 그들과 관계를 맺는 것이라고 할 수 있다.
- 야웨는 다른 신들이 제공하는 것(예컨대 음식, 보호)과 동일한 많은 것을 그의 백성들에게 제공하시지만, 그가 백성들의 필요를 채워주는 이유는 그들로부터 바라는 것이 있기 때문이 아니다.
- 야웨가 스스로를 인류에게 계시하신 이유는 그 자신을 (부분적으로라도) 알리시기 위함이었으며, 이 계시가 양자 간의 바람직한 상호관계의 기초가 된다.
- 야웨는 언약의 약속들에 신실하시다.
- 야웨는 그의 백성들이 토라의 가르침에 따라 그들의 거룩한 소명을 이루어가기를 기대하시는데, 토라는 근본적으로 하나님의 계획과 목적을 수행하는 일에 하나님의 파트너가 되는 기회를 제공하기 위

한 지침이다.

- 야웨의 임재가 그의 백성들 가운데 실현되기 위해서는 몇 가지 조건들이 충족되어야 한다.

우리가 언약과 관련하여 위와 같은 주제들을 관찰할 수는 있었지만, 우리는 언약이 명시적으로 지시하지 않는 요소들도 있다는 점을 기억할 필요가 있다.

- 야웨가 그의 백성들을 그들의 죄들로부터 구원하고자 하셨다거나, 혹은 속죄를 위한 영구적인 계획이 실현가능하게 되었다는 암시는 발견되지 않는다.[15] 구약성서의 언약은 구원을 위한 계획이 아니다.
- 우리는 언약의 다음 단계로 성육신 사건이 계획되어 있었다거나 혹은 성령의 내주하심이 결국에는 야웨가 그의 백성들 가운데 거하시기 위한 방편이 될 것이라는 암시도 발견할 수 없다.[16]
- 이스라엘 백성들이 고대해온 메시아가 하나님의 아들일 것이라는 암시도 발견되지 않는다.

---

15   새 언약을 통해 제공되는 사죄가 제사 제도를 통한 속죄와 차별화되지는 않는다.
16   영을 부어주심에 관한 욜 2장의 예언은 행 2장에서 성취되었는데, 사도행전에서의 성취가 갖는 고유한 특성은 요엘의 이스라엘 청중들에게는 제공되지 않았을 정보들을 담고 있다. 요엘서의 "영을 부어주심"은 야웨의 영으로 말미암은 "능력 주심"(empowerment)에 관한 것인데, 이는 그리스도인을 하나님의 백성과 성전으로 만들어주는 "내주"(indwelling)와는 다른 것이다.

신약성서에서의 언약의 확장

새 언약에 대해서는 앞에서 이미 논의했기 때문에 여기서 그 분석을 되풀이할 필요는 없으며, 다만 새 언약에서 언약이 구원론적 측면을 **갖는다는** 사실만은 되새길 필요가 있다. 우리는 구원도 하나님의 계획에 포함되어 있었을 것이라고 추측할 수 있으며, 일단 신약에서 그러한 사실이 명시된 후에는 다시 구약으로 돌아가서 이에 대한 흔적들을 찾아볼 수 있다. 하지만 구원이라는 주제가 이스라엘 사람들의 관념 속에 내재되어 있던 것은 아닐 것이다. 앞에 열거된 세 가지 조항(언약이 명시하지 않는 요소들)은 신약성서가 언약 개념에 대한 합법적인(비록 예견된 것은 아니지만) 확장이라는 점을 밝혀준다. 언약이 명시하지 않는 위의 세 가지 요소가 우리에게 중요한 주제들인 것은 사실이지만, 우리는 그 부분이 부족하다 하더라도 언약이 그 자체로 하나님의 권위 있는 계시로서 우리에게 의미심장한 것임을 기억해야 할 것이다.

언약에서 신약으로의 가장 중요한 확장은 아마도 예수와 언약의 각 단계들 간의 관계에 대한 이해일 것이다. 아브람과의 언약이 계시 프로그램의 첫 단계로서 의도되었다면, 예수는 계시 프로그램의 정점이자(히 1:1-2) 이스라엘 역사의 완성이다. 예수는 이런 방식으로 언약을 성취하시고 언약이 의도한 것들에 결실을 가져다주셨다. 하지만 언약의 성취과정에서 그가 맡으신 역할은 계시 개념의 확장에 그치는 것이 아니다.

언약의 두 번째 단계에서 토라의 계시는 이스라엘이 하나님의 백성이라는 거룩한 신분에 맞게 살아가는 방법에 초점을 맞추었다. 이스라엘 백성들에게 주어진 요구사항들은 그들이 하나님 앞에서 자신들의 정체성을 발견하고 거기에 비춰서 살아가는 데 도움을 주었다("너희는 거룩하라. 이는 나 여호와 너희 하나님이 거룩함이니라", 레 19:2). 예수는 성육신하신 하나님이자 신적 정체성의 육체적 현시(physical manifestation)로서 그 자신이 완전한 성결의 삶을 사시고 우리에게도 거룩함에 이르는 길을 몸소 보여주심으로써 율법/토라를 완성하셨다(마 5:17-18). 그런 의미에서 그는 토라를 체현하신 분이시다(embodiment). 그는 우리가 하나님 나라에서 우리의 자리를 찾아갈 수 있도록 길을 안내해주신다. 우리는 그분을 모방함으로써 성령의 열매를 맺을 수 있는데, 그 열매들은 우리가 그리스도 안에서 얻은 거룩하고 의로운 신분에 맞게 살아가고 있음을 보여주는 증거가 된다.

언약의 세 번째 단계인 다윗 왕조를 돌이켜볼 때 예수가 메시아로서 그에게 맡겨진 역할을 완성하셨음이 분명해진다. 그는 다윗 언약이 예견했던 궁극의 통치자시며 예언자들이 고대했던 이상적인 통치자시다. 그는 야웨의 왕권과 왕국을 완벽하게 제시해주는 야웨의 왕이시다.

마지막으로 언약의 네 번째 단계인 새 언약에서 예수의 피는 하나님께서 예수의 죽음과 부활의 공로로 우리에게 가져다주시는 구원을 상징한다. 하나님이 구원자를 계시하신 것은 결국 죄로부터의 구원을 계시하신 것이다. 따라서 우리는 예수님에게 돌려지는 네 가지 주요 호칭(말씀, 하나님의 아들, 메시아, 구원자)이 각각 언약의 네 단계와 연결되며, 이로써 그가 모든 언약을 성취하신 분이심을 선포한다는 사실을 발견할 수 있다.

고대의
맥락에서
불변의
신앙으로

OLD TESTAMENT THEOLOGY FOR CHRISTIANS
FROM ANCIENT CONTEXT TO ENDURING BELIEF

제5장

성전과 토라

성전과 신성한 공간

질서는 고대 인지환경에서 가장 근본적인 요소였으며,[1] 그 근원은 하나님이었다. 그 질서는 창조 안에 그리고 창조를 통해 수립되었고 하나님으로부터 흘러나오는 것이었다. 고대 세계 인간에게 경험되는 질서는 하나님이 임재하시는 장소인 성전을 중심으로 한 것이었다. 질서와 밀접하게 연관되는 것이 정결 개념이었는데, 성전에서 질서가 유지되는 방법 중 하나가 정결이었기 때문이다. 더 나아가 율법은 질서와 정결을 표현하는 수단인 동시에 제의적 타당성과 도덕성을 지배하는 원리였다. 도덕성은 이 모든 체계를 이끌어간다기보다는 그 체계가 만들어낸 결과물 중 하나였다. 이런 기본적인 개념을 바탕으로 성전에 대한 논의를 시작하고자 한다.

신성한 공간에 대한 이해는 성서학에서 가장 인정받지 못하고 도외시되어온 분야다. 최근 몇십 년간 이 분야에 대한 관심이 증가하기는 했지만,

---

1   P. Jenson, *Graded Holiness,* Journal for the Study of the Old Testament Supplement Series 106 (Sheffield, UK: JSOT Press, 1992), 215-16.

역사적으로 기독론이나 구원론과 같은 조직신학적 접근들의 그늘에 가려져 있었다. 사실은 이 주제가 그 두 분야에서도 핵심적인 위치를 차지함에도 말이다. 비록 신성한 공간이라는 주제가 전통적으로 조직신학의 한 분과로 간주되어오지는 않았지만, 나는 이것이 성서학에서 가장 중요한 요소 중 하나이며 성서의 메타내러티브에서도 핵심적인 역할을 한다고 확신한다.

성전의 우주적 기능

성전은 우주를 구성하는 핵심적이고 근본적인 요소이며, 공동체의 기능과 정체성의 요체이자 인간의 세계와 신의 세계를 이어주는 주요한 작동 원리다. 신이 성전 안에 좌정함으로써 창조를 통해 수립된 질서가 유지될 수 있고, 그 질서를 위협하는 세력들이 제어될 수 있으며, 인간 공동체의 생존도 보장될 수 있다.

신전은 신들이 머무는 장소였으며 단순하게 예배만 이루어지는 장소가 아니었다. 예배는 신성이 인간 공동체 내에 머문다는 개념이 표상하는 보다 광대한 청사진의 일부분일 뿐이었다. 사람들은 다양한 예배 행위에 참여함으로써 그들의 신들에게 봉사하고 그들 자신과 공동체를 위해 봉사할 뿐만 아니라, 우주가 제대로 운행하고 기능할 수 있도록 그들에게 맡겨진 역할을 수행하는 것이었다.

구약성서에서 성전의 우주적 역할을 명시적으로 자세하게 다루는 곳은 없지만, 그런 역할을 암시하는 구절들은 여기저기에 산재해 있다(이사야서, 시편, 솔로몬의 성전 봉헌 기도 등에). 하지만 고대 근동 문헌에는 신전의 우주적 기능에 관한 정보들이 가득하며, 그중 상당수는 성서 자료들과 공명한다. 신전은 우주의 다양한 영역들이 수렴하고 응집되는 장소로 여겨졌다.[2] 따라서 성소의 중앙 사당(shrine)은 하늘과 땅에 동시에 그 자리를 두고 있었으며, 더 나아가 성소의 중심에 자리한 사당은 바로 하늘을 표상하는 것이었다. 사당은 신이 머무는 장소로서 하늘을 땅에 가져다놓은 것이었을 뿐만 아니라 하늘과 땅을 이어주는 접점으로서 천상의 신들이 지상의 영역으로 진입하는 지점이기도 했다.[3] 더욱이 그 이름들을 통해 알 수 있는 것처럼 신전은 하늘과 땅의 중심축(axis mundi)으로 간주되었다.[4] 일례로 메소포타미아의 지구라트는 천상과 지상의 영역을 오가는 계단을 표상했으며, 이집트의 중앙 성소는 태고의 바다에서 솟아오른 첫 번째 언덕이라고 간주되는 곳에 세워졌다.

신전은 신이 거주하는 장소였기 때문에 우주 질서의 중심이었다. 신전과 우주의 연관관계를 표현하는 방식은 문화마다 서로 달랐지만, 각 문화에 공통되는 믿음은 신전을 유지하고 그 안에 거하는 신을 돌보지 않으면 우주가 위험에 처하고 붕괴되고 말 거라는 신념이었다.[5] 따라서 신전의 붕괴에 대한 위협은 오늘날 우리가 핵무기로 인한 파멸이나 급박한 기후 변화, 혹은 상상할 수 있는 최악의 환경 오염—한마디로 종말—에 대해 우려하는 것과 유사한 파급효과를 지닌 것이었다. 고대 세계에도 오늘날 우리가 위와 같은 위협들에 대처하는 것과 동일한 논리가 적용되었고, 모든 개개인, 모든

---

2   B. Shafer, "Temples, Priests, and Rituals: An Overview," in *Temples of Ancient Egypt*, ed. B. Shafer (Ithaca, NY: Cornell University Press, 1997), 1.

3   Michael B. Hundley, *Gods in Dwellings* (Atlanta: SBL Press, 2013), 46.

4   성전은 소우주였다. 다시 말해 세계 질서를 축소하여 실현시켜놓은 것이었다. 여기서는 가시적인 것이 비가시적인 것과 만나고 인성이 신성과 접촉하고, 땅이 하늘 및 사후세계와 연합한다. L. Bell, "The New Kingdom 'Divine' Temple: The Example of Luxor," in *Temples of Egypt*, ed. Shafer, 132.

5   Hundley, *Gods in Dwellings*, 48.

씨족, 모든 도시는 신전을 유지하는 일에 적극적으로 가담함으로써 우주의 안정성을 지속시킬 책임을 지고 있었다. 모든 사람이 우주의 안정성을 지속시키는 일에 필요한 각자의 역할을 맡았다.

질서, 지혜, 신성한 공간의 관계

고대 근동의 관념에 따르면 한 공간은 신의 임재를 위해, 그리고 신의 임재에 의해 신성시되었다. 또한 신전은 신의 임재로 인해 우주의 운행을 관장하는 중추(hub)가 되었다. 더 나아가 질서와 지혜는 신에게 속한 것이라고 믿어졌기 때문에, 신이 머무는 신전은 우주의 질서, 지혜 그리고 삶의 중심이었다. 혼돈(chaos)이 매 순간 질서를 위협했지만, 신전으로 인해 비질서(nonorder)가 힘을 발휘하지 못하고 질서가 지속되었다. 따라서 신성한 구역을 둘러싼 외벽은 무질서와 비존재를 막아주는 경계이자 요새였다.[6] 그래서 마이클 헌들리(Michael Hundley)는 이렇게 말한다. "이집트인들이 신들의 호의를 얻고 신들의 세계에 대해 미미하게나마 영향력을 갖기 위해 신전들을 건축한 것은 그들이 살아가는 위태롭고 격변하는 세계에서 질서가 국지적으로나 우주적으로 지속적인 위협 아래 놓여 있다고 믿었기 때문"이다.[7] 그는 이렇게 덧붙인다.

> 신전이라는 이상적인 세계 내에서 질서의 승리는 지속적으로 재연되었다. 이 세계에는 부족한 것이 없었으며, 계획하는 대로, 충만하고 질서 있게 유지되었다. 외부에서 침투하려는 혼돈을 차단하고 내부에서 발생하는 혼돈

---

6   존재하지 않는 사물들의 무질서와 창조세계의 질서 사이에는 경계영역(liminal space)을 상징하는 방이 있었다.

7   Hundley, *Gods in Dwellings*, 41.

을 극복해냄으로써 신전은 질서의 궁극적인 상징으로 자리매김했다. 신전이라는 소우주가 제대로 운행할 때 그것을 둘러싼 광대한 세계가 번창하리라고 생각한 것은 당연한 일이었다.[8]

구약성서에 이런 사고가 명시적으로 표현되어 있지는 않지만, 동일한 이데올로기가 구약 전반에 산재해 있다.

신성한 공간과 안식

고대 근동에서 신들의 휴식은 취침이나 심지어 태만으로 묘사되기도 했지만, 이런 사고가 고대의 세계관에서 본질적인 요소는 아니었다. 신전은 신의 거처이기만 한 것이 아니라 그의 궁전이자 권력의 중심지였다. 신들은 신전에서 그에게 맡겨진 세계를 통치했다. 이런 맥락에서 휴식은 활동의 반대 개념이 아니라 불안의 반대 개념이었다. 그는 신전에 머물면서 세상과 단절되어 있는 것이 아니라, 우주를 통치하면서 질서를 유지하는 일에 깊이 관여했다. 신전에서 그는 자신을 숭배하는 사람들에게 안정감을 주고 그들의 안전을 책임졌다. 따라서 사람들은 신이 그들 가운데 머물면서 그들의 안전을 책임져주기를 기대했다. 성서도 이와 유사하게 야웨가 성전에서 다스리시면서(시 132편) 이스라엘에게 그들의 대적 앞에서 안식(안정과 안전)을 가져다주는 것으로 묘사한다. 백성 가운데 머무시는 야웨와의 교제를 유지하는 것이 이스라엘에게는 생명의 근원이었다(신 30장).

---

8   Ibid., 48.

우주와 신성한 공간

신성한 공간 개념은 창세기의 창조 기사에도 나타난다. 야웨는 우주를 그의 거처로 삼으심으로써 그곳을 신성한 공간으로 만드신다. 하지만 고대 근동 문헌에 우주와 신전 간의 밀접한 관계를 보여주는 풍부한 자료가 존재한다고 해서 이스라엘도 동일한 방식으로 생각했으리라고 결론지을 수 있는 것은 아니다. 성서 텍스트 외에 이집트와 메소포타미아에서도 신성한 공간의 낙성식에 7일이 소요되었다는 기록을 찾을 수 있다. 하지만 "7일 주기"는 다른 맥락에서도 얼마든지 사용될 수 있는 개념이다. 따라서 7일 주기를 신전의 낙성식과 구체적으로 결부시키는 것은 단순한 추론일 수 있다. 만일 창세기 1장이 이런 의도로 기록되었다면, 저자는 이 부분을 좀 더 명확하게 표현했을 것이다. "샤바트"(שבת)라는 어근이 단순히 멈춘다라는 의미만을 가지기 때문에 적어도 우리가 보기에는 7일이라는 숫자가 신성한 공간에 대해 명시적으로 덧붙여주는 의미는 없는 것 같다. 하지만 만일 고대 이스라엘인들이 창세기 1장을 이런 식으로 받아들였다고 말할 수 있다면, 창세기와 고대 근동 이념 간의 유사성은—최초의 청중들에게 자명한 사실을 굳이 텍스트 내에서 언급하지 않은 것으로 가정하고서—창세기 1장이 신성한 공간의 낙성식에 관한 기사임을 보여주기에 충분할 것이다.

이스라엘 사람들이 창세기 1장을 신성한 공간의 낙성식으로 해석했다는 사실은 출애굽기 20:8-11과 시편 132:7-15에 제공하는 정보를 통해서도 분명하게 드러난다. 출애굽기 20:8-11이 7일 기사의 절정으로서의 안식일(שבת) 준수에 대해 묘사할 때, 텍스트는 단지 하나님이 창조 사역을 쉬셨다(שבת "샤바트")라고만 말하는 것이 아니라 그가 안식하셨다(וינח "바야나흐")라고 분명히 언급한다. 이 두 번째 동사는 그가 제7일에 단순히 창조 사역을 멈추시기만 한 것이 아니라 특정 공간에서 쉬셨거나 어떤 상태에 도달하셨다는 의미를 내포한다. 시편 132:8, 14절은 이 점을 좀 더 분명하게 보여주는데, 여기서 우리는 성전이 하나님의 안식처(מְנוּחָה "메누하", 개역개정: 평안한 곳, 영원히 쉴 곳)와 동일시되었음을 확인할 수 있다. 이 동사를 하나님의 안식처로 해석하는 것은 역대하 6:41에 기록된 솔로몬의 성전 낙성식 기도문을 통해서도 확증된다. 시편 132편에서 우리는 하나님이 그의 안식처에서 통치권을 행사하신다는(시 132:14에서 יָשַׁב "아샤브"[앉다]라는 동사를 이런 의미로 사용한다; 참조, 겔 43:7) 사실도 확인할 수 있다.

만일 이스라엘 사람들이 하나님께서 창조 주간의 일곱째 날에 쉬셨다고 믿은 것이 확실하고(출 20장), 그들이 하나님의 안식을 신성한 공간 곧 성전과 연관지어서 생각했다면, 그들이 창세기 1장을 우주와 신성한 공간의 건설에 관한 기록으로 해석했을 개연성이 크다. 우리가 앞에서 (7일 주기의 구조가 고대 근동과 창세기 간에 모종의 연결고리가 될 것이라는) 정황 증거만을 가지고 있었다면, 여기서는 그런 해석을 지지해주는 보강 증거를 만나게 된 것이다. 더 나아가 이런 해석을 입증해주는 방대한 문헌 자료와 정경 텍스트들이 존재한다. 이러한 자료들을 뒤에서 자세히 다루겠지만, 그에 앞서 이 주제와 관련하여 에덴동산이 맡은 역할에 대해 잠시 살펴보고자 한다.

에덴과 신성한 공간

창세기의 7일 창조 기사에서 우리는 하나님이 우주를 향하여 신성한 공간이 되라고 명령하셨다는 사실을 배우게 된다. 하지만 우리는 창세기 2장에 가서야 그 신성한 공간의 중심이 에덴이라는 것을 알게 된다. 에덴은 고대 세계에서 신성한 공간이 갖는 특성들을 고루 갖추고 있는데, 예를 들자면 인접한 정원, 물의 근원, 수호천사(cherub), 그리고 하나님이 그 안에서 거니신다는 표현들에 그런 특성이 잘 드러난다. 아마 이스라엘 사람들도 이런 전형적인 모티프들을 익히 알고 있었을 것이고 후대의 정경 내 해석들이 시사하는 것처럼 그들에게는 고대 근동 문화와의 상관관계가 어느 정도 자명한 사실이었을 것이다. 해석자들은 오래전부터 에덴 동산과 성막/성전, 곧 신성한 공간을 연관 지어 해석해왔다.

임시적인 신성한 공간(시내산의 떨기나무)

창세기의 처음 몇 장을 지나고 나면 우리는 내러티브 전반에 걸쳐 신성한 공간에 대한 암시들이 산재해 있는 것을 발견하게 되는데 이는 출애굽기 막바지에서 지상의 신성한 공간이 성막을 통해 새롭게 세워지는 정점에 이르기까지 계속된다. 아브람이 처음 그 땅을 지날 때 제단을 세웠던 것도 신성한 공간을 엿보게 해주는 장면이었는데, 그는 제단을 세움으로써 하나님의 임재를 호소하고 그 땅이 야웨에게 속한 것임을 표시했다. 또한 이것은 제한적인 의미에서 셋의 시대에 사람들이 하나님의 이름을 부르기 시작했다는 창세기 4:26의 언급을 재개하는 역할을 하는데, 창세기 4장의 기록도 하나님의 임재에 대한 증거로 간주될 수 있을 것이다. 족장 시대에 신성한 공간 개념이 존재했음을 보여주는 가장 강력한 예는 야곱이 벧엘에서 엘샤다이 하나님과 조우하는 장면이다. 벧엘은 하나님의 임재가 머무는 장소였지만 야곱은 환상을 통해 확증을 얻기까지는 그 사실을 깨닫지 못한다.

출애굽기가 시작되는 시점까지만 해도 아직 신성한 공간이라는 개념이 발견되지 않을 뿐 아니라, 이집트의 잔혹한 노역 감독관들 아래서 노예로 살아가는 신세였던 언약 백성들 가운데 하나님이 임재하시는가에 대해 심각한 의구심이 존재했었다. 그들에게는 땅이 없었으며 하나님이 그들에게 복을 주시고 새로이 번성하는 국가를 이루게 하실 것이라는 믿음도 없었다. 그러나 하나님께서는 불타는 떨기나무 사건을 통해 그들에게 자신의 임재를 알리기 시작하셨고 결국 이스라엘 백성은 시내산이라는 거룩한 공간에서 하나님을 대면하게 되었다. 위의 두 사건에서 신성한 공간은 내러티브를 통해 분명하게 밝혀졌고 하나님의 임재를 통해 성별되었다.

신성한 공간으로서의 회막과 성막

시내산에서 하나님이 모습을 드러내신 이후 하나님의 임재는 산에서 성막으로 자리를 옮겼다. 성막(tabernacle)은 바로 그 임재를 모시기 위해 특별히 고안된 건축물이었다. 이스라엘 백성이 광야를 지나는 동안 하나님은 회막에 임재하셨으며, 모세는 그곳에서 하나님을 만났다. 회막(tent of meeting) 역시 신성한 공간으로 여겨졌는데, 왜냐하면 하나님의 임재가 그곳에 나타났고 출입이 제한되었기 때문이다. 그러나 신성한 공간으로 사용하기 위해 그 목적에 따라 세심하게 설계된 것은 성막이었다. 성막은 하나님의 임재가 지상의 공간에 영구적으로 회귀하신 것을 상징하는 구조물이었는데, 그 지상의 장소가 고정된 장소에 세워진 것은 아니었으며 이동 가능한 형태를 지니고 있었다.

　신성한 공간에 대한 관심은 오경의 나머지 부분에서도 지속적으로 감지된다. 레위기의 제사 의식들은 신성한 공간을 보호하기 위한 지침들과 그 공간을 수시로 접하게 될 레위인들을 위한 지침들을 제공한다. 제사 의식들은 단순히 잘못된 것을 바로잡는 일에만 사용되는 것이 아니라, 하나님이 받으셔야 마땅한 영광을 그분께 돌리는 방편을 제공해주는 역할도 한다. 제사장들은 단순한 제의 전문가들이 아니라 신성한 공간의 보존과 유지에 관계된 모든 일에 능숙한 사람들이었다. 민수기에서는 신성한 공간이 이스라엘 백성들과 함께 이동한다. 하지만 그 공간이 이스라엘과 근접해 있다는 사실로 인해 그들은 위험에 처할 수도 있었고 따라서 그들에게는 지켜야 할 요구 조건들이 주어졌다. 신명기 토라가 주어진 이유가 이것이었다. 이스라엘 백성들은 하나님과의 관계를 유지해야 할 책임이 그들에게 주어졌음을 깨닫고서 그들 가운데 하나님의 임재를 보전해야 했다. 오경을 마무리하는 신명기 30장에서 모세는 이스라엘 백성들에게 삶을 선택하라고 훈계한다. 그 삶은 하나님과의 관계 속에서 발견되는 것이며, 토라의 준수를 통해 얻을 수 있는 것이고, 하나님의 지속적인 임재를 통해서만 맛볼 수 있는 것이었다. 모세는 여기서 신성한 공간이 존재하는 목적을 정확히 묘사하고 있다.

신성한 공간과 신의 임재

고대 근동과 이스라엘에서 신성한 공간이 **신성하게** 여겨진 이유는 신의 임재가 그곳에 분명히 드러나거나 혹은 암시되었기 때문이었다. 신전 자체나 혹은 그곳에서 행해지는 제의들보다 더 중요한 것은 신성이 그곳에 임재한다는 사실이었다. 헌들리의 관찰에 따르면, "개념상으로 신전은 신의 임재 및 신과 인간의 상호작용에 긴밀하게 연관되어 있을 뿐 아니라 이에 전적으로 의존하고 있었다.…신전 자체는 부차적인 것으로서 신의 임재와 제의 행위에 배경을 제공하는 역할을 맡을 뿐이었다."[9] 이처럼 신성한 공간은 신의 임재를 내포하며, 신의 임재가 그 공간을 신성하게 만드는 것이다.

신성한 공간과 신인 간의 교류

신성한 공간에 신이 임재해 있다는 사실이 신과 인간 사이에 모종의 실질적인 교류를 가능케 할 것이라는 보편적인 기대가 존재하는데, 이스라엘에서는 신과의 교류가 일반적인 고대 근동 문화에서와는 다른 형태를 취한다는

---

9 Ibid., 3.

점을 지적할 필요가 있다. 일례로 섀퍼의 관찰에 따르면, 이집트에서 "신전에 머문다는 것은 신의 육체를 경험하고 물리적·예전적으로 신과 교류하는 것을 의미했다."[10]

물론 이스라엘에도 이와 같은 신비적인 교류 개념이 전혀 없는 것은 아니었지만, 그들은 토라의 계시를 통해, 그리고 언약을 통해 하나님과 관계를 유지해야 할 그들의 책무에 대한 인식으로 인해 하나님과의 교류에 대해 보다 구체적인 심상들을 가지게 되었다. 이와는 대조적으로 메소포타미아인들과 히타이트인들의 종교 생활은 우리가 흔히 신과 인간 사이에 존재하는 "우주적 공생관계"(Great Symbiosis)라고 부르는 것으로 특징지어진다. 여기서 다시 헌들리에게로 돌아가보자. "고대 근동의 신전은 신과 인간의 주요한 교차점이었다. 불안한 세상 가운데 안전을 구축하는 주요한 수단으로서 사람들이 거주하는 공간 한복판에 신을 모셔다 놓은 것이 신전이었으며, 사람들은 이곳에서 신에게 제사와 선물을 제공하고 그 대가로 신의 가호와 번영을 구했다."[11] 그는 이렇게 덧붙인다. "신전은 신이 만족감을 느끼는 동안에만 유지될 수 있는 반영구적인 신현(theophany)의 장소다. 그곳은 지상에 신의 임재를 가능하게 해주고 신들과 그들을 섬기는 인간들 사이의 접촉을 매개해주는 통제되고 고립된 영역이다."[12]

---

10   Shafer, "Temples, Priests, and Rituals," 8.
11   Hundley, *Gods in Dwellings*, 3.
12   Ibid., 140.

신의 형상들

이스라엘은 형상 숭배를 반대하는 것으로 알려져 있다. 다시 말해 손으로 만든 우상이 신적 본체를 담고 있는 그릇이나 신의 임재를 상징하는 매개체로 수용되지 않았다는 것이다. 야웨가 용납하시는 유일한 형상은 인간뿐이었다. 그렇다면 고대 근동 신전 이데올로기의 핵심인 우상들에게 돌려진 모든 기능들이 이스라엘에서는 새로이 규정되어야 했다(설사 우상들이 살아남는다 해도 말이다). 고대 근동에서는 우상이 세워져 있지 않은 신전은 유명무실한 것이었다. 이스라엘에서는 언약궤가 신성한 공간의 중심에 자리하고서 하나님의 보좌의 한 부분을 이루고 있었지만 언약궤가 하나님의 본체를 담고 있는 그릇으로 여겨진 것은 아니었다.[a] 언약궤는 하나님의 임재를 상징하는 것이지 하나님의 임재를 매개하는 것은 아니었다. 따라서 이스라엘 신학에 우상에 대응하는 요소는 없다고 말할 수 있다. 고대 근동의 다양한 시기와 장소에서 다양한 방식으로 형상 숭배를 거부해온 사실이 목격되기는 하지만 이스라엘에서처럼 체계적으로 그런 운동이 전개된 곳은 없었다.[b] 이스라엘에서 형상 숭배 반대 운동이 언제 시작되었으며 어떤 반향을 불러일으켰는지를 밝히기 위해 논쟁을 벌인 이들이 적지 않다. 하지만 우리가 알기로 고대 근동에

---

a   이집트의 휴대용 사당에는 종종 신들의 입상을 안치시키기도 했는데, 이것을 언약궤와 대비시킬 수는 있겠지만 성서 텍스트에서 제공하지 않는 언약궤의 특성들을 결정하기 위한 참고 자료로 사용해서는 안 된다.

b   O. Keel and C. Uehlinger, Gods, Goddesses, and Images of God in Ancient Israel (Minneapolis: Fortress, 1998).

서 형상의 사용을 전적으로 거부한 예는 이스라엘이 유일하다.[c] 이러한 사실은 대단히 큰 의미를 갖는 것이며 아무리 강조해도 지나치지 않다. 이스라엘에서 다른 신들의 형상을 소유하는 것은 야웨와 이스라엘 간에 맺어진 언약의 협정을 위반하는 것으로 받아들여졌을 것이다.

고대 근동의 종교 생활에서 형상의 역할이 어떤 것이었는지는 그것이 어떤 방식으로 생산되었는지를 살펴보면 짐작할 수 있다. 고대 세계의 신당과 성소에서 사용될 우상을 만드는 일은 복잡한 제의 활동이 수행되는 와중에 이루어졌는데, 이는 신이 그 우상을 승인하고 그럼으로써 그것을 자신과 동일시할 수 있는 대상으로 받아들이게 하기 위해서였다. 숙련된 장인들이 최상의 재료를 사용해서 가시적인 형체를 만들고 나면 최종적으로 그 형체가 성소 안에서 합당한 자리를 차지할 수 있도록 그것을 우상으로 변용시키는(본질의 변화는 아니더라도) 제의 과정이 진행되었다. 제의를 통해 우상의 귀와 눈과 코가 열리게 되고 그럼으로써 지상에 거하는 신으로서의 기능을 다할 수 있게 된다. 우상의 기능 가운데 상당 부분은 사람들이 바치는 선물(음식, 음료, 의복, 거처)을 받아들일 수 있게 해주는 것들이었다. 이런 식으로 우상은 "우주적 공생관

---

c   카르타고의 예들은 지나치게 늦은 연대로 인해 큰 도움이 되지 못한다. 전면적인 형상 숭배 반대(aniconism)와 관련하여 나는 Mettinger가 이것을 "실질적인 형상 숭배 반대"(*de facto* aniconism)와 "명목상의 형상 숭배 반대"(programmatic aniconism)로 구분한 것이 의미 있다고 생각한다. 다음 글들(특히 Mettinger의 논문)을 참고하라. K. van der Toorn, ed., *The Image and the Book* (Leuven: Peeters, 1997); T. N. D. Mettinger, *No Graven Image?* (Stockholm: Almqvist & Wiksell, 1995); B. Doak, *Phoenician Aniconism in Its Mediterranean and Ancient Near Eastern Contexts* (Atlanta: SBL Press, 2015).

계"가 제대로 작동하게 해주는 핵심적인 존재가 되었다. 신들의 필요를 채워주는 일이 우상들을 통해 이루어졌다. 이런 배경을 고려할 때 야웨의 예배에서 우상이 금지된 것은 놀라운 일이 아니었다. 형상 숭배에 대한 거부는 "우주적 공생관계"를 타파하고 거부하는 하나의 방법이었다.

요약하자면, 신성한 공간은 인간이 신적 존재와 조우하는 장소였으며, 신과 인간 사이에 어떤 관계가 존재한다고 여겨지든지 간에 그 모든 관계는 그곳에 초점을 맞추고 있었다. 한편 고대 근동에서는 신-인 관계가 실용적인 상호의존 관계였던 반면에 이스라엘에서는 그 관계가 언약으로 표현되었다.

한 가지 짚고 넘어가야 할 사실은 이스라엘 및 고대 세계의 성전들과 오늘날의 예배당 간에는 기능상의 유사점이 거의 없다는 점이다. 오늘날에는 더 이상 하나님의 임재가 지리상의 신성한 공간에 머물지 않기 때문에 차라리 교회(하나님의 백성으로 정의되는)와 비교하는 것이 그나마 나을 듯하다. 예배당 건물은 신성한 공간이 아니며, 하나님은 그의 백성들이 거기 모여 있을 때만 그곳에 계시는 것이다. 오늘날도 건물에서 예배가 드려지지만 구약 시대의 희생제사에 비견될 수 있는 제의는 행해지지 않는다. 예배당(건물)은 교회(사람)가 예배를 위해 모이는 공간일 뿐이다. 성전은 정기적인 예배를 위한 회합의 장소가 아니었으며, 사람들은 자신들의 제의를 위해 성전을 방문했다가 그 일을 마치고 나면 떠날 뿐이었다. 제사장들은 공동체를 위한 제사에 관여했으며, 그곳을 방문한 사람들이 종종 그들의 모습을 보기는 했겠지만 집합적인 예배가 치러지는 일은 특별한 절기들에 한정되었을 가능성이 높다. 물론 우리에게는 왕정 시대의 성전 활동에 대한 정보가 제한적이기 때문에 이와 같은 주장들은 대체로 추론에 의존할 수밖에

없다.[13]

제사 제도

문서 기록이 존재하는 범위 내에서 제사 제도는 고대 근동 사람들의 삶과 일체를 이루는 구성요소였다. 구약성서 초기의 제사 제도에 관한 모든 증거들(예컨대 가인과 아벨, 노아, 아브라함)은 고대 세계의 관행들과 연속성을 갖는다. 제사의 형식이 동일했으며 우리는 그들 사이의 이념적인 차이를 말할 만큼의 정보를 구약성서에서 발견할 수 없다(그런 구분은 시간의 흐름과 함께 차츰차츰 드러나게 될 것이다). 시내산에서 레위 지파를 주축으로 한 제사 제도가 자리 잡기 시작하면서 고대 근동의 다른 문화에서는 알려지지 않았던 새로운 형태의 제사들(속죄제 및 속건제)이 성서에 등장하기 시작하지만, 제사 제도의 상당 부분은 여전히 고대 근동 세계에서 잘 알려진 제사 형태들을 반영한다.[a] 따라서 우리는 야웨가 고대 근동의 기존 제사 관행 위에 구약성서의 제사 제도를 세우셨다고 결론지을 수 있다(우리는 그가 시내산 이전에 제사 제도를 세우셨다는 기록을 발견할 수 없다). 흥미로운 사실은 야웨가 시내산에서 제사 제도를 제정하실 때 이것이 "우주적 공생관계"의 일부분이 아니라고 명시적으로 밝히지 않

a   D. Pardee, *Ritual and Cult at Ugarit*, SBLWAW (Atlanta: SBL Press, 2002); D. Clemens, *Sources for Ugaritic Ritual and Sacrifice* (Münster: Ugarit-Verlag, 2001); P. Merlo and P. Xella, "The Rituals," in *Handbook of Ugaritic Studies*, ed. W. G. E. Watson and N. Wyatt (Leiden: Brill, 1999), 287-304.

13   최상의 정보는 역대기에서 발견할 수 있다.

으셨다는 점이다. 물론 제사 제도는 야웨의 필요를 채우기 위해 제정된 것이 아니지만 그렇다고 해서 그런 사실이 구체적으로 설명되지도 않았다.

우리가 가진 신약성서 지향적인 사고방식 때문에 우리 그리스도인들은 종종 제사를 죄, 그리고 구원과 결부시키는 경향이 있다. 물론 구약성서에서도 제사가 죄와 무관한 것은 아니었지만 그렇다고 해서 그것이 주안점은 아니었고, 특히 구원과는 아무런 관련이 없었다. 흔히 속죄제와 속건제라고 불리는 두 가지 제사는 성소로부터 부정(죄를 포함한 여러 요인들로 인한)을 제거할 필요성 때문에 존재한다. 하지만 다른 제사들(예컨대 감사제, 서원제, 자원제)은 죄와 아무 관련이 없다. 제사 제도의 전반적인 기능을 이해하기 위해서는 제사를 인류와 신들 간의 조화를 유지하기 위해 우주적 질서에 참여하는 행위로 다룰 필요가 있다. 유월절 희생제사를 제외한 모든 제사는 신성한 공간에서 진행되었고 또 신성한 공간과 관계된 것이었다. 희생제사의 신학적 의미는 하나님께서 자신에게 이르는 길을 우리에게 알려주시거나 혹은 우리에게 그리스도를 지목해서 보여주신다는 사실에 있지 않다(물론 이 두 가지 요소를 전혀 배제한다는 것은 아니다). 우리가 여기서 발견해야 할 불변의 신학은 하나님께서 희생제사 제도를 통해 이스라엘 백성들이 하나님의 "위대한 계획"(Great Enterprise)에 파트너로 참여할 수 있는 방편을 제공하심으로써 그들로 하여금 하나님의 계획과 목적에 동참하게 하셨다는 사실에 있다. 희생제사 메커니즘은 신성한 공간에 누적된 부정을 제거하는 수단을 제공해줄 뿐 아니라 하나님의 백성들이 그분과 긍정적이고 건설적인 상호관계를 가질 수 있게 해주는 물리적인 수단을 제공해준다. 로마서 12:1에서는 제사의 이런 측면을 부각시키면서 하나님 나라에 참여하는 우리의 삶을 긍정적이고 건설적인 의미에서의 희생제사로 그리고 있다.

신성한 공간을 중앙 성소 한 곳으로 제한함(신 12장)

신성한 공간과 관련하여 이스라엘이 고대 근동의 여타 문화들과 차이를 보이는 또 다른 측면은 신명기 12장에서 야웨의 성전을 하나로 제한한다는 점이다. 고대의 다신론적인 세계에서는 대도시에 다양한 신들에게 헌정된 다수의 신전들이 존재하는 것이 당연한 일이었을 뿐 아니라, 한 명의 신이 그에게 헌정된 여러 도시들에 다수의 신전을 갖는 것도 일반적인 관행이었다. 다수의 신전은 결과적으로 특정한 신이 그를 섬기는 여러 도시들에서 서로 다른 성품을 취하는 현상을 만들어냈다(예컨대 아르벨라의 이슈타르와 니느웨의 이슈타르는 서로 다른 성품을 소유했다). 그런데 신명기의 명령에 반하여 이스라엘 내에서도 다양한 장소에 야웨를 위한 신당이 세워짐으로써 동일한 문제가 발생하게 되었다. 아마도 데만의 야웨는 예루살렘의 야웨와 구별되는 특성들을 가지고 있었을 것으로 추정할 수 있다. 그렇다면 아마도 신명기의 금지 명령은 제사장들에게 야웨에 대한 백성들의 관념을 순수하게 유지시킬 수 있는 토대를 제공하려는 취지였을 것이다. 그 토대는 야웨 자신에 대한 야웨의 계시였다. 또한 중앙 성소 개념은 이스라엘 내에서 우상의 사용을 금하는 것과도 관계가 있다. 신의 임재가 사라질 때 성전은 존재이유를 잃게 된다. 그리고 고대 근동에서 신의 임재는 우상으로 표현되었다.

신성한 공간에서 제의의 역할

일반적으로 신성한 공간이나 구체적으로 신전은 본래 제의를 위해 만들어진 것이 아니었다. 신성한 공간은 신들의 임재를 통해 세워지는 것인데, 신들의 임재가 제공하는 고유한 이점들 때문에 그것은 사람들에게 선망의 대상이었다. 일단 신의 임재가 사람들에게 관대하게 허용되고 나면 사람들은 그들에게 주어진 유익을 유지하고자 한다. 제의를 통해 신들에게 음식을 제공하는 일이나 그들을 공경하기 위해 선물을 바치는 일, 혹은 신들이 분노하여 그들을 떠나지 못하도록 신들의 기분을 맞춰주는 일 등은 모두 신들의 임재가 그들 가운데서 지속적으로 유지되도록 하는 데 필수적인 것들이었다. 그들은 그와 같은 일들을 부지런히, 성심껏, 지속적으로, 그리고 합당한 방식으로 수행함으로써 신들의 부재라는 위험 요소에 의해 야기될지도 모르는 파괴적인 결과를 피하고자 했다. 어쨌거나 L. M. 모랄레스와 다른 학자들이 주목한 것처럼 예전과 제의는 우주의 질서를 유지시키는 역할을 해왔으며, 그것은 신들과 인간들이 공생관계의 파트너십을 통해 서로가 각자의 책임을 수행해야 하는 과업이었다.[14]

신성한 공간은 정확히 말해 신들과 사람들 간의 상호관계를 위한 공간으로서 세워진 것이었다. 이 점은 고대 근동에서보다는 특히 이스라엘에서 무한한 중요성을 갖는데, 왜냐하면 이스라엘의 신앙은 하나님께서 자신의 필요를 채우기 위해서가 아니라 사람들로 하여금 자신과 파트너 관계를 맺게 하시기 위해 그들을 창조하셨다고 주장하기 때문이다. 그러므로 이스라엘의 관점에서 볼 때 신성한 공간은 하나님께서 인류를 향해 품으신 목적을

---

14 "엄밀한 의미에서 존재의 본질인 삶은 제의적인 것이다. 따라서 예배는 인간 소명의 목적(*telos*)만이 아니라 창조 자체의 목적(*telos*)을 성취하는 것이다. L. M. Morales, *The Tabernacle Pre-Figured* (Leuven: Peeters, 2012), 114.

수행해 나가시기 위한 메커니즘이다. 그것은 창조에서 시작하여 역사적으로는 성막과 성전에서 구체적인 형태를 취하는데, 제의들이 고안되고 본질적인 요소가 된 것은 역사상으로 특히 이 단계에서다. 이미 언급했던 것처럼 토라도 특히 이 단계에서 목소리를 낸다. 종국에는 신성한 공간의 목적이 성육신을 통해 구현되고 그리스도의 희생제사를 통해 성취된다. 오순절에 이르러 신성한 공간은 이제 땅이 아니라 사람을 의미하게 되었으며, 그 공간은 새 창조 안에서 최종적으로 완성될 것이다. 따라서 신성한 공간은 구약성서의 핵심 주제일 뿐 아니라 하나님의 계획과 목적을 담고 있는 정경 전체에서도 중요한 의미를 갖는다. 그럼에도 불구하고 나는 이것이 구약신학의 "중심"이라고 여기지는 않는데, 왜냐하면 이것이 구약성서 모든 책에서 다뤄지는 주제는 아니기 때문이다. 그것은 시작부터 끝까지 펼쳐진 대단히 중요한 주제다. 우리는 성육신하신 하나님이신 예수 안에서 공간이라는 주제에 관한 하나의 중요한 표현을 발견할 수 있는데, 이 주제가 표현되는 다른 방식들도 그리스도를 통해서만 아니라 그 자체로 나름의 역할을 가지고 있다. 공간이라는 주제를 표현하는 다른 방식들을 해석할 때 우리에게 주어진 과제는 단순히 그리스도를 발견하는 것이 아니라 하나님의 계획과 목적이 각 단계를 통해서 어떻게 수행되는지, 그리고 그 모든 과정이 하나님께서 그리스도 안에서 이루신 사역과 어떻게 통합되는지를 이해하는 것이다.

정결의 중요성. 고대 근동에서 정결은 신들의 엘리트주의적인 태도 및 특권의식과 관련되었다. 여기에는 신들이 최선의 것을 누릴 자격이 있으며 만일 제의 수행에 소홀함이 있거나 최상품이 아닌 제물을 바칠 경우 신들은 기분이 상하고 말 것이라는 생각이 반영되어 있었다.[15] 신들은 성가시고 옹졸한 존재들이었다. 정결은 신들의 요구를 완벽하게 들어줌으로써 그들 안에 잠재된 혈기를 발산하지 못하게 하려고 고안된 것이었다. 이스라엘의 야웨도 물론 엄격한 신이다. 하지만 그 엄격함의 배후에는 다른 논리가 작용하고 있었다. 이스라엘에서 정결에 대한 요구는 신들의 옹졸함과 특권의식을 반영하는 것이 아니라 백성들이 거룩하신 하나님의 정체성을 제대로 대변하지 못할 때 발생하게 될 잠재적인 위험으로부터 그들을 보호하기 위한 것이었으며, 이런 사상은 고대 근동에서 찾아볼 수 없는 것이었다. 정결은 야웨가 백성들 가운데 지속적으로 거하시기 위해 요청되는 덕목이었다. 또한 정결은 이스라엘이 야웨의 언약 공동체로서의 정체성을 표현하는 데도 중요한 역할을 했다.

성결. 정결(purity)이 고대 근동 세계 전역에서 잘 알려진 개념이었고 그들의 종교활동에서 핵심이 되는 제의 수행에 필수적인 요소였던 반면, 구약신학의 핵심요소인 성결(holiness)과 밀접하게 연결되는 개념이 고대 근동 세계에서는 발견되지 않는다. 성결은 노력해서 얻을 수 있는 자질이라기보다는 이스라엘을 야웨의 정체성과 통합시켜주는 신분이라고 할 수 있다. 하나님이 거룩하신 것처럼 이스라엘은 거룩하다. 다시 말해 하나님은 자신이 거룩하신 것처럼 이스라엘도 거룩해짐으로써 자신과 동일시되도록 만드신 것이다. 성결은 이스라엘을 신의 영역으로 격상시켰는데 신성의 영역은 곧 질서 잡힌 세계를 의미한다. 질서는 신의 속성이기 때문이다. 하나님은 (정의상) 거룩하시며 그 거룩한 성품을 그의 백성들에게 부여해주시는데, 그로

---

15   좋은 예로 Jared Miller, *Royal Hittite Instructions and Related Administrative Texts*, SBLWAW (Atlanta: SBL Press, 2013), 249에 나오는 제사장들과 신전 관계자들에게 주는 지침을 참고하라.

말미암아 그들에게는 삶의 모든 방면에서 그 거룩한 정체성을 반영할 책임
이 주어진다. 이와 같은 사상적 배경에서 이스라엘 백성들은 그들에게 주
어진 성결이라는 정체성을 삶으로 드러내기 위해 질서를 극대화할 필요가
있었다. 그리고 질서를 극대화하기 위해 야웨가 주신 지침들은 토라(도덕적,
사회적, 제의적 요소들[16])에 담겨 있는 동시에 문화적 인식에 의해서도 지배되
었다.

제사장

우리는 제사장들의 주된 업무가 제의를 수행하고 백성들에게 토라를
가르치는 것이라고 생각하는 경향이 있는데 그것은 오해다. 제사장들
을 음악가로 묘사하는 성구들로 인해 우리는 심지어 그들을 예배 인도
자로 생각하기도 한다. 이런 모든 개념들은 정도의 차이는 있겠지만 시
대착오적인 것이다. 제사장들은 궁극적으로 신성한 공간의 수호자들
이다. 그들이 제의 전문가가 된 이유는 그것이 신성한 공간의 존엄성을
유지하는 데 필요했기 때문이다. 그들은 사물을 깨끗하게 만들거나 부
정하게 만드는 요소가 무엇인지 알았으며 그런 지식을 백성들에게 전
수해줄 수 있었다. 우리는 토라가 이스라엘 백성들로 하여금 신성한 공
간에 인접하여 자신들을 야웨의 백성으로 인식하면서 살아갈 수 있게
해주는 방편들을 제공하는 지침이라고 이해했는데, 제사장들에게 주
어진 토라의 교훈들도 신성한 공간에 초점을 맞추고 있다. 신성한 공간

---

16   이것은 엄밀한 분류 체계에 따른 것이 아니며, 다만 토라의 범위를 한정해주는 역할을 할
뿐이다.

에서 수행되는 모든 예배는 제사장들의 감독하에 치러졌다. 그들은 성전 제사와 종교적 절기를 지키는 일을 포함하여 모든 공동체 예배를 인도했다(희생제사와 그에 관계된 모든 의식들은 토라의 규정대로 정확히 수행되어야만 했다). 절기를 지키는 일에는 신성한 공간뿐만 아니라 신성한 시간도 중요하게 여겨졌으며 규정에 따라 정확한 시간에 지켜질 필요가 있었다. 따라서 제사장의 역할은 오늘날 성직자들의 역할과 유사한 것이 아니었다. 이스라엘의 제사장들은 신성한 공간에 접근하는 일을 중재했으며, 야웨의 계시를 중재했고, 야웨에게 드려지는 예배를 중재했다. 토라가 신성한 공간에 매여 있는 만큼 제사장들의 역할도 그러했다.

기독교 세계에서는 토라를 이해할 때 도덕성을 기준으로 삼아서 토라의 어떤 측면이 (그리스도인의 삶에도 적용되어야 할) 윤리적인 요소이고 그에 반해 어떤 측면이 (폐기되어야 할) 문화적이고 제의적인 요소들인지 구별하려고 시도하는 것이 일반적이다. 하지만 이런 접근은 토라의 최우선적인 목표가 도덕성이라고 가정한다는 점에서 애초부터 잘못된 것이다. 우리는 다음 단락에서 이 문제를 자세하게 다룰 것인데, 여기서는 도덕성이 주요 사안이 아니라 성결이 최우선 과제라는 점만 지적하고자 한다. 성결은 토라의 모든 범주들과 불가분하게 연결되어 있다.

고대 근동에서 구약성서의 성결 개념과 가장 유사한 것은 아마 아카드인들이 어떤 사물이나 사람의 신분을 표시하기 위해 "딘기르"(*dingir*)라는 용어를 사용한 방식에서 발견될 수 있을 것이다.[17] 이 한정사는 특정 사물이나

---

17   B. N. Porter, "Blessings from a Crown, Offerings to a Drum: Were There Non-

사람이 신들의 영역에 속하면서 그 같은 신분에 부과되는 특권과 책임을 갖는다는 것을 표시한다. 신들과 신전들이 여기에 해당하며, 하늘의 별들과 때로는 왕들, 그리고 다양한 종류의 신성한 사물들도 여기 포함된다. 고대 근동에서 "딘기르"로 분류되는 것은 곧 특권을 가진다는 의미였던 반면에 이스라엘에서 거룩한 신분은 이스라엘이 그들의 하나님과 관계를 맺는 증표였다. 성결은 하나님이 체결하신 언약의 결과이며, 토라를 통해 설명되었고, 하나님이 이스라엘 백성들 가운데 성전에 거하시기 위해 그들이 반드시 갖추어야 하는 신분이었으며, 이스라엘 백성이 우주에 질서를 부여하는 하나님의 과업에 동참하는 파트너로서의 정체성을 구성하는 핵심 요소였다.

율법/토라

이제 토라의 본질과 목적이 무엇인지 생각해보자. 이스라엘에서 토라는 제의적이고 사회적인 책임에 관한 조항들을 포함하는데 이 모든 조항들은 우주의 질서를 규정하고 성결을 구현하기 위해 고안된 것들이다. 이처럼 토라는 하나님의 백성들이 그분의 호의를 지속적으로 유지하기 위해서 그분의 정체성을 그들 가운데 올바르게 반영하는 데 필요한 가르침들뿐만 아니라 그들이 하나님의 임재 앞에 나아가서 그분과의 관계를 유지하는 데 필요한 지침들도 제공해준다. 따라서 토라는 이스라엘에게 거룩하신 하나님 앞에

Anthropomorphic Deities in Ancient Mesopotamia?," in *What Is a God?*, ed. B. N. Porter (Winona Lake, IN: Eisenbrauns, 2009), 153-94; M. B. Hundley, "Here a God, There a God: An Examination of the Divine in Ancient Mesopotamia," *Altorientalische Forschungen* 40 (2013): 68-107.

서 살아가는 방법을 가르쳐준다는 의미에서 야웨의 임재를 위한 토대로 간주될 수 있다. 하지만 토라는 성전에 매여 있으며, 그 반대가 아니다. 토라는 성전이라는 현장을 위해 고안된 것이기 때문에 성전을 넘어서는 보편적인 맥락으로 확대 해석되어서는 안 된다.

이론상으로 이스라엘 백성 한 사람이 토라를 무시하거나 위반할 경우 하나님의 임재가 이스라엘 백성 전체로부터 떠나는 결과를 초래할 수 있기 때문에 토라는 이스라엘 백성 각자에게 의무로 지워져 있다고 말할 수 있다.[18] 그런 의미에서 모든 개개인은 하나님의 임재를 지속시키는 일에 나름의 역할을 가지고 있으며 하나님의 임재는 전 우주와 특히 이스라엘 백성에게 질서를 가져다준다. 속죄제와 속건제의 구성요소인 피의 제의(blood ritual)는 신성한 공간에서 부정을 제거하고 정결을 유지하기 위해 고안된 것이다. 만약에 그 같은 부정이 제거되지 않고 축적된다면 야웨의 임재가 그들을 떠나거나 공동체가 위험에 처하는 결과를 초래할 수 있다. 이처럼 특별한 기능을 가진 피의 제의는 고대 근동에서 좀처럼 찾아볼 수 없는 제도지만 이스라엘의 성전 신학에서는 핵심적인 역할을 감당한다.[19]

---

18 이 같은 원칙은 수 7장에 나오는 아간의 이야기를 통해 확인되는데, 모든 이스라엘 사람들이 아간의 계명 위반으로 말미암아 고통을 받는다.

19 피 뿌리는 의식은 고대 근동 다른 지역에서도 행해졌지만, 이스라엘에서처럼 신성한 공간을 정화하기 위한 것은 아니었다. 히타이트의 피 뿌리는 의식, 특히 신전 우상을 정화하기 위해 피를 이용한 "주르키"(*zurki*) 의식에 관해서는 다음을 보라. Y. Feder, *Blood Expiation in Hittite and Biblical Ritual* (Atlanta: SBL Press, 2011), 20-23. 이미 수메르어 텍스트의 내러티브에서도 "루갈반다"(Lugalbanda)는 제물로 드려진 황소의 피를 구덩이에 뿌리고 신들이 그 냄새를 맡게 한다. 하지만 그것도 신성한 공간을 보전하는 것과는 관계가 없다. H. Vanstiphout, *Epics of Sumerian Kings,* SBLWAW (Atlanta: SBL Press, 2003), 123, lines 358-59.

구약성서와 고대 근동의 법률 개념

우리가 토라의 기능을 명확히 이해하기 위해서는 고대 근동의 법령문집 (Legal Collections)을 세심하게 탐구할 필요가 있다. 고대 근동에서 법령문집은 형식상 다양한 범주의 지혜/지식에 관한 짧은 글들을 모아놓은 "편찬목록"(List Compilation)에 해당한다.[20] 이러한 접근법은 잠언, 단어, 의학적 증상과 진단, 그리고 점괘들을 모아놓은 목록에서도 관찰된다. 고대 근동의 법령문집에서 왕들의 역할은 법률을 제정하는 것이 아니라 특히 사회 정의와 관련하여 우주 질서의 본질을 규정하는 것이다. 이 같은 목록은 "백성들"을 그같은 법령들에 순응시키기 위해서 주어진 것이 아니라, 학자들, 원로들, 재판관들, 그리고 관리들에게 그들이 구현해야 할 지혜/지식을 가르쳐주기 위해 주어진 것이다. 사회에 정의가 실현되면 왕권이 합법화되며 우주(자연뿐만 아니라 사회도 여기에 포함된다)에 질서가 부여되는데, 이는 신들이 바라는 것이다. 이런 일들을 통해 왕들은 미래의 왕들과 백성들의 목전에서 자신의 평판을 드높일 수 있다. 왕들은 이런 식으로 자신의 정체성을 확립해가는 것이다. 결과적으로 사회는 신들의 뜻에 순응하고 질서를 유지하는데, 그런 일들은 기록으로 남겨지기보다는 사람들의 뇌리에 새겨진다. 중요한 것은 이 같은 법령 텍스트들이 도덕성을 새롭게 규정해주는 것이 아니라, 단순히 사회에 이미 존재하는 도덕관을 반영한다는 사실이다.

이스라엘도 법령 문제와 관련하여 문학적으로 그들과 동일한 접근법을 사용한다. 다시 말해 토라는 우주 질서의 본질을 규정하는 목록들로 구성되어 있다는 것이다. 더 나아가 내용에서도 토라는 고대 근동의 법령문집과

---

20   M. Van De Mieroop, *Philosophy Before the Greeks* (Princeton, NJ: Princeton University Press, 2016), 143-81; J. Bottro, "The 'Code' of Hammurabi," in *Mesopotamia* (Chicago: University of Chicago Press, 1992), 156-84.

유사성을 보여주는데, 이는 토라 텍스트도 고대 근동의 도덕적 질서를 구성하는 일부 요소를 반영하기 때문이다. 하지만 이와 같은 형식적, 내용적 유사성에도 불구하고 구약성서의 법률 텍스트는 여러 측면에서 고대 근동의 법률문서와 대비된다. 가장 두드러지는 점은 구약성서에서 율법의 기원이 왕이 아니라 야웨라는 사실이다. 이로 인해 구약성서는 고대 근동 문헌들과는 달리 법률에 정당성을 부여하는 절차를 무시한다(야웨는 정당화를 필요로 하지 않기 때문이다). 하지만 야웨도 고대 근동의 왕들처럼 백성들이 그의 이름을 영화롭게 함으로써 그에게 주어지는 명성을 토대로 자신의 정체성을 확립한다.

하지만 이스라엘이 우주적 질서의 토대, 구조, 그리고 본성을 이해하는 방식은 고대 근동과는 판이하다. 일반적으로 토라라고 불리는 그들의 법률문서는 세 가지 서로 연관된 개념을 통해 질서를 유지하는 일에 초점을 맞추고 있는데, 이 같은 개념들과 직접적인 병행을 이루는 개념이 고대 근동에서는 발견되지 않는다. 이스라엘[21]은 그들의 독특한 신분과 관련하여 주어진 야웨의 명령들을 통해 세워지는 질서를 유지하는 방식(이는 שָׁמַר "샤마르"[지키다], שָׁמַע "샤마"[듣다, 순종하다] 같은 동사들로 표현된다)으로 행동해야만 했다. 질서를 유지하는 일과 관련된 세 가지 개념은 다음과 같다.

- 언약 백성
- 성결
- 신성한 공간에 인접하여 살아가기

---

21   여기서는 이스라엘을 집합명사의 의미로 사용했다.

이 같은 중대한 차이점들에도 불구하고 토라의 문항들은 고대 근동의 법령 문집과 마찬가지로 엄격한 의미에서의 입법조항이 아니다. 토라의 문항들은 이스라엘 백성들이 혼연일체가 되어 야웨의 계획과 목적을 수행하는 일에 동참하는 파트너로서 그들에게 맡겨진 자리를 지키는 지혜롭고 숙달된 전문가들이 될 수 있도록 안내해주는 역할을 한다. 이 같은 기준에 부합한 삶을 살아감으로써 이스라엘은 언약 관계를 존중하고 그들의 거룩한 신분을 바르게 표현하며 신성한 공간이 요구하는 거룩성을 유지해가는 야웨의 백성으로서 스스로를 자리매김할 수 있다. 이 같은 목표가 고대 근동 사람들이 추구했던 것과는 상당한 차이를 보이지만 그럼에도 우주적 질서를 유지하기 위해 요구되는 덕목을 반영한다는 유사점을 가지고 있기 때문에 동일하게 법령이라는 장르를 활용한다.

구약성서와 고대 근동 문헌에서 법률 목록들은 무질서를 피하게 해주는 방안들을 제공한다. 히브리어에서 무질서를 의미하는 용어는 "토에바"(תּוֹעֵבָה, 종종 "혐오스러움"이라고 번역된다)인데, 이스라엘에서는 언약, 성결, 그리고 신성한 공간이라는 개념이 질서가 무엇인지를 정의하며, 결과적으로 무질서가 무엇인지도 정의한다. 고대 근동에서 무질서로 간주되는 것이 이스라엘에서도 무질서로 간주되는 경우가 있겠지만(예컨대 다양한 형태의 불의), 이스라엘 사람들이 질서가 무엇인지 이해하는 방식은 다양한 측면에서 훨씬 더 포괄적이며, 무질서의 개념도 새롭게 정의되어야 한다.

"어떤 사물의 본성을 규정하는 개념"이 무엇을 의미하는지 제시하기 위해 학생들이 수학 문제를 푸는 과정을 하나의 예로 들겠다. 학생들은 주어진 문제들을 풀어가면서 그에 관련된 개념들을 이해하기 시작한다. 각각의 문제는 전체 그림에서 그리 중요한 것이 아니며 때로는 주어진 문제가 작위적이고 비현실적인 경우도 있다. 하지만 그런 문항들이 수학을 깨우칠 수 있는 길을 열어주며, 수학에 관한 전문적인 지식을 얻게 해주고, 그리하여 실생활에서 수학을 응용하고 수학적으로 사고할 수 있는 수준에까지 도달하게 해준다. 대수학이나 미적분학에 대해서도 동일한 접근법과 교육 원칙이 적용될 수 있으며 일반적으로 동일한 결과가 나타날 것으로 기대할 수 있다. 하지만 대수학과 미적분학은 서로 전혀 다른 분야다. 이러한 비유를 사용하자면 우리는 고대 근동의 법률체계를 대수학에, 그리고 이스라엘의 법률체계를 미적분학에 비유할 수 있다.[22]

십계명으로 알려진 일련의 조항들은 흔히 성서에 포함된 법령의 요약이자 핵심적인 부분으로 간주된다. 사실은 "계명"(commandment)이라는 단어 자체가 오해를 불러일으키는데, 구약성서에서 이 조항들은 예외 없이 "열 가지 말씀"이라고 언급되고 있기 때문이다(다섯 차례, 출 20:1; 34:28; 신 4:13; 5:1; 10:4).[23] 독자들은 출애굽기와 신명기의 구절들에 관심을 기울이지만, 출애굽기 34장은 다른 본문들과 차이가 있으며 열 가지의 말씀으로 구분될 수 있는지가 확실하지 않다. 하지만 출애굽기 34장은 문맥 내에서 "열 가지 말씀"이라고 명시된 유일한 목록이다. 어떤 텍스트의 목록을 사용하든지, 목록을 몇 개로 구분하든지, 혹은 어떤 명칭으로 부르든지 간에 우리가 잊지 말아야 할 점은 그 목록이 율법의 요약이 아니며 토라의 다른 부분들보다 더 중요한 것으로 간주될 수도 없다는 것이다. 열 가지 말씀은 토라의 나머지 부분과 동일한 방식으로 역할을 감당할 뿐이다. 앞에서 논의했던 것

---

22   J. Harvey Walton이 제공한 설명이다.

23   심지어 그것들을 어떻게 구분할지에 대해서도 질문의 여지가 있다. Daniel I. Block, "Reading the Decalogue Right to Left: The Ten Principles of Covenant Relationship in the Hebrew Bible," in *How I Love Your Torah, O Lord!* (Eugene, OR: Cascade, 2011), 21-55; Daniel I. Block, "How Shall We Number the Ten Commandments?," in *How I Love Your Torah, O Lord!*, 56-60.

처럼 오경 내의 다양한 법률 모음들은 부분적으로 법률적 지혜의 영역을 규정하는 예시들의 목록이다. 사람들이 예수님께 율법에서 가장 중요한 부분을 지정해달라고 요청했을 때 그는 열 가지가 아니라 두 가지 계명을 제시해주셨다(마 22:37-40).

십계명은 이스라엘이 하나님의 백성으로서의 정체성을 확립할 수 있도록 이끌어주는 데 초점을 맞추고 있다. 십계명은 언약 공동체의 모습이 어떠해야 하는지를 알려주는데, 먼저는 야웨와의 관계에서 백성들이 어떻게 반응해야 하는지, 그리고 다른 사람들과의 관계는 어떠해야 하는지에 관한 지침을 제공한다. 십계명이 언약 공동체에 초점을 맞추고 있음을 가장 명확하게 보여주는 것이 바로 부모 공경에 관한 계명이다. "그리하면 네 하나님 여호와가 네게 준 땅에서 네 생명이 길리라"(출 20:12). 이 계명은 특별히 언약에 포함된 가르침에 따라 부모를 공경하는 일이 언약의 유익(약속의 땅에서의 삶)을 지속시키는 결과를 낳는다는 의미를 담고 있다. 이스라엘이 야웨와 맺은 언약의 조항들은 도덕성을 확립하기 위해 제정된 것들이 아니라, 야웨의 언약 백성인 이스라엘이 야웨의 백성으로서 자신들의 정체성을 확인하고 야웨가 창조하신 정돈된 세계, 곧 야웨가 그들을 위해 베풀어주신 언약 질서에 참여할 수 있는 길을 제시해주는 조항들이다.

여기서 우리는 토라가 이상적인 사회를 건설하거나 반영하기 위해 주어진 것이 아니라는 점을 깨닫게 된다. 토라는 전적으로 이스라엘 공동체가 **주어진 사회 구조 속에서** 어떻게 행동해야 하는지에 초점을 맞추고 있다. 변화될 필요가 있는 것은 사회의 형태나 구조가 아니라 그 안에서 살아가는 언약 백성 공동체다. 그들에게는 새로운 신분이 주어진 것이지 새로운 사회 구조가 주어진 것이 아니다. 그들에게는 사명 선언문이 주어진 것이지 개정된 교육 과정이 주어진 것이 아니다. 따라서 구약성서의 토라는 민주정치와 군주정치, 중매 결혼과 연애 결혼, 일부다처제와 일부일처제, 남성우월주의와 성평등, 노예제 찬성과 노예제 반대, 시장경제와 농경사회 등등의 문제에 대한 하나님의 견해를 담고 있지 않다. 율법은 보편적인 도덕/윤리 체계를 제공하도록 의도되지 않았으며 다만 이스라엘 백성들에게 그들이 거룩하신 하나님의 임재 앞에 살아가는 언약 백성으로서 이러한 질서를 유지할 때 하나님의 은혜 가운데 계속 머물 수 있다는 사실을 가르치기 위해 주어진 것이다. 토라의 목표는 그들이 하나님을 모방하거나 그들 사회가 유토피아적 이상을 성취하게 만드는 것이 아니라, 하나님이 그들에게 부여하신 거룩한 신분을 그들이 살아가는 세계 속에서 드러낼 수 있게 하는 것이다.

십계명

토라의 나머지 부분과 마찬가지로 십계명도 그것이 속한 고대 근동 배경에서 이해되어야 한다. 이 같은 탐구는 상당히 충격적인 결과를 낳을 수 있다. 우리는 일부 계명들은 고대 사회의 전형적인 관습과 뚜렷이 대비되지만 상당수의 계명들은 우리가 고대 근동에서 발견할 수 있는 법령들과 전적으로 일치한다는 사실을 발견하게 될 것이다. 또한 우리는 몇몇 경우에 성서를 읽는 독자들의 세계 내에서 일어난 문화적 변화가 시간이 흐르면서 본래의 문맥에 대한 이해와는 상당히 동떨어진 해석을 부추겼다는 사실도 간과하게 될 것이다. 여기서는 이 문제를 짧게 요약하고 넘어가겠다.[a]

---

a   처음 네 항목에 대한 광범위한 비교 분석은 다음을 보라. John H. Walton, "Interpreting the Bible as an Ancient Near Eastern Document," in *Israel: Ancient*

1. 다른 신들. 앞서 제2장에서 논의했던 것처럼 이것은 형이상학의 문제가 아니라 이스라엘 백성들과 언약을 맺으신 바로 그 하나님과 관련된 문제다. 다른 어떤 신들도 그들 간의 언약 관계에 연루되지 않았다. 다시 말해 언약은 신들의 어전회의와 맺어진 것이 아니다.[b] 고대 근동의 조약에서는(이스라엘의 언약이 고대 근동의 조약문 형식을 채택했다는 점을 기억하라) 많은 신들이 증인으로 호출되며 협상의 보증인으로 연루된다. 하지만 여기서는 오직 야웨 한 분만 언약 당사자다. 그는 백성들에게 언약을 통해 신분을 부여하시고 그들은 자신들을 다른 누구의 백성도 아닌 야웨의 백성으로 인식한다. 이것은 형이상학적 사안들을 다루는 것이 아니며 언약 관계의 당사자들에 관한 문제다. 다른 나라들은 이 같은 훈령을 어길 수가 없는데 왜냐하면 야웨가 그들과는 언약을 맺지 않았기 때문이다.

2. 형상들.[c] 다른 신들의 형상을 소유하는 것은 당연히 야웨와 이스라엘 간의 언약 조항을 위반하는 것이다. 하지만 여기서 특이사항은 야웨의 형상을 소유하는 것도 금지되었다는 점이다. 고대 근동 사회에서 형상 숭배가 다양한 시대와 장소에서 다양한 방식으로 거부되어온 것

Kingdom or Late Invention?, ed. D. I. Block (Nashville: B&H, 2008), 298-327. 고대 근동에서 5-9항목의 존재와 관련해서는 다음을 보라. K. van der Toorn, *Sin and Sanction in Israel and Mesopotamia* (Assen: Van Gorcum, 1985), 13-20. *ZIBBCOT* 시리즈에서 출 20장에 대한 B. Wells의 주석과 신 5장에 대한 E. Carpenter의 주석에서 열 항목 모두를 어느 정도 자세하게 다룬다.

b 이것은 우리 삶의 우선순위와는 관련이 없다.
c 보다 자세한 정보는 본 장 앞부분에 있는 "신의 형상들"이라는 별항을 참조하라.

을 목격할 수는 있지만,[d] 이스라엘에서처럼 체계적으로 반대 운동이 전개된 곳은 없었다.[e] 고대 세계에서 신의 정체성은 그의 형상에게까지 확대되는 것으로 생각되었다. 하나의 신에 대해 다양한 형상을 부여함으로써 신의 정체성이 지역에 따라 분할되기도 했다. 니네베의 이슈타르는 아르벨라의 이슈타르와는 확연히 구별된다(서로 간에 전쟁을 벌일 만큼 말이다). 이와는 대조적으로 야웨에게는 오직 한 가지 모습만 존재하며, 그는 이스라엘 전체와 하나의 언약만 체결하신다. 또한 이스라엘 공동체 가운데 일부분과만 관계를 맺는 지역화된 야웨라는 개념은 존재하지 않는다. 이 같은 선언은 조각상이나 예술작품의 문제가 아니다. 형상들은 신의 임재를 구체화한 것이며 이 같은 형상은 신들로부터의 계시와 신들에 대한 돌봄을 매개하는 역할을 한다. 야웨는 이런 방식으로 역사하시지 않는다.

3. 이름. 누군가의 이름은 단순히 그를 부르기 위한 수단에 불과한 것이 아니며, 당사자의 정체성과 관련된다. 고대 세계의 모든 사람은 이런 식으로 생각했으며, 이 같은 개념은 마술을 구성하는 기초적인 요소 가운데 하나였다. 비단 사람들의 이름뿐만 아니라 신들의 이름에 대해서도 마찬가지였다. 이름에는 강력한 힘이 있다. 오늘날 우리가 하나님의 이름을 영화롭게 한다고 말하면서 이름에 관한 일반적인 관념을 떠올리는 것은 이름의 중요성을 제대로 인식하는 데 실패하는 것이다. 물

---

d   B. Doak, *Phoenician Aniconism in Its Mediterranean and Ancient Near Eastern Contexts* (Atlanta: SBL Press, 2015).

e   Keel and Uehlinger, *Gods, Goddesses, and Images of God in Ancient Israel*. 여기서는 레반트 지역의 도상학 연구를 바탕으로 형상 숭배 반대 운동을 추적한다.

론 이 같은 부주의도 제3계명에 대한 위반이 되겠지만,[f] 만일 누군가가 이름이 갖는 힘을 인식하고서 자신의 목적을 이루기 위해 그 같은 힘을 이용하고자 한다면 그것은 보다 심각한 위반이 될 것이다.[g] 주기도문이 하나님의 이름에 주어진 존엄성을 인정하는 것으로 시작한다는 점을 기억하라. 제3계명의 금지 조항은 하나님의 이름을 발음하는 일을 금하는 것이 아니라, 부적절한 용도로 그의 이름을 들먹이는 것을 금하는 것이다.

4. 안식일.[h] 안식일 개념도 이스라엘에만 존재하는 독특한 요소다. 고대 근동 문화에서도 7일의 중요성에 대해 언급하는 텍스트들이 존재하지만 신학적인 이유에서 주기적으로 그날을 지킨다는 개념은 찾아볼 수 없다. 이와 유사하게, 대부분의 문화권에 노동에서 해방되는 축일들이 존재하지만 이스라엘처럼 7일 주기로 휴식을 제정한 경우는 없다. 아래 안식일 문제를 다루는 별항에서 우리는 안식일을 준수하는 것이 어떻게 야웨를 통치자와 질서 수립자로 인정한다는 의미로 해석될 수 있는지 논의할 것이다. 어느 정도 유사한 예로는 바빌로니아의 "아키투"(Akitu)나 에마르의 "주크루"(Zukru) 같은 축일들을 들 수 있는데, 이 날들은 수호신의 통치와 그가 지명한 왕을 기념하기 위해 지켜졌다. 하지만 "아키투"는 일 년에 한두 차례만 지켜지는 절기였으며, "주크루"는 7년에 한 번 가을에 7일 동안 지켜졌다.

---

f   *ZIBBCOT*, 1:232, 452.

g   오늘날에는 이것을 신분 도용으로 간주할 것이다. 다른 사람의 신용카드나 은행계좌, 사회보장번호 등을 자신을 위해 사용하는 것은 도둑질이다.

h   자세한 정보는 본 장 뒷부분에 있는 "오늘날의 안식일"이라는 별항을 참조하라.

5. 부모. 부모에 대한 공경은 고대 세계의 문화들을 특징 짓는 요소 중 하나였는데, 이는 특히 공동체의 정체성과 밀접한 관련이 있다. 한 사람의 정체성은 그가 속한 가정과 씨족에 뿌리를 두고 있었으며, 개인의 가치들도 공동체의 맥락 내에서만 유지될 수 있었다. 고대 세계에서는 다음과 같은 질문이 아예 성립하지 않았다. "당신은 만일 당신의 부모님이 당신에게 신앙을 포기하라고 요구하거나 범죄를 저지르라고 강요하면, 그래도 여전히 부모님을 존중하시겠습니까?" 물론 이스라엘에서도 이런 일을 시도하는 부모는 없을 것이다. 요점은 공동체의 정체성이 무결성을 가지며, 개인의 정체성이 공동체 내에서만 확립될 수 있었다는 것이다.

6-9 살인, 간음, 도둑질, 거짓 증언. 이 계명들은 공동체를 와해시키고 공동체 내의 질서를 파괴하는 행위들을 금지하고 있다. 이 같은 금령들은 사회의 질서와 정의를 다루는 고대의 모든 문헌에서 발견된다.

10. 탐심. 탐심에 관한 논의가 고대 근동의 법령문집에서는 발견되지 않는 반면에 지혜문학에서는 그에 대한 논의를 찾을 수 있다.[i] 법령

---

i   유용한 예로는 제2천년기 중반의 "슈페-아멜리"(Šūpê-amēli) 우가리트어 교훈집이 있다. 27행에서는 다음과 같이 말한다. "다른 남자의 아내를 탐내지 말라." Y. Cohen, *Wisdom from the Late Bronze Age*, SBLWAW (Atlanta: SBL Press, 2013), 86-87. 이보다 500년을 앞서 아시리아 사람들과 아나톨리아에 사는 그들의 교역 파트너 사이에 맺어진 조약에는 그들이 장사하면서 지켜야 할 행동들을 열거하는데, 여기에는 두 당사자가 상대방의 집, 노예, 토지, 또는 과수원을 탐내서는 안 된다고 말한다. V. Donbaz, "An Old Assyrian Treaty from Kültepe," *Journal of Cuneiform Studies* 57 (2005): 63-68; B. Wells, "Exodus," in *ZIBBCOT*, 1:236. 이집트 프타-호테프(Ptah-hotep)의 지혜도 이와 마찬가지로 탐내는 일을 피해야 할 악으로 규정한다. E. Carpenter, "Deuteronomy," in *ZIBBCOT*, 1:454.

과 지혜문학 모두 사회 질서에 관심을 보인다.

율법에 대한 이해와 관련하여 내가 제안하고자 하는 결론은, 율법이 보편적인 도덕이나 윤리 체계를 만드는 데 목적이 있는 것이 아니라, 이스라엘 백성들에게 하나님의 언약 백성으로서 거룩하신 하나님의 임재 앞에서 어떻게 살아가야 할지 알려주기 위해 고안되었다는 것이다. 율법은 이스라엘 백성들이 하나님을 모방하게 만들려는 것이 아니며, 하나님이 그들에게 부여하신 거룩한 신분을 반영하는 삶을 살도록 만들고자 하는 것이다. 그들이 하나님께서 주신 신분에 합당한 정체성을 얼마나 성공적으로 반영하는가에 따라 그들은 그만큼 하나님의 이름을 영화롭게 하는 것이다. 그 같은 정체성을 반영하는 데 실패하는 것이 곧 그분의 이름에 수치를 안겨주는 일이 된다. 고대 세계, 이스라엘, 그리고 언약의 맥락에서 하나님께 영광을 돌리는 것이 무엇이며 그분께 수치를 안기는 일이 무엇인가 하는 문제는 신학적이고 문화적인 요소들과 결부되어 있다.

"공유적" 속성들과 하나님을 모방함에 관하여

하나님의 백성은 하나님을 모방하려고 노력해야 하는가? 오랜 세월 동안 나는 이 질문에 대해 자신 있게 "예"라고 대답해왔다. 하지만 최근 들어 이 점에 대해 의문을 가지기 시작했다. 여기서 잠재적인 성품들을 모두 다루고자 하는 것은 아니지만, 가능한 목록에는 신실, 사랑, 선, 동정심, 자비, 공의 (특히 가난한 자, 연약한 자, 그리고 압제당하는 자를 위한), 인내, 인자, 지혜, 그리고 정의같이 잘 알려진 속성들이 포함될 수 있다. 위에 열거한 성품들은 분명히 존중받을 만한 것들이며, 성서에서도 이 같은 미덕들을 하나님이 권장하신다는 점에는 의심의 여지가 없다. 그런데 우리가 고대 근동의 기도문들을 세심히 살펴보면 고대 근동 사람들이 그들의 신들에게서 기대했던 성품들의 목록에도 위에 열거한 모든 항목들이 빠짐없이 포함되어 있다는 것을 발견할 수 있다. 마찬가지로 고대 근동의 신들도—우주와 사회의 질서를 유지하는 방편에 불과하다 하더라도—자기 백성들이 그 같은 성품들을 갖출 것을 요구했다.

사람들이 이처럼 행동함으로써 질서 잡힌 사회가 구현될 때 그들은 자유롭게 파종하고 추수할 권리를 얻게 되었으며, 만족스러운 삶을 영위하는 한편 신들에 대한 그들의 의무도 다할 수 있게 되었다. 하지만 신들이 사람들에게 요구하고 사람들 사이에서도 존중받는 이러한 성품들이 엄밀한 의미에서 의무조항으로 여겨지지는 않았다. 사람들은 이런 방식으로 신들을 모방할 것으로 기대되지는 않았다는 것이다. 고대 근동에서 사람들은 결코 어떤 신이 가진 긍정적인 성품을 모방하도록 요구받지 않았다. 신들은 자신들이 세운 질서가 유지되기를 기대했으며 사람들은 단정한 삶을 통해 그 같은 기대에 부응할 수 있었다. 한편 사람들도 신들이 이와 동일한 방식으로 응대해주기를 기대했다. 하지만 그런 기대가 이루어질 것이라는 보증이 없었으며, 신들은 본래 그런 식으로 행동할 만한 자질을 갖추고 있지 못했다. 요점은 신들을 모방하는 것이 아니라 질서 잡힌 우주와 조화를 이루며 살아가는 삶이었다. 신들은 사람들이 모방할 수 있을 만큼 그들에게 충분히 알려지지도 않았다. 신들을 모방하는 것은 바람직한 일도 아니었으며, 그렇게 하려고 시도하거나 심지어 생각해보는 사람도 없었다.

확실히 구약성서의 하나님은 그들과는 엄연히 다른 분이시며, 자신에 대한 그분의 계시는 훨씬 포괄적이고 광범위하다. 하지만 그렇다고 해서 하나님을 모방하는 것이 반드시 바람직한 일이라는 뜻은 아니다. 구약성서는 백성들에게 하나님을 모방하라고 요청하는가? 만일 그렇다면 하나님을 모방하는 일은 어떻게 이루어질 수 있는가? 구약성서를 살펴보면 상황이 고대 근동과 크게 다르지 않음을 발견할 수 있다. 이스라엘 백성들도 고대 근동 사람들이 그들의 신들에게서 발견하고자 했던 동일한 성품들을 야웨에게서 기대했었으며, 야웨 또한 백성들이 개인적으로나 공동체적으로 그 같은 성품들을 드러낼 것으로 기대했다. 하지만 야웨는 계시하시는 분이시기 때문에 야웨가 백성들에게 대응하시는 방식은 단순한 기대를 넘어서는 것이었다. 야웨는 백성들이 기대했던 대로 자신이 그 같은 성품들을 가지고 계신다는 사실을 계시하셨다. 하지만 그렇다 해도 하나님께서 가난한 자들을 돌보시는 것과 같은 구체적인 역사들을 **어떻게** 수행하시는지는 대체로 명확하지 않다. 우리는 하나님이 이 같은 성품들에 매여 있다고 말해서는 안 되며, 다만 그 같은 성품들이 (그분을 제한적인 방식으로 규정하지는 않으면서도) 그분을 표현해주는 항구적인 특질들이라고 말해야 할 것이다. 우리는 하나님은 변함없는 분이라고 믿는다. 이스라엘이 그들의 삶 속에서 하나님의 이 같은 성품들을 경험하지 못했다면, 그것은 하나님이 일관성이 없으시거나 변덕을 부리셔서가 아니라 이스라엘이 그 성품들을 경험하는 데 실패했기 때문이다. 고대 근동에서는 이런 문제로 신들이 사람들에게 소송을 제기하지도 않았고, 마찬가지로 사람들도 신들에게 소송을 제기하지 않았다.

또한 이 같은 성품들은 하나님께서 이스라엘과 언약을 체결하시면서 그들에게 기대하신 것이기도 하다. 이스라엘 백성들은 제사 행위를 통해서가 아니라 이 같은 성품들을 삶으로 드러냄으로써 하나님의 임재를 그들 가운데 유지할 수 있었다. 야웨는 그의 백성들에게 거룩한 신분을 부여하셨는데, 이것은 사실상 그의 정체성을 그들에게 덧입히신 것이었다. 그들이 거룩한 신분에 합당한 삶을 살기 위해서는 이러한 성품들이 그들의 삶에서 확연히 드러나야만 했다. 비록 성품들의 목록이 고대 근동과 유사하기는 했지만 그 같은 성품들이 야웨와 이스라엘 백성들에게 가지는 의미는 전혀 다른 것이었다. 고대 근동의 신들은 자신들의 성품을 계시하지 않았으며, 백성들은 거룩한 신분을 소유한 언약 백성들이 아니었다.

그렇다면 이 모든 사실들이 "이스라엘은 하나님을 모방하도록 기대되었다"라는 하나의 개념으로 요약될 수는 없는 것인가? 하나님을 모방한다는 것은 결코 단순한 문제일 수가 없는데, 왜냐하면 사람들(고대와 현대를 막론하고)이 하나님을 경험하는 방식은 이 단락 첫머리에 제시한 성품 목록과 좀처럼 일치되지 않기 때문이다. 하나님의 행위 가운데 어떤 것들은 신에게는 적절하게 여겨지지만 인간에게는 그렇지 않은 경우들이 있다. 때로는 우리가 하나님을 모방하는 일이 쉽지 않아 보이는 경우도 있다. 예컨대 우리가 공의를 실제 삶에서 어떻게, 그리고 어느 순간에 실현해야 할지가 모호한 상황에서 하나님의 공의를 모방한다는 것은 쉬운 일이 아니다. 이스라엘은 어떤 가치들을 삶에서 구현하도록 기대되었을 뿐 아니라 야웨 역시 그 같은 가치들로 특징지어진다는 사실을 신뢰하도록 요구받았다. 하지만 우리는 하나님을 모범으로 삼기에 충분할 만큼의 지식을 얻기 위해서 하나님이 이 같은 속성들을 정확히 어떻게 행사하시는지를 현장에서 관찰할 수는 없다. 이와는 조금 다른 예로, 우리는 하나님이 신실하시며(이것은 눈으로는 감지할 수 없고 믿음으로만 받아들일 수 있다) 우리의 신실함을 높이 평가하신다는 말씀을 듣는다. 여기서 우리는 하나님이 신실하신 것처럼 신실하라고 요구받는 것이 아니라 우리가 할 수 있는 만큼 신실할 것을 요구받는다. 하나님은 신실함을 중시하시기 때문이다. 말하자면 "모방"은 우리에게 요구되는 행동방식을 묘사하기에 적절한 용어가 아니라는 것이다. 실제로 구약성서 어디에서도 이스라엘 백성에게 하나님을 모방하라고 요구하지 않는다. 구약성서에서 이스라엘 백성들은 한 번도 **하나님께서 행동하시는 것처럼** 행동하라고 요구받지는 않았으며 다만 **주께서 명령하신 대로** 행하라고 요구받았을 뿐이다. 신약성서에서 우리는 그리스도를 모방하라고 요구받는다. 하지만 그리스도는 (비록 특정한 시공간에 제한된 것이긴 하지만) 사람으로서 우리 가운데서 생활하셨기 때문에 우리는 그리스도를 모방하라는(본받으라는) 요구가 무엇을 의미하는지에 대한 명확한 그림을 가질 수 있다. 또한 신약성서에서는 우리가 특정한 방식으로 하나님을 본받는 자가 되어야 한다고 말씀하는데(엡 5:1; 참조. 눅 6:36; 롬 15:7; 벧전 1:15; 요일 3:3, 7) 우리가 하나님을 본받는 일도 오직 그리스도를 바라봄으로써만 가능하다.

결론

불변의 신학

마지막으로 우리는 구약성서에서 도출할 수 있는 항구적인 신학, 곧 오늘날 우리의 사상과 삶과 신념에까지 지속적으로 영향을 줄 수 있는 신학이 무엇인지 생각해보고자 한다. 우리는 그렇다면 어떻게 살아야 하는가? 언제나처럼 우리는 하나님에 관한 우리의 지식과 그분의 계시에 일치하는 방식으로 살아야 한다.

하나님은 계획과 목적을 가지고 계신다. 설사 이 같은 사실이 우리가 알고 있는 전부라 해도 그것은 획기적인 것이다. 고대 세계의 어느 누구도 그들의 신이 그들을 위한 계획과 목적을 가지고 있다고 믿을 이유를 발견하지 못했다. 그와 유사하게 오늘날 하나님 없이 살아가는 사람들도 의미 없는 세상 한가운데 목적도 없고 방향도 없는 채로 버려져 있다. 하지만 하나님이 우리를 위한 계획과 목적을 가지고 계신다는 말씀은 우리가 굳게 붙잡고서 험난한 시기를 이겨나가게 해주는 위대한 소식이다. 성전과 토라는 하나님의 이 같은 계획과 목적이 실행되는 과정에서 핵심적인 역할을 감당하는데, 성전과 토라는 그리스도를 바라볼 뿐 아니라 더 나아가 새 창조를 바라보고 있다.

하나님은 그의 계획과 목적을 계시하기를 원하신다. 어떤 면에서는 하나님이 계획과 목적을 가지고 계신다는 사실을 아는 것만으로도 충분히 의미 있는 일이다. 하나님이 우리에게 자신의 계획과 목적을 알리고자 하신다는 사실 자체가 우리로 하여금 그의 계획을 인지하고, 부분적으로라도 깨달으며, 심지어 그 계획에 참여하도록 허락해주는 은혜의 행위다.

더 나아가 하나님이 자신의 계획을 우리에게 계시하실 때는 하나님 자신에 대해서도 더 많은 것을 우리에게 계시해주신다.

예언자

예언자는 하나님의 계획을 선포하는 사람이다. 그들은 단순히 예지력을 가진 사람들이 아니며, 그들이 미래에 관한 정보를 제공해주는 경우가 없는 것은 아니지만 그들이 선포하는 메시지의 상당 부분은 이스라엘의 과거와 현재에 관계된 것들이다. 그들이 어떤 시대를 염두에 두고 예언을 하든지 간에 중요한 것은 그들이 언약의 대변자로서 하나님의 계획을 선포한다는 사실이다. 비유하자면 예언은 강의계획표와 같은 것이다. 강의계획표는 미래에 관해 이야기하지만, 그렇다고 미래를 말하기 위해 존재하는 것은 아니다. 그것은 강의 담당 교수의 계획을 담고 있는 문서이며, 담당 교수가 매번 강의 시간에 무엇이 진행될지를 통제할 권한을 가지고 있다는 점에서 그것은 믿을 만한 문서가 된다. 성실한 학생이라면 강의계획서의 세부사항들을 면밀하게 살펴봄으로써 담당 교수에 대해 많은 것을 알아낼 수 있다. 이처럼 강의계획서는 미래를 밝혀주는 데 초점을 맞춘 것이 아니라 담당 교수의 계획을(그리고 간접적으로는 교수 자신을) 밝혀주는 데 초점이 맞춰져 있다. 하나님과 예언의 관계도 이와 유사하다. 예언자는 담당 교수의 강의계획서를 학생들에게 나눠주는 조교라고 할 수 있다. 조교는 강의계획서의 작성자가 아니며 단지 메시지를 전달하는 사람일 뿐이다.

하나님의 계획과 목적은 인류 전체에 관계된 것이며 인간이 동참하도록 의도된 것이다. 이제 우리는 하나님의 계획과 목적이 비록 우리의 이해력을 초월하는 광대한 것임에는 틀림없지만 그럼에도 우리를 포함한다는 사실을 발견할 수 있다. 우리는 우주 만물의 주인이신 하나님이 그의 피조물인 사람들에게 그의 계획에 동참하도록 요구하셨음을 알게 되는데, 이는 전혀 기대하지도 못했던 일이었다. 이것은 그분의 필요에 의한 것이 아니라 다만 은혜의 행위일 뿐이다. 우리에게 주어진 이 같은 역할로 말미암아 우리는 삶의 목적과 의미와 존엄성을 찾게 되었다. 사실상 하나님의 계획은 우리의 목적과 의미와 존엄성의 근원이 된다. 우리는 단순한 장기판의 말이 아니라 파트너다.

    하나님은 사람들 사이에 거하실 계획을 세우셨다. 우리는 성서에 계시된 하나님의 계획과 목적의 중심에(비록 구약성서 각 책의 중심에는 아니라 하더라도) 그의 백성들 가운데 임재하시고자 하는 하나님의 뜻이 자리 잡고 있다는 사실을 발견할 수 있다. 그 계획은 성육신에서 시작된 것도 아니고 오순절 성령강림을 통해 시작된 것도 아니다. 이 계획은 에덴동산에서 아담과 하와가 하나님의 임재를 잃어버렸을 때 이미 시작되었으며, 언약을 통해 두 번째 계획이 새롭게 출범함으로써 광야의 성막에서 하나님의 임재가 재현될 수 있었고 토라에 계시된 말씀을 통해 백성들도 그 언약을 체현할 수 있었다.

헛되고 헛되며

전도서의 핵심 용어인 "헤벨"(חֶבֶל)은 다양하게 번역될 수 있다(무의미하다, 허망하다, 부조리하다 등). 이 단어의 온전한 의미를 포착할 수 있는 영어 단어가 존재하지 않기 때문에 영어 번역본들에서도 다양한 방식으로 번역되었다. 어떤 때는 한 단어의 의미가 모호한 경우에 그 반대말이 무엇인지를 살펴보면 그 단어의 의미가 좀 더 명확하게 드러나는 경우가 있는데, "헤벨"의 경우가 그러하다. 영어에서 "헤벨"과 반대 의미를 가진 표현은 "자아실현"(self-fulfillment)이라고 할 수 있다. 전도서 저자는 사람들이 그들에게 자아실현과 삶의 의미를 제공해줄 수 있다고 생각되는 것들을 어떻게 추구하고 성취하는지 관찰한다. 대부분의 사람에게 인생이란 자아실현의 문제이며 전도서 저자도 대안을 제시해주지 않는다. 그는 자아실현을 위한 모든 가능한 노력들이 실패로 돌아가는 것을 확인한 후에 우리에게 그 같은 노력을 포기하라고 권면한다. 삶은 자기만족의 문제가 아니라는 것이다. 우리가 누리는 번영뿐만 아니라 역경도 하나님의 손에서 받은 것이며(전 7:14), 비록 우리가 역경 가운데 처해 있다 하더라도 하나님이 주신 좋은 것들로 인해 즐거워할 수 있어야 한다. 여기서 자아실현이라는 개념은 설 자리가 없다. 전도자의 마지막 충고는 하나님을 두려워하고 그의 계명을 준행하라는 것이었다 (전 12:13). 우리는 이렇게 하나님이 계획하신 방식대로 그분의 파트너가 되는 것이다.

하나님은 그들 가운데서(어떤 의미에서는 그들을 통해) 자신의 지배권을 확립하셨으며, 오늘날에는 그의 백성들 마음속에 내주하시면서 그 목적을 수행해 나가신다. 성육신과 내주(indwelling)는 하나님의 계획이 표현되는 가장 최근의 방식일 뿐이며, 이 계획은 새 창조를 통해 완성될 것이다(계 21장).

하나님과 소통하기 위해서는(그리고 우리 자신을 위해서라도) 정결이 요청된다. 하나님은 우리가 스스로를 하나님의 백성으로 인식하는 일에 관심을 갖고 계시기 때문에 우리의 정결 문제에도 관심이 많으시다. 더욱이 그는 우리가 스스로에게 해를 끼치는 것은 아닌가 하는 문제에도 관심을 가지신다. 만일 그가 우리 문제에 관심이 없으시다면 굳이 자신에 관해 무언가를 계시하시지는 않았을 것이다. 하지만 구약성서에서는 반복되는 표현들과 산발적인 사건들을 통해 정결의 부재가 언약 질서를 위협할 뿐 아니라 이스라엘에게 잠재적인 위험요소가 될 수 있다고 경고한다. 부정(impurity)이 위험한 이유는 하나님이 옹졸하거나 다혈질이라서가 아니라 질서의 기준을 벗어나는 것이 위태한 상황을 초래하기 때문이다. 구약성서에서 요구하는 정결에는 하나님이 임재하시는 지리적인 장소에 접근하기 위한 선결 조건으로서의 육체적인 정결도 포함되는데, 그들에게 정결을 요구하는 궁극적인 목표는 그들로 하여금 언약 질서를 준수하는 가운데 하나님 백성의 공동체에 참여하게 하는 것이다. 정결은 이스라엘 공동체가 스스로를 하나님의 백성으로 인식하면서 언약에 충실한 삶을 살아가고 있음을 보여주는 하나의 방법이었으며, 이를 통해 그들은 멸망을 피할 수 있게 되었다(신 30:11-19).

오늘날의 안식일

율법이나 십계명에 관한 논의에서는 종종 오늘날 우리에게 주어지는 책임에 관한 질문이 제기된다. 여기서 적용되는 기준은 신약성서에서 안식일을 어떻게 대하는가 하는 문제와 밀접한 관계가 있다. 어떤 이는 신약성서에 안식일을 준수하라는 확언이 없다는 사실을 들어 오늘날 우리에게는 안식일 계명이 더 이상 적용되지 않는다고 주장한다. 이 같은 기준을 적용하는 일은 율법에 대한 복합적인 해석을 전제하는데, 여기서 나는 그러한 해석에 반대하고자 한다. 나는 율법의 모든 조항들이 고대 세계의 맥락에서 이해된 계시로서 우리에게도 여전히 유효하다고 주장한다. 이러한 관점에 따르면 율법의 어떤 조항도 구약성서 텍스트로부터 직접 취해진 기준으로서 우리에게 규범적인 기능을 갖는 것은 아니다. 앞에서 제안한 것처럼 토라는 고대 세계의 맥락에서 주어진 것이며, 이스라엘과의 언약에 내포되어 있고, 이스라엘이 신성한 장소에서 누리는 거룩한 신분에 대해 부수적인 역할을 하는 것이다.

이런 접근법에 따라 우리는 안식일 계명에 대해서도 구약성서의 모든 율법들에 대해서와 동일한 방식으로 생각할 필요가 있다. 안식일 계명은 규칙들과는 거리가 멀고, 신약성서에서 그것을 어떻게 다루었는지도 중요하지 않다. 안식일 계명은 이스라엘 백성들이 창조에 대해(출 20:11) 어떻게 생각했는지, 그리고 이집트로부터의 해방에 대해(신 5:15) 어떻게 생각했는지를 반영하는 것이다. 두 사건 사이에 존재하는 공통분모는 당연히 질서 개념이다. 전자는 우주의 질서에 관한 것이고 후자는 이스라엘 공동체의 질서에 관한 것이다. 두 사건 모두 하나님께서 질서 잡힌 세계를 통치하신다는 것을 보여준다. 구약성서에서 안식일과 관련된 또 하나의 중요한 텍스트인 이사야 58:13-14 역시 이스라엘 공동체 내에서의 질서 문제에 초점을 맞춘다는 사실을 주목하라.

하지만 어떤 구절에서도 안식일이 육체적인 휴식(여가, 휴식시간, 낮잠 등)과 관련된다고 말하지 않는다. 안식일 계명이 전제하는 것은 오히려 하나님이 이처럼 질서 잡힌 세계를 통치하신다는 사실이다. 과거에 우리는 하나님이 이날에 육체적인 휴식을 취하셨으며, 하나님을 모방할 의무를 가진 우리들도 이날에 육체적인 휴식을 가져야 한다고 생각하곤 했었다.

하지만 여기서 우리는 하나님이 안식일에 무슨 일을 하시는지에 대해 오해한 것이며, 게다가 우리는 하나님이 하신 것이라면 무슨 일이라도 모방해야 한다고 잘못 생각한 것이다.

하나님께서 질서를 부여하시는(창조하시는) 사역을 일곱째 날에 멈추신(שַׁבָּת "샤바트") 이유는 질서 잡힌 그 세계를 다스릴 안식처/거처(מְנוּחָה "메누하")를 마련하시기 위해서였다. 하나님의 안식은 호흡을 가다듬는 것이 아니라 통치하는 것이다(시 132:13-14, 제3장의 논의를 참조하라). 우리가 그의 통치를 모방하도록 요구받지 않았다는 것은 분명한 사실이다. 우리는 하나님의 통치를 인정하고 이에 동참하도록 부름 받았다. 안식일이 되면 우리는 스스로의 노력으로 우리가 속한 세계에 질서를 가져오려는 노력을 제쳐놓을 필요가 있다. 하나님은 질서의 근원이자 중심이시다. 따라서 우리는 일주일 중 하루만이라도 이번 주간 내내 우리의 삶을 지탱해준 것이 무엇이었는지에 초점을 맞추고, 그것이 하나님 나라의 질서에 참여하는 일이었음을 되새길 필요가 있다. 안식일은 우리에게 이처럼 기초적인 원리를 상기시켜준다. 우리는 하나님의 백성이며 따라서 하나님의 계획과 목적에 동참하는 파트너다. 우리는 그의 휴가에 동행하는 것이 아니라 그의 통치에 동참한다. 이것은 법률과는 무관하며, 신약성서가 안식일을 확증했는지 그렇지 않은지가 중요한 것이 아니다. 예수가 확증하신 것처럼 안식일이 사람을 위하여 있는 것이며, 사람이 안식일을 위하여 있는 것이 아니다. 그리고 인자는 안식일의 주인이시다(안식일은 하나님의 규칙들[rules] 중 하나로 주어진 것이 아니라 하나님의 통치[rule]를 구현하는 날이다; 막 2:27-28).

우리는 안식일 문제에 접근할 때 우리를 속박하는 규칙들이라는 관점에서 그날을 바라볼 것이 아니라, 안식일을 하나님 나라의 계획과 목적에 동참하는 날로 이해해야 한다.

구약성서에서 정결이라고 정의되는 요소들 중에는 단순히 예의범절로 간주되어야 하는 것들도 있다. 일례로 내가 주일학교 어린아이였을 때, 어른들이 우리에게 "교회에서 뛰지 마라"라고 말씀하시면서 우리의 넘치는 활기를 잠재우려고 하시는 경우가 종종 있었다. 달리는 행동이 다른 장소에서는 부적절하게 여겨지지 않으며, 교회에서도 그것이 "죄악된" 일이나 "부도덕한" 일로 여겨지는 것은 아니다. 하지만 그 공동체의 기준에서는 교회 안에서 뛰는 것이 수용될 수 없는 행동이었다.

오늘날에 하나님은 공동체 가운데 임재하시며, 구약 시대 이스라엘 백성처럼 하나님을 만나기 위해 어떤 지리적 장소를 찾아갈 필요가 없다. 더 나아가 우리는 그들과는 다른 종류의 언약관계를 맺고 있는데, 오늘날에는 성전이라고 불리는(고전 3:16)[24] 하나님의 백성들 가운데 성령이 임재하신다. 육체적인 정결도 물론 중요하지만(예컨대 성적 정결), 신약성서는 생각과 행동의 정결에 일치된 관심을 보인다(마 5:8; 빌 1:10; 4:8; 딤전 5:22). 우리는 그리스도의 정결케 하는 피로 말미암아 신성한 공간에 거할 수 있는 자질을 갖추게 되었다. 우리는 죄를 용서받았으며 의로운 자라는 확증을 얻었다. 하지만 또 다른 의미에서 그리스도의 피가 우리를 얽매는 부정한 것들로부터 우리를 깨끗하게 씻어주는 일은 지금도 계속되고 있다. 비록 우리의 의가 더러운 누더기와 같은 것이지만, 우리는 그럼에도 정결해지기 위해 모든 노력을 다한다. 왜냐하면 그것이 우리의 거룩한 신분에 합당한 자세일 뿐만 아니라 하나님의 목적과 하나님 백성의 공동체에 참여하는 데 필수적인 것이기 때문이다. 또한 우리는 우리가 오직 성령의 거룩하게 하시는 사역을 통해서만 이 일을 이루어갈 수 있다는 점을 깨닫는다. 이스라엘 백성과 현대 그리스도인들 사이의 공통점은 우리가 속한 공동체를 하나님의 백성과 동일시하는 것이 정당하다는 점이다.

우리가 실패할 때 직면하게 되는 위험은 우리 자신을 향한 것이다. 정결에 관한 기준들은 문화마다 서로 다를 수 있다(예컨대 음식에 관한 구약성서

---

24 엄밀히 말하면 그리스도는 성전이시고 우리는 땅에 가깝다. 하지만 이 둘은 긴밀하게 서로 연결되어 있으며 따라서 오늘날 우리가 처한 상황에서 어느 정도는 상호 교환적으로 적용될 수도 있다.

의 규례들). 하지만 그 같은 기준들은 (1) 잠재적으로 우리에게 해를 끼칠 수 있는 요소가 무엇인지에 기초한 것이며, (2) 하나님의 백성으로서 우리가 갖는 정체성에 기초한 것이다.

위에 설명한 개념과 유사한 예를 겸양이라는 미덕에 대한 이해에서 찾을 수 있다. 겸양(modesty)은 모든 문화에서 중요한 원리로 받아들여지고 있지만, 문화마다 그것을 정의하는 방식은 극명한 차이를 보인다. 겸양을 정의하는 방식이 문화별로 다를 뿐 아니라 특정 문화에서 그것의 구체적인 기준이 무엇인지 식별하기가 어려운 것은 사실이지만 그렇다고 해서 이 개념의 중요성이 감소되는 것은 아니다. 겸양이라는 개념을 하나님의 위격이나 그의 규범과 연관 지을 수는 없다. 하지만 그것은 하나님의 백성이 주변 문화 속에서 어떻게 인식되는지에 영향을 끼칠 수 있으며, 만일 우리가 문화적으로 적절하게 겸양의 기준을 충족시키지 못한다면 우리의 평판에 손상을 입을 수 있으며 우리를 향한 바람직하지 않은 행동과 태도를 초래할 수도 있다.

질서 개념과 신성한 공간 개념은 여전히 중요한 신학적 주제들이다. 우리는 구약성서를 통해 질서와 신성한 공간이라는 개념에 대해 배울 수 있었다. 이 개념들은 구약성서의 첫 페이지를 장식했던 주제였으며, 결과적으로는 언약 공동체의 맥락에 초점을 맞추었다. 창조와 지혜에 대한 우리의 이해도 이 주제들과 불가분리하게 연결되어 있다. 만일 구약성서가 제공하는 통찰들이 없었다면 창조와 지혜에 대한 우리의 이해는 훨씬 빈약해졌을 것이다. 질서와 신성한 공간은 구약성서의 핵심적인 신학적 개념일 뿐 아니라 오늘날 우리의 신학적 사고에서도 중요한 역할을 한다.

"키페르"와 피 뿌리는 의식

이스라엘에서 피 뿌리는 의식은 어떤 사물을 제의적 오염으로부터 정결케 하기 위해 고안된 것이다. 구약성서에서 피 뿌리는 의식은 거의 예외 없이 신성한 공간이나 신성한 공간을 상징하는 사물들(예컨대 언약궤나 제단)에 초점을 맞추어 행해졌다.

히브리어 동사 "키페르"(כִּפֶּר)는 이처럼 정결케 하는 행위, 곧 어떤 공간에서 오염을 제거함으로써 하나님이 사용하시기에 적합하게 준비시키는 일을 표현하는 단어다. 그런 점에서 이것은 우리가 일반적으로 "속죄"(atonement)라고 부르는 신학적 개념과는 상당히 다르다는 것을 알 수 있다. 이스라엘에서 일 년에 한 번 치르는 대속죄일 행사는 공동체의 일상생활이 불가피하게 우발적인 상황이나 부주의로 말미암은 부정에 노출되어 있으며, 성소가 그 같은 부정을 흡수한다는 생각에 바탕을 둔 것이다. 대속죄일에는 이렇게 누적된 부정을 상징적으로 염소에게 지워서 그를 광야로 내보낸다. 이러한 행동은 성소에 대해 초기화 버튼과 같은 역할을 하며 성소의 역할을 강화하는 효과를 낸다. 피 뿌리는 일은 "키페르"를 위해 지정된 대표적인 메커니즘이며, 부정(טֻמְאָה "타메")과 죄(חַטָּאָה "하타아")를 모두 다룬다(레 16:16). 구약에서 부정과 죄는 개인적인 맥락이 아니라 공동체의 맥락에서 이해해야 하는 용어들인데, 신약에서는 피 뿌리는 의식(그리스도의 피)이 우리를(공동체적으로만 아니라 개인적으로도) 모든 죄에서 깨끗하게 해줌으로써 우리를 신성한 공간으로 사용되기에 적합한 자들로 만들어준다. 반면에 새 언약이 그리스도 안에서 성취할 수 있었던 것을 구약의 제도에서는 시도조차 하지 않왔다. 하지만 그렇다고 해서 옛 언약이 실패한 것은 아니며, 다만 다른 목적을 가지고 있었던 것뿐이다.

행동에 미치는 영향

토라가 언약이라는 맥락에서 작용했으며 이스라엘이 그들의 시대와 문화 속에서 경험했던 신성한 공간과 밀접한 관련을 맺고 있다는 점을 이해하게 되면, 우리는 우리가 언약의 맥락에서 발견할 수 있는 구체적인 사안들이 (우리처럼) 그러한 언약관계에 속하지 않은 사람들에게는 본질적으로 유효한 것이 아님을 인정할 수 있다. 그렇다고 해서 언약에 포함된 구체적인 사안들이 우리에게 아무런 가치도 없다는 뜻은 아니다. 오히려 그것들이 언약의 맥락과 고대 세계의 문화에서 질서가 어떻게 받아들여졌는지를 반영할 뿐만 아니라 인간 사회가 시공간을 초월하여 특정한 가치들을 공유하기 때문에, 우리는 질서를 위한 요구사항 가운데는 변하지 않은 요소들이 있다는 것을 발견할 수 있다. 가장 의미심장한 예를 들자면, 구약성서의 토라는 하나님이 우리의 공동체 안에 반영되어 있다고 말하는데, 이것은 진부한 상투어구가 아니며 토라가 우리 삶의 모든 측면을 염두에 두고서 지적하는 말씀이다. 토라는 우리가 살아가는 세계 속에서 질서를 찾고자 하거나 하나님 안에서 우리의 정체성을 발견하고자 할 때 우리가 관심을 기울여야 할 영역들을 표본으로 제시해주고 있다.

우리는 우리 자신의 정체성을 하나님 안에서 발견하고자 해야 한다— 성결은 그 같은 과정을 통해 우리에게 의미를 가질 수 있다. 구약성서는 (언약을 통해) 거룩한 신분을 부여받았으며 야웨가 친히 그 가운데 거하시는 사람들의 무리(이스라엘)를 우리에게 소개한다. 그들에게는 하나님께서 그들에게 주신 이 같은 정체성을 그들의 신분에 적합한 방식으로 드러내고 그로 말미암아 하나님의 계획과 목적에 동참할 수 있게 해주는 지침(토라)이 주어졌다. 이것은 또한 오늘날 우리가 건전한 신학을 전개해나갈 수 있게 해주는 하나의 모범을 제공해준다. (그리스도의 몸 된) 공동체인 우리에게는 (새 언약의 중보자인 그리스도를 통하여) 거룩한 신분이 주어졌으며 성령이 우리 안에 거하신다. 따라서 우리는 우리가 그리스도와 함께 소유한 정체성을 발현함으로써 하나님의 계획과 목적에 효과적으로 동참해나갈 의무가 있다. 하나님은 그의 백성들이 자신들의 정체성을 하나님 안에서 발견함으로써 하나님의 계획과 목적에 동참하기를 원하신다. 따라서 성결이라는 개념은 구약과 신약 모두에서 핵심적인 위치를 차지한다.[25]

우리는 이 같은 관점이 오늘날 그리스도인들이 토라의 사명과 하나님의 과업에 대해 생각하는 바와 대조를 이룬다는 점을 주목할 필요가 있다. 크리스토퍼 J. H. 라이트(Christopher J. H. Wright)는 율법이 "이스라엘을 야웨의 성품을 반영하는 공동체로 '만들어'가기 위해 주어졌"다는 점에서 하나님의 계획에 적합한 것이었다고 주장한다. "[율법은] 그들이 공개적이고 가시적인 모범으로서 백성들을 구원받은 공동체로 만들고자 하시는 하나님의 의도를 반영하는 표본이 될 수 있게 만들어준다.…이스라엘의 사명은 열방을 위한 빛과 축복이 되는 것이었다. 율법의 '사명'은 이스라엘을 그 같은 사명에 적합한 자들로 만들어가는 것이었다."[26] 나는 토라가 이스라엘을 특별

---

25 구약의 상황과 오늘날 우리를 포함하는 신학의 상황 간의 관계는 유비와 은유로 뒤섞여 있다. 그럼에도 양자 간에는 유사성이 존재한다.

26 Christopher J. H. Wright, "Mission and Old Testament Interpretation," in *Hearing the Old Testament,* ed. Craig G. Bartholomew and David J. H. Beldman (Grand Rapids: Eerdmans, 2012), 180-203, 인용은 185.

한 공동체로 만들어가려는 의도를 담고 있다는 점에는 동의한다. 그가 사용한 "반영하다"(reflect)라는 동사가 모방을 의미하는 것이 아니라면 그의 주장을 수용할 수 있으며, "하나님의 성품"이라는 표현이 그의 거룩한 정체성과 평판을 가리키는 것으로 이해된다면 그 표현 또한 용납될 수 있다. 하나님의 백성들은 그의 정체성을 반영할 것으로 기대된다. 그들은 하나님의 정체성을 기록해놓은 서판으로서 하나님의 계획과 목적을 수행하는 도구들로 사용된다는 점에서 하나님의 가시적인 표본이라고 할 수 있다. 여기까지는 괜찮다. 하지만 나는 이스라엘의 정체성이 "구원받은" 공동체라는 개념에서 발견된다는 제안에 대해서는 반론을 제기하고자 한다.

이스라엘이 이집트의 노예 상태에서 구원받았다는 것은 물론 사실이지만, 그것이 이스라엘 역사 전체를 통틀어 주된 정체성이었다고 할 수는 없다. 토라는 이스라엘이 하나님의 임재를 모시는 공동체로 만들어져가게 하기 위해 주어진 것이었다. 그들은 이런 의미에서 빛과 축복이었다. 하나님이 그들 가운데 거하신다. 그들을 통해 하나님의 임재 앞으로 나아갈 수 있는 길이 열렸다. 이스라엘은 이에 응답하여 거룩하신 하나님의 임재 앞에서 그들의 정체성을 삶으로 표현했다. 이제 우리는 우리 안에 거하시는 성령님을 통하여 하나님의 임재를 모시는 공동체로 만들어져간다. 우리는 그리스도의 피로 구원받았다. 하지만 우리의 정체성은 단순히 구원받은 공동체라는 사실에 있지 않다. 우리는 하나님의 백성으로서 그분 안에서 우리의 정체성을 발견하며, 하나님의 계획과 목적을 세상 가운데서 성취해가는 도구로서 그분의 일에 동참한다. 하나님의 계획은 구원에서 끝나지 않으며 그가 창조하신 백성들 가운데 거하시는 일에 초점을 맞추고 있다. 이것을 가리켜 임마누엘의 신학이라 부를 수 있을 것이다. 대위임령에서 제자를 삼는다는 것은 단순히 사람들을 회심시킨다는 의미가 아니다. 그리스도께로 나온 사람들이 그분의 실질적인 제자가 되기 위해서는 가르침을 받아야 한다. 그들은 그리스도 안에서 자신들의 정체성을 발견함으로써 그의 계획과 목적에 동참할 수 있게 된다.

보론: 히브리어 "토에바"(תּוֹעֵבָה, 가증스러운 것)

"토에바"는 한 사람의 성향이나 관습에 반영된 질서에 대한 감각에 반대되는 것을 뜻한다. 영어에서 이런 의미와 히브리어의 뉘앙스를 성공적으로 담아낼 수 있는 단어는 존재하지 않는다.[27] 성 윤리와 정체성에 관련된 문제들을 비질서(윤리적으로 중립적인)나 혹은 무질서(도덕적으로 결함이 있는)로 분류하는 것보다는 고대 세계에서 일반적으로 수용되었던 방식을 따라 어떤 종류의 제의적이고 성적인 행동들이 질서에 도움이 되지 않으며 따라서 "토에바"("질서에 유익을 주지 못하는 것"; 이스라엘에서는 "거룩한 신분에 위배되는 것")로 간주된다고 말하는 것이 더 적절하다.

히브리어 실명사인 "토에바"는 종종 "경멸스러움" 혹은 "혐오스러움"이라고 번역되기도 하지만, 이 단어는 상당히 넓은 범위의 행동들을 포괄하며 그 모든 행동들의 공통분모는 질서 관념에 위배된다는 점이다. 따라서 다수의 용례가 질서와 관련이 깊은 법률문서나 지혜문학에서 발견된다

---

27 "금기"(*taboo*; 인류학적인 전문용어로서가 아니라 일상적인 용례로서)라는 용어도 흥미로운 대안일 수 있다. 왜냐하면 이것도 행동을 그런 방식으로 분류하는 개인이나 사회의 관점을 반영하기 때문이다. 보다 일반적인 용어로는 "무례함"(*uncouth*)이라는 표현도 고려해볼 수 있다. 구약성서에서 "토에바"로 분류된 것들의 목록은 아카드어에서 "이키부"(*ikkibu*)라고 불리는 행동 목록과 의미심장한 병행을 이룬다.

는 사실은 그리 놀라운 것이 아니다. 또한 "토에바"의 개념은 상대적인 것이어서, 이스라엘 백성의 희생제사 제도와 목축업자로서의 소명이 이집트에서는 "토에바"로 간주되기도 한다(창 46:34; 출 8:22). 이 용어는 부적절하게 드려지는 제물(잘못된 마음가짐, 1:13; 흠 있는 짐승, 신 17:1)이나 혹은 부정하게 간주되는 짐승(신 14:3, "토에바"가 행위가 아닌 사물에 대해 사용된 드문 예 중 하나)을 묘사하는 데도 사용된다. 때로는 이 용어가 이방 신들에게 드려지는 경배 혹은 우상과 같은 제의 용품을 사용하는 행위를 가리키는 표식이 되기도 하는데, 점성술과 인신제사도 이 범주에 속한다(신 18:12). 폭력적이고 부정직한 행위(겔 22:2; 신 25:16)도 "토에바"로 간주되었고 사악한 대적의 죄악을 특징짓는 표현도 "토에바"였다(잠 6:16-19에는 여기에 해당하는 일곱 가지 행위가 나열되어 있다). 그런가 하면 누군가로부터 고통을 당하고 있는 사람도 주변사람들에게 "토에바"로 여겨졌으며(시 88:8), 의로운 자는 불의한 자에게 "토에바"로 여겨졌다(잠 29:27; 참조. 암 5:10; 미 3:9). 미련한 자의 삶은 악한 것들로 일관되어 있기 때문에, 그의 삶을 악에서 돌이키는 일 역시 (그의 사고방식에 자리 잡은 거짓질서[pseudo-order]에 반대된다는 의미에서) "토에바"라고 할 수 있다(잠 13:19). 오경의 법률 문서에서는 성적 행위에 관한 일반적인 규약에서 벗어나는 일들을 "토에바"로 규정한다. 레위기 18장에서는 이 용어가 후렴구처럼 사용되었으며 20:13에서 다시 반복된다(참조. 겔 22:11; 33:26). 신명기에서는 이 용어가 대부분의 경우 용납할 수 없는 예배행위들을 묘사하기 위해 사용되는데, 예외적으로 두 번은 성적 정체성과 관련된 행위를 가리키기도 한다(의복, 신 22:5; 창기가 성전에 드리는 예물, 신 23:18).

이 모든 용례들은 질서에 위배되는 행위들을 가리킨다는 공통점을 가지고 있다. 구약성서는 야웨가 "토에바"로 규정된 행위 가운데 적어도 몇 가지를 싫어하시며("소네"[שָׂנֵא], 신 12:31), "토에바"로 간주되는 것과 정반대되는 행위를 기뻐하신다고 말한다(예. 잠 11:20; 12:22). 하지만 어떤 용례들은 특정 그룹의 독특한 관점을 반영하기도 한다(이집트인이 목축업을 대하는 태도, 악인이 의인을 바라보는 관점). 여기서 중요하게 생각해야 할 것은 누구의 관점이 반영되었는가 하는 점이다. 하나님이 무언가를 가리켜서 "토에바"라고 말씀하셨다면, 이 말은 그 무언가가 이스라엘의 하나님께서 세우신 질서에 반하는 것으로 특징 지어졌다는 의미다. 다음으로 생각해야 할 문제는 우리가 고려의 대상으로 삼는 "토에바"가 단지 하나님께서 이스라엘만을 위해 세우신 질서에만 관련된 것인지(부정한 음식, 이방인들에게는 금지되지 않았으나 이스라엘에는 금지된 형상의 사용), 아니면 모든 인류에게 적용될 수 있는 보편적인 질서에 위배되는 것인지를 결정하는 일이다. 구약성서의 용례들은 특별한 사유가 없는 한 전자에 해당하는 것이며, 후자에 해당한다고 주장하기 위해서는 납득할 만한 논거를 제시해야 한다.

　　죄가 질서의 위반이며 따라서 "토에바"로 분류될 수 있다는 점에는 의심의 여지가 없다. 하지만 역으로 "토에바"로 분류된 모든 행위가 죄는 아니다. 비록 그 같은 행위가 지속적으로 질서에 위배된다 하더라도 말이다. 레위기 18장에서는 이스라엘 백성들에게 약속의 땅에 본래 거주하던 토착민들이 당연하게 여겨오던 다양한 성적 행위들을 본받지 말라고 경고한다(레 18:26-30). 가나안 땅의 토착민들이 그 같은 성적 행위들을 어느 정도의 범위로 행하고 있었는지(그들 중 일부 그룹이 일부 행위들에 연루되었던 것으로 보인다) 혹은 그들 역시 그런 행위들을 "토에바"로 간주했는지 여부와는 무관하게, 그런 행위들이 이스라엘 백성들에게는 "토에바"로 간주되어야만 했는데, 왜냐하면 언약백성이라는 신분이 그들에게 요구하는 질서에 대한 나름의 기준이 존재했기 때문이다. 가나안 땅은 그 같은 행위들로 인해 더럽혀졌지만, 거주민들은 그 땅을 정화할 책임이 없었는데, 그 당시는 아직 야웨가 그 땅에 거하고자 계획하실 때가 아니었기 때문이다. 따라서 레위기 18장 텍스트는 가나안 거주민들까지도 지켜야만 했던 보편적인 기준에 대해 말하는 것이 아니다. 더럽힘(오염)이라는 표현은 신성한 공간에만 해당하는 용어다. 부정함이 본성상 죄악된 것은 아니며, 다만 신성한 공간에 속할 수 없다는 것을 의미할 뿐이다. 어떤 땅이 신성한 공간으로 지목되기 전에는 더럽혀질 수도 없다. 하지만 일단 그 공간이 신의 임재를 위해 정화되고 나면, 그 땅을 오염시키는 어떤 행위도 야웨의 임재를 위협하는 일이 된다.

우리는 "토에바"가 상대적인 개념이라는 것을 확인할 수 있었는데, 그렇다면 어떤 사물이 "토에바"로 규정된다고 해서 그것이 야웨께도 "토에바"인 것은 아니다. 야웨께 "토에바"가 되는 행위는 그가 싫어하시는 행위이거나 혹은 그가 기뻐하시는 것에 반대되는 행위다. 그렇다면 우리는 이스라엘의 언약이라는 맥락에서 야웨께 대한 "토에바"라고 규정되는 것이 어떤 행위들인지 살펴볼 필요가 있다. 레위기 18장의 모든 목록들이 야웨께 대한 "토에바"에 포함될 수 있으며, 신명기의 거의 모든 "토에바" 용례도 야웨의 질서에 위배되는 행동들을 규정하는 것들이다(우상의 사용, 선임자들의 방식을 따른 예배, 다른 신들이나 천상의 신들에 대한 경배, 흠 있는 제물을 바치는 행위, 어린아이를 제물로 바치는 행위, 점술, 성별에 어긋나는 옷을 입음, 성소에 창기의 예물을 가져오는 행위, 불의한 행동). 잠언에서 야웨께 "토에바"가 되는 행위는 패역(잠 3:32), 교만, 거짓말, 피 흘리는 일, 계략을 꾸미는 일, 악을 향해 달려가는 일, 거짓 증언, 문제를 일으키는 일과 같이 보편적으로 사악한 행위로 간주되는 것들이다(잠 6:16-19). 여기에 속이는 저울을 사용하는 것과 기타 다른 형태의 불의들을 추가할 수 있다.

예언서 가운데는 에스겔서가 이에 대해 가장 많은 관심을 보이는데, 이사야 역시 거짓된 제사가 야웨께 "토에바"가 된다고 지적한다(사 1:13). 우리는 잠언에서도 동일한 말씀을 발견할 수 있다(잠 15:8; 21:27). 예언자 에스 겔이 가장 빈번하게 지적하는 "토에바"는 유다가 드리는 거짓 제사다. 그가 그 같은 행위들이 특히 야웨께 "토에바"가 되는 것이라고 명시적으로 말하는 것은 아니지만, 그럼에도 우리는 문맥을 통해서 그렇다고 결론 지을 수 있다. 에스겔 16장에서는 정도(正道)를 벗어난 예배를 성적인 "토에바"에 빗대어 말하고 있는 반면에 에스겔 22:7-12에서는 성적인 일탈 행위들과 사회적인 일탈 행위들을 아우르는 목록에 대해 "토에바"라는 선고를 내린다(참조. 겔 23:36). 이 같은 목록을 통해 우리는 야웨께 "토에바"라고 간주되는 행위들은 야웨가 기대하시는 규범을 벗어나는 것들이라는 사실을 발견할 수 있는데, 야웨는 그의 백성들이 토라를 준행하는 지혜로운 삶을 통해 거룩함을 드러냄으로써 그 같은 규범들을 지키기를 바라신다. 흥미로운 사실은 야웨가 자신의 백성들에 대해서조차도 그들이 스스로를 더럽히는 잘못을 저지를 때는 그들을 "토에바"로 규정하신다는 것이다(시 106:40). 모든 죄악된 행위들이 "토에바"인 것은 사실이지만, 그렇다고 해서 모든 "토에바"가 죄악된 행위인 것은 아니다. 두 가지 범주 사이에 중첩되는 부분이 존재하지만 그렇지 않은 영역도 있다는 것이다.

여기서 구약성서의 자료들이 오늘날 우리의 상황에서 동일한 사안들을 이해하는 데 어떻게 기여할 수 있는가라는 질문은 우리에게 커다란 도전거리다. 먼저 우리는 레위기 18장이 성적 정체성 문제를 다루는 것이 아니라, 공동체의 정체성에 영향을 미치는 성적 행위들을 다룬다는 점을 기억해야 한다. 따라서 설사 어떤 개인이 대중들과는 다른 성적 정체성을 가지고 그것이 질서라고 생각한다고 해서 그가 하는 행위들에 면죄부를 받을 수 있는 것은 아니다.[28] 고대 세계에서 성적 정체성과 성적 관계들은 질서의 한 범주로 여겨졌다(이 같은 사실은 구약에서 이에 관한 교훈들이 법률 문서와 지혜문학에 등장한다는 사실로도 분명해지는데, 이 둘은 모두 질서를 다루는 문집이다). 가까운 친척이 아닌 이성 간의 성관계는 질서에 속하는 것으로 간주되었다. 동성애나 성 정체성 전환(이슈타르 제전에서 성행했던), 근친상간, 수간, 그리고 간통은 본질적으로 질서를 와해시키는 부적절한 행위로 간주되었다. 이것은 고대 세계의 일반적인 모습이었으며, 이에 관한 증거들은 구약성서와 고대 근동 문헌에서 동일하게 발견된다. 한편 우리는 이 같은 텍스트들에서 **도덕이 무엇인지**를 정의하는 것이 아니라, 각자의 준거틀(문화적, 혹은 언약적) 속에서 **질서가 무엇인지**를 정의하려고 시도한다는 사실도 염두에 두어야 한다.

"토에바"로 간주된 것은 성적 정체성 자체도 아니고, 성적 지향(동성애, 이성애)도 아니다. 다만 야웨가 제정하신 언약 공동체의 질서에 위배되는 성적인 행위들만이 "토에바"로 간주되었다. 구약성서에서 보도하고 있는 몇몇 동성애 성향을 지닌 사람들은 아마도 그런 행위가 자신의 삶에 질서를 가져다준다고 생각했을지도 모른다. 그러나 성서에서 분명하게 밝히는 사실은 우리가 표준으로 삼아야 할 것이 다른 누군가의 질서가 아니라 야웨의 질서라는 점이다. 더 나아가 언약 공동체도 야웨의 질서를 굳게 세우고자 힘써야 한다. 모든 죄악된(도덕적으로 결함이 있는) 행위들은 야웨의 질서를 위반하는 것이기 때문에 우리는 그것들을 피해야만 한다. 하지만 도덕이라는 것은 야웨께 "토에바"로 간주되는 것들의 목록을 작성함으로써 정의할 수 있는 것이 아니다. 성결이라는 것이 야웨의 질서와 일치하는 행동방식 속에

---

28   마찬가지로 어리석은 자들도 그들이 행하는 악이 그들에게 자연스러운 행동이었다는 이유로 거기에서 돌아서지 않은 것에 대해 면죄부를 받을 수는 없다(잠 13:19).

반영되는 것이라면, 구약성서에서 야웨께 "토에바"로 간주되는 모든 것들은 "야웨께 거룩"한 백성이라는 신분에 충실한 삶을 살아가고자 하는 공동체에서는 용납될 수 없다.

이 마지막 관점이 (구약성서에 묘사된) 이스라엘의 상황과 오늘날 우리의 상황 간에 가교 역할을 할 수 있다. 우리의 행동 방침을 결정하는 것은 개인의 본원적인 정체성이 아니라 야웨가 그의 공동체를 위해 제정하신 질서다. 그 질서는 야웨가 공동체에 부여하신 신분을 통해 발현되어야 한다. 우리 개개인은 그 같은 공동체에 참여하도록 부름 받았으며 우리 중 어느 누구도 감히 우리 자신이 가진 자연적 본성에 따른 성향에 따라 질서를 정의하려고 시도하지 않는다. 왜냐하면 우리는 질서의 중심이 아니기 때문이다. 우리는 개인적인 성향을 억제하고 그 대신 공동체의 신앙을 통해 정의된 야웨의 질서에 굴복해야 한다. 이 같은 사안들에 관한 우리의 이해가 토라 전체에 관한 이해로 일반화되어서는 안 된다. 질서라는 주제는 야웨께 "토에바"로 간주되는 것들에 관한 광범위한 논의의 한 부분으로 간주되어야 한다. 따라서 질서에 대한 우리의 견해는 시간의 흐름에 따라, 그리고 문화에 따라 변화할 수 있다.[29]

구약성서에서 성적 지향이 다르다는 것은 언약 질서를 반영하는 백성들의 무리로부터 구별되는 것을 의미했다. 부도덕한 것은 질서를 벗어난 것이지만, 질서를 벗어난 모든 것이 부도덕한 것은 아니다. 어떤 사물이 질서를 벗어났다고 해서 그것이 부도덕하거나 죄악된 것은 아니다. 구약성서는

---

29   H. D. Preuss가 내리는 정의와 비교해보라. "תּוֹעֵבָה," in *TDOT* 15:602: "무엇보다도 이것은 야웨와 화해 불가능한 것이며 그의 성품과 그 성품의 구체적 표현으로서의 그의 뜻에 반하는 것이다. 이것은 윤리적, 제의적 금기사항이다. 무언가를 '토에바'라고 부르는 것은 그것이 우주적·사회적 질서의 체계 내에서 혼돈에 속한 것이고 생소한 것이며 따라서 위험한 것이라고 규정하는 것이다."

도덕체계를 구축하려고 시도하지 않으며, 다만 무엇이 "이스라엘과의-언약" 체계에서 질서를 벗어난 것으로 간주되는지를 말해줄 뿐이다. 따라서 우리는 일반적인 도덕률이 어떤 모습이어야 하는지 결정하는 일에 성서를 증거구절로 사용할 수 없다. 어떤 행동이 이스라엘에서는 질서를 벗어난 것으로 받아들여진다 해서 그것이 언약과는 무관한 다른 문화의 맥락에서도 질서를 벗어난 행동인 것은 아니다. 질서는 문화별로 상대적인 것이며 야웨는 고대 이스라엘 백성에게 독특한 질서를 요구하신 것이다. 더 나아가 만일 구약성서가 일반적인 도덕률을 정의하기 위해 고안된 것이 아니라면 이스라엘의 언약 질서는 도덕률과 동일시될 수 없으며, 도덕성에 관한 포괄적인 설명을 제공하기 위해 구약성서에 의존해서는 안 된다. 우리가 도덕이라고 이해하는 범주에 포함되는 행동들과 그렇지 않은 행동들을 구분하는 데 구약성서가 도움을 주기는 하지만 말이다.

또한 우리는 "야웨를 분노하게 만드는 것은 무엇일까"라는 질문을 던지는 것으로 지금 우리가 씨름하고 있는 사안에 접근해볼 수도 있다. 보다 근본적인 질문은 "야웨의 목적을 수행하는 도구로서의 공동체(옛 이스라엘, 지금의 교회)에 우리가 동참하고 기여하는 일에 도움을 줄 수 있는 것은 무엇인가" 하는 것이다. 이스라엘에 임한 하나님의 계시는 이에 대한 지침을 제공하는데, 보다 중요한 점은 계시가 행동과 목적이 서로 어떻게 연관되는지를 보여준다는 것이다. 우리는 증거 본문들을 통해서 구체적인 법칙들을 추론할 수는 없다. 오히려 우리는 우리가 속한 공동체에 기여하는 사람이 될 수 있는 방법을 질문하기에 앞서 공동체의 정체성이 어떠해야 하는가에 대한 개념을 갖고 있어야 한다. 이 같은 원칙들은 개개인이 자기 나름대로 규정할 수 있는 것이 아니며, 시스템 내에서 실현 가능한 최대 규모의 공동체

활동을 통해서 정해지는 것이다.[30] 이 같은 접근은 사회의 일반적인 질서 개념과는 상당한 차이를 보인다. 왜냐하면 야웨의 질서는 사회의 안목에 매여 있는 것이 아니기 때문이다. 이와 동시에 우리는 공동체 바깥의 사람들이 우리와 다른 생각을 가지고 있다고 해서 그들에게 우리의 질서 개념을 강요할 권리나 의무가 우리에게는 없다고 생각해야 한다.

예를 들어 우리는 이성애가 공동체의 정체성에 과연 본질적인 것인지 질문할 수 있을 것이다. 그리고 정말로 그러하다면 공동체에 속한 모든 개인들에게 동성애가 금기시되어야 할 것이다. 하지만 이것은 이 문제에 대한 잘못된 접근법이다. 사실 동성애 정체성이나 이성애 정체성 할 것 없이, 만일 우리가 그것을 우리의 핵심적인 정체성으로 삼고 거기에 대해 자부심을 가진다면 우리의 공동체 정체성에 반하는 것이 되고 만다. 그렇게 될 경우 우리의 성적 정체성이 우리가 그리스도 안에서 가지는 정체성을 대체하는 것이다. 이것은 사람이 가질 수 있는 모든 종류의 정체성(국가, 경제, 민족, 성 등등)에 해당하는 문제다(갈 3:28). 우리는 그리스도 안에 거한다는 사실을 핵심적인 정체성으로 삼는 사람들이며, 따라서 이외의 다른 모든 정체성은 부차적인 것으로서 더 이상 우리를 규정하는 표식이 될 수 없다. 우리의 옛 정체성들은 그리스도와 함께 십자가에 못 박혔다. 옛것은 지나갔고 우리는 새 사람이다.

공동체가 이러이러한 행실들이 용납되어서는 안 된다는 점에 만장일치로 합의할 수는 있다. 그러나 구성원 중 일부가 어떤 식으로든 그런 원칙을

---

30   가톨릭교회에서는 이 역할을 교회의 위계질서에서 최상위, 다시 말해 추기경들의 보좌를 받는 교황이 맡는다. 정교회에서는 일곱 명의 총대주교가, 개신교회에서는 교단들이, 혹은 경우에 따라서는 개교회(교단에 속하지 않은 경우)가 이 역할을 맡는다. 가톨릭교회와 정교회는 사도들의 권위와 강력한 연대를 맺고 있는 반면 개신교회는 자신들이 다른 무엇보다도 성경의 가르침을 따르는 것으로 여긴다.

지키지 못했다고 해서 공동체 내의 어떤 부분에도 소속되지 못하도록 막아버릴 수는 없다. 그렇게 한다면 어느 누구도 공동체 내에서 살아남을 수 없을 것이다. 물론 공동체는 원칙적으로 그런 행위들을 허용하거나 금지할 수도 있지만, 그러면서도 일부 개인들이 특정 성향들과 갈등하면서 때로는 굴복할 수도 있다는 점을 인정해야만 한다. 그 같은 금지는 원칙적으로 공동체의 리더들이 보다 높은 수준의 행실을 보여주는 결과를 낳게 될 것이 확실하다.

정체성에 대한 감각은 우리가 어떻게 살아갈지, 그리고 우리가 우리 자신과 우리를 둘러싸고 있는 사람들을 어떤 시각에서 바라볼 것인지에 영향을 미치는 중요한 요소지만, 오늘날 우리 모두는 우리가 속한 사회 속에서 정체성의 혼란을 경험하고 있다. 그럼에도 우리는 이스라엘 백성들이 자신들의 정체성에 대해 어떤 관점을 가지고 있었는지를 탐구해봄으로써 우리의 정체성이라는 주제에 다가갈 수 있을 것이다.

1. 언약백성
2. 하나님의 형상
3. 인간
4. 지파/가족 정체성(가계를 통한 신분 및 혼인관계로 이루어지는 신분)

그렇다면 우리의 정체성 목록에서 우선적으로 다루어야 할 사안들은 다음과 같다.

1. 그리스도 안에
2. 하나님의 자녀

3. 하나님의 형상

4. 인간

5. 구체적인 요소들

    a. 고유한 신분에 따른 정체성

        i. 가족 정체성(아들 딸, 어머니, 아버지)

        ii. 남성/여성

        iii. 민족/인종

        iv. 가족의 사회적 신분

        v. 성적 지향

    b. 선택에 의한 정체성

        i. 직업/소명

        ii. 성취

        iii. 소속 정당

        iv. 소속 교회/교단

이러한 정체성 목록 가운데서 우리는 (1) 우리가 실행해야 할 것이 무엇이며, (2) 사실상 무시해도 되는 것이 무엇이고(거부하는 것과는 다르다), (3) 삶을 통해 반대해야 할 것이 무엇인지 선택할 수 있다. 하지만 만일 우리가 이 같은 정체성을 필요 이상으로 중시하게 되면 우리의 삶과 사회 전체가 편향될 우려가 있다. 오늘날의 세계에서 우리는 종종 우리의 정체성 가운데 지극히 미미한 요소를 지나치게 부각시킴으로써 혼란에 빠지는 경우가 있는데, 특히 성 정체성에 관한 문제에서 그러하다(대중매체의 영향을 심하게 받은 결과다). 우리의 정체성을 구성하는 모든 요소들이 동등한 중요성을 갖는 것은 아니며, 그중 일부는 무시될 수도 있다. 바울은 우리의 정체성 가운데 특정 요소들을 접어둘 필요가 있다고 제안한다. "내가 너희 중에서 예수 그리스도와 그가 십자가에 못 박히신 것 외에는 아무 것도 알지 아니하기로 작정하였음이라"(고전 2:2).

고대의 맥락에서 불변의 신앙으로

OLD TESTAMENT THEOLOGY FOR CHRISTIANS
FROM ANCIENT CONTEXT TO ENDURING BELIEF

제6장

죄와 악

악과 죄의 정의

악이란 무엇인가?

고대 세계는 악을 도덕적인 관점에서 정의하지 않았다. 그렇다고 해서 그들이 도덕적 악이라는 개념을 가지고 있지 않았다는 뜻은 아니며, 다른 모든 사람들이 그런 것처럼 그들도 당연히 그런 개념을 가지고 있었다. 그들의 언어에도 오늘날과 마찬가지로 악을 묘사하는 고유한 용어들이 존재했는데 (히브리어 "라샤"[רָשָׁע]), 그러한 용어들은 일관되게 도덕적 범주들을 대변하는 것이었다. 그럼에도 고대 세계는 도덕적 악이라는 개념을 오늘날의 우리만큼 명확하게 규정하지는 않았으며, 그것을 심각한 문제로 부각시키지도 않았던 것처럼 보인다. 특히 그들은 신들도 이 문제에 대해 동일한 견해를 가진 것으로 여겼다. 우리는 이런 상황을 충격적으로 받아들일 수 있으며, 윤리신학이나 신정론과 같이 우리에게 친근한 주제들에 대한 신학적, 철학적 사고에 바탕을 둔 질문들을 제기할 수도 있을 것이다.

여기서 먼저 악이라는 주제에 대한 구약성서의 관점과 관련하여 몇 가지를 지적하고 넘어갈 필요가 있다. 구약성서에서 악을 가리키는 주된 용어

("라샤")는 주어진 문맥에서 도덕적인 뉘앙스를 전달하는 역할만을 감당하며, 그 같은 도덕관념에 대한 증거를 제공하는 일은 문맥 내의 다른 측면들에게 맡겨진다. 또 하나의 용어인 "라아"(רָעָה)는 사실상 "토브"(טוב)의 반대말로서 우리가 다양한 사람들과 상황들을 경험하는 방식을 다룬다. 일반적으로는 우리 삶에 부정적인 영향을 미치는 요소를 "라아"로 규정하는데, 때로는 그것이 하나님께로부터 오는 경우도 있다(예. 전 7:14). 반대로 우리 삶에 긍정적인 영향을 미치는 요소는 "토브"로 규정된다. 이 같은 용어들의 의미는 도덕적 범주에 토대를 둔 것이 아니며, 우리가 구약성서의 메시지를 읽을 때 이러한 사실을 염두에 두는 것이 중요하다. 우리는 그러한 차이점을 고려함으로써 우리의 도덕적 범주를 텍스트에 강요하는 위험을 피할 수 있으며, 우리가 악의 문제를 다룰 때 질서, 비질서, 무질서라는 분류를 적용한다면 구약성서의 범주를 보다 명확하게 파악할 수 있을 것이다.

질서, 비질서, 무질서[1]

창세기 1:2에 따르면 우주는 아직 제 기능을 발휘할 수 없는 상태였으며, 이 같은 비질서(nonorder)의 상태가 우주에 질서를 가져다주는 창조적 활동을 위한 캔버스 역할을 했다. 더욱이 창세기 기사는 비질서의 상태를 묘사하기 위해 당시 고대 근동 사상에서도 전형적인 것으로 간주되어오던 전통적인 기술어들(바다, 흑암)을 사용한다. 또한 창세기 기사는 하나님의 영(혹은 바람)이 활동할 준비가 되어 있다고 묘사하는데,[2] 이집트의 우주론을 담은 몇몇

---

1   이 단락에서는 다음 자료들을 참조했다. John H. Walton, *The Lost World of Adam and Eve* (Downers Grove, IL: InterVarsity Press, 2015); J. Walton and T. Longman, *How to Read Job* (Downers Grove, IL: InterVarsity Press, 2015).

2   자세한 논의는 다음을 보라. John H. Walton, "The Ancient Near Eastern Background of

문헌들에서도 아문(Amun) 신의 현현인 바람이 창조를 개시하는 역할을 맡은 것으로 묘사한다.[3]

하나님은 자신의 명령을 통해 이처럼 비질서의 상태에 놓여 있는 세상에 질서를 세우기 시작하신다. 고대 근동 이집트의 한 텍스트(샤바코석 [Shabako Stone]에 새겨진 "멤피스 신학")에서도 발화되는 말을 통해 창조가 이루어졌다고 기록한다. 이보다 중요한 사실은 수메르와 바빌로니아의 수많은 자료들에서 신들이 우주의 각 구성원들의 운명에 대해 구두로 명령함으로써 질서를 가져온다고(처음 명령을 개시한 이후로 해마다 반복하여) 묘사한다는 점이다. 어떤 사물의 운명에 대해 구두로 명령하는 것이 곧 그 사물에게 역할과 기능을 부여하는 일이었다.[4] 이 같은 명령이 곧 질서를 가져다주는 창조 행위였다. 다시 말해 발화되는 말이 창조의 과업에서 효력을 갖는다는 관념은 고대 세계에서 일반적인 것이었다.

하나님의 창조 사역은 비질서의 세계에 질서를 가져다주는 것으로 정의되었다. 창세기에서 이 같은 사역은 과정을 통해 단계적으로 수행되었다. 하나님이 질서를 가져오셨음에도 여전히 비질서의 요소들이 남아 있었다. 예를 들어 바다가 예전처럼 존재했으며(비록 그 경계가 정해지기는 했지만), 흑암도 여전히 남아 있었다. 비질서의 요소들을 몰아내고 질서를 가져오기 위해 경계들과 제한들이 부과되었다. 이처럼 최초로 부여된 질서가 자연재해

---

the Spirit of the Lord in the Old Testament," in *Presence, Power and Promise: The Role of the Spirit of God in the Old Testament,* ed. David G. Firth and Paul D. Wegner (Downers Grove, IL: InterVarsity Press, 2011), 38-67, 특히 39-44.

3   Mark Smith, *On the Primaeval Ocean: Carlsberg Papyri 5,* CNI Publications 26 (Copenhagen: Museum Tusculanum Press, University of Copenhagen, 2002), 53-63, 194. 초기 텍스트들에서 "슈"(Shu) 신은 창조 시에 그의 입에서 나오는 돌풍을 이용한다.

4   자세한 논의는 다음을 보라. John H. Walton, *Genesis 1 as Ancient Cosmology* (Winona Lake, IN: Eisenbrauns, 2011), 37-62.

나 고통 혹은 죽음을 제거하지는 못했다(이 같은 요소들을 "라아"로 묘사하지만, 그것들이 도덕적인 주체들이라는 의미는 분명 아니다). 우리가 이런 요소들을 질서 잡힌 세계("토브")의 일부로 간주할 필요는 없지만, 그 같은 요소들도 하나님의 통제하에 있으며 경우에 따라서는 긍정적인 결과를 가져오기도 한다.[5] 이 같은 비질서의 요소들은 새 창조의 때까지는 완전히 해소되지 않은 채로 남아 있을 것이다. 요한계시록 21장에 따르면 그때에는 "바다도 다시 있지 않"을 것이며(계 21:1), 고통과 죽음도 없고(계 21:4) 흑암도 없을 것이다(계 21:23-25).

이런 유의 사고방식에서 고통과 죽음은 "좋음"(질서)의 일부는 아니며, 아직까지는 완전하게 질서 잡힌 세계로 통합되지 못한 요소들로 간주될 수 있다. 타락 이전의 세계는 질서와 비질서가 혼재하면서 계속해서 질서를 가져오는 작업이 진행되는 곳이었다. 하지만 질서를 향해 나아가는 이 과정은 무질서(disorder)의 개입으로 인해 차질을 빚게 되었다. 혼돈의 생명체(chaos creature)인 뱀은 비질서(nonorder)의 세계에 속하는 존재였다. 하지만 그의 개입이 세상에 무질서를 가져왔는데, 왜냐하면 뱀으로 인해 인류가 스스로를 지혜와 질서의 중심으로 삼기로 결정했기 때문이다. 하지만 인간이 지혜의 근원과 중심 역할을 맡고자 하는 세계는 진정한 의미에서 인류가 중심이 되는 질서 잡힌 세계가 아니라 죄가 다스리는 무질서의 세계다. 왜냐하면 인류는 그들 스스로를 중심으로 하는 질서를 창출할 능력이 없기 때문이다. 이 사건이 가져온 무질서는 모든 시대의 모든 인류에게만 아니라 우주 전체

---

5   Mark Harris, *The Nature of Creation: Examining the Bible and Science* (Durham, NC: Acumen, 2013), 147. 그는 고통과 죽음이 누그러질 수 없는 악은 아니라고 주장한다. 우리가 해명해야 할 미묘한 문제들이 많이 남아 있다. 육식동물들에게 사냥감을 제공해주신 일에 대해 하나님을 찬미하는 구절들을 보라(욥 38:39-41; 시 104:21; 147:9).

로 확산되었다. 인류는 하나님의 임재 앞에서 살아가는 삶을 박탈당했다.

무엇보다도 구약성서에 속한 사람들은 자신들이 부분적으로는 **비질서**(nonorder)로 특징지어지는 세계에서 살아간다고 생각했다. 왜냐하면 세상은 여전히 질서 지어져 가는 과정에 있었기 때문이다. 그런데 이 같은 과정이 인류가 창조와 함께 그들에게 주어진 역할을 완수하지 못하고 타락함으로 말미암아 방해 받게 되었다. 창조세계의 일부분으로 자리 잡은 비질서는 자연재해, 질병, 고통 등의 형태로 반영되어 끊임없이 나타났다. 죄가 이러한 모든 상황의 원인은 아니지만, 이 같은 비질서의 요소들은 인류가 창조세계에 질서를 강제할 능력을 가지지 못했음을 보여준다.[6]

둘째로, 구약 시대의 사람들은 세계가 **질서**(order)로 특징지어진다고 생각했다. 왜냐하면 창조가 질서를 부여해주었기 때문이다. 인류의 역사는 발견, 발명, 기술, 그리고 산업을 통해 질서의 유익을 증진시켜온 과정이었다. 하지만 이처럼 질서를 증진시켜온 인류의 진보가 때로는 무질서를 초래하기도 했다. 우리는 우리 자신이 신성한 공간의 수호자라는 사실을 명심하기보다는 너무나 쉽게 우리의 이기적인 목적에 지배당하곤 한다. 우리 자신을 질서의 중심으로 삼아버리는 것이다.

셋째로, 이스라엘 사람들은 결과적으로 자신들이 **무질서**(disorder)로 특징지어지는 세계에서 살아간다고 생각했다. 우리가 서로에게 해를 끼치거나 스스로에게 해를 끼치는 방식에 무질서가 숨겨져 있다. (현대인들이 주위 환경에 해를 끼치는 것도 무질서를 조장하는 일이다.) 무질서는 죄의 결과이며 우리가 처음 의도되었던 것처럼 선하게 살아갈 능력이 없음을 지속적으로 보

---

6   물론 우리는 죄가 이런 결과 중에 일부를 초래할 수 있다는 점을 인정한다. 어떤 사람은 죄로 인해 질병을 경험하기도 하며(예. 성행위에 의해 감염되는 질병들), 자연재해는 간접적으로 인간들의 무책임한 행동과 관계가 있다(석유 누출, 고엽제, 온실가스).

여준다. 죄가 가지는 해로운 영향 가운데 하나는 우리로 하여금 피조물로서 제 기능을 충분히 다하지 못하게 만드는 것인데, 그나마 우리가 간신히 유지해가는 질서는 창조주 하나님의 본래 의도를 흉내 내는 것일 뿐이다. 이처럼 질서가 지연되고 무질서가 만연해진 상태로 인해 모든 피조물이 신음하고 있는데(롬 8:19-22), 여기서 무질서는 죄로 말미암은 것이다. 죄는 근본적으로 우리가 하나님보다 더 잘할 수 있다는 생각으로 표현되며 이 같은 망상은 지금도 여전히 우리 모두를 괴롭히고 있다.

죄란 무엇인가?[7]

구약성서가 제시하는 죄의 신학을 이해하기 위해서는 먼저 우리가 현대의 조직신학이나 신약성서에서 가져온 패러다임들을 떨쳐버릴 필요가 있다. 이 같은 절차를 밟는 이유가 조직신학이나 신약신학의 이해들이 잘못되었기 때문은 아니며, 다만 고대 근동의 사고방식이 우리의 것과 동일하지 않다는 점을 인지할 필요가 있다는 것이다. 우선 몇 가지 서로 다른 모델들을 살펴보는 것으로 탐구를 시작하겠다.

마크 비들(Mark Biddle)이 지적하는 것처럼 현대인들이 죄를 대하는 가장 보편적인 방식은 그것을 범죄(crime)와 동일시하는 것인데, 비들은 이 같은 견해가 성서적으로나 신학적으로 부적절하다고 여긴다.[8] 개리 앤더슨(Gary Anderson)은 그의 저서에서 죄를 표현하기 위한 경쟁적인 패러다임들로 "짊어져야 할 짐"과 "지불해야 할 부채"를 제시한다.[9] 첫 번째 비유인

---

7   이 단락은 Walton, *Lost World of Adam and Eve*, 명제 15에 기초한 것이다.

8   Mark E. Biddle, *Missing the Mark: Sin and Its Consequences in Biblical Theology* (Nashville: Abingdon, 2005), vii-viii.

9   Gary A. Anderson, *Sin: A History* (New Haven, CT: Yale University Press, 2009).

"짐"은 구약성서에서 발견되는 관용구에 의해 지지를 받는 견해이며("죄/죄책/형벌을 짊어지다"; 창 4:13에 등장하는 가인의 진술이 그 시작이다), 두 번째 비유인 "부채"는 제2성전 시대에 두드러지는 개념으로 자리 잡았다.[10] 이 두 가지 패러다임은 죄(짐과 부채가 되는 행위들)의 결과를 웅변적으로 말해주며 그것을 해소하는 길이 무엇인지도 지적해준다.

구약성서에 담긴 죄의 신학을 분석하기 위한 대안적인 접근법은 죄를 가리키기 위해 사용된 다양한 히브리어 용어를 살펴보는 것이다.[11] 여기에는 몇 가지 주의사항이 있다. 예컨대 우리는 구약성서에서 죄가 "과녁을 벗어남"이라는 의미를 가지고 있다는 설명을 종종 듣는다. 하지만 불행하게도 이러한 진술은 의미론이 작동하는 방식에 대한 잠재적인 오해의 한 가지 예다. 물론 "하타"(חָטָא)라는 동사가 목표를 성취하는 일에 실패하는 것을 가리킬 수도 있으며(잠 8:36; 사 65:20), 실제로 물매를 던지는 자들이 과녁을 빗맞히지 않는다는 것을 가리키는 데 한 차례 사용되기도 했다(삿 20:16).[12] 하지만 우리는 이것이 "죄"라고 번역될 수 있는 단어의 "본래" 의미를 반영하는 것인지 질문해보는 것이 합리적일 것이다. 단어의 의미는 어원에서 유래하는 것이 아니라 용례에서 유래하는 것이며,[13] 이 동사는 단순히 "죄를 짓다"라는 의미를 가진다. 설사 이 단어가 본래 과녁을 벗어난다는 의미나 목표를 달성하지 못한다는 것을 의미하는 동사에서 유래했다 하더라도 우

---

10 Ibid., 27-28.

11 다음 논의를 보라. Alex Luc, "חטא," in *New International Dictionary of Old Testament Theology and Exegesis,* ed. Willem A. VanGemeren (Grand Rapids: Zondervan, 1997), 2:87-93.

12 그러나 후자의 용례는 동사의 히필(Hiphil) 형태를 취하는데 이것이 다른 구절들에서는 방향 상실의 의미로 사용된다. 죄를 의미하는 것은 칼(Qal) 형태의 동사다.

13 마찬가지로 영어에서도 "awful"이라는 단어가 영감을 준다는 의미를 지니지 않으며 "sinister"라는 단어도 왼손잡이를 의미하지 않는다.

리는 이 단어가 여전히 그런 의미를 내포하고 있을 것이라고 생각할 이유가 없다.[14] 죄를 가리키는 다양한 단어들이 죄가 취하는 다양한 형태(반역, 위반, 부정, 죄책)를 이해하는 데 도움을 줄 수는 있지만, 의미론적 분석의 역할은 거기까지다.

세 번째 접근법은 죄가 무엇**인가**에 대해 이야기하기보다는 죄가 무엇**을 하는가**에 초점을 맞추는 것이다. 이러한 접근법에 따르면 죄는 하나님과의 관계를 위협"하는" 것으로 간주될 수 있다. 죄는 소외로 귀결되는 것이다.[15] 이런 관점은 위에서 논의했던 패러다임들과는 차이를 보인다. 위의 패러다임들에서는 일차적으로 우리 자신에게 초래되는 결과들(짐, 부채)을 부각시켰다면, "소외"는 특히 우리가 하나님과 맺었던 관계에 초래되는 결과들에 초점을 맞추고 있다. 이 같은 소외 개념을 구약성서에서도 쉽게 찾아볼 수 있다. 아담과 하와가 에덴동산에서 쫓겨나는 장면이나 이스라엘이 약속의 땅에서 유배되는 사건도 소외의 문제를 다룬다. 그것은 신성한 공간 개념과도 연결되는데, 하나님의 임재 앞에 나아가는 길을 빼앗기지 않기 위해서는 공간의 성결이 유지되어야 했다(언약의 저주 구문에서 분명하게 볼 수 있는 것처럼). 결과적으로 죄는 인간의 가장 근원적인 욕구라고 할 수 있는 하나님과의 교제를 방해하는 요소다. 하나님이 인간을 창조하신 목적은 파트너십을 통한 교제를 위한 것이었으며, 창세기 3장에서 인간이 잃어버린 것은 바로 그 파트너십이다. 성서의 나머지 부분은 인류가 잃어버린 파트너십

---

14 그리스어 용어들에서도 유사한 현상을 발견할 수 있다.

15 예컨대 Mark J. Boda, *A Severe Mercy: Sin and Its Remedy in the Old Testament* (Wi- nona Lake, IN: Eisenbrauns, 2009), 515; Luc, "חטא," 89. 이것은 "영적 죽음"이라는 신학 개념이 발달하는 과정에서 출현한 것인데, 처음 소개한 인물은 오리게네스였다(하지만 텍스트 상으로는 창 3장의 형벌을 육체적 죽음이 아닌 영적 죽음으로 간주할 이유가 없다).

을 재구축하는 과정을 담고 있다(제4장을 보라).

죄를 표현하는 또 다른 방법은 그로 인해 초래되는 불균형에 초점을 맞추는 것이다. 성서가 말하는 죄는 제도 내에 만연하여 혼란을 불러오는 불균형이라는 것이다. 진정한 인간 존재는 하나님의 형상으로서 그가 가진 잠재력을 최대한 실현하기를 갈망하지만, 그와 동시에 그는 자신에게 주어진 피조성과 한계를 끊임없이 인식한다. 죄는 바로 이 같은 열망이 낳은 불균형이다. 인간은 하나님으로부터 받은 소명을 반영하는 일에 실패하고 그에게 주어진 한계를 망각하고 말았다.[16] 여기서 주의할 것은 죄에 대한 이 같은 정의가 "인간에게 주어진 신적 소명"에 대한 이해와 관련된다는 것이다. 하나님의 형상을 소유하지 않은 피조물은 인간과 동일한 신적 소명을 받지는 못했으며(모종의 소명을 받았다 하더라도), 따라서 죄를 지을 수 없다(적어도 하나님의 형상으로서 범하는 죄에 대해서는 말이다). 더 나아가 "우주적 공생관계"에 동참하는 것을 자신에게 주어진 신적 소명으로 간주하는 고대 근동 다른 문화들에서는 죄가 무엇을 의미하는지에 대해 전혀 다른 관점을 보여준다. 그들에게는 "우주적 공생관계"를 방해하는 모든 것이 죄로 간주된다. 대다수의 고대 근동 자료에서 죄의 범주들이 제의적 위반이나 결함들로 구성되어 있는 이유가 바로 거기에 있다.[17]

이 같은 접근법들이 상호 배타적인 것은 아니며, 처음 두 가지 접근법("짐"과 "부채", 의미론 연구)도 물론 유효한 것이고 우리의 이해에 기여하는 바가 크지만, 이번 장에서는 소외/불균형 모델에 논의의 초점을 맞출 것이다. 이것은 종종 무시되어왔고 심지어 학자들이 인식조차 하지 않았던 신

---

16   Biddle, *Missing the Mark*, xii-xiii.

17   J. Harvey Walton의 통찰이다.

학적 방법론이다. 창세기 1장이 질서와 신성한 공간에 관한 기사라면, 죄로 인해 초래된 무질서는 새로운 중요성을 갖게 된다.[18] 불균형(무질서)은 하나님께서 마련하신 균형(질서)을 저해하는 것이다. 조직신학은 결과적으로 다른 궤적들을 발전시키고서 그것들에 우선권을 부여했지만, 구약성서에서는 바로 이러한 관점이 창세기 1장에서 죄가 어떻게 소개되고 있는지를 설명해준다. 여기서는 질서와 그 반명제인 무질서가 너무도 중요한 요소들이다.

귀신들

우리가 마주하는 첫 번째 문제는 용어에 관한 것이다.[19] 고대 근동의 주요 문화들이나 구약성서에 "귀신"(demons)을 의미하는 일반적인 용어는 존재하지 않는다. 다만 그들은 일반적으로 영적 존재들(신도 아니고 그렇다고 유령도 아닌) 가운데 하나의 범주에 속하는 것으로 간주되었다. "귀신"이라는 용어는 다채로운 변화의 역사를 거쳐 왔다. 오늘날 신학계에서 이 용어는 존재들, 특히 타락한 천사들을 가리키기 위해 사용되는데,[20] 그들은 본질적으로 악하며 그들의 우두머리인 사탄의 명령을 따르는 자들이다. 하지만 이

---

18   구원은 확실히 중요한 신학적 주제다. 하지만 이것은 하나님이 우리에게 그의 임재 앞에 나아가는 길을 허용하시기 위해 행하신 일로서 이해되어야 한다. 최종 목표는 하나님의 임재 앞에서 누리는 관계이며, 구원은 그것을 성취하기 위한 수단이다.

19   이 단락의 내용은 다음 자료에서 가져온 것이다. J. Walton, "Demons in Mesopotamia and Israel: Exploring the Category of Non-Divine but Supernatural Entities," in *Windows to the Ancient World of the Bible,* ed. B. T. Arnold, N. Erickson, and J. H. Walton (Winona Lake, IN: Eisenbrauns, 2014), 229-46.

20   특히 오리게네스에 이르러 이런 전통이 시작된다. J. B. Russell, *Satan* (Ithaca, NY: Cornell University Press, 1981), 132.

같은 정의가 일반화된 것은 구약의 정경이 완성되고 난 이후의 일이다. 우두머리 마귀의 통제를 따르는 악한 영들이라는 개념은 고대 근동에서나 구약성서 어디에서도 찾아볼 수 없으며, 신약성서에서 사용된 용례들도 주의 깊게 살펴보고 평가할 필요가 있다.

헬레니즘 시대에는 영적 존재들의 위계사회에 그리스어로 "다이몬"(daimon)이라고 불리는 피조물이 존재했다. 영어의 "디먼"(demon)이 단순히 그리스어 다이몬을 라틴화한 것이기는 하지만, 그럼에도 영어의 "디먼"은 헬레니즘 시대의 영적 범주를 지칭하는 데 사용될 수 없다. 왜냐하면 그리스어 "다이몬"은 주인공과 악당, 이로운 존재와 해로운 존재, 온순한 존재와 사악한 존재를 모두 가리킬 수 있기 때문이다. 한마디로 "다이몬"은 인간보다 높고 신들보다 낮은 모든 존재에 적용될 수 있는 용어다.[21] 그들은 도덕적으로 중립적인 존재들이라는 것이다. 따라서 영어의 "디먼"은 이미 선입견을 반영한 용어이기 때문에 이것을 시대착오적으로 사용하는 것은 주장의 권위를 약화시킬 수 있다.

히브리어 용어 가운데는 범주를 가리키는 것과 개별적인 실체들을 가리키는 것이 있는데, 그중 다수가 어느 정도 논쟁의 여지를 안고 있다. 예를 들어 어떤 해석가들은 특정 범주가 경계공간에 거주하는 짐승들을 가리킨다고 하는 반면 다른 해석가들은 그것이 짐승의 모습을 한 귀신들을 가리킨다고 주장한다. 이러한 범주에 해당하는 가장 두드러진 예가 "치임"(צִיִּים,

---

21   플라톤주의자들은 다이몬을 신들과 인간들 사이의 중재자로 정의한다. 신플라톤주의자인 필론도 그들을 유대교의 천사들과 동일시한다. 이후에는 속성이 모호했던 다이몬이 "다이모니온"(daimonion)으로 대체되었는데 이것은 좀 더 부정적인 의미로 사용되었다. 결과적으로 기독교에서는 "다이모니아"(daimonia)를 악한 천사들과 연결 짓는다(Russell, Satan, 48-49).

개역개정 "들짐승")[22]과 "이임"(אִיִּים, 개역개정 "승냥이")[23]이다. 아카드어 텍스트에서 동물의 모습을 한 영들은 일반적으로 여러 짐승을 조합해놓은 형태를 하고 있는데, 비유적으로는 짐승으로 묘사되곤 한다(예. 도시에서 울부짖는 부엉이).[24] 고대 근동의 도상학에서 "야수들의 지배자" 모티프는 경계공간에 속한 짐승들이 지역을 장악하고 있는 것으로 묘사하면서 잠정적으로 짐승들을 영과 동일시한다.[25] 빌트버거는 해악을 끼치는 짐승들과 귀신들을 분명하게 구분하는 것은 불가능하지만, 어느 정도는 식별이 가능하다고 언급한다.[26] 할러데이는 빌트버거와 동일선상에서 다음과 같이 결론 짓는다. "야수들과 귀신들이 기괴한 존재를 의미한다는 공통점을 가지고 있기는 하지만 여기 사용된 용어들의 의미를 정확하게 밝힐 수 있는 방법은 없다."[27] 성서 텍스트 가운데는 경계공간에 속한 짐승들을 가리킬 여지가 있는 단어들을 사용한 용례가 없기 때문에, 특정 용어들을 이런 방식으로 해석하고자 하는 이는 스스로가 거증책임을 떠안게 된다.

특정현상을 묘사하는 집합적 개념이 영들로 간주되거나 혹은 귀신들과 동일시되는 경우가 있다. 가장 두드러지는 예는 "데베르"(דֶּבֶר "전염병"),[28]

---

22   사 34:14(LXX, "*daimonion*"); 렘 50:39(Vulgate, "*dracones*": dragons). H. Wildberger, *Isaiah 28-39* (Minneapolis: Fortress, 2002), 315, "demons." 시 72:9(인류의 원수들). 경계영역(사막들)의 거주자들.

23   사 13:22; 34:14; 렘 50:39. Wildberger, *Isaiah 28-39*, 315, "goblins." 시 72:10(인류의 원수들). 경계영역(해변지역들, 섬들)의 거주자들.

24   *UL* 5:9.

25   경계영역의 동물들을 보여주는 이집트 석판들을 보라(개를 새긴 석판, 나르메르 [Narmer] 석판, 들이받는 황소를 새긴 석판).

26   Wildberger, *Isaiah* 28-39, 335.

27   W. Holladay, *Jeremiah* (Minneapolis: Fortress, 1989), 2:421.

28   호 13:14; 합 3:5; 시 91:6 (F. I. Andersen and D. N. Freedman: "문맥상 귀신들과의 관련성을 감지할 수 있다." 하지만 복수형이 사용된 것이 귀신과의 관련성을 일축한다. *Hosea*

"케테브"(קֶטֶב "파멸"),[29] "레셰프"(רֶשֶׁף "질병")[30] 등이다.

여기 거론된 짐승들이나 현상들이 메소포타미아의 영들과 유사성을 가진다는 점을 근거로 그것들이 영들을 가리킨다고 주장할 수는 없다. 이스라엘에서 짐승의 모습을 한 실체들은 자애로운 존재도 아니고 그렇다고 해악을 끼치는 존재도 아니다. 그들은 자애롭지도 않고 그렇다고 해를 끼치지도 않으며, 여러 짐승의 형상을 조합한 것도 아니다. 그들은 인류에 대해 지배권을 갖지도 않으며 공격적인 자세를 취하지도 않는다. 그들은 신성과 연루되어 있지도 않고 신의 사역을 위한 도구도 아니다. 메소포타미아와의 유일한 유사점은 그들이 경계공간에 거주한다는 사실인데 이것만으로 둘을 동일시하기에는 근거가 부족하다.

구약성서에서 특정 현상과 관련된 집합적 개념들은 야웨의 도구로서 인류에게 부정적인 여파를 가져다주는 존재로 간주된다는 점에서 메소포타미아와 차이를 보인다. 하지만 성서 내에서 이런 개념들은 벼락이나 폭우와 크게 다르지 않다. 경우에 따라 두 문화가 공통의 명칭을 사용한다는 사실

[New York: Doubleday, 1980], 640). 또한 시 91:5의 "파하드 라일라"(פַּחַד לָיְלָה)도 주목하라. Malul은 DDD에서 시 91:5-6이 일련의 귀신 이름들을 담고 있다고 주장했다. John Goldingay: "이 용어들은 적대적인 신들과 귀신들을 묘사하는 고대 근동의 방식과 일맥상통하며 고대의 용례들은 명시적으로 귀신들과 영들을 가리킨다. 하지만 이 문맥에서는 그 명시적인 언급이 없으며, 만약 있다면 구약성서에서 특이한 경우가 될 것이다. 구약성서는 귀신들에 대해 거의 언급하지 않는다." *Psalms* (Grand Rapids: Baker, 2008), 3:45.

29   신 32:24; 사 28:2; 호 13:14.

30   신 32:24; 합 3:5; 시 76:4; 78:48. J. Tigay, *Deuteronomy*, JPS Torah Commentary (Philadelphia: JPS, 1996)는 신명기 구절이 문학적 의인화도 아니라고 생각한다. Andersen은 합 3:5이 네 명의 강력한 수행원을 대동한 신의 모습을 그린다고 주장한다 (하지만 그가 보는 것은 셋뿐이며 하나는 그가 제공한 것이다). 여기서 의인화가 일어났는지는 의문의 여지가 있으며 귀신화(demonization)는 더더욱 그렇다. 하지만 만일 그들이 귀신들이라면 그들은 신들에 의해 통제되고 그들의 요구를 수행하도록 명령 받는 메소포타미아 범주에 속한 귀신들일 것이다(신들의 동료가 된 귀신들처럼 말이다). 물론 "레셰프"(רֶשֶׁף)는 우가리트와 에블라에서 신으로 간주된다(Vulgate, *diabolos*).

에도 큰 의미를 부여할 수 없다. 왜냐하면 개념상의 유사성은 없는 명목상의 유사성인 경우가 많기 때문이다(예컨대 셰메쉬/샤마쉬). 우주의 구성요소를 문학적으로 의인화하는 것도 어떤 요소를 영적 존재로 간주하는 것과 동일하지는 않다.

이처럼 의문의 여지가 있는 예들은 뒤로 하고서 우리가 보다 진지하게 다루어야 할 다섯 가지 용어가 있다. "셰딤"(שֵׁדִים), "세이림"(שְׂעִירִים), "릴리트"(לִילִית), "아자젤"(עֲזָאזֵל), "루아흐-라아"(רוּחַ רָעָה)인데 처음 둘은 집합적 표현이며, 나머지 셋은 개별적 실체를 가리키는 용어다.

"셰딤"(שֵׁדִים)[31]과 "세이림"(שְׂעִירִים, 염소의 신들)[32]은 가장 빈번하게 귀신들로 번역되거나 해석되는 용어들이다. 전자는 아카드어에서 하급 수호신을 의미하는 "셰두"(šedu)와 같은 어원에서 유래했을 가능성이 있다. 대안적으로는 아람어 "셰딘"(šdyn)과 같은 어근일 수도 있는데,[33] 이 용어는 데이르알라에서 출토된 발람 텍스트에서 천상의 어전회의에 좌정한 무리를 가리키는 데 사용되었다. 구약성서에서 "셰딤"은 희생제사를 받는 존재로 묘사되고 있기 때문에 아카드어 문헌의 동족어보다는 트랜스요르단 지역에서 사용되던 아람어 "셰딘"과 공통되는 점이 더 많다.

"셰딤"과 마찬가지로 "세이림"도 경배의 대상으로 묘사된다. 그들은 희생제사를 받는데, 이것은 메소포타미아의 어떤 유사한 영들과도 다른 점

---

31 신 32:17(LXX, *daimonion*); 시 106:37(LXX 105:17, *daimonion*).

32 사 13:21(LXX, *daimonion*); 사 34:14; 참조. 레 17:7; 대하 11:15.

33 하지만 만일 이것이 "샤다이"(Shaddai)와 동족어라면(J. Hackett, *The Balaam Text from Deir 'Alla*, Harvard Semitic Monographs 31 [Chico, CA: Scholars Press, 1984], 85-89) 이것은 "셰딤"(שֵׁדִים)의 동족어일 수는 없다. 아람어와의 관계는 보다 개연적인데, 랍비 문헌에서도 아람어 형태인 "셰딘"(שֵׁדִין)을 사용하며 이것은 히브리어의 "셰딤"에 해당하는 용어다.

이다(메소포타미아에서 영들은 신전이나 제사 혹은 제사장들과 관련이 없으며 희생제사를 받지도 않는다). "세이림"을 염소의 신들 혹은 사티로스로 번역하는 것이 일반적이기는 하지만 그들이 복합적인 짐승의 형태를 하고 있다는 암시는 어디에도 없다. 이 단어는 많은 경우에 단순히 염소들을 가리키는 용어로 사용된다.[34] 따라서 "세이림"이 고대 근동 문화에서 발견되는 어떤 존재와 유사하다는 단순한 이유만으로 그들을 귀신과 동일시하는 것은 합당하지 않다. 그들은 결정적으로 우리가 메소포타미아에서 발견할 수 있는 어떤 존재와도 일치하지 않는다. 여기서 "세이림"들이 받는 희생제사는 합법적이지 않은 것이며, 따라서 우리는 그것들을 이방신들의 범주에 포함시킬 수 있을 것이다.

어떤 이는 신약성서를 근거로 이방 신들이 귀신들이라고 주장할 수도 있을 것이다. 하지만 그 같은 등식은 헬레니즘 이후 시대에 성립되는 것이다. 그 같은 등식을 존재론적으로 받아들일지 여부와 무관하게, 구약성서 텍스트나 혹은 고대 근동과의 비교분석을 통해서는 그 같은 상관관계를 성립시킬 수 없다. 고린도전서 10:20에서 바울은 귀신들도 우상들에게 바치는 희생제사를 받는 존재들로 간주**된다는** 그 시대의 믿음에 대해 언급한 적이 있다.[35]

여기서 바울의 진술은 존재론적인 논증이라기보다는 묘사적인 언급이라고 보아야 할 것이다. 구약성서의 문맥에 대한 이해를 토대로 살펴볼 때 이스라엘의 사상에서 "세이림"이나 "셰딤"을 "귀신들"로 간주할 근거는 전혀 없다. 구약성서에 귀신론이라 불릴 만한 체계가 확립되어 있지 않다는

---

34 가축으로 길들여진 염소를 가리키는데, 야생염소도 가리키는지는 분명하지 않다.

35 플루타르코스는 이것을 사실로 확언한다. "귀신들은 신들의 신성한 의식을 수호하는 자들이며 신비한 일을 일으키는 자들이다." Plutarch, *De Defecto Oraculorum* 13.

점에서 이스라엘 사람들이 이방 신들을 귀신들로 여겼다고 말할 근거가 있는지 의심스럽다.[36] 신명기 32장의 텍스트에서 "이스라엘 자손" 대신에 "하나님의 아들들"이라는 이형(variant)을 원문으로서 간주할 수 있다면(나는 그렇다고 생각하는데), 이방 신들은 천상의 어전회의와 연관이 있는 존재들이다.

또 다른 용어인 "릴리트"(לילית)는 이사야 34:14에 단 한 번 등장한다. 이 구절이 귀신에 대한 언급이라는 주장을 지지하는 근거는 아카드어에서 특정한 영을 가리키는 "릴루/릴리투"(lilû/lilitu)라는 단어에서 발견할 수 있다. 하지만 우리가 수많은 동족어들과 관련하여 이미 살펴본 것처럼 이두 용어가 동일한 의미를 보존하거나 전달한다고 추정할 근거는 없다. 흥미로운 사실은 여기서 학자들의 논의가 아카드어에서 랍비문학과 교부문학으로 이동한다는 것이다(여기에는 분명한 연속성이 존재한다).[37] 따라서 이사야 34장의 "릴리트"가 영적 존재를 가리킬 가능성이 존재하기는 하지만, 주어진 문맥에서 "릴리트"는 메소포타미아에서 영들이 작용하는 방식으로는 결코 활동하지 않는다. 오히려 "릴리트"는 경계영역에 머무는 피조물들(영이아닌)과 관련이 있다. 따라서 현재까지 주어진 정보만으로 구체적인 실체를 특정하려는 시도는 중지되어야 한다.[38]

---

36 LXX가 시 96:5; 105:37; 신 32:17; 사 65:11을 대하는 방식과는 대조적이다. 예를 들어 LXX 시 96:5은 우상들(אלילים, "엘릴림")을 귀신들(daimonion)로 번역한다; 참조. 고전 10:20-21; 계 9:20; 그리고 오리게네스; 참조. Russell, Satan, 134.

37 Wildberger의 두 페이지에 이르는 인용 가운데 외경이나 위경에서의 용례는 하나도 없다. Lowell Handy("Lilith," in Anchor Bible Dictionary, ed. David Noel Freedman [New York: Doubleday, 1992], 4:324-25)는 정보의 주된 근거가 탈무드(4회) 및 기원후 제1천년기에 니푸르(Nippur)의 유대인 공동체에서 발견된 아람어와 만다어 토기 명문들임을 보여주고 있다. 추측건대 메소포타미아 현지인들의 사고가 (다른 여러 개념들과 함께) 헬레니즘 시대 유대교에 침투한 후에 결국은 랍비문학과 교부문학에까지 전승된 것으로 보인다.

38 Tigay(Deuteronomy, 258)는 축복과 저주가 관련 동사들을 통해 거의 의인화되다시피

레위기 16장에 등장하는 "아자젤"(עֲזָאזֵל, 아사쎌)이 귀신과 동일시되곤 하는 세 가지 개별적 실체 중 두 번째 것이다. 여러 가지 면에서 논쟁의 여지가 있기는 하지만 이것은 영적 존재를 가리킬 가능성이 보다 높다.[39] "아자젤"을 귀신으로 해석하는 전통은 헬레니즘 시대 유대문학에서 특히 두드러지지만(예. 에녹서), 정작 레위기의 문맥은 구체적인 설명을 거의 제공하지 않는다. "아자젤"에게 거주할 공간(광야)이 제공된다고 말하기는 하지만, 그는 권세를 가지지도 않았고, 재앙이나 질병을 가져오는 것도 아니며, 협박하지도 않고, 주문의 대상으로 사용되지도 않는다.[40] 더 나아가 고대 세계의 희생양 제도(elimination ritual)에서 범죄를 짊어지고 가는 짐승은 귀신에게 바쳐지는 제물이 아니며,[41] 단지 도살됨으로써 그가 짊어진 범죄도 그와 함께 죽는 것이다.[42] 희생양을 통한 제거 의식은 도살되는 짐승을 희생제물로 간주하지 않는데, 왜냐하면 짐승의 어느 부분도 신에게 바쳐지는 것이 아니기 때문이다. 그것은 또한 신에게 드리는 예물일 수도 없는데, 왜냐하면

했다고 지적한다. 그럼에도 그는 다음과 같이 결론 짓는다. "신명기에서 실질적인 의인화는 발견되지 않으며, 이것은 하나님 외에 또 다른 독립적인 초자연적 힘들의 존재 가능성을 일축하는 것이다.…그 대신 축복과 저주는 단지 하나님의 절대적인 통치하에 시행되는 비인격적인 세력들을 구체화한 것뿐이다." 이사야서의 "릴리트"에 대해서도 비슷한 설명이 가능할 것이다.

39   B. Janowski는 "아자젤"을 인격체와는 다른 실체로 간주하고서 "하나님의 진노를 제거하기 위하여"라고 번역한다("Azazel," *DDD*2, 130).

40   D. Wright, *The Disposal of Impurity* (Atlanta: Scholars Press, 1987), 22. "그가 귀신이라고 해서 성서의 세계 바깥에 속한 귀신들처럼 기능할 것이라고 무비판적으로 전제하는 우를 범해서는 안 된다. 아자젤이 갖는 귀신으로서의 본성은 일차적으로 제사장 문헌의 틀 안에서 해석되어야 한다. 중요한 점은 제사장 문헌에서 귀신이라는 주제를 거의 다루지 않는다는 점이다."

41   Ibid., 24.

42   *Tabahu*, in *UL* 12:80, *naqu*, 12.163; G. Cunningham, *Deliver Me from Evil: Mesopotamian Incantations 2500-1500 BC* (Rome: Pontificio Instituto Biblico, 1997), 59.

그 짐승은 그에게 전가된 악으로 인해 오염되었기 때문이다.[43] D. 라이트(D. Wright)는 아자젤이 인격성을 잃어버린 존재로서 죄를 처리하는 장소 혹은 목적지에 불과하다고 결론 짓는다.[44] 더 나아가 그곳은 무해한 장소이기만 한 것이 아니라 모든 범죄가 머무르고 있는 무질서의 장소를 대변한다.

여기서 논의하고자 하는 마지막 개별적 실체는 "대적하는 루아흐"(רוּחַ רָעָה)인데, 특히 사무엘상 16장에서 두드러진다. 본문에 따르면 그 영은 하나의 실체이지만 지하세계에 속하지도 않고, 경계영역(문명의 경계)에 속하지도 않으며, 여러 짐승이 조합된 것도 아니고, 전체적으로나 부분적으로나 짐승의 모습을 띠고 있지도 않다. "루아흐"는 사람들에 대하여 권세를 부리는데 이로써 우리가 지금까지 논의해온 구약성서의 다른 영들과는 차별화된다. 하지만 그도 하나님께 종속되어 있으며 하나님에 의해 임무를 부여받는다(독립적으로 행동하는 것이 아니다). 마지막으로 그는 마술의 힘으로 통제되지 않는다. 비록 다윗의 수금 연주가 사울에 대한 그의 지배력에 영향을 주기는 했지만 말이다.

구약성서 자료의 종합

구약성서에 등장하는 어떤 영도 하나님을 대적하는 자로 그려지지는 않는다.[45] 그들에게는 우두머리가 없으며, 타락한 천사들도 아니다. 어떤 영도 "사탄"(שָׂטָן)과 관련을 맺고 있지 않은데, 사탄은 그들을 통솔하지도 않고 그

---

43   참조. 이와는 대조적으로 *UL* 12:60-61에서는 낮에 희생제사를 드리면서 제물의 개인적인 신의 이름을 부른다. 다음 구절도 주목하라. *UL* 12:151, "그가 바치는 음식이 샤머쉬에게 도달하길 기원한다."

44   Wright, *Disposal of Impurity*, 25.

45   한 가지 가능한 예외는 단 10:20에 나오는 페르시아와 그리스의 군주들에 대한 언급이다.

들과 협업하지도 않는다. 그들은 목적을 공유한 하나의 조직으로서 활동하지 않는다. 그들이 어떤 두려운 일을 감행하든지 그들은 하나님의 도구로서 그의 명령에 따라 그에게 복종할 뿐이다. 혼돈의 생명체들도 하나님에 의해 창조되었으며 전적으로 그의 통제하에 있다(참조. 창 1:21; 시 104:26).

그럼에도 구약성서에 등장하는 이러한 존재들 가운데 몇몇은 미미하게나마 자발성을 갖는 것으로 간주될 수 있지만(예. 왕상 22장에서 제안을 주도하는 "루아흐", 그리고 "사탄"), 대부분의 존재들은 활동하지 않는다("셰딤", "세이림", "릴리트", "아자젤", "치임", "이임"). 활동적인 존재들("루아흐", "사탄")과 관련하여 우리는 그들의 행위를 자의적인 것으로나 비합리적인 것으로 범주화할 수 없다. 마찬가지로 이 범주에 속하는 대부분의 존재는 도덕성을 가진 독립적인 행위자로 간주되지 않는다. 그들 대부분은 도덕적인 역할을 가지고 있지 않으며, 하나님의 도덕적 행위에 연루된 자들("루아흐", 경우에 따라서는 "사탄"도)은 다만 하나님의 대리인으로서 도덕적으로는 중립을 유지한다. 그들은 본질적으로 호의적이지도 악의적이지도 않다. 고대와 고전의 세계에서 최고신들을 포함한 대부분의 초자연적 존재들은 도덕적으로 어정쩡한 태도를 보인다.[46] 달리 표현하자면, 구약성서의 영적 존재들은 권세를 사용하지 않으며 사람들에게 호의를 보이지도, 악의를 보이지도 않는다. 그들은 정의의 사자들이 아니며 그렇다고 기회주의자도 아니다. 그들은 때때로 사람들을 위협하지만 사람들을 지배하지는 않으며(가능한 예외로 삼상 16장을 참조하라), 사람들을 유혹하지도 않는다. 그들은 질병을 불러오지 않으며 축귀

---

46 이것은 비이성적이고 자의적이며 혹은 진정성을 결여한 행동들을 의미한다. 그들은 "우주적 공생관계"의 일원이기 때문에 사심 없는 선이나 호의에 대해서는 알지 못한다. 하지만 야웨는 우주적 공생관계의 일원이 아니시며 그분을 특징짓는 것은 대가를 바라지 않는 호의다(J. Harvey Walton).

나 주문을 사용하는 술사들에 의해 통제되지도 않는다.[47] 이러한 영들은 마법을 행하지 않으며 구약성서와 아무런 연관관계도 없는데 이는 성서신학에서 "우주적 공생관계"를 불신임하고 거부했기 때문이다.

고대 근동의 귀신론은 구약성서에서 두드러진 역할을 하지 못하는데, 왜냐하면 고대 근동을 대표하는 영들은 마법이나 주문의 세계와 분리해서 생각할 수 없는 존재들이기 때문이다. 메소포타미아의 영들이 속하는 개념적 세계는 바로 마법의 세계와 동일하며, 메소포타미아의 영들이나 마법 모두 이스라엘의 정통 신학과는 상충하는 것들이다. 더욱이 이스라엘의 정통 신학은 야웨와 통치권을 다투는 변절자나 대항마를 허용하지 않는다. 우리가 발견할 수 있는 유일한 형태의 반발은 열국의 신들을 선동하는 자들(예. 아합과 이세벨)이 주도한 것이다. 성서 텍스트에서 재난이나 기근, 혹은 대적들을 이스라엘의 악과 불충에 대한 징벌로서 **보내시는** 분은 하나님이시며, 그 같은 공격으로부터 사람들을 보호하시는 분도 하나님이시다. 하지만 이 모든 "징벌들"은 전적으로 야웨의 통제하에 이루어지는 것으로 표현된다.[48]

그런데 구약성서의 귀신론이 고대 근동의 인지환경으로부터 두드러진 영향을 받지 않은 것이 사실이라면, 헬레니즘 시대 유대교는 어디서 이런 사상을 받아들여서 그것을 (부분적으로는) 신약성서에, 그리고 보다 두드러지

---

47 삼상 28장에서는 주술이라는 마술적인 방식을 통해 사무엘의 영(אֱלֹהִים, "엘로힘")이 소환되지만, 그는 주문이나 축귀의 주체가 아니기 때문에 호의적으로도 악의적으로도 행동하지 않는다. 더 나아가 이것은 한때 생존했던 영이기 때문에 여기서 다루는 것과는 다른 범주로 간주되어야 한다.

48 에스겔서나 예레미야애가에 등장하는 "하나님의 유기" 모티프도 이스라엘을 단순히 독립적인 영들에게 노출시키는 것은 아니다. 야웨는 여기서도 여전히 이스라엘을 공격한 열국(과 그들의 신들)을 통제하신다.

게는 랍비문학 및 초기 기독교 문학에 전달한 것인가? 많은 학자들은 이 시기에 이원론적 사고가 눈에 띄게 증가한 사실로 미루어, 조로아스터교가 영들에 관해 도덕적으로 모호한 태도를 가진 기존의 "전통적인 일원론"적 관점을 쿰란과 헬레니즘 시대 유대 문학(여기서는 영들에 대해 도덕적으로 확고한 입장을 견지한다)에서 발견되는 "수정된 이원론"으로 변환시키는 과정의 모체가 되었을 것이라고 제안한다.[49] 조로아스터교에서는 "다에바"(daeva)가 "경배를 요구하는 사악하고 초월적인 영으로서 사람들을 타락시키고자 하는 존재"라고 설명한다.[50] 조로아스터교에서는 사악한 영들의 우두머리인 "아흐리만"(Ahriman)이 이러한 "다에바"들, 특히 "아에쉬마"(Aešma)를 리더로 한 일곱 귀신의 지원을 받는 것으로 묘사된다.[51] "아에쉬마"는 분노를 관장하는 페르시아의 영이며, 대부분의 학자들은 아에쉬마와 다에바의 조합이 「토비트」에서 귀신들 무리의 우두머리로 묘사되는 "아스모데우스"(Asmodeus)라는 이름의 어원학적 기원에 대한 최선의 설명이라고 생각한다.[52] 이것이 아마 구약성서와 고대 근동에 기원을 두지 않은 이원론적 사고가 헬레니즘 시대 유대교로 전달된 과정일 것이다.

---

49 조로아스터교의 이원론에 힘입어 "열방들의 옛 신들과 그들을 수종 들던 신들, 그리고 자연과 우주의 하급 영들은 '귀신화' 되어서 사악한 영들로 강등되었으며 인간들을 범죄하도록 유혹하고 참된 신앙에서 벗어나 다른 종교들의 거짓된 교리를 신봉하도록 부추기는 존재로 간주되었다." C. J. Riley, "Demon," *DDD*², 238.

50 S. Shaked, "Iranian Influence on Judaism: First Century B.C.E. to Second Century C.E.," in *The Cambridge History of Judaism, vol. 1, The Persian Period*, ed. W. D. Davies and L. Finkelstein (Cambridge: Cambridge University Press, 1984), 285.

51 J. B. Russell, *The Devil* (Ithaca, NY: Cornell University Press, 1977), 115.

52 Ibid., 215. 이란어와 아베스타어에서는 "다에바"(daeva)가 신들을 가리키는 용어였다. 하지만 조로아스터교에서는 그것이 거짓된 신, 그래서 결과적으로는 귀신들을 가리키게 되었다. 특히 사산조의 마술 텍스트에서 이런 현상이 명백하게 관찰된다(see E. M. Yamauchi, *Persia and the Bible* [Grand Rapids: Baker, 1990], 237-38, 426-27).

사탄

사탄과 마귀[53]

대부분의 영어 번역 성서는 욥기 1:6이나 다른 유사한 문맥에서 소개되는 존재를 대문자로 시작하는 고유명사 "사탄"(Satan)으로 묘사한다. 이로 인해 대부분의 독자들은 욥기 1장에 나오는 존재가 신약성서를 통해 우리에게 잘 알려진 마귀(the devil)를 뜻한다고 결론 짓게 된다. 하지만 우리가 이번 장을 통해 확인할 수 있는 것처럼 그와 같은 결론을 내리기에는 시기상조다. 결정을 미루는 의미에서 잠정적으로 그를 "참소자"(challenger)라고 부르겠다. 우리는 소위 참소자의 정체에 관한 다른 가능성들을 배제한 채 성급하게 그것을 신약성서에서 사탄이라고 부르는 존재와 동일시해서는 안 된다. 우리는 먼저 구약성서의 저자와 독자들이 무엇을 생각했을지 질문하는 것으로 논의를 시작해야 한다. 어쨌거나 구약성서의 저자가 이 같은 등장인물을 선택했고 그에게 역할을 맡겼으니 말이다. 그들은 "사탄"이 무엇이라고 생각했을까? 그는 마귀("the devil")인가? 아니면 귀신인가? 혹은 "하나님의 아들들" 가운데 하나인가?(NIV는 "하나님의 아들들"을 "천사들"로 번역한다)

이스라엘 사람들이 귀신의 세계가 실재하는 것으로 믿었다는 점에는 의심의 여지가 없지만 위에서 묘사한 것과 같은 귀신론의 흔적이 구약성서에서는 거의 발견되지 않는다. 사실상 귀신을 가리키기 위해 어떤 용어를 사용할지조차 합의된 바가 없다. 따라서 우리는 먼저 용어 문제를 다루는

---

[53] 이 단락의 일부는 다음 자료에서 가져온 것이다. J. H. Walton, "Satan," *Dictionary of the Old Testament: Wisdom, Poetry, and Writings,* ed. T. Longman III and Peter Enns (Downers Grove, IL: InterVarsity Press, 2010), 714-17.

것에서부터 탐구를 시작해야 한다. 구약성서에서 "사탄"(שָׂטָן)이라는 용어는 동사로도 명사로도 사용된다. "사탄"이 동사로 사용될 때는 "대적하다", "도전하다", "참소하다"(시 38:20; 71:13; 109:4, 20, 29; 슥 3:1) 등의 의미를 가지며, 명사로 사용될 때는 사람에게 적용되면서 그가 대적이라는 사실을 보여준다(삼상 29:4; 삼하 19:23; 왕상 5:4; 11:14; 23, 25; 시 109:6). 마지막으로 우리의 연구와 관련하여 가장 흥미로운 점은 이 단어가 천상의 존재들에 적용된다는 사실이다(욥 12장에 14회; 슥 3:1-2에 3회; 민 22:22, 32; 대상 21:1).

셈족어 계열에 속하는 다른 방언들에서는 이에 해당하는 동족어가 발견되지 않기 때문에 이 용어의 역사를 밝히는 데 도움이 되지 않는다. 만일 초자연적 존재에 적용된 특수한 용례가 본원적인 것이고 다른 용례들은 여기에서 발전되어 나온 것이라면, 우리는 파생된 용어들이 갖는 뉘앙스를 근거로 그 존재가 사악한 본성을 일부 가지고 있었다고 결론을 내릴 수밖에 없다. 파생된 용어들의 용례에서 그 같은 요소의 증거를 발견할 수 없기 때문이다. 하지만 이 용어가 일반명사로서 가지는 포괄적인 의미와 동사의 용례들은 천상의 존재를 가리키는 특수한 용례가 부수적인 발전의 결과임을 암시한다.

정말로 그렇다면 초자연적인 존재에게 주어진 이러한 호칭은 그에게 주어진 천상의 대적자로서의 역할을 묘사하는 것이라고 추론하는 것이 합리적일 것이다. 이 명사가 초자연적 존재에 적용될 때 거의 예외 없이 정관사를 동반한다는 사실이 그 같은 추론을 확증해준다. 영어에서 고유명사로 누군가를 지칭할 때는 정관사를 사용하지 않는데(예. "the" Sarah가 아니라 Sarah), 이는 히브리어에서도 마찬가지다. 따라서 우리는 욥기 12장과 스가랴 3:1-2에 등장하는 인물을 "사탄"(고유명사)으로 보기보다는 "참소자"(기능에 대한 묘사)로 간주할 수밖에 없다는 결론에 도달한다.[54] 하지만 우리는 번역의 문제를 넘어서서 그 존재가 신약성서에서 "사탄"이라는 이름으로 등장하는 "마귀"와 동일시될 수 있는지에 대해서도 답을 구해야만 한다.

우리는 종종 "사탄"이라는 특수한 용어가 하나의 초자연적인 존재로서의 단일한 "사탄"만을 가리킨다고 맹목적인 전제를 가지고서 구약성서를 대하곤 한다. 하지만 이 같은 전제는 민수기 22:22, 32에서 야웨의 사자들이 "사탄"으로 묘사되었다는 사실 하나만으로도 쉽게 논파될 있다. 우리는 "사탄"이 여기서 기능을 가리키는 명칭이라는 점을 확인할 수 있을 뿐 아니라 그가 본질적으로 악한 것은 아니라고 주장할 수 있다.[55] 더 나아가, 우리는 "사탄"이 등장하는 모든 문맥에서 야웨의 사자가 참소자일 것이라고 추론할 수는 없기 때문에, "참소자"가 언제나 동일한 초자연적 존재일 필요는 없다는 점을 받아들여야 할 것이다.

결론적으로 욥기에서 참소자로 묘사되는 등장인물은 스가랴와 역대기에서 참소자로 묘사되는 등장인물과 동일한 존재가 아닐 수도 있다. 물론 그들이 동일한 존재일 수도 있겠지만 그렇다고 해서 우리는 이스라엘 사람들이 그들을 동일한 존재로 여겼을 것이라고 무비판적으로 추론해서는 안 된다. 위경 문서들에서도 다수의 "사탄"들을 언급한다.[56] 따라서 우리는 욥

---

54   대상 21:1에서 이 단어가 고유명사로 사용되었는지 아니면 불특정한 참소자를 가리키는지에 대해서는 다음을 보라. S. Japhet, *1 & 2 Chronicles* (Louisville: Westminster John Knox, 1993), 374-75. P. L. Day, *An Adversary in Heaven,* HSM (Atlanta: Scholars Press, 1988), 128-29에서는 사탄을 고유명사로 사용하기 시작한 것은 기원전 2세기 이후의 일이라고 제안한다. 기원전 168년 이전에 저술된 정경 외 문서들에서는 사악한 귀신들과 타락한 천사들의 구체적인 이름을 밝히지만, 현존하는 문서에서 사탄이라는 고유명사를 사용한 예는 없다.

55   M. Weiss, *The Story of Job's Beginning* (Jerusalem: Magnes, 1983), 35-41.

56   에녹1서 69:4-12에는 다섯 가지 "사탄"의 목록이 등장하는데 이 문헌의 연대는 빨라야

기 1:6의 참소자를 마귀와 동일시할 근거를 가지고 있지 않다.

메이르 바이스(M. Weiss)는 욥기 저자가 제시하는 "사탄"의 모습에는 본질적으로 사악한 어떤 요소도 발견되지 않는다고 결론 짓는다. 대적자가 행한 일들이 의로운 사람 욥에게 부정적인 결과를 초래했다는 점은 분명하다. 하지만 텍스트는 욥에게 일어난 일에 대해 하나님께도 그에 못지않은 책임이 있음을 분명히 보여주며, 결과적으로 "사탄"의 행동이 잠재적으로 악한 것이라는 혐의는 벗겨져야만 한다.[57] 사탄은 욥을 유혹하지도 않았고, 부패시키거나 타락하게 만들지도 않았으며, 그를 지배하지도 않았다. 우리가 욥기를 통해 개괄해본 그의 모습에서 우리는 그를 마귀, 곧 신약성서에서 사탄이라고 알려진 존재와 동일시할 수 있는 근거를 전혀 발견할 수 없다. 적어도 그들은 동일한 방식으로 행동하지는 않는다. 사실상 양자 간에는 서로 중첩되는 측면이 거의 없다. 물론 이것으로 그들이 동일한 개별자가 아니라는 점이 증명되는 것은 **아니지만**, 적어도 그들이 동일시**되어야 한다**는 주장의 근거를 (완전히 제거하지는 못한다 해도) 상당히 약화시킨다. 욥기에 등장하는 히브리어 텍스트에서의 "사탄"은 신약성서에 등장하는 기독교적 관점의 "사탄"과 동일한 대상을 묘사하지 않는다. 사탄에 대한 욥기와 신약성서의 묘사가 서로 상충되는 것은 아니며 부분적으로는 상보적인 관계를 가질 수도 있겠지만 그렇다고 해서 완전히 동질적인 것은 아니다.

스가랴 3:1이 "사탄"을 묘사하는 방식은 욥기와 상당한 유사하기 때문에 그 구절이 보다 포괄적인 그림을 제시하는 데 어떤 기여를 하는지 살펴보는 것도 의미가 있을 것이다. 대제사장 여호수아는 하나님의 임재 앞에

기원전 1세기다. D. S. Russell, *The Method and Message of Jewish Apocalyptic* (Philadelphia: Westminster, 1964), 54-55.

57   Weiss, *Story of Job's Beginning*, 37.

서 있었고, "사탄"은 여호수아를 대면하고서 그가 자신과 그의 백성의 죄로 인해 더럽혀져 있었기 때문에 그를 대적했다. 그렇다면 여기서 "사탄"이 그런 이유로 대제사장을 대적한 것은 잘못된 일인가? 바이스는 그렇지 않다고 말한다.

> 그는 참으로 그를 대적했지만 악한 의도에서가 아니라 철두철미 정의감에 불타올라서 그리한 것이다. 그에게는 "하늘이 무너지더라도 정의를 실현하자"라는 마음가짐이 있었다. 어쨌거나 대제사장 여호수아는 사실상 죄책을 지고 있었다. 그는 배설물로 뒤덮인 옷을 입고 있었으며 그 자신의 죄 가운데 그것을 뒤집어쓰고 있었다. 사탄은 부당한 비난으로 그에게 냄새 나는 옷을 입힌 것이 아니다. 그의 의복은 하나님이 그의 죄를 용서하셨을 때 벗겨졌으며 그는 공의를 통해서가 아니라 자비와 용서를 통해 무죄 선고를 받았다.[58]

한편 욥기의 장면과 스가랴서의 장면 사이에는 중대한 차이점이 있는데, 욥기에서와 달리 스가랴서에서는 "사탄"이 책망을 듣는다는 점이다.[59] 캐롤과 에릭 마이어스는 이 책망이 자신의 역할을 수행하던 "사탄"에게 주어진 것이 아니라 그가 가져온 증언에 대해 주어진 것이라고 주장한다.[60] 여기서 우리는 다시 한번 "사탄"이 하나님의 정책에 대해 의견을 제시하는 것을 볼 수 있다. 욥기에서 사탄이 문제 삼았던 것은 의인에 대해 보상하는 정책이

---

58   Ibid., 36-37; C. Meyers and E. Meyers, *Zechariah 18* (Garden City, NY: Doubleday, 1987), 185-86.

59   Weiss, *Story of Job's Beginning*, 37.

60   Meyers and Meyers, *Zechariah 18*, 186.

었는데, 스가랴서에서는 용서와 회복의 정책을 문제 삼고 있다.[61] 욥기에서처럼 하나님의 정책이 갖는 정당성을 입증하기 위한 기나긴 시험의 과정이 제시되는 대신 스가랴서에서는 사탄에게 단순히 징벌이 이미 충분히 치러졌다는 책망의 말이 주어진다(여호수아는 "불에서 꺼낸 그슬린 나무"로 묘사된다. 슥 3:2).

우리는 구약성서의 다른 텍스트들에서 "사탄"의 또 다른 모습을 발견할 수 있다. 민수기 22장, 열왕기상 11장, 그리고 역대상 21장에서 "사탄"은 징벌을 시행하는 수단으로서 어느 정도 독립성을 갖는 대행자로 묘사된다. 이것을 욥기/스가랴서에 나타난 모습과 비교해보자. 욥기와 스가랴서에서 그에게 주어진 역할이 하나님의 정책에 대해 반론을 제기한다는 점에서 **하나님을 향한** 것이었다면, 다른 텍스트들에서 그의 역할은 **사람들을 향한** 것이었다. 구약성서는 독립적인 두 실체를 제시하는 것인가, 아니면 단순히 하나의 실체가 가지는 두 가지 측면을 제시하는 것인가? 이 질문에 대해서는 단지 추론에 근거한 답변을 제시할 수 있을 뿐이다. 하지만 우리는 구약성서에서 사탄의 이 같은 모습, 혹은 모습들이 후에 신약성서가 제시하는 "사탄", 곧 모든 악의 근원으로 지목되는 실체의 모습과 얼마나 다른지 확인할 수 있다.[62]

신약성서에 나타난 사탄의 모습은 신구약 중간기에 걸쳐 진행되어온 사상의 발전을 반영한 것인데, 우리는 다양한 문헌들을 통해 새로운 신학적 사상들이 이후에 신약성서를 통해 확증되어온 과정을 추적해볼 수 있다. 신약성서가 저술되던 시기를 전후하여 다양한 사상과 관점들이 집약되어 소

---

61   Day, *Adversary in Heaven*, 118-21.
62   Russell, *Method and Message of Jewish Apocalyptic*, 189.

위 악의 세력을 이끌어가는 사악한 대적, 곧 "사탄"이라고 부르는 실체가 탄생했다. 신약성서에서 마귀는 유혹하는 자요, 거짓말하는 자며, 살인자요, 죽음과 마법과 우상숭배의 근원이다. 그는 사람들에게 물리적인 해를 가할 뿐 아니라 우리를 공격하고, 영적으로 지배하고, 죄를 범하도록 유혹함으로써 할 수만 있으면 하나님 나라에 관한 가르침을 차단하고 방해하려 한다. 그는 한마디로 하나님 나라를 대적하는 자다.[63]

이 사악한 존재는 역사를 통틀어 다양한 방식으로 표현되어왔다. 어떤 유대교 문헌에서 그는 모든 사람의 마음속에 내재한 악한 충동을 의인화한 것으로 묘사됐다. 기독교에서 파생된 이원론적 종교(예. 마니교)에서는 그가 하나님의 어두운 측면을 실체화한 것이라고 설명한다. 오늘날의 기독교에서 가장 보편적인 관점은 그를 귀신들의 세계에 속한 악의 화신으로 보는 것인데,[64] 여기서 사탄은 타락한 천사로 그려진다.

욥기에서 "사탄"이 맡았던 것은 하나님이 시행하시는 정책을 조사하도록 지명된 법정 공무원의 역할이었다. 그가 재판에서 상대편이었는지, 소송 당사자였는지, 아니면 정보 제공자였는지는 분명하지 않다. 어쨌거나 욥기에서 그는 자신의 본성에 따라 우발적으로 행동하는 독립적인 주체가 아니었다. 그가 무슨 행동을 했던 간에 그는 하나님의 권능에 의해 행동했다. 욥기에 나타나는 모든 사건들은 하나님의 행위로 이해되어야 한다. 욥기의 저자가 그를 대하는 태도는 그가 이스라엘의 청중을 대하는 태도와 상응한다. 그가 진짜로 신약성서에 등장하는 사탄 혹은 마귀와 동일한 존재인지 여부와 무관하게 우리는 욥기를 해석할 때 대상 독자들에게 그가 어떤 존재로

---

63   Russell, *Devil*, 240.
64   Ibid., 176-77.

여겨졌는지를 우선적으로 고려해야 하며, 그럴 경우 욥기의 참소자에 신학적으로 큰 의미를 부여할 필요가 없다는 결론에 도달하게 된다. 그는 욥이 당하는 고난과 관련해 우리가 비난의 화살을 돌려야 할 대상이 아니며, 우리가 세상에서 경험하는 고통과 악의 이유를 설명해주는 존재도 아니다. 그는 욥기에서 전개되는 드라마에서 미미한 역할을 맡은 단역에 불과하다.

사탄의 타락

만일 구약성서에 등장하는 "사탄"이 마귀와 동일시될 수 없다면 그는 또한 타락한 존재로 간주될 수도 없으며, 그렇다면 우리는 사탄의 타락을 가리키는 것으로 해석되어왔던 구약성서의 텍스트를 다시 살펴보아야 할 것이다.[65]

이사야 14:12-15. 문맥을 살펴보면 이 단락은 바빌로니아의 왕에 대한 설명이며 따라서 열국에 대한 신탁의 일부로 이해할 수 있다. 본문은 조롱의 형식으로(사 14:5) 폭군의 임박한 몰락을 예견하고 있다. 저자는 그가 지하세계(스올)로 내려가는 모습을 즐기고 있으며(사 14:9-11), 이사야 14:12-15은 그가 신들의 자리에 오르려고 애를 썼음에도 결국은 몰락하는 모습을 그리고 있다.

교회 역사의 거의 모든 시기에 이 구절들은 사탄을 의미하는 것으로 이해되어왔다. 이 구절들을 사탄과 연결시킨 최초의 용례를 오리게네스의 저술에서 발견할 수 있다.[66] 테르툴리아누스와 순교자 유스티누스는 사탄의

---

65 다음 주석서에서 가져온 논의다. J. Walton, *Genesis*, NIVAC (Grand Rapids: Zondervan, 2001).

66 Russell, Satan, 130. 사탄에 대한 오리게네스의 견해 및 그에게 주어진 전승들을 혼합하고 전용한 방식에 대해서는 다음을 보라. N. Forsyth, *The Old Enemy* (Princeton, NJ: Princeton University Press, 1987), 67-83.

타락에 대해 논쟁을 벌였는데, 그들이 이사야 14장을 인용한 것으로 보이지는 않는다. 이것은 그리 놀랄 일이 아닌데, 왜냐하면 이 구절에는 사탄에 대한 언급이 어디에도 없기 때문이다. 유대교 문헌들(참조. 에녹2서 29:4-5)은 사탄의 타락에 관한 이야기들을 담고 있는데, 여기에도 이사야 14장을 사탄의 타락과 관련하여 해석했다는 증거는 보이지 않는다.

사탄의 타락에 관한 교리를 기독교 신학의 주류로 만들고 그것을 이사야 14장과 연결시키는 데 결정적으로 기여한 문서는 7세기 교황 그레고리오 1세의 『욥기 주해』(Moralia 34)였다. 사탄의 타락 교리가 일단 대중적인 신학으로 자리 잡고 난 이후에는 금세 밀턴의 『실낙원』 같은 위대한 문학작품들 속으로 파고 들었는데, 그의 작품은 신학에서도 중요한 위치를 차지하고 있다. 이 교리는 이사야 14장을 번역한 방식에 의해 더욱 공고해졌다. 히에로니무스는 이사야 14:12의 "헬렐"(הֵילֵל)이라는 난해한 용어가 금성(Venus, 계명성)을 의미하는 것으로 해석하고, 이에 대한 번역어로 라틴어에서 금성(계명성)을 뜻하는 "루키페르"(lucifer)를 채택했다. 이어지는 세기에 이사야 14장의 "헬렐"을 사탄과 동일시하는 해석이 보편화되면서 히에로니무스 번역 성서의 "루키페르"는 결과적으로 사탄을 의미하는 새로운 이름이 되었다. 단지 금성을 가리키는 루키페르가 "헬렐"에 대한 번역어였다는 단순한 이유만으로 말이다. 초기 기독교 저술가였던 테르툴리아누스, 교황 그레고리오 1세, 그리고 스콜라 철학 주석가들은 누가복음 10:18을 이사야 14:12에 대한 설명으로 간주하고서 그 구절도 사탄의 타락을 묘사하는 것으로 이해했다. 바로 여기에서 "루키페르"(계명성)라는 아름다운 이름이 마귀를 가리키는 새로운 이름으로 와전되는 사태가 벌어진 것이다.[67] 중요한 영

---

67   J. A. Alexander, *The Prophecies of Isaiah* (repr., Grand Rapids: Zondervan, 1953), 295. 현대

어 번역 성서들이 출현했던 16세기와 17세기에는 이미 그러한 해석이 기독교 세계 전반에 뿌리 깊게 자리 잡고 있었기 때문에 킹제임스 번역본에서조차도 "루시퍼"라는 이름이 그대로 사용되었고, 영어권 독자들 사이에서 이사야 14:12이 명시적으로 사탄을 가리킨다는 믿음이 더욱 공고해지는 결과를 낳았다.[68]

이 같은 해석이 대중적으로 지지를 받고 있는 것은 사실이지만, 이에 대한 반론이 없었던 것은 아니다. 장 칼뱅이나 마르틴 루터는 이사야 14장이 타락한 천사에 관한 기사라는 견해를 지지하지 않았다. 특히 칼뱅은 이처럼 문맥을 무시하는 해석을 채택하는 자들에 대한 경멸감을 숨기지 않고 드러냈다.

> 일부 사람들이 마치 이 구절이 사탄을 가리키는 것처럼 해석하는 것은 무지에서 비롯된 것이다. 주어진 문맥이 우리에게 알려주는 단순한 사실은 이 구절이 바빌로니아 왕에 대한 언급으로 이해되어야 한다는 것이다. 하지만 성서의 구절들을 무작위적으로 선별한 후에 문맥을 고려하지 않고 풀이할 때 이 같은 실수가 발생하는 것은 너무도 당연한 일이다. 그럼에도 루키페르를 귀신들의 왕으로 이해하는 것은 아주 심각한 무지를 드러내는 경

의 보수적인 주석서들도 일반적으로 이 구절과 사탄의 관계를 부인한다. 참조. J. Oswalt, *The Book of Isaiah: Chapters 1-39* (Grand Rapids: Eerdmans, 1986), 320; E. J. Young, The Book of Isaiah, 2nd ed. (Grand Rapids: Eerdmans, 1972), 1:441; G. V. Smith, *Isaiah 139* (Nashville: B&H, 2007), 314-19(그는 다만 "루키페르"에 대한 해석을 각주 314n94에서 간략하게 언급할 뿐이다); J. A. Motyer, *The Prophecy of Isaiah* (Downers Grove, IL: InterVarsity Press, 1993), 144. Motyer는 이 구절이 사탄과 관련될 가능성을 아예 언급조차 하지 않는다.

68 중세 문학에서 "루키페르"를 사용한 방식에 대한 요약으로는 다음을 보라. J. B. Russell, *Lucifer* (Ithaca, NY: Cornell University Press, 1984), 247.

우라고 할 수 있다. 이 같은 날조에는 아무런 개연성이 없으니 우리는 그것을 무익한 우화로 여기고 지나쳐버려야 한다.[69]

해석학적 관점에서 이사야가 의도적으로 사탄의 타락이라는 주제를 제기했을 가능성은 거의 없다. 본문에서 사탄을 명시적으로 언급하지 않았다는 사실은 차치하고라도, 우리는 사탄에 대한 이스라엘 사람들의 관점에는 그 같은 이해를 수용할 여지가 거의 없다는 사실을 이미 살펴보았다. 이스라엘 청중들이 사탄에 대해 알고 있었을 (혹은 알지 못했을) 사실들에 대한 지식에 근거해볼 때, 이사야가 그의 청중들이 바빌로니아 왕에 관한 정보를 자동적으로 사탄이나 그의 타락과 연결 지었을 것이라고 추정했던 것 같지는 않다.

그럼에도 여전히 이사야 14장을 사탄의 타락에 대한 암시로 해석하고자 하는 자들의 믿음은 주로 이사야 14:13-14에 나타난 선언에 근거한 것이다. 그들은 대체적으로 어떤 인간 존재도 감히 그러한 주장을 펼칠 수 없고 그 같은 가능성을 심각하게 고려할 수 없다고 주장한다. 하지만 이러한 평가는 고대 세계의 통치자들이 보여준 성향을 과소평가한 것인데, 그들은 "과장법"이라는 표현이 무색할 정도로 과도한 선언들을 남발하는 경향이 있었다. 고대 왕들의 비문들을 참고할 필요도 없이(물론 비문에 대한 연구도 큰 도움이 될 것이다[70]) 구약성서의 이사야 47:8 하나만으로도 고대 왕들의 오만

---

69 John Calvin, *Commentary on the Book of Isaiah 1-32*, trans. William Pringle (repr., Grand Rapids: Baker, 1979), 442.

70 예를 들어 에사르하돈(Esarhaddon)과 아슈르바니팔(Ashurbanipal)의 명문들(*ANET* 289-301), 특히 나보니두스(Nabonidus)의 대관식 기사(*ANET* 308-11)와 "나보니두스의 시가"(Verse Account of Nabonidus)를 참조하라(*ANET* 312-15).

함에 대한 충분한 증거가 될 것이다. 본문에서 의인화된 바빌로니아는 "나뿐이라 나 외에 다른 이가 없도다"라고 당돌하게 말한다(참조. 습 2:15).

마지막으로, 우리는 이사야 14:13-14을 왕이 실제로 했던 진술로 여길 필요가 없는데, 왜냐하면 예언자는 여기서 잘 알려진 신화 자료를 사용하여 왕을 희화화하고 있는 것으로 보이기 때문이다. 한 왕이 자신에 관한 전설적인 이야기들을 진지하게 받아들여서 자신이 정말로 신화 속에 담겨 있는 것과 같은 위대한 일들을 할 수 있다고 착각하는 경우가 있는데, 결국 그는 이와는 반대로 다른 신화에서 묘사하는 상황에 처해 있는 자신, 곧 왕위 찬탈에 실패하고서 추방당한 자신의 모습을 발견하게 된다는 것이다.

에스겔 28:12-19.[71] 이사야 14장과는 대조적으로 이 구절은 보다 분명하게 태고의 상황을 묘사하고 있다. 비록 표면적인 문맥에서는 두로 왕을 염두에 두고 있지만 에덴동산(겔 28:13)이나 그룹(겔 28:14)에 대한 언급은 해석자들에게 주어진 문맥을 넘어서서 탐구를 진행해갈 충분한 근거를 제공해준다. 비유의 기능은 일차적인 지시대상을 넘어서는 다른 대상에게로 시선을 돌리는 것이다. 그렇다면 해석자들은 저자가 주어진 문맥에서 비유를 통해 지시하고자 한 것이 무엇인지 질문해야 한다.

주석가들은 크게 세 가지 근거를 들어 두로 왕을 사탄으로 이해해야 한다고 주장한다. (1) 그 왕은 에덴동산에 머물렀으며, (2) 그룹과 동일시되었고, (3) 흠 없는 상태에서 추락한 것으로 묘사된다. 하지만 우리가 이 세 가지 근거를 구약성서 신학에 비추어 면밀히 살펴보면 시간이 흐를수록 그

---

71 이 주제에 관한 광범위한 해석은 다음을 보라. D. Block, *The Book of Ezekiel: Chapters 25-48, New International Commentary on the Old Testament* (Grand Rapids: Eerdmans, 1998), 99-121. 그는 사탄의 타락과의 어떤 관계도 부인하는 동시대의 거의 모든 주석가들과 뜻을 같이한다.

러한 해석을 견지하기가 점점 어려워진다는 사실을 발견하게 될 것이다.

첫 번째 근거와 관련하여, 우리는 구약성서에서 사탄이 에덴동산에 거주했다고 말하지 않으며 이스라엘 사람들이 그처럼 생각했다는 암시도 전혀 없다는 점을 기억할 필요가 있다. 구약성서의 어떤 구절도 뱀과 사탄을 동일시하거나 서로 연관 짓지 않는다. 창세기에서나 다른 책들에서도 마찬가지다. 에스겔 28장이 그러한 동일시를 제안하는 지침으로 해석된다면 그것은 또 다른 문제를 만들어낸다. 에스겔서의 구절들을 사탄에 대한 언급으로 해석하는 학자들은 단지 이 구절들이 사탄의 타락을 비유적으로 암시할 뿐이라고 주장한다. 그와 같은 비유가 작동하기 위해서는 잘 알려진 지시대상을 선택해야만 한다. 하지만 이스라엘 사람들이 뱀을 사탄의 도구나 상징으로 이해하고 있었다는 증거는 발견되지 않는다. 만일 그랬다면 그들은 사탄을 에덴동산에 머무는 것으로 그리지는 않았을 것이다.

두 번째 요점과 관련하여, 우리는 먼저 성서에서 사탄을 그룹(cherub)으로 묘사하는 구절을 발견할 수 있는지 질문해야 할 것이다.[72] 그룹들(cherubim)은 아주 구체적인 기능을 가진 초자연적 존재들 가운데 특수한 계층을 이루고 있는데, 사탄이 한때 그들 중 하나였다는 추론은 근거 없는 것이며, 따라서 이스라엘의 청중들이 그와 같은 비유적인 암시를 이해했을 것이라고 생각할 이유도 없다.

---

72 오리게네스는 사탄이 본래 그룹들 사이에서 노래하는 자였다는 주장을 처음 제기했던 인물인데, 이것은 겔 28장이 사탄에 관한 기사라는 그의 결론을 반영한 것이다(Beginnings 1.5.4, 1.8.3; Russell, *Satan*, 129). 디오니시오스(기원후 500년경)가 스랍들(seraphim)을 천상의 위계질서에서 최상의 존재로 묘사한 이후로 서방 교회의 저술가들은 일반적으로 사탄이 타락 이전에 스랍 중 하나였을 것이라고 생각해왔다. Russell, *Lucifer*, 32. 교황 그레고리오 1세도 사탄을 그룹으로 보는 관점을 채택했다. Ibid., 94. 스콜라 철학자들의 견해는 다음을 보라. Ibid., 173n36.

마지막으로, 앞에서 이미 지적한 것처럼 구약성서 어디에서도 사탄을 타락한 존재로 묘사하지 않는다.[73] 따라서 비록 에스겔 28장이 일종의 몰락에 대해 이야기하는 것은 사실이지만, 그렇다고 해서 이스라엘 독자들이 두로 왕의 운명에 대한 기사를 통해서 비유적으로 사탄의 타락을 떠올렸을 것이라고 제안하는 것은 무리다.

그렇다면 에스겔 28장에는 구약성서를 통해 알려진 사탄에 관한 정보와 대응하는 자료가 하나라도 존재하는가? 내가 보기에는 그렇지 않다. 그렇다면 우리가 어떻게 에스겔이 두로 왕의 임박한 몰락을 묘사하기 위해 사탄의 타락에 관한 기사를 비유로 사용한 것이라고 주장할 수 있겠는가?

그렇다면 이 구절이 과연 누구를 가리키는가라는 질문이 제기될 수 있겠다. 흠이 없이 창조되었으나 반역한 자로서 에덴동산에 거하는 그룹의 이야기를 과연 어떻게 이해해야 할 것인가? 이것이 일종의 비유인 것은 확실한 것처럼 보인다. 에스겔이 두로 왕이 실제로 에덴동산에 거하는 그룹이라고 생각했다고 믿을 수는 없기 때문이다.

하나의 대중적인 제안은 에스겔 28:14이 그룹 자신에 대해 말하는 것이 아니라 그룹과 함께 있는 누군가를 염두에 두고 있다는 것이다.[74] 이런 독법은 두로 왕이 최초의 인간 아담을 비유하는 인물일 가능성을 열어놓

---

73 테르툴리아누스는 영지주의에 대항하는 우주론 논쟁을 진행하는 과정에서 타락한 존재라는 개념을 고안해냈다(오리게네스도 어느 정도는 이에 해당한다). 그들은 비유적인 구절을 문자적으로 해석하는 데서 그친 것이 아니라 개인적인 전제를 텍스트 안에 투사해넣은 것이다. 테르툴리아누스는 논증을 통해 사탄이 악한 존재라고 결론 지은 것이 아니라, 이미 그렇게 전제하고서 논증을 시작했다. 이 같은 관찰에 대해 J. Harvey Walton에게 감사드린다.

74 이 같은 해석을 위해서는 겔 28:14 첫 단어의 모음을 "아트"(אַתְּ, 인칭대명사, "너는")에서 "에트"(אֵת, 전치사, "~와 함께")로 수정할 필요가 있다. NRSV를 참조하라.

는다.[75] 하지만 이런 제안에도 문제가 있는데, 창세기 기사에서 아담은 동산에서 그룹과 함께했던 적이 없기 때문이다. 그룹은 아담과 하와가 쫓겨난 뒤에야 동산에 자리를 잡았다. 따라서 그룹을 아담과 동일시하기 위해서는 에스겔서가 또 다른 형태의 에덴동산 전승을 따르는 것이라고 주장해야만 한다.

이 구절이 모든 해석가들에게 난제를 안겨주는 것은 사실이지만, 최근 들어 학자들은 이 주제를 해석하는 일에 괄목할 만한 진보를 이루었다. H. J. 반 다이크(H. J. van Dijk)와 I. 골드버그(I. Goldberg)는 에스겔 28:12-15이 표 6.1에서 볼 수 있는 것처럼 서로 밀접한 병행을 이루고 있음을 발견했다.[76]

〈표 6.1 에스겔 28장의 병행구조〉

	에스겔 28:12b-13	에스겔 28:14-15a
신분	너는 도장이다	너는 그룹이다
묘사	완전하다, 지혜가 충족하다, 아름답다	지키는 자, 지명된 자, 날개를 펼친 자/기름 부음 받은 자
거처	너는 하나님의 동산 에덴에 거한다	너는 하나님의 거룩한 산에 거한다
지위	모든 귀한 돌	불타는 돌들 한가운데
근본적인 자질	너의 무대와 자리는 황금으로 만들어졌다; 네가 태어나던 날에 그것들이 준비되었다	너는 창조되던 날부터 행실에 흠이 없는 자였다

이 같은 병행 관계를 토대로 두 가지를 제안할 수 있다. (1) 이 구절에는 다

---

75 예컨대 W. Zimmerli, *Ezekiel* (Philadelphia: Fortress, 1983), 2:90; 보수적인 주석가들 중에서는 J. Taylor, *Ezekiel* (Downers Grove, IL: InterVarsity Press, 1969), 196-97; Douglas Stuart, *Ezekiel* (Dallas: Word, 1989), 273-74.

76 H. J. van Dijk, *Ezekiel's Prophecy on Tyre* (Rome: Pontifical Biblical Institute, 1968), 114; I. Goldberg, "The Artistic Structure of the Dirge over the King of Tyre," *Tarbitz* 58 (1988-1989): 277-81(Hebrew).

른 해석에서 전제하는 것처럼 하나의 비유만 사용된 것이 아니라 두 가지 서로 병행하는 비유가 존재한다. (2) 이 비유들은 타락에까지 확장되는 것이 아니라 그들의 고귀한 지위를 가리킬 뿐이다. 두로 왕은 그에게 주어진 모든 것으로 말미암아 고귀한 신분을 유지했으며, 두 가지 비유가 수호자에 대해 이야기하는 것처럼 그도 풍부한 자연자원을 지키는 수호자였다.[77] 하지만 불행하게도 그는 바로 그 자원들 때문에 부패했으며, 기만적이고 무책임한 자로 드러나고 말았다. 병행 관계가 끝나는 자리에서 비유도 끝이 나며, 에스겔 28:15-19에서는 왕이 보여준 행실과 그가 받은 징벌을 기록하고 있다(겔 28:16은 14a절까지 이어지던 비유로 다시 돌아간다). 우리가 이 구절을 합리적으로 해석하고자 한다면 주어진 문맥과 비유의 범위를 넘어서서는 안 된다.

이사야서나 에스겔서에서(그리고 구약성서의 어떤 구절에서도) 사탄의 타락에 대한 정보를 제공해주는 것이 아니라면, 우리는 어디서 그런 사실을 알게 된 것인가? 타락과 관련하여 신약성서에서 제공하는 잠정적인 정보들은 논쟁의 여지가 많으며 좋게 말해서 애매모호하다. 누가복음 10:18에서 그리스도는 이렇게 말씀하신다. "사탄이 하늘로부터 번개 같이 떨어지는 것을 내가 보았노라." 하지만 이것은 예수께서 제자들이 경험한 성공적인 전도 사역에 대한 답변으로 주신 말씀이라는 사실을 기억할 필요가 있다. "귀신들도 우리에게 항복하더이다"(눅 10:17하). 따라서 그리스도는 지금 태고의 과거에 일어난 사건을 가리키신 것이 아니라 제자들이 최근에 거둔 승리를

77　이것은 그룹이 생명나무를 지키는 수호자로 이해될 수 있다는 점과 일맥상통한다. 텍스트를 있는 그대로 받아들이면 첫 번째 은유는 인장과 관계된 것이며, 그렇다면 야웨의 인장반지라 불리는 왕을 암시하는 것이다(참조. 학 2:23). 이 같은 은유는 신화에서 가져온 것이 아니며 널리 알려진 문학적 모티프였을 뿐이다.

염두에 두셨다는 해석이 개연적이라고는 할 수 없더라도 적어도 가능하다고는 말할 수 있다(참조. 요 12:31). 물론 최근의 사건을 가리키시면서 먼 과거의 사건을 암시하셨을 수는 있을 것이다.

요한계시록 12:9도 사탄의 타락과 관련하여 종종 거론되는 구절이지만, 여기서는 요한의 환상 가운데 벌어지는 사건을 가리키며 그 사건은 아직 일어나지 않은 미래(그의 미래일 수도 있고 우리 모두의 미래일 수도 있다)의 일에 관한 것이다. 따라서 그 사건들이 과거에 발생한 사건에 대한 통찰을 제공해줄 수는 없다. 물론 태고에 발생한 타락 사건(요한계시록이 저술되던 시기에 존재했던 다른 문헌들을 통해 잘 알려진)과 여기 묘사된 미래의 완전한 정복 사이에 병행관계가 존재하는 것으로 생각할 여지는 남아 있다.

고린도후서 11:14에서 바울은 사탄이 빛의 천사로 가장한다고 말하지만, 그는 그가 과거에 정말로 빛의 천사**였다**거나 혹은 모종의 천사였다고 말하지는 않는다. 신약성서의 저자들이 타락한 천사의 존재를 인식하고 있었다는 것은 사실이지만(참조. 벧후 2:4), 그들은 어디에서도 사탄이 그들 중 하나였다거나 더 나아가 반역의 우두머리였다고 말하지 않는다.

마지막으로 디모데전서 3:6은 마귀가 교만의 죄로 인해 정죄에 빠졌다고 말하지만 사실상 본 절에서 우리에게 주는 정보는 그것이 전부이며 참으로 빈약한 정보라고 하지 않을 수 없다. 디모데전서에서 말한 교만의 죄에 더하여 요한복음 8:44에서는 사탄이 거짓의 아비라고 말하지만, 이 같은 범죄들이 그를 타락으로 이끈 죄라고 구체적으로 언급하지는 않는다.

결론적으로 신약성서는 사탄이 타락하게 된 정황이나 그가 타락 이전에 가졌던 신분에 대한 세부 정보를 거의 제공해주지 않는다.[78] 타락에 관한

---

[78] 사탄이 그의 교만 때문에 아담과 하와의 창조 이전에 타락했다는 견해는 주로 오리게네

우리의 신학적 논의에 주된 자료를 제공하는 것은 신구약 중간기에 작성된 위경 문서들이나 초기 기독교 저술가들의 풍유적 해석, 특히 순교자 유스티누스, 타티아노스, 이레나이우스, 오리게네스의 주해들이다.[79]

사탄과 뱀[80]

구약성서는 창세기 2-3장의 뱀이 사탄과 동일시된다거나 사탄으로부터 사주를 받았다는 그 어떤 암시도 제공하지 않는다.[81] 뱀을 사탄과 연결시키는 현존하는 가장 이른 시기의 자료는 「솔로몬의 지혜」 2:23-24이다(기원전 1세기).

> 하나님은 우리를 불멸의 존재로 만드셨으며,
>
> 그 자신의 본성의 형상으로 우리를 만드셨다.
>
> 하지만 마귀의 질투로 죽음이 세상에 들어왔고,
>
> 그와 연대하는 자는 그것을 맛보게 된다.

여기서도 마귀를 "사탄"이라고 부르지는 않으며, 사실상 초기 문헌에서는

스에게서 시작된 것이다. Russell, *Satan,* 130. 아우구스티누스의 설명에 대한 요약은 다음을 보라. Ibid., 214; Forsyth, *Old Enemy,* 428-34.

79 사탄이 타락한 이유에 대한 초기의 이론들을 요약한 것으로는 다음을 보라. Russell, *Devil,* 241-42. 초기 교부들의 사상에 대한 포괄적인 개요로는 다음을 보라. Russell, *Satan.*

80 이 단락은 다음 자료들을 참조한 것이다. Walton, *Lost World of Adam and Eve*; Walton, *Genesis*; J. Walton, *Job,* NIVAC (Grand Rapids: Zondervan, 2012), 24-27.

81 참조. G. J. Wenham: "초기 유대교와 기독교 주석가들은 뱀을 사탄 혹은 마귀와 동일시했다. 그러나 구약성서의 앞부분에 개인으로서의 마귀에 대한 흔적이 없다는 점 때문에 현대 학자들은 이것이 창세기 내레이터의 관점이었는지에 대해 의혹을 갖는다." *Genesis 1-15* (Waco, TX: Word, 1987), 72; I. Provan, *Discovering Genesis: Content, Interpretation, Reception* (London: SPCK, 2015), 79-80.

그를 다양한 이름으로 부른다. 아람어 타르굼과 랍비 전승에서는 일반적으로 그를 삼마엘(Sammael)이라고 부르며, 「아브라함의 묵시」로 알려진 텍스트에서는 유혹하는 천사를 "아자젤"이라고 부른다.[82] 현재 이 문서는 슬라브어 번역으로만 존재하는데 「시리아어 바룩」과 「에스라의 묵시」가 출현한 시대의 작품으로 확인된다.

하지만 고대 세계 전반에 걸쳐 뱀은 신적이거나 반신적인 본성을 갖는 것으로 간주되어왔다. 뱀은 건강, 풍요, 불멸, 주술적 지혜, 그리고 혼돈을 가져오는 악을 상징하는 존재로 추앙 받았으며 때로는 숭배의 대상이 되기도 했다. 뱀은 고대 근동의 신화, 종교적 상징, 그리고 숭배의식에서 중요한 역할을 감당했다.[83] 일례로 「길가메시 서사시」에서는 뱀이 길가메시로부터 생명의 나무를 훔치며, 「아다파 이야기」에서는 아누(Anu)의 궁전을 지키는 수호자 중 하나가 "기찌다"(Gizzida, 닌기쉬지다, 열매 맺는 나무의 왕)인데 그는 뱀의 모양을 하고 있으며 뿔 달린 뱀들(bašmu)을 대동하고 다닌다. 그는 지하세계에 사는 귀신들의 수호자로도 알려져 있다.[84]

---

82   Forsyth, *Old Enemy*, 224. 사탄을 (뱀을 통해) 유혹하는 자로 묘사한 최초의 출처는 아마 모세의 묵시 16-19인 것으로 보이는데(이 단락에는 "아담과 하와의 생애"라는 적절한 제목이 달려 있다), 이것은 신약성서와 동시대의 자료다. 이 텍스트는 또한 사 14장을 사탄의 타락과 연결시킨다. Forsyth, Old Enemy, 232-38. 초기 교부들 중에서 뱀을 사탄과 연관 지은 최초의 인물 가운데 하나는 순교자 유스티누스였다. Justin, *First Apology* 28.1. Forsyth, *Old Enemy*, 351.

83   Walton, *Genesis*, 203; N. Sarna, *Genesis* (Philadelphia: Jewish Publication Society, 1989), 24. 이를 지지해주는 고고학적 발견에 관한 요약은 다음을 보라. J. Scullion, *Genesis* (Collegeville, MN: Michael Glazier, 1992), 47. 보다 자세한 내용은 다음을 보라. K. R. Joines, *Serpent Symbolism in the Old Testament* (Haddonfield, NJ: Haddonfield House, 1974), 19-29; J. Charlesworth, *The Good and Evil Serpent: How a Universal Symbol Became Christianized* (New Haven, CT: Tale, 2010).

84   Thorkild Jacobsen, "Mesopotamian Gods and Pantheons," in *Toward the Image of Tammuz and Other Essays on Mesopotamian History and Culture,* ed. William L. Moran (Cambridge, MA: Harvard University Press, 1971), 24; Jeremy Black and Anthony Green, *Gods,*

이집트에서는 파라오의 왕관에서부터 채색된 석관에 이르기까지 어디에나 뱀이 등장하며, 「사자의 서」에서도 뱀을 발견할 수 있다(여기서 뱀은 내세로 가는 길에 동행하는 치명적인 대적으로 등장한다). 이 동물은 지혜와 연결되는 동시에 죽음과도 연결된다. 일례로 아포피스(Apophis)는 아침마다 떠오르는 태양을 삼키려 하는 혼돈세계의 뱀이다.[85] 창세기 가사에서 뱀을 묘사하는 몇 가지 요소가 「사자의 서」에서도 발견되는데, 여기서 뱀은 배로 기어다니며,[86] 흙을 먹고,[87] 머리가 부서지며,[88] 발뒤꿈치를 공격한다.

「피라미드 텍스트」 언설 378에서 우리는 이런 요소를 담고 있는 몇 가지 예를 발견할 수 있다.

> 하늘의 뱀이여! 땅의 지네여! 호루스의 샌들은 "nhi" 뱀을 발로 밟았으며…그것이 나에게는 위험했기 때문에 너를 밟았다. 나에게 지혜롭게 행하라. 그러면 나는 너를 밟지 않을 것이다. 왜냐하면 너는 신들이 이야기하는

Demons and Symbols of Ancient Mesopotamia (Austin: University of Texas Press, 1992), 139; W. G. Lambert, "Trees, Snakes and Gods in Ancient Syria and Anatolia," *Bulletin of the School of Oriental and African Studies* 48 (1985): 435-51.

85 Nicole B. Hansen, "Snakes," in *Oxford Encyclopedia of Ancient Egypt,* ed. Donald B. Redford (New York: Oxford University Press, 2001), 3:297.

86 PT 226, 233, 234, 288, 298, 386. 피라미드 텍스트의 숫자는 언설(utterance) 번호를 의미하며, 다음 책에서 가져온 것이다. Raymond O. Faulkner, *The Ancient Egyptian Pyramid Texts* (Oxford: Oxford University Press, 1969). 여기에는 종종 뱀이 발 달린 생명체로 묘사된다. "바쉬무"(*Bašmu*)는 때때로 두 개의 앞발을 가진 것으로 그려진다(Joan Goodnick Westenholz, *Dragons, Monsters and Fabulous Beasts* [Jerusalem: Bible Lands Museum, 2004], 190). 닌기쉬지다(Ningishzida)가 구데아를 엔키에게 소개하는 장면을 보여주는 "구데아 인장반지"(the seal of Gudea)의 사진은 다음 자료에서 볼 수 있다. Black and Green, *Gods, Demons and Symbols,* 139.

87 "너의 독이빨이 땅에 머물고 너의 갈비뼈는 구덩이 속에 머물기를"(PT 230); "너의 침은 먼지 속에"(PT 237).

88 PT 299, 378, 388.

신비스럽고 비가시적인 존재이기 때문이다. 너는 너의 형제들인 신들과 함께 걸을 수 있는 다리가 없고 팔도 없기 때문에…나를 조심하면 나도 너를 조심하겠다.[89]

여기서 다룬 모든 예들은 뱀이라는 상징이 고대 근동에서 풍요, 생식, 보호, 생명, 죽음, 그리고 다른 많은 중요한 속성들과 연결되어 있음을 보여준다.[90] 따라서 뱀은 사탄과의 연관성이 없이도 텍스트 내에서 충분히 의미 있는 등장인물이다.

창세기의 문맥에서 뱀은 단순히 하나님이 창조하신 생명체 가운데 하나일 뿐이다. 기독교 신학에서와 달리 이스라엘에서는 모든 악을 하나의 핵심적인 인물로 구체화하거나 모든 악의 원인을 단일한 역사적 사건과 연결시키려고 하지 않았다.[91] 따라서 이스라엘 사람들은 뱀이 모든 악한 영향력을 대표하는 것으로 간주하거나 혹은 그를 모든 악의 궁극적 기원이자 원인이 되는 존재와 연결 지으려 하지 않았다. 사실은 창세기의 저자가 의도적으로 뱀의 역할이나 정체성을 부각시키지 않으려고 노력한다. 이것은 창세기 처음 장들에 등장하는 다른 논쟁적인 요소들에도 해당되는 원칙이다. 고대 세계에서 대부분의 우주론 모델들은 종종 바다로 표현되는 혼돈의 세력을 길들이거나 무찌르는 신을 구심점으로 삼는다.[92] 가나안 문헌에서는 뱀의 모습을 한 레비아탄/로탄이 혼돈의 세력으로 등장한다. 이와는 대조적으

---

89   Faulkner, *Ancient Egyptian Pyramid Texts.*

90   Charlesworth, *Good and Evil Serpent.*

91   Sarna, *Genesis,* 24.

92   참조. J. Day, *God's Conflict with the Dragon and the Sea: Echoes of a Canaanite Myth in the Old Testament* (Cambridge: Cambridge University Press, 1985).

로 성서 내러티브에서는 거대한 바다 생명체들도 하나님께서 창조하신 수많은 짐승 가운데 하나일 뿐이라고 주장한다(창 1:21). 이 같은 경향은 창세기의 저자가 어째서 악의 존재를 음모론(conspiratorial uprisings theory)과 연결시키려 하지 않았는지를 설명해준다.

이스라엘 사람들이 뱀을 사탄으로 여기지 않았다면, 그들은 뱀이 무엇이라고 생각한 것일까? 우리는 창세기 3장에 주어진 묘사에서 출발해야 한다. 텍스트에서 뱀을 묘사하는 핵심적인 형용사는 "아룸"(עָרוּם)인데, 이것은 "교묘하다", "약삭빠르다", "교활하다", "영악하다", "신중하다", "현명하다" 등으로 다양하게 번역될 수 있다. 이것은 일차적으로 지혜와 연관된 형용사로 사용되며 본래는 중립적인 성격을 갖는다(말하자면 선하게 사용될 여지도 있고[잠 1:4; 8:5], 의심스러운 방식으로 사용될 여지도 있다는[출 21:14; 수 9:4] 것이다).[93] 지오니 제비트(Ziony Zevit)는 "아룸"으로 묘사되는 사람의 성품이 어떠한지에 대해 유용한 설명을 제공한다.

> [그들은] 자신들이 느끼는 것과 아는 것을 감출 줄 안다(잠 12:16; 23). 그들은 지혜를 존중하며 자신들의 목표를 성취하기 위해 그것을 어떻게 사용할지를 계획하고(잠 13:16; 14:8, 18), 귀로 들은 모든 것을 믿지 않으며(잠 14:15), 복잡한 문제를 피하고 징벌을 받지 않는 방법을 안다(잠 22:3; 27:12). 한마디로 그들은 영악하며, 계산에 빠르고, 용납될 수 있는 행동방식의 경계를 어느 정도 왜곡하지만 결코 선을 넘어서 불법을 행하지는 않는다. 그들은 함께 지내기에 유쾌하지 않은 사람들일 수 있고 말로써 진

---

93 Michael V. Fox, *Proverbs 1-9*, Anchor Bible (New Haven, CT: Yale University Press, 2000), 35-36. 흥미롭게도 LXX는 "가장 총명한"이라는 의미를 가진 그리스어 단어 (*phronimōtatos*)를 사용한다.

실을 호도하기는 하지만 대놓고 거짓말을 하지는 않는다(수 9:4; 삼상 23:22). 그들은 사람의 마음과 상황을 읽을 줄 알며, 그들이 읽어낸 것을 이용할 줄도 안다. 날카로운 기지와 번득이는 말솜씨가 그들의 무기다.[94]

하지만 위와 같은 묘사가 그 생명체의 본성을 결정하는 데 결정적인 도움을 제공하지는 못한다. 다만 우리는 뱀이 야웨 하나님께서 만드신 들짐승 중 하나라는 것을 확인할 수 있을 뿐이다(창 3:1). 이와 동시에 우리는 성서에서 뱀을 사악한 것으로 묘사하지 않는다는 점도 지적할 필요가 있다. 이 의미심장한 생명체를 악과 연관 지은 것은 정경이 완성되고 나서 한참 후에 벌어진 일이다.[95]

최근 들어 학자들은 뱀을 혼돈의 생명체(chaos creature)로 이해할 가능성에 관심을 집중시키고 있다. 고대 세계에서 혼돈의 생명체들은 대체로 신의 영역에 속하지만 신성을 갖지는 않은 복합적인 동물의 모습을 하고 있었다.[96] 그들은 여러 동물의 모습을 하고 있었기 때문에 그에 따른 다양한 속성들을 가진 것으로 여겨졌으며, 고대 세계에서 그들은 악한 짐승으로 간주되지 않았다. 그들은 도덕을 초월한 존재들이었지만 사람들에게 해를 끼칠 수도, 파괴적인 영향력을 행사할 수도 있었다. 그들은 잘 제어하지 않으면 문제를 일으키기도 했지만 유순하게 길들일 수도 있었으며 신들의 동맹

---

94   Ziony Zevit, *What Really Happened in the Garden of Eden?* (New Haven, CT: Yale University Press, 2013), 163.

95   Ibid.

96   성서에서 그와 같은 복합적인 동물들로는 그룹들과 스랍들을 들 수 있다. 하지만 그들은 엄밀히 말해 혼돈의 생명체가 아니다. 성서에서는 레비아탄(Leviathan)이나 라합(Rahab)과 같은 존재가 혼돈의 생명체로 간주될 수 있을 것이다. 자세한 논의는 다음을 보라. Westenholz, *Dragons, Monsters and Fabulous Beasts.*

군이 될 수도 있었다. 귀신들도 혼돈의 생명체와 유사한 기능을 가지는 것으로 간주되었는데, 이는 경계영역의 생명체들(예. 코요테, 가면올빼미)도 마찬가지였다.[97]

사실 창세기에서 뱀을 가리키는 데 사용되었던 히브리어 단어 "나하쉬"(נָחָשׁ)는 일반적인 뱀을 지칭하는 다양한 표현 중 하나다. 더욱이 창세기 3장에서 뱀은 하나님이 창조하신 들짐승 중 하나로 묘사되며, 뱀이 다양한 동물의 모양을 하고 있다는 암시는 텍스트 어디에도 없다. 히브리 성서에서 혼돈의 생명체를 포함한 모든 동물들은 하나님이 창조하신 것들이다(창 1:21; 욥 40:15-19; 시 104:26). 물론 이사야 27:1에서 "나하쉬"가 레비아탄과 관련하여 사용된 점에 비추어볼 때 "나하쉬"가 혼돈의 생명체를 지칭할 수도 있다.[98] 이 같은 이해를 확증해주는 것은 요한계시록인데, 여기서 옛 뱀이라고 불리는 사탄은 큰 용, 곧 탁월한 혼돈의 생명체로 묘사된다.[99] 그러므로 우리는 창세기 3장의 이야기에서 뱀이 차지하는 역할과 성서 내의 다른 관련 문맥들을 통해 뱀이 혼돈의 생명체라고 결론 지을 수 있다.[100]

그렇다면 이것이 단순한 뱀 이야기가 아니라고 보았던 리처드 E. 에이

97　Walton, "Demons in Mesopotamia," 229-46.

98　Charlesworth, *Good and Evil Serpent*, 438. 하지만 294쪽에서 그는 창 3장의 뱀이 혼돈의 생명체로 간주될 수 있다는 주장을 거부한다.

99　흥미로운 사실은, 요한계시록이 뱀을 사탄과 동일시하기 때문에 우리도 그것을 (상상력을 불러일으키는 그림으로가 아니라) 성서적 진리로 받아들여야 한다고 많은 주석가들이 주장한다는 점이다. 하지만 나는 요한계시록의 동일한 구절이 제공하는 정보에 근거하여 뱀을 용으로 해석하는 주석가는 거의 만나보지 못했다(하지만 아우구스티누스는 그의 설교 36에서 뱀을 그런 식으로 다룬다. Augustine, *Sermons,* trans. Edmund Hill, The Works of Saint Augustine: A Translation for the 21st Century III/2 [Brooklyn, NY: New City Press, 1990], 281).

100　이런 해석을 채택함으로써 우리는 뱀이 어떻게 말을 할 수 있었는지에 대해 뱀이라는 생물종의 후두를 해부학적으로 분석해보지 않고서도 설명할 수 있게 된다.

버벡(Richard E. Averbeck)의 관찰은 옳은 것이었다. "이스라엘 사람들은 창세기 3장에서 단순히 뱀과 인간에 관한 이야기를 본 것이 아니라 다른 무언가를 읽었음에 틀림없다.…그들의 관점에서 이것은 전우주적 전쟁의 시작에 관한 이야기였으며, 그들은 개인의 삶과 국가의 역사에서 그 전쟁의 여파를 체험하고 있었던 것이다."[101]

나는 창세기 3장이 사탄의 타락을 묘사하는 기사이기도 하다는 그의 주장에까지 동의하지는 않지만, 그럼에도 고대 이스라엘인들의 관점에서 바라볼 때는 뱀을 혼돈의 생명체로 간주하는 것이 자연스럽다고 믿는다. 그렇다면 이 같은 접근법에서 유추할 수 있는 결론은 어떤 것인가?[102]

- 이스라엘 독자들은 뱀을 사탄과 동일시하지 않았을 것이다. 창세기 3장 기사에서는 주체가 누구인가보다 사건들의 결말이 어떤 것이었는지가 훨씬 더 중요하다. 뱀은 사건의 원인이 아니라 촉매제였을 뿐이다.
- 이스라엘 독자들은 유혹이 가져다준 파괴적인 영향력을 인지했음에 틀림없으나, 그렇다고 해서 뱀이 도덕적으로 악하거나 인류를 멸망시키는 일에 몰두하고 있다고 생각하지는 않았을 것이다. 또한 이스라엘 독자들은 뱀에게 어떤 독특한 지위를 부여하지 않았으며, 그가 일종의 우주적 권세를 가진 영적 존재가 아니라 수많은 혼돈의 생명

---

101   Richard E. Averbeck, "Ancient Near Eastern Mythography as It Relates to Historiography in the Hebrew Bible: Genesis 3 and the Cosmic Battle," in *The Future of Biblical Archaeology: Reassessing Methodologies and Assumptions,* ed. James Karl Hoffmeier and Alan R. Millard (Grand Rapids: Eerdmans, 2004), 328-56, 특히 352-53.
102   이 단락의 일부는 다음 책을 참고한 것이다. Walton, *Lost World of Adam and Eve,* 133-36.

체 가운데 하나에 불과하다고 여겼던 것으로 보인다.

- 이스라엘 독자들은 뱀이 신중한 계획에 따라 움직이기보다는 자유분방하게 행동하는 파괴적인 주체라고 여겼던 것 같다. 이후로 구약성서는 그에게 더 이상 역할을 맡기지 않는다. (자신의 본성에 따라 행동하고 소리 없이 사라졌던) 「길가메시 서사시」의 뱀과 마찬가지로 구약성서의 뱀에게도 지속적인 역할이나 지위가 주어지지 않는다. 하지만 (길가메시에서와 마찬가지로) 인간의 행동이 가져온 여파는 여전히 무대 위에 남아 있다.

- 뱀이 여자의 마음속에 의심을 불러일으키고 여자가 하나님이 예고하신 결과를 이해했던 방식을 미묘하게 부정한 것에 대해 이스라엘 사람들도 우리와 다르지 않은 방식으로 해석했으리라 믿는다. 속임수, 잘못된 충고, 그리고 말썽을 일으키는 일이 모두 혼돈의 생명체들에게는 자연스런 행위들이다.

- 이스라엘 독자들은 뱀이 저지른 행동의 여파로 악이 사람들 가운데 확고하게 자리 잡게 된 것으로 이해했을 것이다. 이 같은 사실은 창세기 3:15에서 분명해지는데, 여기서는 인류의 후손과 뱀의 "씨/후손"(여기서 후손은 다음 세대의 뱀들을 가리키는 것이 아니라 뱀이 가져다준 악을 의미한다) 사이에 지속적인 전투가 벌어질 것을 예견한다. 15절에서 전투의 두 당사자가 취하는 행동을 묘사하는 데 동일한 어근("슈프", שׁוף)을 가진 동사가 사용되었다는 사실은(תְּשׁוּפֶנּוּ/יְשׁוּפְךָ; 아쉽게도 다수의 번역들에서 서로 다른 동사를 사용한다) 이 전투의 승자가 누구인지에 대해 본문이 밝히고자 하지 않는다는 것을 암시한다. 전투는 오래 지속될 것이며 서로 간에 치명적인 타격을 주고받을 것이다.

- 혼돈의 생명체인 뱀은 무질서보다는 비질서와 밀접하게 관련을 맺

고 있다. 비질서는 어느 정도 중립적인 데 반해 무질서는 악한 본성과 의도를 가진 것이다. 우리는 지진과 같은 자연재해나 암과 같은 질병을 "악한 결과를 가져오는 비질서의 힘"으로 간주할 수 있다. 하지만 자연재해나 질병이 본성적으로 악한 것은 아니다. 우리는 그것들을 통제할 수 없으며 따라서 그것들은 우리에게 치명적인 영향을 끼칠 수 있다. 만일 창조 기사의 뱀이 혼돈의 생명체라는 범주에 속하는 것이 사실이라면, 하나님의 경고에 대한 그의 부정이나 여자의 불순종이 가져올 결과에 대한 그의 거짓말은 그의 사악한 계획의 일부라고 할 수 없다. 신구약 중간기 문헌이나 신약성서 신학이 이 주제에 대해 포괄적인 이해를 제공해줄 수 있지만, 우리의 탐구를 구약성서의 고대 맥락으로 제한한다면 우리는 전혀 다른 그림을 대하게 된다.

결론적으로 구약성서에 등장하는 "사탄"의 용례들이 보여주는 그림은 신구약 중간기에 발전을 거듭하여 신약성서에서 완전한 형태를 갖춘 이론과는 차이가 있다. 구약성서의 어떤 구절도 사탄이라고 알려진 존재의 타락에 대해 증언하지 않는다. "사탄"이라는 존재가 맡은 역할을 다루는 텍스트들에서는 그가 본성적으로 악한 존재라는 어떤 암시도 주지 않는다. "참소자"에 관한 구약성서의 신학은 오로지 구약성서에서 그에게 주어진 역할을 다루는 텍스트만을 사용해서 전개되어야 한다. 그렇게 되면 우리는 신약성서나 초기 기독교 저술가들이 보여준 것과는 전혀 다른 그림을 보게 될 것이다.

하나님과 뱀: 누가 진실을 말하는가?

우리는 창세기 3장에서 뱀이 구문론 상으로 대단히 미묘한 표현을 사용하고 있다는 점을 기억할 필요가 있다. 그는 "네가 죽지 않을 것이다"라고 말하지 않는다. 그 대신 뱀이 사용한 문장에서 부정어 "로"(לֹא)가 자리한 위치로 볼 때 그는 다음과 같은 의미를 전달하고 있는 것이다. "죽음이 그렇게까지 급박한 위협이 된다고 생각하지 말라."[a] 여자는 언어 선택에 신중하지 못했었고("죽을까 하노라", פֶּן־תְּמֻתוּן), 그녀의 말에 담긴 미묘한 심중의 균열을 눈치 챈 그는 죽음이 급박한 위협이 아니라고 말함으로써 진실을 말하는 동시에 (하나님이 아니라) 그녀를 반박한다. 이런 식으로 뱀의 속임수는 여자의 잘못된 표현을 빌미로 해서 그녀에게 다가온 것이다. 뱀은 열매를 먹는 일이 가져다주는 유익에 대해 말하면서 그것이 가져올 해로운 영향에 대해서는 언급하지 않는다. 주목할 점은 뱀이 여자에게 노골적으로 그녀가 열매를 먹어야 한다거나 하나님의 말씀에 불순종해야 한다고 제안하지 않는다는 것이다.[b] 하지만 이와 동시에 우리는 뱀이 진실을 말했고(너는 죽지 않을 것이다, 너는 하나님과 같이 될 것이다) 하나님은 틀리신 것이라는(그것을 먹는 날에는 반드시 죽을 것이다) 제안도 설 자리가 없다는 점을 기억해야 한다.[c] 하나님의 경고는 즉각적인 죽음을 뜻하는 것이 아니었으며 죽음의 형벌은 아담과 하와가 생명나무에 접근하는 길을 막으시는 것으로 시행되었다. 더욱이

---

a   문법적-구문론적 논의는 다음을 보라. Walton, *Genesis*, 204-5.

b   Zevit, *What Really Happened in the Garden of Eden?*, 202-3.

c   이 같은 제안은 다음 글에서 발견된다. Ronald Veenker, "Do Deities Deceive?," in *Windows to the Ancient World of the Hebrew Bible*, 201-14.

우리말에서 "반드시 죽으리라"라고 번역되는 히브리어 어구는 다만 그
들이 그 시점에 죽을 운명에 처하게 되었다는 의미를 전달하는데, 이것
은 정확히 그들이 생명나무에 접근할 권한을 잃음으로써 처하게 된 상
황이었다.[d] 하나님이 진실을 말씀하셨다. 그들은 나무의 열매를 먹음으
로써 죽음을 피할 수 없게 되었다.

***

d   Walton, *Genesis*, 174-75; Zevit, *What Really Happened in the Garden of Eden?*, 124-
26.

결론: 불변의 신학

이번 장에서 살펴본 것처럼 구약성서에는 현대 기독교 신학에서 악, 죄, 사
탄, 귀신들에 관해 전개하는 이론들과의 접점이 그리 많지 않다. 구약성서
에서 악은 도덕적 실패도 포함하지만 악 자체가 도덕적 관점에서 정의되지
는 않는다. 고대 이스라엘인들도 보편적인 죄의 성향에 대해서는 인식하고
있었지만 원죄라는 개념은 가지고 있지 않았으며, 오늘날의 기독교 신학에
서 표현하는 타락이라는 개념 역시 그들의 사고에는 존재하지 않았다. 죄는
사람에게 지워진 짐으로 간주되었으며 보다 일반적으로는 하나님의 질서
를 파괴하는 행위라는 관점에서 다루어졌다. 그것은 무엇보다도 하나님과
의 언약을 해치는 무질서의 근원이었다. 구약성서에서 "사탄"이라는 존재
는 악마나 귀신들의 우두머리가 아니며, 타락한 천사로 간주되지도 않는다.
구약성서에서 귀신들은 사실상 존재하지 않는 것이나 마찬가지다. 그들은
의지에 의해 행동하기보다는 본능에 따라 움직이며 도덕적으로도 중립적

이다(비록 파괴적인 행동들을 저지르기는 하지만 말이다). 사탄도 귀신들도 사람을 유혹하거나 지배하지 않으며, (하나님이 직접 지휘하시는 예외적인 사건들을 제외하고는) 인간사에 적극적으로 개입하지도 않는다. 구약성서에서 우리가 발견할 수 있는 것이라고는 이스라엘 사람들도 고대 근동 사람들처럼 다양한 질병들이 귀신들로 말미암아 발생한다는 생각을 가지고 있었음을 암시하는 아주 희미한 징후들뿐이다. 이스라엘 사람들 사이에 이러한 관점에 대한 논쟁이나 의견 충돌은 없었던 것으로 보인다.

구약성서와 기독교 신학 간의 이 같은 차이점에 대해 우리는 어떻게 반응해야 할 것인가?

1. 구약성서의 신학을 부족한 정보에 바탕을 둔 시대에 뒤떨어진 것으로 간주하고 대체적으로 무시해야 하는 것인가?
2. 신약성서의 일부 요소들을 새로운 계시로 받아들이기보다는 헬레니즘 이후 그리스-로마의 인지환경이 낳은 문화적 산물로 간주해야 하는 것인가?
3. 아니면 구약과 신약 사이에서 발견되는 대부분의 차이점이 신약성서 자체에 기원하기보다는 제2성전 시대 유대교, 그리고 신구약 모두 하나의 통일된 형이상학을 계시하는 것이라고 전제했던 기독교 신학자들에 의한 신약성서 해석에 뿌리를 두고 있는 것으로 이해할 것인가?

표 6.2는 이러한 관점들 간의 차이점을 간략하게나마 이해하는 데 도움이 될 것이다.

도표의 각 항목들은 불가피하게 단순화되어 있으며 논쟁의 여지를 남겨 놓고 있다. 하지만 그럼에도 이런 작업을 통해 우리는 각 항목들을 비교 대조함으로써 그 유사성과 차이점을 개괄적으로나마 파악할 수 있게 된다. 특히 흥미를 끄는 점은 우리가 구약성서를 신약 시대 이후의 신학자들에 의해 공식화된 체계가 아니라 신약성서와 직접 비교할 때 그 차이점은 현저히 줄어들며, 그러한 차이점 중 일부는 신약성서에 반영된 그리스-로마의 문화적 환경에 기인한다는 사실이다. 이것이 사실이라면 구약성서 신학은 오늘날 우리의 신학을 바로잡아갈 수 있는 중요한 단초를 제공해줄 수 있을 것이다. 이제 각 요소들을 항목별로 하나하나 살펴보자.

〈표 6.2 문화별로 죄와 관련된 사안들을 다루는 방식〉

	고대 근동	구약성서	그리스-로마[a]	신약성서	역사/조직신학
악	존재론적으로 정의되기보다는 결과에 따라 상황적으로 정의됨	존재론적으로 정의되기보다는 결과에 따라 상황적으로 정의됨	질서, 선, 건전한 이성에 반대되는 개념; 누가/무엇이 기준인지가 불확실함	모든 무질서와 고난의 배후에 놓인 원인; 성결에 반대되는 개념; 결과에 따라 상황적으로 정의될 여지가 있음	하나님이 계시하신 뜻에 반대되는 행위들
죄	우주적 공생관계에 의해 정의된 질서에 위배되는 것들	질서, 특히 언약 질서에 위배되는 것들	공동체의 안녕에 위협을 가하는 행동들; 인간의 존엄성이나 정의 같은 미덕에 위배될 뿐 아니라 신들, 땅, 가족에 대한 존중에 반하는 행동들	하나님의 성품과 목적에 위배되는 행실들; 결과적으로 죽음과 (하나님으로부터의) 분리를 가져옴	하나님께 합당한 영예와 존중을 돌려드리는 데 실패함(안셀무스)
타락	목가적이고 문명화되지 않은 태고의 역사; 타락은 발생한 적이 없음; 인간은 본질적으로 죄를 좋아하는 성향이 있음	역사적으로 실제 발생한 사건이지만 원죄는 존재하지 않음; 인간은 죄로 향하는 성향을 가지고 있음	인간의 악행으로 인해 목가적인 태고의 역사에 대한 기억을 잃어버림	타락과 원죄에 관해 제한적인 설명을 제공함; 죄악된 본성을 인정하지만 공식화하지는 않음	모든 사람으로 하여금 하나님 앞에서 죄책을 지도록 만들었으며 죄를 짓지 않을 능력을 앗아감(서방 신학); 원죄와 죄악된 본성을 공식화함
사탄	이에 해당하는 대상을 발견할 수 없음	천상의 어전회의에 출두한 참소자	신들에게 돌릴 수 없는 우주적이고 초자연적인 현상의 원인으로서 때로는 물질계에도 영향을 행사하는 존재; 단일한 대적이 아님	악마; 하나님의 백성의 원수; 적대적이지만 자율적인 행위자는 아님; 그의 타락에 대해서는 알려진 것이 거의 없음	최초의 범죄자이며 모든 악의 배후; 그가 하나님과 전쟁을 치를 때 인간은 어느 한편에 가담함

| 귀신 | 경계영역에 거주함; 복합적인 짐승의 형태를 하고 있음; 의지가 아니라 본능에 따라 행동함; 호의나 악의가 없음 | 경계영역에 거주함; 도덕관념이 없음; 강압적이지 않음; 의지가 아니라 본능에 따라 행동함 | 신들의 종들; 땅과 달 사이에 존재하는 우주적 영역을 차지하고 있음; 위계상 인간보다 높고 신들보다 낮은 지위를 가짐; 호의나 악의를 가지고 행동할 수 있음 | 질병이나 고통을 가져다주는 불쾌한 존재; 죄보다는 고통을 전파함 | 사탄의 졸개들; 하나님의 사자들에 대응하는 존재; 우주적 전쟁의 군사들; 사람이 악을 행하도록 부추기거나 강요함 |

a 그리스-로마 세계는 이 같은 사안을 치밀하게 도식화하지 않는다. 일례로 그들은 죄 문제를 심각하게 다루지 않는다. 본 도표의 그리스-로마 항목과 신약성서 항목을 작성하는데 도움을 준 동료 Brent Sandy에게 감사를 표한다.

악

고대 근동에서는 악의 문제를 인간의 관점에서 정의했으며 신들은 도덕을 초월하며 도덕과 무관한 존재들로 그려졌다. 신들이 혼돈과 전투를 치르기는 하지만 그들의 동기가 노여움이나 진노는 아니며, 그들의 목적은 혼돈을 파멸시키는 것이 아니라 질서의 유지를 위해 혼돈을 저지시키는 것이다. 이 점에 있어서는 구약성서도 큰 차이를 보이지 않는다. 신약성서는 그리스-로마 세계의 철학적 발전에 힘입어 악의 문제에 내재한 신학적 측면에 강조점을 두기 시작했다. 여기서 특히 주목해야 할 것은 그리스-로마 세계에서 신들이 선의 모범으로서 인간들이 추구하고 모방해야 할 대상으로 간주되었다는 점이다. 그리스-로마 철학에서는 일반적으로 악이 "선"의 반대 개념으로 간주되었으며, 신약성서에서 "선"을 하나님과의 관계에서 재정의 하면서 실질적으로는 악의 개념도 새롭게 정의한 셈이다. 제2성전 시대에 이르러서는 사람들과 신들이 관점을 공유하기 시작했으며 악의 개념도 이러한 공통 관점에 따라 정의되었다. 결과적으로 신약성서도 악의 본성을 새롭게 정의하면서 의미심장한 변화들을 더하게 된 것이다.

하지만 이 같은 재정의가 구약성서의 제안을 무효화하는 것은 아니다.

더욱이 구약성서는 신약성서에서 명확하게 표현되지 않은 몇 가지 관점들을 제공한다. 성서의 어떤 구절들, 특히 하나님이 "악"을 행하시는 것으로 묘사되는 구절들을 해석할 때는 구약성서의 관점을 적용하는 것이 텍스트의 맥락을 이해하는 데 도움이 된다. 우리는 죄 문제도 창조와의 관계에서, 그리고 세상을 향한 하나님의 목적이라는 관점에서 이해할 수 있다. 신약성서는 하나님의 이 같은 목적에 그리스도라는 요소를 더함으로써 신학적으로 보다 구체적인 그림을 제공하지만, 이처럼 구체적인 그림에 토대를 제공하는 것은 구약성서다.

죄

일반적으로 죄를 이해하는 데는 비유라는 도구가 사용되는데, 보다 완전한 이해를 위해서는 다양한 비유를 적용할 필요가 있다. 여기서 우리는 구약성서와 신약성서가 서로 다른 비유들을 사용한다는 사실을 발견할 수 있는데, 각각의 비유가 우리의 이해를 증진시키는 데 도움이 되기 때문에 둘 중 하나를 배제할 이유가 없다. 구약성서에서는 삶과 죽음이 언약 질서와의 관계에 따라 좌지우지되는 것으로 묘사한다. 사실 창세기 3장의 타락 기사는 하나님의 질서에 반하는 행동으로 이해되어야 한다. 구약성서는 우주적 관점에는 별다른 관심을 보이지 않으며 일단 언약이 체결된 이후로는 언약 질서가 이스라엘 사람들에게 유일한 관심사였다(참조. 신 30:11-19). 따라서 토라는 다양한 형태로 파기된 언약 질서를 바로잡는 방법들을 제시해준다. 하지만 구약성서에서 우주적 무질서를 바로잡는 방법을 제시하지는 않으며, 그런 방법이 있을 것이라는 기대도 보여주지 않는다. 우주적인 회복은 오직 그리스도를 통해서만 제공될 수 있다.

타락

이 범주와 관련하여 구약과 신약은 극히 미미한 차이만을 보여준다. 핵심적인 신학적 발전은 신약성서의 완성 **이후에** 모습을 드러냈다. 그럼에도 우리는 구약성서 신학을 조망함으로써 신구약이 공유하는 핵심적인 관점들이 무엇인지 파악하는 데 도움을 얻을 수 있다. 물론 이것은 정경의 완성 이후에 이루어진 신학적 해석들을 배제해야 한다는 의미는 아니다. 하지만 우리가 마음에 새겨야 하는 사실은 경우에 따라서 이 같은 (정경의 완성 이후의) 신학적 도식들을 재검토해야 할 충분한 이유가 있으며 그러한 도식들이 여전히 유효한지 평가해볼 필요가 있다는 것이다.

구약과 신약은 모두 타락이 중차대한 사건이었다는 점에는 동의하면서도 타락이 발생한 특정한 순간에 관심을 기울이지는 않는다. 구약성서가 보다 관심을 보이는 주제는 하나님의 임재(인류가 에덴동산에서 잃어버렸던)를 재확립하는 사건으로서의 언약이다. 여기서는 초점이 인류가 타락으로 인해 마주하게 된 절박한 곤경에 맞춰지기보다는 하나님이 그의 백성들 가운데 거하시기 위한 계획과 목적을 가지고 계신다는 사실에 맞춰진다. 신약에서는 언약이 하나님의 임재를 영구히 확립시키기 위한 해결책으로 제시되는데(그리스도 안에서, 성령이 교회에 내주하심으로, 새 창조를 통하여), 물론 하나님의 계획이 여기서 그치는 것은 아니다. 우리가 처한 곤경도 해결되어야 할 문제이며, 그리스도가 이 문제를 다루신다. 그런데 죄에 대한 해결책은 우리가 처한 상황을 어떻게 바로잡을지에 관한 것이며 죄가 창조세계에 진입한 최초의 순간이 언제인가 하는 질문은 죄 문제를 해결하는 데는 별다른 도움이 되지 않는다.

사탄/귀신들/혼돈의 생명체들

이 사안을 보다 잘 이해하기 위해서는 먼저 우주 지리학이 제공하는 도식을 고려할 필요가 있다. 우리는 (신구약) 성서가 우주 지리학에 관해 언급할 때 전적으로 그들 각각의 인지환경에 기초한 그림언어들을 사용한다는 점을 기억할 필요가 있다. 우리는 성서가 우주 지리학에 관해 신적 권위에 토대를 둔 관점을 제공하지 않는다는 사실을 지적해왔다. 그 대신에 성서 저자는 우주 안에서 하나님이 맡으신 역할과 그의 통치에 대해 단지 개괄적인 신학적 이해를 제공할 뿐이다. 물론 여기서 우주에 대한 성서의 묘사는 저자와 독자의 용어와 세계관을 반영하기 마련이다. 따라서 우리는 성서에서 고대 인지환경에 기초한 묘사들과 규범적이고 신학적인 교훈들을 구별할 필요가 있다.

우리는 이 같은 해석학적 분별을 사탄과 귀신에 대한 이해에도 반영할 필요가 있다. 신구약 성서는 사실상 사탄과 귀신들에 대해 우리에게 가르쳐 주는 바가 없으며, 다만 성서에 영적 존재들이 인간 세계에 영향을 미친다는 관념이 존재했다는 것은 부인할 수 없는 사실이다. 그런데 여기서도 우리가 관찰한 결과들을 설명하는 방식은 하나가 아니다. 사탄과 귀신들에 대한 간략한 언급들마저도 그들이 속한 동시대 문화의 사상에 기초한 그림언어를 사용하여 제시된 것들이다. 그렇다면 우리는 사탄과 귀신들에 관한 형이상학적 이론을 다룰 때도 앞에서 언급한 우주 지리학에 관한 산발적인 기록들을 대할 때 사용했던 것과 동일한 접근법을 채택할 필요가 있다. 우리는 사탄과 귀신들에 대한 구체적인 형이상학적 지식을 성서에서 발견할 수는 없다. 하지만 우리는 우리를 두렵게 하고 우리를 해칠 수 있는 적대적인 요소들이 하나님 나라 건설에 어떤 관련을 갖는지에 대해 성서에서 어떤 설명을 제공하는지 살펴볼 수는 있다. 이것은 우리가 기대했던 그림은 아니며 우리의 호기심은 상당 부분 충족되지 않은 채로 남아 있을 수밖에 없다. 하지만 이런 탐구마저도 나름대로의 중요성을 갖는다.

인류가 하나님의 계획과 목적에 동참하는 일을 방해하려 하는 피조물이 존재하는지에 대한 우리의 믿음이 어느 정도 근거를 가지고 있는지 명확히 밝힐 수는 없지만, 분명한 사실은 신구약 성서 텍스트가 그 자체의 고유한 인지환경을 초월해서 우리에게 그러한 피조물들의 형이상학적 실체에 대한 통찰을 제공하려고 시도하지 않는다는 점이다. 그럼에도 우리가 확신할 수 있는 것은 하나님이 우리가 적대적이라고 생각하는 존재들을 활용하실 수 있으며, 그러한 존재들이 그들에게 허용되지 않은 일은 결코 행할 수 없다는 점이다. 신구약 성서는 한목소리로 하나님이 모든 통치자들과 권세들과 영들과 기타 모든 것들을 주장하신다고 가르친다. 이것이 불변의 신학이다. 우리는 신구약 성서에서 묘사하는 정보들을 통해 구체적인 형이상학적 결론을 도출할 수는 없다. 하지만 우리가 그러한 존재들을 하나님의 원수들로 규정하는 것은 옳지 않다. 왜냐하면 하나님은 그 무엇에 의해서도 위협받지 않으시며 원수의 세력들과 다투시는 일도 없기 때문이다. 하나님의 백성들을 위협하는 다양한 실체들이 존재하지만 하나님은 그들 간의 싸움을 초월해 계시며 자신의 백성들이 넘어지지 않도록 그들을 강하게 만들어주신다. 중요한 것은 그러한 세력들이 하나님을 대적할 힘을 갖고 있지 않으며 하나님께서 그들에게 허용하신 것 이상의 능력을 발휘할 수 없다는 사실이다.

❖ ❖ ❖

보론: 보응의 원칙

사람들은 기본적으로 다음과 같은 두 가지 근본적인 믿음을 가지고 있다. (1) 우리가 살아가는 세계는 비질서와 무질서가 혼재하는 세상이며 이 두 가지 모두 "라아"(רַעַ, "악")를 가져올 수 있다. (2) 하나님 혹은 신들은 사람들 사이에서 활동하면서 그들에게 유익을 끼치기도 하고 그들을 징벌하기도 한다. 이 같은 믿음에 근거하여 사람들은 세상에서 작동하는 운영체제를 발견하고자 시도했으며,[103] 고대 세계 사람들이 유추해낸 운영체제는 소위 "보응의 원칙"(retribution principle)이라는 것이다.

보응의 원칙은 모든 시대 모든 문화에 속한 사람들—적어도 신이 존재한다고 믿는—이 가진 가장 기본적인 신념 가운데 하나를 구체화한 것이다. 우리는 보응의 원칙(RP)을 다음과 같이 단순하게 표현해볼 수 있다. "의로운 자는 형통하고 악한 자는 고통받는다." 여기에 수반되는 귀결은 다음과 같다. 만일 누군가가 고통받고 있다면 그는 악한 자임에 틀림없으며, 만일 누군가가 형통한 삶을 살고 있다면 그는 의로운 자임에 틀림없다는 것이다. 이 같은 공식에서 각각의 용어들은 보다 방대한 범주들을 대표하도록 선택된 것들이다.

- **의롭다**(righteous)라는 형용사는 하나님을 기쁘시게 하고 그분의 호감을 살 수 있는 행동을 묘사한다. 어떤 문화에서는 의(righteousness)

---

103   이 단락은 다음 책을 참조한 것이다. Walton and Longman, *How to Read Job*.

를 도덕적 행동에서 찾는가 하면 다른 문화에서는 세심하게 제의를 수행하는 일을 의로운 행동의 표본으로 여기기도 한다. 고대 이스라엘과 같은 문화에서는 이 두 가지 모두를 의의 표본으로 삼는다. 하지만 이것은 절대적인 자질이 아니며(이것이 하나님의 의와 다른 점이다) 그 기준 또한 상대적이다.

- **형통하다**(prosper)라는 동사는 어떤 사람이 축복과 유익을 경험하는 것을 의미한다. 여기에는 물질적인 번영, 자손의 번성, 건강, 그리고 노력의 대가로 주어지는 성공이 포함된다(에덴동산에서 인류가 누렸던 지위, 혹은 타락 이후에 주어진 언약의 축복[참조. 신 27-28장]을 생각하면 된다). 인간이 누리는 번영이 때로는 그가 가진 사회적 신분이나 다른 사람들로부터 받는 존경에서 오는 경우도 있다.

- **악하다**(wicked)라는 형용사는 하나님을 기쁘시게 하지 못하거나 사회에서 용납될 수 없는 행동들을 가리킨다. 이 용어는 특정 방식으로 행동하는 데 실패한 것을 가리킬 수도 있고 필수적인 제의에 참여하는 데 실패한 것을 가리킬 수도 있다.

- **고통받다**(suffer)라는 동사는 부정적인 경험들에 관한 일반적인 범주를 가리키는 포괄적인 표현이다. 여기에는 흉작이나 질병(본인과 가족의)에서부터 다양한 형태의 부정적인 상황(불운, 일이 원하는 대로 풀리지 않는 것, 사람들에게 이용당하는 일)에 이르기까지 모든 것이 포함된다. 시편의 수많은 탄원시들이 이런 상황들에 관련된 것이며 신명기 27-28에 실린 언약의 저주들도 마찬가지다.

사람들은 일반적으로 그들이 처한 상황이 어느 정도는 그들이 하나님이나 신들의 호감을 얻고 있는지 혹은 미움을 받고 있는지를 반영한다고 믿으며,

그들이 어떤 행동을 했는지에 따라서 그에 상응하는 특정한 상황에 처하게 된다고 여긴다. 구약성서의 이스라엘 사람들도 다르지 않았으며, 고대 근동의 사람들에게서도 이와 유사한 기대들을 발견할 수 있다. 이러한 믿음은 고대 근동 지혜문학의 중심에 자리 잡고 있다. 지혜문학에서는 겉으로 보기에 무고하고 올곧은 사람들이 어려움을 겪는 경우들을 해명하고자 시도하는데, 이것은 욥기의 중심에 자리한 주제이며 기본적으로 욥과 그의 친구들이 가진 신념을 반영한다. 이 같은 세계관은 그들의 기대와 입장의 골격을 이루며, 그들의 관점에서 이것은 세계가 작동하는 토대이기도 하다.

보응의 원칙은 달리 말해 하나님이 세상만사에 대응하시는 논리를 이해하고, 설명하고, 정당화하고, 체계화하려는 시도다. 때로는 사람들이 보응의 원칙에 위배되는 것처럼 보이는 상황들을 경험하기도 하는데, 이로 인해 이 원칙을 철학적/신학적 논의에 이상적으로 적용하기 위해서는 여기에 구체적인 조건을 부과하거나 혹은 보다 민감하게 적용할 필요가 있었다. 예를 들어 하나님이 악인을 징벌하지 않으신다면 그분이 어떻게 의로우신 분일 수 있겠는가? 이 질문에 대답하기 위한 논의가 이스라엘에서는 신정론 (theodicy)이라는 주제하에 주로 윤리적 유일신론이라는 맥락에서 진행되었다.[104] 보응의 원리가 반드시 신정론이라는 구도 안에서만 작동한다고 간주할 필요는 없지만, 이스라엘 사람들은 신학적 열심을 가진 신앙인들이었기 때문에 우리는 구약성서에서 신정론이 영향력을 행사하고 있음을 관찰할 수 있다. 우리는 고대 근동에서 보응의 원칙이 차지했던 위치에 대해 논의한 후에 다시 보응의 원칙과 신정론의 관계에 대한 질문으로 돌아올 것

---

104 신정론은 고통이 존재하는 세상에서 하나님의 정의를 옹호하기 위한 작업이라고 정의할 수 있다(하지만 이와 관련된 대화는 악의 근원에 관한 철학적 논의로 발전할 수밖에 없다).

이다.

고대 근동에서의 보응의 원칙

고대 근동 문학에서는 인간 세계에서 정의를 구현하는 일이 신들의 관심 사이자 책임이라는 신념을 증명하기 위해 끊임없이 노력한다. 일례로 바빌로니아인들은 정의를 실현하는 것이 그들이 섬기는 신들 가운데 샤마쉬(Shamash)에게 부여된 책임이라고 여겼다(그래서 함무라비 왕도 그의 법전에서 샤마쉬를 언급하고 있다). 하지만 고대 세계에서 보응의 원칙을 둘러싼 이 같은 질문들은 세상에서 발생하는 불의에 대한 책임이 신들에게가 아니라 종종 귀신들과 인간들에게 돌려진다는 사실로 인해 철학적 당위성을 잃고 만다. 메소포타미아의 사상에서 악은 우주라는 직물 속에 씨줄과 날줄처럼 짜여 들어간 "지배 속성"(conrol attributes; 수메르 신화에서 "메"[me]라고 불리는)을 매개로 우주 안에 침투해 들어왔다. 하지만 이 같은 "지배 속성"조차도 신들에 의해 확립된 것이 아니며, 결과적으로 악이 신들의 관할권 밖에 존재하기 때문에 신들이 정의를 실현한다 해도 고통이 완전히 제거되는 것은 아니다.

고대 근동 사람들은 이 세계가 가진 본성이 불행의 원인이 될 수도 있다고 생각했다. 이집트와 메소포타미아에서 신들은 이 세상의 악에 대해 책임이 없는 것으로 간주되었으며, 그렇기 때문에 우리가 악의 존재를 경험한다는 사실을 신들의 정의와 화해시키려고 시도할 이유가 없었다(이것이 이스라엘과의 차이인데, 그들은 주재자이신 하나님의 통치권을 벗어나는 영역은 존재하지 않는다고 믿었다). 우르의 멸망을 애도하는 수메르의 애가에서 그 도시는 정의로운 행위나 불한 행위로 말미암아 멸망한 것이 아니라 다만 왕권이 교체될 시기가 이르렀기 때문에 멸망한 것으로 묘사된다. 이와 유사하게 개인이 당하는 고통도 때로는 그가 이생에서 겪어야 할 운명으로 이해되었다. 물론 개인의 불행은 신들의 마음을 상하게 한 결과로 찾아올 수도 있었다. 그것이 의도하지 않은 행위였다 하더라도 말이다. 이런 경우에는 신들이 불의한 것이 아니라 단지 그들이 신들의 기대에 부응하지 못했을 뿐이라고 이해해야 한다.

메소포타미아인들이 신들의 정의를 옹호하려는 마음을 가졌던 것은 아니지만, 그럼에도 그들에게는 보응의 원칙에 대한 신념이 있었다.[105] 그들은 신들이 무엇을 원하는지에 대해 계시 받은 것이 없었기 때문에 신들의 마음을 상하게 하는 것은 피할 수 없는 일이며 따라서 악이 성행할 수밖에 없다고 생각했다(여기서 악은 "우주적 공생관계"의 맥락에서 정의되어야 한다). 결과적으로 세상 누구도 무죄를 주장할 수 없는 상황이 된 것이다.[106] 하지만 만일 예배자들이 그들의 제의에 성의를 다한다면 그들이 섬기는 신들이 그들을 보호해줄 것이다. 이 같은 기대는 신들이 의롭다는 믿음에 근거한 것이 아니라 그들이 분별 있는 존재들이라는 믿음에 토대를 둔 것이다. 신들은 인간들이 제공하는 것들을 필요로 하며 그에 대한 보답으로 인간들이 필요로 하는 안전을 대부분의 경우 제공해줄 수 있다. 이 같은 운영체제는 신들이 의로워서가 아니라 그들이 무언가를 필요로 하기 때문에 작동한다. 이런 상황이니 보응의 원리는 계속 유지될 수밖에 없는 것이다.

이런 의미에서, 메소포타미아인들이 가지고 있던 신들의 응징에 관한 믿음이 모든 고통의 원인을 그들에게 설명해주지는 못하는 것이다. "고통받

---

105 D. Bodi, "The Retribution Principle in the Amorite View of History: Yasmaḫ-Addu's Letter to Nergal (ARM I 3) and Adad's Message to Zimrī-Lim (A. 1968)," *ARAM* 26, nos. 1-2 (2014): 285-300.

106 K. van der Toorn, "Theodicy in Akkadian Literature," in *Theodicy in the World of the Bible*, ed. A. Laato and J. C. de Moor (Leiden: Brill, 2003), 62.

는 자는 악한 자임이 분명하다"라는 설명은 이제 유효하지 않다. 고대 근동의 세계관에서 사람들이 경험하는 고통의 상당 부분은 신들에 의해 기획된 것이 아니라 단지 그들의 부주의, 일련의 정황, 그리고 자연의 본성에 따른 것이다. 한 개인이 과실을 범해서 신들이 그를 버렸다 해도 그로 인해 야기된 악에 대해 신들은 책임이 없다. 그들은 단지 그에게 베풀던 호의와 보호를 철회했을 뿐이다. 그들은 이제 그에게 임할 악을 막기 위해 무언가를 할 이유가 없게 되었다.

이집트 사고에서 보응의 원리는 "마아트"(ma'at)를 확립하는 데 필요한 하나의 요소다. "마아트"는 신들이 추구하는 궁극적인 이상이며 따라서 인간의 영역에서 신들을 대리하는 권세자들의 이상이기도 한데, J. 아스만 (J. Assmann)은 "마아트"를 다음과 같이 정의한다. "개인들을 공동체에 통합시키는 원리로서, 선한 일이 보상받고 악한 일이 징계받도록 보장해줌으로써 사람들의 행위에 의미와 목표를 제공해주는 요소다."[107] 그렇다면 보응의 원리와 "마아트"는 근본적인 전제를 공유한다고 말할 수 있다. 아스만의 정의에 따르면 "마아트"는 모든 사회적 규범의 총체를 의미하는 것으로 간주될 수 있다. "마아트"를 보존하고 성취하기 위해서는 건설적인 행위들을 인정하고 보상해주는 한편 부정적인 행위들은 징벌해야 한다. 이것은 신들의 속성(예컨대 정의 같은)에서 유래한 것이 아니라 신들의 이상("마아트"의 추구)에 뿌리를 둔 것이다. 하지만 아스만이 지적한 것처럼 이집트인들은 범죄에 대한 보응으로 불운을 가져다주는 것은 신들의 역할이 아니라고 생각했다. "불운은 우리에게 격노한 신의 존재를 보여주는 것이 아니라 악, 혼돈, 그리

---

107 J. Assmann, *The Mind of Egypt* (New York: Metropolitan Books, 2002), 128.

고 비존재의 세력이 존재한다는 것을 보여준다."[108] 우리는 앞에서 이런 개념들을 비질서와 무질서로 표현했었다. 이집트인들은 마법의 도움으로 이러한 힘들을 막아낼 수 있다고 생각했다.

이 사안에 대한 이집트인들의 사고방식은 메소포타미아인들보다는 이스라엘 사람들의 사고방식에 훨씬 가깝다. 다만 이스라엘 사람들은 질서가 "마아트"에 의해 확립되는 것이 아니라 언약을 통해 확립된다고 믿었다. 앞 문단에서 이집트에 관해 진술했던 내용을 여기서 이스라엘에도 적용할 수 있을 것이다. 조화는 신들의 속성에서 유래한 것이 아니라 신들의 이상에 뿌리를 둔 것이다. 이스라엘 사람들은 언약에 표현된 질서에 순응할 의무가 있었다.

결론적으로, 고대 근동의 신들은 선하고 의로운 것을 장려할 책임을 어느 정도 느끼고 있었는데, 이것은 그들의 성품과 속성이 그것을 강제해서가 아니라 단지 그들에게 그런 영향력을 행사할 힘이 있었기 때문이다. 게다가 그렇게 하는 것이 그들에게도 유익을 가져다주었다. 보응의 원리는 신들이 자신들의 필요가 채워지기를 원하는 동시에 사람들에게 이에 따른 보상을 내리거나 징벌을 내릴 힘을 가지고 있는 상황에서만 작동하는 논리적 추론으로 이해될 수 있다. 메소포타미아에서 보응의 원리가 작동하는 가장 자연스러운 모체는 제의의 영역인 반면, 이집트에서는 이 원리가 "마아트"를 확립하고 마술을 시행하기 위한 기본적인 메커니즘 역할을 했다. 비교의 범위를 질서의 영역으로 확대해보면 세 문화의 차이점이 확연히 드러난다. 메소포타미아에서 질서의 토대는 제사 메커니즘을 통해 작동하는 "우주적 공생 관계"이며, 이집트에서 질서의 근간은 마술 메커니즘을 통해 작동하는 "마

---

108   Ibid., 239.

아트"였고, 이스라엘에서 질서의 토대는 토라 메커니즘을 통해 작동하는 언약관계였다.

OLD TESTAMENT THEOLOGY FOR CHRISTIANS
FROM ANCIENT CONTEXT TO ENDURING BELIEF

제7장

구원과 내세

구원

죽음의 지배력은 결코 피할 수 없는 것이다. 지금까지 우리는 인간학을 신학적 관점에서 다루면서 인간을 구성하는 요소들 가운데 어떤 것들이 죽음을 극복할 수 있는지 살펴보았다. 이번 장에서는 구원의 문제를 좀 더 구체적으로 다룰 것이다. 내세와 부활에 대한 다양한 관점들과 함께 우리가 행복한 내세의 삶을 성취하는 길이 무엇인지 생각해보고자 한다.

구원, 출애굽, 그리고 유배

먼저 우리가 구원에 대해 말할 때 구체적으로 무엇을 의미하는지 분명하게 밝힐 필요가 있다. **구원**이라는 용어를 사용할 때 우리는 일종의 "이동"을 전제한다. 사람이 구원받는다는 것은 그가 "이전 상태로부터"(A), "특정한 메커니즘이나 개입을 통해"(B), "전혀 다른 상태로"(C) 이동한다는 것이다. 더나아가 두 시나리오 간의 비교가 의미를 갖기 위해서는 각 시나리오에서 A와 C에 대응하는 상태들과 B에 대응하는 두 메커니즘 간에 일종의 등가성(equivalency)이 존재해야 한다.

구약성서 신학의 시나리오에서 이스라엘은 두 가지 두드러진 사건을 통해 하나님의 구원을 경험한다. 첫째, 이스라엘은 "이집트의 노예 상태로부터"(A), "약속의 땅으로"(C), "하나님의 표적과 기사 및 광야에서의 자비로운 돌보심, 그리고 정복 전쟁에서의 신적 개입이라는 메커니즘을 통해"(B) 구원받는다. 둘째, 이스라엘은 "바빌로니아의 포로 상태로부터"(A), "회복의 땅으로"(C), "고레스 칙령에 나타난 하나님의 섭리를 통해"(B) 구원받는다. 이 두 가지 사건은 이스라엘 역사 가운데 특정 시대의 구체적인 상황을 반영한다.

하지만 이 같은 구원의 경험들은 사실상 기독교 신학 사상에서 제시하는 구원의 시나리오, 곧 "죄의 상태로부터"(A), "영원히 지속되는 하나님과의 교제 상태로"(C), "우리를 위한 그리스도의 사역(속죄, 칭의, 사죄, 화해)이라는 메커니즘을 통해"(B) 구원이 성취된다는 시나리오와 동일한 범주에 속하지 않는다. 그리스도인의 구원 경험과 이스라엘의 경험 사이에 모형론적 상관관계가 존재한다는 논리를 제시할 수는 있겠지만, 우리가 이 둘 사이에 지나친 연관성을 부여하는 것은 양쪽 모두에게 정당하지 못한 일이다. 성서 전체를 "구속사"와 동일시하게 되면 우리는 과거 이스라엘의 경험을 오늘날 그리스도인들의 경험에 대한 일종의 전조로 이해하게 된다. 근본적으로 이 같은 비교에 적실성이 전혀 없는 것은 아니지만, 이들은 어쨌거나 서로 상당히 다른 경험들이며, 우리는 이들 사이의 연관관계를 확대해석함으로써 둘 중 하나를 희생시키지 않도록 주의를 기울여야 한다. 그들은 유비 관계에 있는 현상들이지만, 유비는 무너지기 십상이며 그 역할도 제한적이다. 이스라엘이 경험한 구원이 충격적인 사건이기는 하지만 그리스도가 우리에게 제공하신 선물은 그와는 차원이 다른 것이다. 우리는 이스라엘의 역사도 나름의 의미를 지니고 있음을 인정하지만, 그럼에도 우리는 이처럼 위대한 구원 사건을 이스라엘의 역사와 분리하여 구원론 및 종말론과의 관계 속에서 다룰 것이다. 이어지는 논의에서는 "구원"이라는 표현을 이 같은 맥락을 담은 전문적인 신학 용어로 사용할 것이다.

고대 근동의 구원 관념

메소포타미아에서 "죄"라는 개념은 주로 제의적인 맥락에서 정의되며, "우주적 공생관계"를 통해 확립된 질서에 위배되는 것을 의미한다(제2장을 참조하라). 메소포타미아인들에게 상태 A는 "그들 개인과 공동체가 경험하는 무질서"를 의미하며, 그들은 "안정과 균형"으로 특징지어지는 상태 B로 이동하기를 원하는데, 이 같은 이동은 "제의 행위를 통해"(B) 성취된다. 이 같은 체제를 넓은 의미에서 "구원론적"이라고 부를 수는 있겠지만 그것은 일시적이며 결코 "종말론적"인 사건이 아니다.

한편 이집트인들은 이생에서의(일시적) "마아트"와 내세에서의(종말론적) "마아트" 간에 연속성이 존재한다고 믿었다. 「사자의 서」에서 심판 장면이 보여주는 것처럼 범죄의 누적이 구원과 동일시될 수는 없다. 우리가 벗어나야 하는 상태(A), 곧 "마아트"가 부재하는 상태는 일시적인 세계와 종말론적인 세계에 모두 존재한다. 이들 세계는 성취되어야 할 상태, 곧 "마아트"의 존재를 인식하고 있었기 때문에 우리는 A의 상태에 대응하는 C의 상태도 존재한다고 말할 수 있다. 일시적인 맥락과 종말론적인 맥락에서 공통으로 작용하는 메커니즘 B는 마술이었으며 그들은 부적과 주문을 적절하게 사용함으로써 상태 A에서 상태 C로 이동할 수 있다고 믿었다.

	고대 근동	이스라엘 (역사적)	구약성서 (언약적)	신약성서 (신학적)
A 최초의 상태	메소포타미아: 개인적 공동체적 삶에서 경험하는 무질서	이집트에서의 노예 상태 (공동체적 무질서)	언약관계에서의 무질서	죄악된 상태(하나님과의 관계에서의 무질서)
	이집트: "마아트"의 부재	바빌로니아 유수(공동체적 무질서)		
B 이동을 위한 메커니즘	메소포타미아: 제의 수행	하나님의 이적과 기사; 광야에서의 자비로운 돌보심; 정복 전쟁에서의 신적 개입	토라와 거기 포함된 제의	우리를 위한 그리스도의 사역(속죄, 칭의, 사죄, 화해)
	이집트: 마술(부적과 주문)	고레스 칙령; 남은자들의 귀환을 위한 리더십		
C 새로운 상태 (질서)	메소포타미아: 안정과 균형	아브라함에게 약속된 언약의 땅	언약 질서의 재확립	영원히 지속될 하나님과의 교제
	이집트: 회복된 "마아트"	본토로의 귀환		
초점	메소포타미아: 일시적	일시적	일시적	종말론적
	이집트: 일시적, 종말론적			

여기서는 비교를 위해 "구원"이라는 용어를 다음과 같이 광범위하게 정의한다. "왜곡된 질서로 말미암은 바람직하지 않은 상태(A)로부터 특수한 메커니즘을 통한(B) 새로운 질서라는 바람직한 상태(C)로의 이동."

이스라엘의 구원 관념

이스라엘로 눈을 돌려보면 우리는 고대 문화들과 이스라엘 사이에 연속성과 불연속성이 공존한다는 것을 발견하게 된다. 이집트 및 메소포타미아에서와 마찬가지로 이스라엘에서도 최초의 상태(A)는 질서의 결여를 의미하는데, 메소포타미아에서는 질서가 "우주적 공생관계"를 통해 정의되고 이집트에서 "마아트" 개념으로 정의되는 반면 이스라엘에서는 언약의 맥락에서 정의된다. 메커니즘(B)을 비교해보면 메소포타미아는 제의, 이집트는 마술을 사용한 반면 이스라엘은 마술을 금하고 있으며 그들의 제의는 메소포타미아의 제의와 상당히 다른 방식으로 작동한다. 하지만 갱신된 상태(C)는 세 경우 모두 질서의 재확립으로 동일하게 정의된다. 이처럼 우리는 이스라엘을 고대 세계와 비교하는 것이 단지 일반적인 영역에서만 의미를 갖는다는 사실을 발견할 수 있다. 하지만 이 같은 일반적인 비교를 근거로 이스라엘의 사고방식과 신약성서/기독교의 사고방식 사이에 연속성이 존재한다는 결론을 도출하려고 해서는 안 된다.

이제는 A, B, C로 전개되는 공식의 각 부분을 하나하나 면밀히 살펴보는 것으로 탐구를 확장하고자 한다. 최초의 상태(A)에 대해서는 이미 앞 장에서 자세하게 다루었다. 거기서 우리는 소외, 불균형, 그리고 언약 질서에 위배되는 것들로 이어지는 주요 흐름을 살펴보았다. "언약 질서에 위배되는" 상태는 개념적으로 메소포타미아 및 이집트와 유사한데, 다만 각 문화에서 질서를 서로 다르게 이해했다는 단서를 덧붙일 필요가 있다. 더 나아가 이스라엘에서는 기독교가 제시하는 공식과는 다르게 세계 전반에 존재하는 모든 무질서를 바로잡는 일에 초점을 맞추지 않는다. 그 대신 구약성서 신학은 언약 질서를 재편성하는 방법을 제공할 뿐이다.

구약성서 신학의 메커니즘(B)은 우리에게 잘 알려져 있는데, 그것은 제사 제도를 포함하는 복잡한 제의 환경으로 구성된다(제5장을 참조하라). 하지만 이 같은 메커니즘은 단지 언약 관계의 균형을 회복시켜주었을 뿐이다. 이런 점에서 우리는 "황소와 염소의 피가 능히 죄를 없이 하지 못"한다는 히브리서 10:4의 진술에 동의할 수밖에 없다. 따라서 이스라엘의 메커니즘은 최초의 상태(A)를 완전히 해소하기 위해 고안된 것이 아니며, 그것을 완전히 해소할 능력도 없다. 사실 인류 전체의 범죄라는 최초의 상태에 가장 큰 관심을 보이는 것은 기독교다. 그리스도의 죽음을 통해 주어지는 결과들(속죄, 칭의, 사죄, 화해) 중 어느 하나도 구약의 제사 제도를 통해서는 제공되지 않는다.[1] 이스라엘 사람들은 죄로부터의 구원을 기대한 것이 아니라 언약 관계의 무질서가 해소되기를 기대했을 뿐이며, 그들의 메커니즘(B)은 바로 그것을 제공해주는 수단이었다. 하나님이 그렇게 말씀하셨고 결과적으로 그렇게 되었다.

이스라엘 관점에서의 새로운 상태(C)는 기독교 관점에서의 새로운 상태(C)가 갖는 특징적인 측면(영원히 지속되는 하나님과의 관계)을 전혀 가지고 있지 않다. 이스라엘에서 구원의 공식은 느슨하게 구원론적이라고 할 수 있지만 종말론적인 측면은 전혀 가지고 있지 않다. 이스라엘은 기독교적인 최종 상태(C)를 제공할 수 있는 메커니즘을 가지고 있지 않았으며, 따라서 그들은 그런 상태를 기대하지도 않았다. 이런 면에서 그들의 사고에는 동시대 메소포타미아 사람들과 공유할 수 있는 요소들이 훨씬 많다. 그들은 그들이 속한 일시적인 환경 속에서 질서가 회복되기를 기대했다.

구약성서가 이처럼 신약과는 다른 최초의 상태(A, 언약 공동체 내에서의 무질서)와 메커니즘(B, 제사 제도), 그리고 새로운 상태(C, 종말론적이 아닌 일시적인 회복)를 다루고 있는 것이라면, 구약성서에서 "죄로부터의 구원"이라는 문제를 논하는 것은 방향 착오일 수 있다. 다시 말해 비록 이스라엘 백성들이 메시아에 대한 기대(a messianic expectation)를 발전시키기는 했지만, 그들은 기독교적인 공식에서의 상태 A와 C를 연결해주는 메커니즘(B)을 제공하는

---

1   원칙적으로는 제사 제도를 통해서 그중 아무것도 주어지지 않지만, 그에 비견할 만한 예는 존재한다. 예컨대 짐승의 죽음을 통해(형벌이 치러짐으로써) 일시적인 "속죄"가 제공되기도 하며, 피의 예식을 통한 "키페르"를 통해 범죄의 모든 증거가 씻겨나감으로써 "칭의"와 유사한 결과가 나타나기도 한다.

"메시아"(the Messiah)를 기대한 것은 아니다. 그들은 상태 A와 C를 기독교적인 관점에서 정의하지 않았기 때문에 결과적으로 메커니즘 B에 대한 기독교적인 이해를 반영하는 메시아의 역할을 상상하지 못했을 것이다. 구약성서의 메시아는 구원자가 아니라 왕이었으며, 그에게 주어진 역할은 이스라엘을 정상적인 언약 질서의 상태(C)로 회복시키는 것이었다.

여기서 우리는 구약성서 신학에 구원의 공식을 이해하는 서로 다른 두 가지 방식이 혼재했다는 사실을 발견하게 된다.

공식 1, 반복되는 상황
    A. 죄가 언약 질서의 파괴로 이어지고 결국 신성한 공간을 오염시키는 결과를 가져온다.
    B. 제사 제도
    C. 신성한 공간에 균형이 회복된다.

공식 2, 일회적인 상황
    A. 범죄의 누적이 언약 질서를 파괴함으로써 언약의 저주를 발동시키며, 결국 유배로 이어진다.
    B. 포로 귀환을 가능하게 해준 역사적 정황
    C. 회복된 언약 공동체 안에 균형과 안정이 확립되는 한편 이상적인 왕이 주어진다.

여기서 우리는 구약성서의 메시아가 새로운 상태를 위한 메커니즘이 아니라 새로운 상태 C에 관한 묘사의 일부라는 사실을 발견할 수 있다.[2] 그렇다면 우리는 지금까지 기독교가 구약성서의 몇몇 중요한 구절들을 해석하면서 메시아를 메커니즘 B로 간주했던 전통을 재분석할 필요가 있다. 기독교 신학에서 메시아(그리스도)는 확실히 메커니즘 B라고 할 수 있지만 구약신학에서는 그렇지 않다는 것이다.

예를 들어 창세기 3:15은 종종 "원복음"(proto-evangelium; 최초의 복음 선포)라고 불리는데, 이러한 해석은 최초의 상태 A(죄의 현존)가 이미 구현되어 있었으며 새로운 상태 C(죄 문제의 해결)가 절실하게 요청되고 있었다는 주장을 내포한다. 더욱이 이러한 해석은 메커니즘 B가 이미 작동 중이라고 제안한다(여자의 씨가 죄와 죽음에 대한 승리를 가져다줄 것이다). 하지만 우리가 이미 자세히 살펴보았듯이 구약성서에서 뱀과 사탄을 연결 지어주는 증거는 발견되지 않으며 결과적으로 창세기 3:15의 문맥이 죄에 대한 승리를 의미하는 것으로 이해되어야 한다는 제안은 설득력을 잃게 된다. 뱀은 구약성서의 문맥에서 그만큼 중요한 역할을 하지 않는다.

보다 중요한 점은 히브리 성서 텍스트가 그 같은 해석을 지지하지 않는다는 사실이다. 위의 해석은 15절이 한 사람의 후손에 초점을 맞추고 있다는 가정에 기초한 것인데, 그런 가정 자체가 논쟁의 여지를 안고 있다. 문법적으로 "씨"라는 히브리어 단어는 집합명사이며 그런 이유에서 일반적으로 단수 형태의 대명사나 동사를 수반하는 것뿐이다. 이 문제를 상세하게

---

2   이사야서에서 기름 부음 받은 자인 고레스가 구원을 가져다주었다는 사실을 보라. 그의 역할이 중대한 것이기는 하지만 그저 지나가는 사건이었을 뿐이다. 그의 행동은 이스라엘의 추방 상태를 해소해주었으며, 이를 통해 유배 생활을 종결시키는 결과를 낳았다. 하지만 그는 애초에 포로 상태를 초래했던 문제를 해결하는 데는 아무 역할을 하지 않았다.

다룬 연구가 존재하지만,[3] 우리의 해석에서는 그보다 두 당사자가 주고받은 행위를 묘사하는 동사를 어떻게 이해할 것인가가 훨씬 더 중요하다.

NIV 번역본에서 "crush"(부수다)와 "strike"(치다)로 번역된 두 동사는 동일한 히브리어 어근(שׁוּף "슈프")에서 파생된 것들이다.[4] 따라서 우리는 이러한 동사들을 통해 표현된 각각의 행동들이 서로 연관성을 갖는다는 결론에 도달할 수 있다. 더 나아가 우리는 이처럼 동일한 어근의 동사가 사용되었다면 그들이 입게 될 잠재적인 피해도 동일한 것은 아닌지 질문해보아야 한다. 일반적으로는 머리를 가격하는 것이 발꿈치를 가격하는 것보다 훨씬 파괴적인 결과를 가져올 것으로 보이는데, 뱀이 발꿈치를 가격하는 것이 얼마나 큰 충격을 줄 것인지는 또 다른 문제다. 또한 모든 뱀이 독을 가지고 있는 것은 아니지만, 뱀에게 위협을 당하는 급박한 상황에서는 모든 뱀이 잠재적으로 독을 가지고 있으리라고 간주하는 것이 자연스러운 반응일 것이다. 이스라엘 북부와 중부 지역에 서식하는 것으로 알려진 36종의 뱀 중에서 독을 가진 뱀은 팔레스타인살모사(vipera palaestinae)가 유일하다. 하지

---

3   Jack Collins, "A Syntactical Note (Genesis 3:15): Is the Woman's Seed Singular or Plural?," *Tyndale Bulletin* 48 (1997): 139-48은 "제라"(זֶרַע "씨")가 후손을 가리킬 때는 예외 없이 복수 대명사를 수반한다는 사실을 보여주기 위해 방대한 자료를 수집했다. 하지만 불행하게도 (1) 그가 수집한 대부분의 예들은 여러 인물의 후손에 대해 언급하는 상황이기에 불가피하게 복수형태를 요구하는 것들이었으며(참조. 창 9:9; 이는 영어에서 집합명사 people의 복수형이 복수의 민족 집단을 가리키는 것과 유사하다), (2) "제라"가 후손을 가리킴에도 단수 대명사가 사용된 예들이 발견된다(창 22:17; 24:60, 이 구절들이 후손을 가리키지 않음을 증명하고자 하는 T. D. Alexander의 시도는 증거를 자신에게 유리한 방향으로 해석한 것이다. "Further Observations on the Term 'Seed' in Genesis," *TB* 48 [1997]: 363-67).

4   모두가 이에 동의하는 것은 아니다. Brown, Driver, Briggs의 탁월한 히브리어 사전에서도 두 번째 단어를 "샤아프"(שׁאף)라는 어근과 연관시키려고 시도한다. Claus Westermann, *Genesis 1-11* (Minneapolis: Fortress, 1984), 259-60은 두 가지 해석을 모두 수용하고자 시도한다. V. P. Hamilton, *Genesis 1-17* (Grand Rapids: Eerdmans, 1990), 197-98이 최상의 논의를 제공한다. 70인역은 그 둘을 동일하게 번역하고 불가타는 둘을 구별한다.

만 뱀 중에서 가장 공격적인 성향을 보이는 것이 주로 독을 가진 뱀들이기 때문에, 일단 뱀에게 공격을 당했다면 그것은 잠재적으로 생명에 위협이 될 수 있다.[5] "슈프"라는 동사가 반복적으로 사용되었다는 사실과 양방의 공격이 모두 잠재적으로 치명적인 결과를 가져올 수 있는 것들이었다는 사실에 비추어볼 때 창세기 3:15을 양방 간의 갈등이 초래하게 될 최종적인 결과에 대한 진술로 이해하기에는 다소 무리가 있다. 그보다는 두 당사자가 상대방의 신체 가운데 가장 취약한 부분을 과녁으로 삼아 잠재적으로 동등하게 치명적일 수 있는 공격을 주고받은 것으로 보아야 할 것이다.[6] 그렇다면 구약성서의 문맥이 한편의 승리를 예견하는 것으로 보이지는 않으며, 더 나아가 최초의 상태 A를 해소하기 위한 메커니즘 B를 암시하는 것으로 보이지도 않는다. 결과적으로 우리는 여기서 사람들이 고대하는 최종적인 상태 C를 발견하리라고 기대해서도 안 된다.

본 절의 해석과 관련하여 지적해야 할 마지막 중요한 사실은 신약성서 자체가 후대 기독교 해석가들이 주장하는 것처럼 창세기 3:15이 특별한 지위를 갖는다고 말하지 않으며, 이 구절이 죄 문제를 해결하기 위한 메커니즘을 제공하는 것으로 이해되어야 한다고 주장하지도 않는다는 점이다. 사실 신약성서에서 창세기 3:15을 암시하는 유일한 구절은 로마서 16:20이다. 여기서 바울은 발꿈치로 뱀의 머리에 해를 가하는 존재를 교회와 동일시하는데, 그렇게 되면 우리는 상태 A, C와 메커니즘 B에 대한 기존의 이해를 전

---

5   이 문단의 일부는 다음 책에서 가져온 것이다. John H. Walton, Victor H. Matthews, and Mark W. Chavalas, *The IVP Bible Background Commentary: Old Testament* (Downers Grove, IL: InterVarsity Press, 2012), 21.

6   이 문단은 다음 책에서 가져온 것이다. J. Walton, *Genesis*, NIVAC (Grand Rapids: Zondervan, 2001), 226.

면 수정해야 한다.

두 번째로 살펴볼 구절은 이사야 52:13-53:12에 등장하는 종의 노래다. 하지만 이 구절을 다루는 방식은 앞서 창세기 3:15을 다루는 방식과는 구별되어야 하는데, 왜냐하면 신약성서가 명시적으로 그리스도를 이사야서 본문의 다양한 측면들에 대한 성취로 이해하고 있기 때문이다(마 8:17; 눅 22:37; 요 12:38; 행 8:32-33; 벧전 2:22). 신약성서의 저자들은 이사야서 구절들이 그리스도 안에서, 그가 구원 공식에서 메커니즘 B의 역할을 감당하심으로써 성취된 것으로 분명하게 이해하고 있다.

하나님의 아들

고대 근동의 수사법에서 왕들은 어김없이 자신이 신의 아들이라고 주장한다. 그들은 자신들이 신으로 말미암아 잉태되었고, 신에게서 출생했으며, 신의 젖을 먹고 자랐고, 아버지 신의 후원을 받고 있으며, 어머니 신으로부터 보호받는다는 것을 보여주기 위해 많은 공을 들였다. 결과적으로 왕이 신의 아들이라는 주장은 궁정 이데올로기의 핵심 요소가 되었다. 구약성서에도 이와 유사한 사고방식이 반영되어 있지만, 거기서는 하나님과의 부자 관계를 조금 다른 방식으로 설명한다. 다윗 언약에서 야웨는 자신이 다윗의 후계자에게 아버지가 될 것이며 마찬가지로 그도 야웨에게 아들이 될 것이라고 말씀하신다. 시편도 하나님과 왕 사이에 이런 종류의 관계를 설정한다. 예수가 자신을 하나님의 아들과 동일시하기 시작했을 때 청중들은 아마도 여기서 제왕 모티프가 작용하고 있음을 감지했을 것이고, 그것이 또 다른 제왕적 칭호인 메시아와 연결되는 것으로 이해했을 것이다. 그런데 메시아라는 칭호는 성육신하신 하나님이라는 개념과는 상당히 동떨어진 것이다. 하나님의 아들이라는 주장과 완전한 신성의 소유자라는 주장은 동등한 것이 아니다(예수가 자신의 신성을 주장하신 다른 방법들도 존재한다; 예. "아브라함이 있기 전에 내가 있었다").[a] 따라서 구약성서에서 사용된 "하나님의 아들" 수사법을 하나님의 기름 부음 받은 자가 소유하게 될 신성에 대한 예언적 암시로 해석해서는 안 된다. 구약성서의 맥락 속에서는 어느 누구도 하나님의 아들이라는 표현을 그런 식으로 이해하지 않았다.[b]

---

[a]   요 1장도 이 같은 주장을 강력하게 펼치고 있다.
[b]   시 2:7; J. Hilber, *Cultic Prophecy in the Psalms* (Berlin: de Gruyter, 2005).

하지만 우리는 신약성서가 예언의 성취로 받아들인 내용이 많은 경우에 구약성서의 저자와 청중들이 이해했던 의미를 넘어서까지 확장된다는 점을 염두에 둘 필요가 있다. 이 같은 경우에도 신약과 구약은 진실이 어느 편에 있는지를 두고 다툴 이유가 없으며, 그렇다고 한편이 다른 한편과의 연관성을 증명해야 하는 것도 아니다. 내가 여기서 제안하는 모델은 신약성서 저자들이 구약성서 예언자들의 발화수반행위(화자가 발화를 통해 수행하고자 의도했던 행위; 회복에 대한 선포)에 기원을 두고 그것과 병립할 수 있는 2차 발화수반행위(예언의 성취에 대한 확인)를 제공한다는 것이다. 이런 식으로 신약성서 저자들은 구약성서 예언자들을 정경 해석에서 동등한 파트너로 인정하게 된다. 구약과 신약 사이에서는 어느 방향으로도 종속 관계가 성립하지 않는다.[7] 따라서 우리는 구약성서의 구절이 신약성서에서 다루어진 방식과는 별개로 특정 구절(여기서는 종의 노래)이 이사야와 그의 청중들의 마음에 어떤 형태의 "구원 공식"(A, B, C)을 심어주었을지 질문해볼 수 있다. 그 공식이 무엇이건 간에 거기에도 모든 성서에 주어진 동등한 권위가 부여된다.

이사야 53장에서 신약성서의 구원 공식을 제안하는 것으로 보이는 가장 인상적인 요소들은 4-6, 12절에서 발견된다. 이 구절들은 고난의 종이 백성들의 죄를 대신하여 징벌을 짊어지며 이것이 그들의 치유로 귀결된다고 묘사한다. 이 같은 요소들은 최초의 상태 A(범죄); 메커니즘 B(짓밟힘, 형벌, 상처, 죽음); 그리고 새로운 상태 C(평강, 치유, 중재)로 공식화될 수 있다. 여기서 고난의 종은 범죄를 짊어지고 속죄제물이 되신다. 우리가 이사야서의 공식과 신약성서 간에 유사성을 발견하는 것은 그리 어려운 일이 아니다.

하지만 신약성서의 이 같은 공식을 이사야 53장의 예언자와 그의 최초 청중들이 과연 이해했을 것인가, 또는 그들이 그것을 구약성서의 표준적인 공식과 동일선상에 있는 것으로 받아들였을 것인가? 나는 종의 노래를 구약성서의 문맥에 속한 텍스트로 읽을 때 텍스트가 염두에 둔 최초의 상태 A는 모든 예언서에서와 마찬가지로 언약 질서를 파괴한 이스라엘 백성 공동의 죄였을 것이라고 믿는다(주의할 점은 개개인의 죄를 염두에 둔 것이 아니라는 것이다). 또 한 가지 분명한 점은 새로운 상태 C가 무질서 상태로부터 회복된 공동체라는 것이다. 특이한 점은 메커니즘 B에서 발견되는데, 이사야 53장에서 회복을 가져다준 메커니즘은 (구약에서 친숙한 제사 제도와 제의 행위가 아

7　J. Walton and D. Brent Sandy, *The Lost World of Scripture* (Downers Grove, IL: InterVarsity Press, 2013), 224-32. 이 같은 사고방식은 신약성서 저자들이 구약을 "모형론적"으로 해석해온 전통과 일맥상통한다. Richard B. Hays, *Echoes of Scripture in the Gospels* (Waco, TX: Baylor University Press, 2016).

나라) 백성들의 죄를 위한 종의 죽음이다. 비록 이 같은 요소가 이전까지 구약성서에서 접했던 메커니즘들과 현저한 차이를 보이기는 하지만, 그럼에도 그 같은 메커니즘은 여전히 언약 공동체 내에서(다시 말해 개인의 죄를 겨냥하는 것이 아니라) 작동하고 있었으며, 이 공식에서 예견되는 새로운 상태 C도 기독교 구원 공식의 상태 C와 호응하지 않는다(그렇기 때문에 예수 시대의 유대인 가운데 어느 누구도 그리스도의 행동을 받아들일 준비가 되어 있지 않았고 그것을 이해하지도 못했던 것이다).

우리는 철기 시대 아시리아를 배경으로 하는 "대체 왕 의식"(substitute king ritual)에서 이와 유사한 메커니즘을 발견할 수 있는데 이에 관한 기록들은 잘 보전되어 있다.[8] 최초의 상태 A는 왕이 신들로부터 위협을 당하는 것이다(대개는 월식으로 나타나는 천상의 신탁에 의해 확인된다). 메소포타미아에서 왕은 곧 질서의 화신이었으므로 그가 소멸한다는 것은 공동체의 질서가 위협받는다는 의미다. 모든 백성이 위협의 영향 아래 있으며, 왕과 동일시될 수 있는 그 공동체도 알려지지 않은 모종의 범죄로 인해 죄책을 진다. 그들이 고대하는 새로운 상태 C는 위협이 제거되고 안정이 회복되는 것이다. 흥미로운 점은 이 시나리오에서 무질서가 이미 발생한 일에 의해서가 아니라 잠재적으로 발생할 수도 있는 일에 의해 야기된다는 것이다. 하지만 불안이라는 것은 실제로 일어난 일에 의해서만 조장되는 것이 아니라 발생할지도 모르는 일에 대한 두려움만으로도 쉽게 조장되는 법이다. 여기서 메커니즘 B는 왕이 보좌에서 내려와 왕복을 벗고 왕권을 상징하는 부속물들을 스스로 제거한 후에 지방으로 내려가는 것이다. 그의 보좌에는 그를 대신해서

---

8   J. Walton, "The Imagery of the Substitute King Ritual in Isaiah's Fourth Servant Song," *Journal of Biblical Literature* 122 (2003): 734-43.

신들의 진노를 감당할 종복이 앉혀진다. 그에게는 아내가 주어지고 지금까지 왕이 집전해오던 모든 의식들을 그가 집행한다. 그는 실제로 통치하지는 않지만(통치는 궁정의 관리들과 부재 왕에 의해 이루어진다) 그럼에도 공동체의 정체성을 "대표"하는 인물이 된다. 물론 실제로 이 같은 행위가 공동체에 대한 위협을 경감시켜주는데, 왜냐하면 이 같은 대체 왕이 실제로 자신을 공동체와 동일시할 수 있는 것은 아니기 때문이다(이것은 부재 왕의 몫이다). 사회의 질서는 그에게 달려 있는 것이 아니다. 백일이 지난 뒤에도 여전히 신들이 대체 왕을 공격하지 않는다면 그는 배우자와 함께 죽음에 처해진 후에 왕들의 무덤에 안장된다. 그는 공동체에 질서, 안정, 그리고 균형을 회복시키기 위해 공동체의 죄를 지고 죽임을 당한 것이다. 달리 말해 이 시나리오에서 회복의 메커니즘은 대체(substitute)다.

이제는 구약성서 관점에서 고난의 종이 메커니즘 B로 제시되는 방식이 어떠했는지를 염두에 두고서 이사야 53장을 다시 살펴보자. 우리는 이스라엘 사람들과 아시리아인들이 질서의 본질을 이해하는 방식이 서로 다르다는 전제하에 이스라엘 시나리오의 상태 A, C와 아시리아 시나리오의 상태 A와 C 사이에 유사점이 존재한다고 말할 수 있다. 하지만 여기에도 주목할 만한 차이점이 있다. 아시리아에서는 범죄의 유무를 밝히는 것이 점술가의 일이었다면 이스라엘에서는 예언자가 그 역할을 맡았으며, 아시리아에서는 범죄의 구체적인 내용이 알려지지 않은 반면 이사야서는 범죄의 내용을 구체적으로 적시한다. 하지만 이 같은 차이점에도 불구하고 두 시나리오 간에는 현저한 유사점이 존재하며, 이에 비추어서 우리는 이사야서의 메커니즘 B가 아시리아의 "대체 왕 의식"에서처럼 형벌을 한 개인에게(이스라엘에서는 고난의 종에게, 아시리아에서는 대체 왕에게) 부과함으로써 공동체를 위협하는 무질서를 완화시키는 것이었다고 이해할 수 있다. 아시리아의 맥락에서 대체 왕은 스스로를 공동체와 동일시할 수 있는 인물이 아니라 사회에서 추방당한 외인이었다. 우리는 고난의 종에 대한 묘사에서도 이와 동일한 요소를 발견할 수 있다. 아시리아에서 대체 왕이 진정한 왕의 이면(flip side)이었던 것처럼(진정한 왕은 공동체의 정체성 자체였으며 질서의 화신이었다는 점에서 궁극적으로 내부자였던 반면, 대체 왕은 궁극적으로 공동체의 경계 밖에 존재하는 외부자였다), 이사야서가 제시하는 고난의 종은 메시아의 이면이었다(메시아가 회복된 공동체의 질서를 대변한다면, 고난의 종은 공동체에서 거부당한 외부인이다).

하지만 이사야도 이미 메시아적 이상이 종과 메시아라는 두 측면을 동시에 포함한다는 사실을 본문에서 암시하고 있는 듯하며 예수와 신약성서 저자들은 그 점을 간파한 것이다. 여기서 중요한 점은, 비록 이사야가 메시아의 이중 정체성(궁극적인 내부자/궁극적인 외부자)을 처음 창안하기는 했지만, 이사야서의 시나리오를 궁극적으로 메시아가 메커니즘 B의 역할을 하는 종말론적 시나리오로 발전시킨 것은 신약성서라는 사실이다. 이사야의 시나리오에서 상태 B가 새로운 종말론적 희망이 아니라 일시적인 회복이라는 점이 이를 증명해준다.

창세기 3:15과 이사야 53장을 구약성서 자체의 맥락에서 분석한 자료에 기초하여 우리는 그 본문들이 그리스도가 개인의 죄를 대신해서 죽음으로써 그들에게 화해, 속죄, 사죄, 그리고 영생을 제공하는 메커니즘의 역할을 할 것으로 기대하지는 않았음을 확인할 수 있다. 그리스도가 이 모든 일을 하셨지만, 그의 행동들은 구약성서에서 예견되지도, 소개되지도 않은 새로운 발달단계를 대변하는 것이다. 구약성서 신학에서 소개하는 유일한 구원은 일시적이고 공동체적이며 언약 질서에 속한 것이다. 이스라엘 사람들은 그들의 역사에서 공동체의 정체성과 안정성이 제사 제도를 통해 유지되는 것을 구원으로 경험했다. 구약성서의 회복 시나리오가 보여주는 것처럼 남은 자들도 유배와 귀환을 통해 구원을 경험했다.

결론적으로 우리는 구약성서의 회복 시나리오에서 구원론적, 종말론적 관점이 의미 있는 역할을 하지 않았다고 보는데, 왜냐하면 이를 긍정할 만한 증거가 부족할 뿐 아니라 수많은 반증들이 존재하기 때문이다. 이스라엘의 신학은 심지어 그런 차원의 구원에 대해서는 생각조차 하지 않았다. 그들은 그것이 가능하다고 생각하지 않았으며 그런 구원을 제공할 수단도 그들의 마음에는 떠오르지 않았다. 어쨌거나 그리스도가 유일한 구원의 수단이라면, 그는 그들의 시대에 아직 오시지 않았고 죽으시지 않았으며 따라서 그들이 기독교적인 의미에서 구원받지는 못했으니 말이다. 그렇다 해도 우리는 신약과 구약의 시나리오들을 비교해봄으로써 구원과 관련된 여러 사안들을 보다 분명하게 파악할 수 있고 구원이라는 것이 우리가 상상했던 것보다 훨씬 방대한 규모로 이루어지는 사역이라는 것을 체감할 수 있다. 우리는 내세에 관한 논의 이후에 이 문제를 다시 다룰 것이다.

유배와 남은 자

바빌로니아 포로는 이스라엘의 공동체적 정체성이 야웨와 단절되는 결과를 가져왔기 때문에 그들에게는 죽음과 같은 사건이었다. 그들이 언약 백성으로서의 신분까지 상실한 것은 아니었지만 그들은 더 이상 신성한 공간에 인접하여 살아갈 수 없었으며 그 결과 신성한 공간이라는 맥락에서 고안된 토라를 준수할 수도 없게 되었다. 하지만 포로에서 귀환한 남은 자들은 회복을 경험하기 시작했으며 결국은 그들의 공동체적 정체성이 전면적으로 재개편되는 것을 목격할 수 있었다. 그렇다면 그들은 포로 상태에서 구출된 것이고 일시적인 구원을 경험한 것이라고 말할 수 있다. 하지만 이 같은 구원은 결코 "죄로부터의 구원"으로 간주될 수는 없었다. 바울이 로마서에서 "남은 자" 유비를 사용하기는 하지만(롬 11:5), 이 같은 인용도 구약성서의 구원이 어떤 것이었는지에 대해서는 아무것도 말해주지 않는다. 포로에서 귀환한 남은 자들을 구원론적이고 종말론적인 관점에서 이해하려고 해서는 안 된다.

마지막으로 우리는 구약성서의 고대 이스라엘인들도 자신들이 율법의 행위를 통해 그들의 죄로부터 구원받았다고 생각하지 않았다는 점을 기억해야 한다. 그들은 아예 죄로부터의 개인적인 구원이라는 개념 자체를 가지고 있지 않았다. 신약성서의 저자들이 이 사안과 관련하여 나누는 대화는 제2성전 시대에 형성된 관점을 반영한 것이다. 따라서 우리는 바리새인들이 가지고 있었던 오해를 구약성서에 투사해서는 안 되며, 그들의 시각에서 구약성서를 판단하는 우를 범해서도 안 된다.

우리는 최근 수십 년간 진행되어온 연구의 결과로 1세기 유대교에 관해 몇 가지 의미심장한 관점의 변화가 일어난 것을 감지할 수 있다. 제2성전 시대 후기 유대인들은 그들 스스로가 천국에 갈 수 있는 길을 개척할 수 있다고 생각한 것이 아니라 구원의 문제를 그들에게 주어진 언약 공동체의 정체성이라는 관점에서 다루었다. 언약에서 유리한 위치를 차지한 자들은 구원을 얻을 것인데, 유리한 위치는 선행과 토라에 대한 순종을 통해 획득할 수 있는 것이다. 여기서 우리는 그들이 구원을 얻기 위해 행위에 의존했다고 말하는 이유가 무엇인지 쉽사리 확인할 수 있다.

내세와 부활

내세[9]

우리가 「길가메시 서사시」를 통해서 익히 알고 있는 것처럼 고대 세계에서는 모든 사람이 불멸을 원했는데, 이는 현대인들과 별반 다르지 않다. 여기서 우리의 관심사는 구약성서의 이스라엘 사람들이 천국에 대한 소망이나 그 소망을 실현할 수 있는 수단을 가지고 있었는가 하는 점이다. 이와 관련하여 우리는 부활 개념을 다루면서 천국과 지옥(보상과 징벌)에 대해서도 논의할 것이다. 언제나 그래왔던 것처럼 우리는 구약성서에서 이 주제를 어떻

---

9   이 주제에 대한 가장 중요한 연구들은 다음과 같다. T. Abusch, "Ghost and God: Some Observations on a Babylonian Understanding of Human Nature," in *Self, Soul and Body in Religious Experience,* ed. A. I. Baumgarten, J. Assmann, and G. G. Stroumsa (Leiden: Brill, 1998), 363-83; J. Assmann, "A Dialogue Between Self and Soul: Papyrus Berlin 3024," in *Self, Soul and Body,* 384-403; J. Bottéro, *Religion in Ancient Mesopotamia* (Chicago: University of Chicago Press, 2001); H. C. Brichto, "Kin, Cult, Land and Afterlife—A Biblical Complex," *Hebrew Union College Annual* 44 (1973): 1-54; E. Hornung, *The Ancient Egyptian Books of the Afterlife* (Ithaca, NY: Cornell University Press, 1999); P. Johnston, *Shades of Sheol* (Downers Grove, IL: InterVarsity Press, 2002); D. Katz, *The Image of the Netherworld in Sumerian Sources* (Bethesda, MD: CDL, 2003); K. Spronk, *Beatific Afterlife in Ancient Israel,* Alter Orient und Altes Testament 219 (Kevelaer: Neukirchener Verlag, 1986); N. Tromp, *Primitive Conceptions of Death and the Nether World in the Old Testament,* Biblica et Orientalia 21 (Rome: Pontifical Biblical Institute, 1969). *CANE* 3에 실린 죽음과 내세에 관한 유용한 요약을 참조하라: 이집트 관련(L. Lesko, "Death and Afterlife in Ancient Egyptian Thought," 1763-74), 메소포타미아 관련(J. Scurlock, "Death and Afterlife in Ancient Mesopotamian Thought," 1883-93), 히타이트 관련(V. Haas, "Death and Afterlife in Hittite Thought," 2021-30), 가나안과 히브리 사상 관련(P. Xella, "Death and Afterlife in Canaanite and Hebrew Thought," 2059-70). 그 외에 다음 자료에 포함된 여러 기고문도 참조하라. *Death in Mesopotamia,* ed. B. Alster, Mesopotamia 8, Rencontre assyriologique internationale 26 (Copenhagen: Akademisk Forlag, 1980). 접근이 용이한 광범위한 비교연구는 다음 항목을 참조하라. "Death, the Afterlife, and Other Last Things," in *Religions of the Ancient World* (Cambridge, MA: Belknap, 2004), 470-95.

게 대했는지를 다루기에 앞서 고대 근동 문화를 둘러봄으로써 이스라엘 사람들이 속한 문화의 강에 대한 배경적 이해를 제공하고자 한다.

기독교 신학에서는 내세의 문제를 신학적인 관점에서 접근하는 경향이 있는데, 이러한 경향은 전통적으로 보상과 징벌이라는 개념으로 표현되곤 했다. 우리는 하나님과 함께 거하든지(천국), 아니면 하나님으로부터 단절될 것이다(지옥). 더 나아가 한 사람이 어떤 종류의 내세를 경험하게 될 것인지를 결정하는 기준들도 신학적 요소들을 기반으로 한 것이다. 그리스도인들은 내세와 관련하여 그리스도 안에 거하는 자들은 하나님과의 교제라는 절정을 맛보게 될 것이라는 믿음을 가지고 있다. 이것은 대단히 신학적인 고백이며 그리스도인으로서 우리가 경험하게 될 마지막 성취에 대한 기대다. 메소포타미아에서는 모든 것이 정반대일 수밖에 없는데, 그들의 사고에서 내세의 경험만큼 신학적이지 않은 주제도 없기 때문이다. 기독교 사상에서 우리가 고대하는 새 창조는 최상의 질서가 존재하는 세계다. 참으로 그곳은 절대적인 질서의 세계다(계 21장). 하지만 메소포타미아에서 사후세계는 질서 잡힌 우주의 경계 바깥에 존재하는 장소이며, 따라서 절대적인 무질서의 세계다.[10]

사후세계에 대한 이 같은 개념은 메소포타미아의 신학적 사고가 "우주적 공생관계"를 중심으로 구성된다는 사실을 통해 설명될 수 있다. 인류가

---

10   이것이 아마 욥 10:22의 배후에 놓인 사상이었을 것이다. 하지만 "로 세다림"(לֹא סְדָרִים) 이 무엇을 의미하는지 결정하기는 쉽지 않은데, 이것이 구약성서에서 유일한 용례이기 때문이다. 이 용어는 사해 사본 중 전쟁 문서(1QM)에서 전투 대형을 가리키는 표현으로 가장 빈번하게 등장한다. 다음 목록을 보라. *Dictionary of Classical Hebrew,* ed. David J. A. Clines (Sheffield, UK: Sheffield Phoenix, 19932014), 6:122. 이와 유사한 의미 영역을 가지는 어근이 아람어, 시리아어, 그리고 아카드어에서도 발견된다. 아카드어에서 "사다루"(*sadaru*)라는 동사는 전투 대형을 가리키는 동시에 어떤 일을 규칙적이고 지속적으로 수행하는 것을 뜻하기도 한다(*CAD* S:11-14).

신들을 돌보기 위해 존재한다면, 죽은 사람들은 신들을 돌볼 수 없기 때문에 신들은 죽은 사람들에 대해서는 관심을 가질 이유가 없는 것이다. 흥미롭게도 제사장들은 사후세계에서도 신분을 유지하는 것으로 언급되는데,[11] 그들이 구체적으로 무슨 일을 하는지에 대한 논의는 없고 다만 제의들에 대한 간략한 언급만 남아 있을 뿐이다.[12] 이 같은 간략한 언급들과는 비교할 수도 없이 압도적인 수의 구절들이 사후세계에서 음식이 생산되지 않는다는 사실을 지적하기 위해 힘을 쏟고 있다. 일례로 닌기쉬지다(Ningishzida)의 사후세계 여행에 관한 글을 보라.

> 사후세계의 들판은 곡물을 내지 않으며 따라서 밀가루도 만들 수 없다. 그래도 그곳으로 항해하겠느냐?
> 사후세계의 양들은 양모를 생산하지 않으며 따라서 옷도 만들 수 없다. 그래도 그곳으로 항해하겠느냐?[13]

실제로 "우르남무의 죽음"(the Death of Urnammu)이라는 수메르어 애가에 실린 제물들의 목록은 살아 있는 사람들이 죽은 자를 위하여 사후세계의 신들에게 바친 장례 예물들이다. 신들에게 드릴 제물이 없다면 제사 제도도 신전도 작동할 수 없으며 수행해야 할 제의도 없다는 것이다.

나아가 죽은 자들은 신의 존재에 대해(다시 말해 신의 임재 앞에서 영원히 사

---

11   Katz, *Image of the Netherworld*, 195.

12   일례로 "우르남무의 죽음"(the Death of Urnammu)은 "사후세계(*kur*)에서의 희생제사"에 대해 언급한다(lines 85-86). Katz, *Image of the Netherworld*, 215. 하지만 Katz는 이것이 왕의 장례식에서 그를 위해 행해지는 의식을 가리킬 가능성이 있다고 지적한다(216).

13   Ibid., 219.

는 일에) 관심을 갖지 않았다. 왜냐하면 그들은 더 이상 신들의 보호에 의존하지 않기 때문이다. 게다가 그들에게는 신들을 돌볼 수단도 없었다. 사후세계에는 신전도, 우상도 존재하지 않았으며 그들은 신들에게 음식을 제공하기 위해 곡물을 재배할 수도 없었고 신들의 옷을 만들 수도 없었으며, 호화스런 신전을 건축할 수도 없었다. 죽은 자들은 "관심 밖의 사람들"이었다.

마찬가지로 살아 있는 사람들이 신들을 돌보는 동기는 신들이 그들을 보살펴줄 것이라는 보증을 얻기 위해서인데 사후세계에서는 그 같은 동기가 더 이상 유효하지 않다. 왜냐하면 그들은 이미 죽어버렸기 때문이다. 이제는 어떤 침략자도 그들을 두렵게 할 수 없는데, 그들에게는 죽음이 두려움의 대상이 아니라 그들에게 닥친 현실이기 때문이다. 사후세계의 시민들은 신들을 돌보기는커녕 그들 자신의 필요를 채울 능력도 없었으며, 신들 역시 그들을 돌보는 일에 더 이상 관심을 갖지 않았다. 결과적으로 살아 있는 자들의 세계에서 작동하던 공생관계가 죽음과 함께 산산조각 나고 말았다. 사람들은 신들과 함께 머물거나 신들을 섬기기 위해 신성한 장소를 찾아가지도 않았다. 물론 그들에게 공동체의 정체성에 대한 감각은 남아 있었기 때문에 그들은 이생과 **사회학적인** 관점에서 연속성을 갖고 있었다.[14] 하지만 그들의 연속성이 신학적인 의미를 갖는 것은 아니다. 이런 상황은 레반트에 거주하는 자들뿐 아니라 아시리아인과 바빌로니아인들에게도 해당하는 것이다.

달리 표현하자면, 그들에게 내세에 대한 전망은 침울할 뿐이다. 엔키두가 길가메시에게 제시하는 사후세계에 대한 묘사는 거주민들을 먼지나 배설물처럼 다루는 황량한 세상을 보여준다. 하지만 사후세계도 나름의 구

---

14   M. Malul, *Knowledge, Control and Sex* (Tel-Aviv: Archaeological Center, 2002), 438, 453.

조를 가지고 있다. "사후세계는 살아 있는 자들의 세계에 대응하는 외관을 가지고 있으며 동일한 통치 원칙과 행동 규범의 지배를 받는다."[15] 이들 문화에는 조상들을 공경하는(두려워하는) 정서가 존재했으며 죽은 자들을 돌보는 제도가 갖추어져 있었는데, 이러한 제도는 올바른 장례에서 시작되며 죽은 자들을 돌보고 기념하기 위한 주기적인 제사들도 포함한다. 망자가 더이상 기억되지 않을 때 궁극적인 죽음이 찾아온다(그런 이유에서 자손을 생산하거나 "이름을 날리는" 것이 중요하다). 죽은 자들의 땅에서는 보상도 없고 징벌도 없지만 그럼에도 사람들은 각자에게 맞는 사회적 지위를 부여받는다.[16] 죽은 자들의 신분을 결정해주는 심판은 존재하지 않으며 사후세계에서 재판관의 역할을 맡은 신들이 사회 구조를 유지시킨다. 그들은 망자가 어떤 유형의 사후세계에 들어가야 할지 결정하지 않는다.[17] 이미 우르 3기에도 사후세계에 대한 사람들의 이해는—인류의 실제 역사라고 할 수 있는—조직화된 도시 공동체의 사회정치학적 실재에 기초하고 있었다.[18]

이집트인들은 사후세계에 관해 상당히 다른 사고방식을 가지고 있었다. 메소포타미아와 레반트에서와는 다르게 이집트 신앙에서는 광범위한 체제가 작동 중이었는데 이러한 체제는 쾌적한 내세의 삶을 보장해주기

---

15   Katz, *Image of the Netherworld*, 190.

16   Ibid., 191.

17   Ibid., 190-91. "난나야"(Nannaya)의 장례식에 부쳐진 수메르어 애가에서 상당히 자세한 설명이 제공된다. The ETCSL project, Faculty of Oriental Studies, University of Oxford, http:// etcsl.orinst.ox.ac.uk/cgi-bin/etcsl.cgi?text=t.5.5.2#(2017년 4월 3일 접속), lines 99-103. "당신의 신이 '충분하다'라고 말씀하시길!, 바라기는 그가 당신의 운명을 […]. 당신의 도시를 관장하는 신이 당신에게 자비를 […]. 그가 당신을 진노와 죄악으로부터 해방시켜주시길. 그가 당신 집안의 죄책에 대한 기억을 지워버리고 당신을 대적하여 계획된 사악한 일들을 […]."

18   Katz, *Image of the Netherworld*, 192. 사후세계에서도 왕에게는 군대의 통치권이 주어진다 (215).

위한 것이었다. 게다가 큰 문제가 없다면 이생에서의 사회적 신분과 생활방식까지도 그대로 유지할 수 있었으며, 사람들은 형벌에 대한 위협보다는 그들이 희망하는 사후세계의 신분에 훨씬 더 큰 관심을 가지고 있었다. 하지만 형벌에 대한 관심도 간간이 목격할 수 있다. "아문 레(Amun-Re)는 그의 손가락으로 땅을 다스리며, 그의 말들은 마음에 새겨져야 한다. 그는 불의한 자들을 심판하여 불의 장소로 보내며, 의로운 자들은 서쪽으로 향한다."[19] 망자에 대한 심판에서 지배적인 역할을 하는 것은 마술이었으며(예.「사자의 서」에 나오는 주문들), 사람들은 바람직한 지위를 확보하기 위해 이것을 사용했다. 이 같은 지위를 확보하는 방편 중 하나는 재결합을 통해 공동체에 편입되는 것이었다. 먼저 육체, 곧 "카"의 재결합이 일어나고 곧이어 "바"의 재결합이 뒤따른다(개인적 재결합). 재결합의 다음 단계는 망자들이 사후세계의 공동체에서 그들에게 배정된 "정당한 자리"를 차지하는 것이다. 메소포타미아에서와 마찬가지로 살아 있는 자들은 죽은 자들을 위해 지속적으로 음식을 제공해주었는데, 이는 죽은 자들이 계속해서 살아 있을 때 공동체 내에서 차지했던 지위를 지속시켜주기 위한 시도였다. 이집트 역사 제1중간기(BCE 2181-2055)에 망자에게 보내진 편지에서는 살아 있는 사람이 죽은 자에게 자신이 당면한 어려움, 곧 적들을 응징하는 일에 자신의 편에 서서 싸워달라고 요청한다. 그에 대한 보답으로 살아 있는 자는 죽은 자에게 "탄원의 제물" 혹은 "공탁 제물"을 바치고 그의 무덤을 위해 "제물용 토판(offering slab)을 마련해준다."[20] 이 같은 방식으로 살아 있는 사람과 죽은 사람 사이에 공동체 관계가 지속될 수 있었다. 이집트에서는 사후세계와 관련

---

19   J. Foster, *Hymns, Prayers, and Songs: An Anthology of Ancient Egyptian Lyric Poetry*, SBLWAW (Atlanta: SBL Press, 1995), 150.
20   *CANE* 3:1765. 1773에 실린 전체 목록을 보라.

하여 신들과의 지속적인 관계에 대해 언급하는 보다 신학적인 구절들을 발견할 수 있다. 예를 들어 우리는 신들과 한 장소에 머물렀다거나 태양신의 주기적인 여행에 동참한다는 등의 표현들을 발견할 수 있다.[21] 덧붙여서 죽음 이후의 심판은 표면적으로 도덕법에 기초하지만(참조. 「사자의 서」에 나오는 "부정적 고백"[negative confession]과 심판 장면), 도덕법 자체는 종교적이기보다는 사회학적이다. 또한 사후세계에서의 주변 환경은 주문에 대한 지식에 의해 좌우된다. 보다 중요한 사실은 이집트인들이 사후에 신들과 관계를 맺거나 지상에서의 공생관계가 재개될 것으로 믿지 않았다는 점이다.

확실히 이집트인들은 신들과의 연합을 갈망하지는 않았던 것 같다. 그들은 신들과 적당히 거리를 두었는데, 신들을 지나치게 가까이 하면 징벌이 뒤따른다고 믿었기 때문이다. 하지만 그들은 내세에 대해 희망을 가질 수 있는 방법이 "신들과 같이" 되어서 위대한 신들의 역할을 대신하고, 그럼으로써 세계의 운행에 영향을 미치는 것이라고 생각했다.[22]

이집트의 텍스트들은 종종 왕이 신들과 "함께" 살아가는 것이 아니라 "레"(Re) 혹은 "오시리스"(Osiris)가 **된다**라고 말하는데, 이것은 신들과 관계를 맺는다는 의미가 아니라 그들의 고귀한 신분을 얻는다는 것이다. 왕의 가문에 속하지 않은 백성들에게는 암울한 미래가 기다리고 있었는데, 그

21　Assmann은 다음과 같이 말한다. "우리는 '나아가는 것'과 '태양을 보는 것'이 사후세계에 대한 이집트인들의 희망과 사고에서 핵심을 이룬다는 점을 인식해야 한다"("Dialogue Between Self and Soul," 392). 이것이 피라미드 시대 왕들이 가졌던 주된 목표라고 말해진다. 다른 대안으로는 달의 신과 함께 하늘의 별이 되거나 오시리스의 영토에 남는 방법도 있었다(*CANE* 3:1767): "참으로 저 사람은 살아 있는 신이 되어서 행악자들의 범죄를 징벌할 것입니다. 참으로 저 사람은 태양의 범선에 올라서서 거기 있는 풍성한 재물이 신전 위로 쏟아지게 할 것입니다. 참으로 저 사람은 지혜로운 사람이 되어서 그가 말할 때는 '레'에게 탄원하지 못하도록 막아서는 일이 없을 것입니다(399)."

22　E. Hornung, *Conceptions of God in Ancient Egypt* (Ithaca, NY: Cornell University Press, 1982), 207.

들은 죽어서도 지하세계를 다스리는 오시리스 신을 위해 중노동을 해야만 했다. 그리하여 사람들은 사후세계에서의 노동을 피하기 위해 무덤에 "우샤 브티"(*ushabti*)라는 인형을 함께 묻음으로써 그것이 죽은 자를 대신해서 노동을 떠맡게 했다. 오시리스의 땅에서 일하는 자들은 오시리스의 필요를 충족시키기 위해 일하는 것이 아니었으며, 그들의 노동은 살아 있는 자들의 땅을 비옥하게 만들어주기 위한 것이었다.[23] 나중에는 왕족이 아닌 평민들도 자신들이 신과 같이 되리라는 희망을 발전시켜갔다.

그런데 사후세계의 구조에 대한 이집트와 메소포타미아의 이해가 서로 상당히 다르기는 하지만, 그럼에도 우리는 고대인들에게 공통되는 몇 가지 관점들을 관찰할 수 있는데, 그것은 오늘날 우리가 생각하는 방식과는 분명하게 구별된다. 사후세계에 대한 고대인들의 다양한 사고체계에서 우리는 크게 네 가지 두드러지는 범주를 식별할 수 있다.

1. 사회: 사후세계는 일종의 사회로 묘사되는데 그 세계에서도 지상에서의 상황이 그대로 유지되는가 하면 이상사회에 대한 기대가 자리 잡는 경우도 있다.
2. 심판의 근거: 망자가 사후세계에서 차지하는 지위는 심판에 의해 결정되는 경우도 있고 그렇지 않은 경우도 있다. 심판이 있는 경우에 그 근거는 사람의 행동(선행, 주문)이거나 혹은 신의 행동(기독교의 은혜)이다.

---

23 사망한 관료는 신이 아니라 "아크"(*akh*)라는 영이 되었는데 그는 생기를 불어넣는 능력을 가지고 있었으며 밭일이나 공방의 작업이 번창할 수 있게 만들어주었다. 그는 살아 있을 때 그에게 맡겨졌던 것과 동일한 작업 영역을 사후세계에서도 관장했다. Donald B. Redford, ed., *Oxford Encyclopedia of Ancient Egypt* (Oxford: Oxford University Press, 2001), 1:34.

3. 공동체적: 때로는 사후세계에서도 지속적으로 공동체에 속하여 생활할 것이라는 기대가 표현되기도 한다. 이 공동체에는 아직 살아 있는 사람이나 오래 전에 죽은 조상들도 포함된다.

4. 신성: 죽은 사람들은 신들과 더욱 강력한 관계를 맺거나 혹은 신들과 같이 존귀한 존재로 신분이 상승할 것으로 기대되었다. 다시 말해 신들과 함께하거나 신이 된다는 것이다. 그런가 하면 이와는 대조적으로 사후세계에는 신들이 존재하지 않는다고 여긴 문화도 있었다.

장례 의식

고대 세계에서 죽음은 비존재의 상태(질서 잡힌 세계를 벗어남)를 가리키는 것으로 이해될 수 있는데, 이것은 일반적으로(필연적인 것은 아니며) 생물학적 삶의 부재를 뜻했다.[a] 어떤 이는 죽음을 가리켜 야훼의 영향력이 미치는 곳으로부터 우리를 몰아내는 것이라고 묘사하기도 했다.[b] M. 말룰은 살아 있는 자의 범주에 포함되는 사람들 중에도(예컨대 나병 환자) 죽은 자들과 동일한 범주에 속하는 것으로 분류될 수 있는 자들이 적지 않다고 주장한다.[c] 우리는 이와 동일한 분류 체계를 "살아 계신 하나님"(생물학적 의미에서가 아닌)과 우상들(그들은 듣지 못하고 말하지 못하기

---

a 예를 들어 "고난 받는 의인의 시"(Ludlul bel Nemeqi)에서는 고난 받는 자가 죽은 자로 간주되었으며 심지어 그가 살아 있는 동안에도 곡하는 자들이 그를 위해 애곡하고 있었다(1:100-108). 이것은 욥이 자신의 상황을 바라보던 시각과 유사하다(욥 19장).

b H. W. Wolff는 죽음의 단계들에 대해 이야기한다. *Anthropology of the Old Testament* (Philadelphia: Fortress, 1974), 106-13.

c Malul의 세심한 논의를 참조하라. *Knowledge, Control, and Sex,* 274-78.

때문에 아무런 영향력을 행사할 수 없으며, 다른 여러 가지 의미에서도 무능한 존재다)을 비교하는 대목에서도 관찰할 수 있다.

오늘날과 같은 첨단 의료장비의 부재로 삶과 죽음을 엄밀하고 정교하게 구분할 수 없었던 고대 사회에서 죽음의 문턱은 견고한 장벽이기보다는 경계영역(liminal frontier)으로 간주되었다. 오늘날 의학의 기준으로는 아직 살아 있거나 소생할 가능성이 있는 사람들도 고대에는 종종 죽은 자의 세계에 속한 것으로 간주되었다. 다시 말해 죽음을 결정하는 기준이 명확하지 않았으며 그 기준이 반드시 의학적인 것도 아니었다는 말이다. 이 같은 사실은 우리가 육체의 죽음을 어떻게 이해할 것인가에 영향을 줄 뿐 아니라 죽은 자와 산 자 간의 공동체적 관계를 어떻게 바라볼지를 결정하는 데도 영향을 미친다. 공동체는 산 자와 죽은 자 사이의 연속성에도 마치 시신의 각 부분에 대해 했던 것처럼 등급을 매겼는데, 추측건대 이것은 그들이 무덤 속의 살과 뼈가 사후세계로의 여행과 밀접한 관련이 있는 것으로 이해했음을 보여주는 듯하다. [d]

그런데 고대 이집트의 장례 의식은 비교적 잘 알려져 있는 반면 레반트 지역의 매장 풍습에 대해서는 알려진 것이 별로 없다. 최근 몇십

---

d R. Steiner, *Disembodied Souls* (Atlanta: SBL Press, 2015). 죽음에 관한 논의들로는 다음을 보라. E. Bloch-Smith, *Judahite Burial Practices and Beliefs About the Dead* (Sheffield, UK: JSOT Press, 1992); R. S. Hallote, *Death, Burial, and Afterlife in the Biblical World* (Chicago: Ivan R. Dee, 2001); C. B. Hays, *A Covenant with Death: Death in the Iron Age II and Its Rhetorical Uses in Proto-Isaiah* (Grand Rapids: Eerdmans, 2015); P. Johnston, *Shades of Sheol* (Downers Grove, IL: InterVarsity Press, 2002); T. J. Lewis, *Cults of the Dead in Ancient Israel and Ugarit*, Harvard Semitic Monographs 39 (Atlanta: Scholars Press, 1989); B. Schmidt, *Israel's Beneficent Dead* (Winona Lake, IN: Eisenbrauns, 1996).

년간 이 주제가 학자들의 관심을 끌어왔는데, 그중에서도 특히 "레파임"(Rephaim; 그림자?, 영?)의 정체, "마르체아흐"(*marzēah*; 공동체적 연회로서 때로는 장례 도중에 이미 죽은 조상들과 함께 치르는 경우도 있다)라는 기념 행사,[e] 그리고 "키스푸"(*kispu*; 죽은 자들에게 제물을 바치는 의식)의 역할[f]에 대한 논의가 활발하게 이루어졌다. 죽은 자의 영혼은 사람들에게 도움을 제공할 만큼 호의적인 경우도 있고 그와 반대로 악의적인 경우도 있었다. 후자의 경우 죽은 자들과 소통을 하는 이유는 방어적인 성격을 띠는데, 다시 말해 악의를 가진 영혼이 이러저러한 이유로 해악을 끼치는 일을 막기 위한 것이었다. 어떤 경우건 산 자와 죽은 자 사이에서 소통을 가능하게 해주는 것은 주술 전문가의 일이었다. 죽은 자가 아직 매장되지 않았을 때는 그의 영혼이 땅위를 떠돌면서 살아 있는 자들에게 문제를 일으킬 수도 있었다. 매장 시에 그들은 사후세계에서 그들에게 유용하게 쓰일 수 있는 부장품들과 함께 땅에 묻혔다. 사후세계의 영혼들에게도 필요한 것들이 있었는데, 그 같은 필요를 채우는 데 핵심이 되는 요인은 누군가가 그를 기억하는 것이었다.

어쨌거나 장례 절차는 그 규모와 무관하게 신전을 무대로 진행된 것이 아니라 가족의 영역 내에서 치러졌다. 달리 말해 이러한 모든 절차들은 고대 세계에서 죽은 자가 무덤 너머에 지속적으로 존재한다는 사실을 보여주는 것들이다.

---

e   "레파임"(Rephaim)과 "마르체아흐"(*marzēah*)에 관한 논의는 다음을 보라. W. D. Barker, *Israel's Kingship Polemic* (Tübingen: Mohr Siebeck, 2014). "마르체아흐"에 관한 추가적인 논의는 다음을 보라. Lewis, *Cults of the Dead*, 80-94.

f   이것은 주로 죽은 왕에게 초점을 맞춘 의식이었다. Schmidt, *Israel's Beneficent Dead*.

메소포타미아와 이집트는 사후세계에 관해 서로 다른 관점을 보이면서도 이에 관한 지배적인 사고가 사회학적 구조를 가진다는 공통점을 가지고 있었다. 그들은 공동체의 형성이라는 동일한 목표를 공유하고 있었다. 만일 죽은 자를 적절하게 매장해주지 않는다면 그는 사후세계에 진입할 수 없었고, 사회적 이방인으로 간주되어 이생과 내세 어느 공동체에도 일원으로 받아들여지지 않았다. 매장을 통해 그는 "조상들의 무리에 포함되었다." 가족 공동묘지가 바로 조상들의 공동체가 자리한 장소였다.

더 나아가 산 자들이 죽은 자들을 위해 행하는 의식들은 그들이 계속해서 스스로를 가족 공동체의 일원처럼 느끼도록 해주기 위해 고안된 것이다. 죽은 사람들은 더 이상 신들에게 의존하지 않으며 이제는 살아 있는 후손들이 그들을 돌보아야 한다.[24] 이집트인들이 이처럼 사회적 측면을 강조하고 여기에 가치를 둔 것은 그들이 재결합에 관심을 가지고 있었기 때문이다. 이집트 구 왕조 초기에는 오직 왕들만이 내세의 삶을 영위할 수 있다고 믿었는데, 그때 행해진 모든 의식들은 오로지 죽은 왕에게 사후세계에서 보다 높은 지위를 보장해주기 위한 것이었다. 「관문서」에서 볼 수 있듯이 내세에 대한 희망이 좀 더 보편화된 구 왕조 후기에는 사랑하는 사람과 사후에 재결합하는 것이 최대의 소망이 되었다. 아스만(Assmann)은 사회적으로 중대한 의미를 갖는 이 같은 기능을 "결합의 미덕들"(connective virtues)이라고 불렀는데, 그는 그 가운데서도 가장 중요한 미덕으로 사랑과 기억을 꼽았다.[25] 한마디로 고대 근동의 내세관에서 핵심이 되는 사안은 공동체와 사회였다.

24　이것은 특히 죽은 자들에게 보낸 이집트인들의 편지들에서 분명하게 드러난다. 살아 있는 자들은 스스로를 가리켜 "당신들을 돌보는 사람"이라고 묘사한다(CANE 3:1765).

25　Assmann, "Dialogue Between Self and Soul," 397.

그렇다면 이 같은 고대 사회의 인지환경에 대한 탐구가 이스라엘의 내세관에 대한 우리의 이해에 어떤 의미를 갖는 것인가? 우리가 이스라엘 사람들이 내세에 관해 어떤 계시를 받았는지 구약성서를 통해 추적해보고자 해도 우리는 여기에서 신학을 세울 만한 자료들을 거의 발견할 수 없다. 그 대신 우리가 발견할 수 있는 사실은 내세를 대하는 그들의 보편적인 사고에 대한 묘사가 많은 점에서 메소포타미아나 레반트 지역에서 발견되는 것과 뚜렷이 구별되지 않는다는 점이다. 사후세계는 "스올"(שְׁאוֹל, 다른 셈족어에서는 발견되지 않는 고유한 히브리어)이라고 불리는데 그곳에는 보상도 징벌도 없다. 하나님은 어떤 사람을 죽음의 위기에서 살리심으로써 그를 스올로부터 구원하실 수 있지만, 여기서는 하늘에서 하나님과 함께할 것이라는 소망이나 그런 소망을 성취할 수 있는 수단도 제공되지 않는다. 시편 저자들은 스올에는 하나님을 향한 감사가 없으며(시 6:5; 115:17), 비록 하나님이 스올을 방문하실 수는 있지만(시 139편) 그곳은 하나님의 임재가 머물 만한 곳은 아니라고 표현한다. 스올은 하나님의 손길과 기억으로부터 차단된 장소다(시 88:5, 10-12; 참조. 사 38:18, 여기서는 죽은 자들이 하나님의 신실하심을 경험할 수 없다고 표현했다). 적절한 매장, 죽은 자에 대한 기억, 그리고 "조상들의 무리에 포함되는 것"이 중요한 요소들로 간주되었는데(참조. 창 49:33; 50:13), 이 같은 요소들은 단지 장례 절차에서만 의미를 갖는 것이 아니었으며 내세에 그들의 조상들과 연합하게 될 것이라는 기대를 담은 것이었다.[26]

하지만 이런 정보들은 이스라엘 사람들이 사후세계에 대해 구체적으로 무슨 생각을 하고 있었는지 밝히는 데 큰 도움이 되지 않는다. 이스라엘 사람들이 사후세계를 사회학적인 관점에서 이해했다는 증거가 많지는 않은

---

26   Johnston, *Shades of Sheol*, 33-34.

데, 그들이 사후세계에 신학적인 의미를 부여했다는 증거는 훨씬 더 적다. 그들의 내세관은 이집트보다 메소포타미아 사람들의 사고방식에 훨씬 가까웠으며 오늘날 우리가 가진 신학적 이해와는 상당히 동떨어져 있었다. 구약성서 텍스트가 이스라엘에 조상 숭배의 전통이 존재했음을 암시하기는 하지만 구약성서의 신학은 확실히 그 같은 행태를 지지하지 않는다. 하지만 그렇다고 해서 조상 숭배를 대신하는 다른 사고방식의 존재를 보여주지도 않는다. 우리에게는 내세에 대한 이스라엘의 이해를 고대 근동의 사상에 끼워 맞춰야 할 의무는 없지만, 이스라엘의 신앙에 대해 우리가 전제해오던 것들에 대해 좀 더 신중한 태도를 가질 필요가 있는 것은 분명하다. 고대 세계의 인지환경에서는 내세에 대해 본질적으로 사회적인 개념을 공유하고 있었다. 따라서 죽음에 대한 이스라엘 사람들의 보편적인 이해도 신학에 뿌리를 둔 개념이기보다는 사회적인 것이었을 개연성이 높다.

이스라엘과 그 이웃들(북방과 서방) 간의 차이에 대해 생각할 때 우리는 불가피하게 메소포타미아의 "우주적 공생관계"(Great Symbiosis)와 이스라엘의 언약에서 발견되는 "위대한 계획"(Great Enterprise) 간의 근본적인 구별을 염두에 두지 않을 수 없다. 앞서 언급했던 것처럼 메소포타미아에서 우주적 공생관계의 존재 여부는 내세에 대한 사람들의 이해를 결정하는 핵심 요인이었다. 이스라엘에서 사람들은 죽음으로 말미암아 그들이 "위대한 계획"에서 차지하고 있던 역할과 지위를 상실하게 된다. 비록 그들이 지파와 가족 공동체의 일원으로 간주되기는 하지만 그들은 더 이상 언약 관계를 통한 정체성을 유지하지 못한다. 그들은 언약의 파트너가 될 수도 없고 신성한 공간에서의 의식들에 참여할 수도 없다. 죽은 자들은 야웨 예배에서 배제되며 토라를 준행할 수도 없다. 메소포타미아에서처럼 이스라엘에서도 죽음은 신학적 절정이 아니라 신학적 부정이었다. 지금까지 살펴본 범주들과 개넘들을 다음과 같은 표로 정리해서 비교해보고자 한다.

〈표 7.2 내세에 대한 관점들〉

	기독교 신학	고대 근동: 이집트	고대 근동: 메소포타미아와 레반트	고대 이스라엘
사회	이상사회	현상유지	현상유지 (현세만 못함)	알려지지 않음
심판의 근거	하나님의 행동	사람의 행동: 주문과 선행	없음	없음
공동체	죽은 자의 공동체	산 자와 죽은 자의 공동체	산 자와 죽은 자의 공동체	산 자와 죽은 자 의 공동체
신성	신들과 관계를 맺음	신으로 격상됨	없음	없음

고대 이스라엘인들도 사후세계의 공동체가 일정 수준의 연속성을 가지는 것으로 믿었다는 점은 분명하지만, 그들이 사후세계의 사회에 대해 어떤 관점을 가지고 있었는지에 대해 구약성서는 아무 정보도 제공해주지 않는다. 스올에 대한 성서의 묘사와 사람들이 그곳을 피하고자 했다는 사실은 사후세계가 현세보다 못한 곳으로 인식되었음을 보여준다. 사후세계가 현세보다 나은 이상사회 혹은 신학적 절정이라는 암시는 전혀 없으며, 내세에서 심판이나 보상이 주어진다는 암시도 없다(단 12장이 가능한 유일한 예외다). 산 자와 죽은 자 모두 확장된 가족 공동체의 일원이지만, 죽은 자들에게는 야웨와의 관계가 허락되지 않는다(시 6:6; 88:3, 10-12; 사 38:8). 위의 도표를 비교해보면 이스라엘의 내세관은 메소포타미아 및 레반트의 표준적인 사고방식과 상당부분 일치한다는 것을 발견할 수 있다.

여기서 천국과 지옥의 문제로 관심을 전환시켜보는 것이 이해에 도움이 될 듯하다. 앞에서 우리는 이스라엘 사람들이 천국에 대한 소망을 갖고 있지 않았다고 제안했었는데, 이제는 여기에 그들이 지옥에 대한 두려움도 갖지 않았다는 제안을 덧붙일 수 있겠다. 나는 다른 많은 구약성서 해석가들과 보조를 맞추어서 죽음 이후에는 오직 하나의 운명, 곧 스올이 기다리고 있었다고 주장한다. 그곳은 보상이 주어지는 장소는 아니었지만, 그렇다고 해서 형벌의 장소도 아니었다(전 6:6). 그곳은 질서 잡힌 세계 바깥에 존재하는 부정(negation)의 장소였다. 이러한 결론이 옳은지 확인해보는 하나의 방법은 이스라엘 사람들의 마음속에 다른 대안이 존재했었는지 탐구해보는 것이다. 그들은 과연 그들이 죽은 다음에 하나님과 함께할 수 있다고 믿었는가?

성서 독자들로 하여금 이스라엘 사람들이 대안(사후세계에서도 하나님과 관계를 맺음)을 염두에 두고 있었다고 확신하게 만든 것은 사도행전 2:25-28, 31, 13:35에 제시된 시편 16:9-11에 대한 해석이었다. 베드로는 오순절에 모인 무리들에게 그리스도의 부활에 대해 설교하면서 시편 16편은 다윗이 예수에 "대해" 한 말이라고 언급한다. "형제들아, 내가 조상 다윗에 대하여 담대히 말할 수 있노니 다윗이 죽어 장사되어 그 묘가 오늘까지 우리 중에 있도다. 그는 선지자라 하나님이 이미 맹세하사 그 자손 중에서 한 사람을 그 위에 앉게 하리라 하심을 알고"(행 2:29-30). 하지만 여기서 확실한 것은 베드로가 다윗이 다른 어느 장소로 갔음을 보여주기 위해 이 시편을 인용한 것이 아니라는 점이다. 그는 다만 그리스도가 죽음에서 일어나셨다는 사실을 지적할 뿐이다(행 2:31; 행 13:35도 마찬가지다). 따라서 이스라엘 사람들이 그들의 운명에 대해 어떻게 믿고 있었는지는 결국 구약성서의 문맥을 통해 결정할 수밖에 없다.

그리스도인들은 일반적으로 시편에 등장하는 세 가지 표현이 인생에서의 대안적인 결말을 제안한다고 믿어왔다. 첫 번째는 정직한 자의 소망을 표현한 "그의 얼굴을 뵈오리로다"(시 11:7)라는 문구다. 시편 17:15은 이러한 소망을 의로운 자와 연결시키면서 그 일이 "내가 깰 때에" 일어날 것이라고 선포한다. 전통적인 결론은 시인이 죽음에서 깨어날 때 자신의 의로움으로 인해 하나님의 임재 앞에 서 있는 자신을 발견하게 될 것이며, 그가 이생에서 경험하지 못했던 일, 곧 하나님의 형상을 목도하는 일을 허락받는다는 것이었다.

우리는 주로 신학적인 근거에서 이런 해석에 의문을 제기할 수 있을 것이다. 그 같은 해석은 행위로 얻는 의로움을 통한 구원을 주장하는 것이 아닌가? (시편 저자가 사용한 용어 때문만이 아니라 그리스도의 속죄 사역이 아직 그들에게 유효하지 않았다는 점에서도 말이다.) 더 나아가 우리가 히브리어 용어들을 분석해보면 이 구절이 전혀 다른 방향으로 이해되어야 한다는 점을 발견할 수 있다. 두 시편에서 "본다"라고 번역된 것은 "하자"(חזה)라는 동사다. 이 동사는 출애굽기 24:11에서 장로들이 시내산에 올라 하나님을 보는 장면에도 사용되었다. 따라서 우리는 "본다"라는 것이 살아 있는 사람들에 의해 경험되는 행위라고 결론 지을 수 있다. 출애굽기 24장에서 장로들이 경험한 것은 "신현"(theophany)이었으며 따라서 상당히 독특한 경험이라 해야 할 것이다. 하지만 우리는 시편에서 이스라엘 백성들이 하나님을 보는 일은 성전 안에서 일어나는 일로 묘사된다는 사실을 발견할 수 있다(시 27:4; 63:2). 여기서 우리는 다음과 같이 결론 지을 수 있다. 시편 저자들은 그들이 성전에 접근할 수 있는 상황에서만 하나님의 얼굴을 보리라고 기대할 수 있었다.

또한 구약성서의 몇몇 구절에서 "깨어나다"라는 동사가 죽음에서 깨어나는 일을 묘사하는 것으로 이해될 여지가 있기는 하지만(사 26:19; 단 12:2), 시편에서는 이 동사가 주로 아침에 잠에서 깨어나는 것을 가리키는데, 이것은 시인이 하나님의 구원에 대한 새로운 소망을 가지고서 대적들로 인해 번

뇌가 가득했던 밤잠에서 깨어나는 모습을 묘사한다(시 3:3; 63:3; 139:18). 다윗은 사울 왕과 대면했을 때 그가 왕의 추격으로 인해 성전에서 예배할 수 없게 되었다고 불평한다(삼상 26:19). 요나 또한 성전에서 하나님께 호의적으로 받아들여지기를 바라는 마음을 표현한다(욘 2:4. 7). 따라서 누군가로 하여금 "하나님의 얼굴을 볼" 수 있도록 만들어주는 것은 대적으로부터의 신원(vindication)이었는데, 하지만 누군가가 이미 죽어버렸다면, 살아 있는 사람들이 그것을 신원으로 여기지는 않았을 것이다.

그리스도인 독자들로 하여금 이스라엘 사람들이 천국에서의 영생이라는 개념을 가지고 있었다고 생각하게 만든 두 번째 표현은 "주께서 내 영혼을 스올에 버리지 아니하"실 것이라는 시인의 선언이다(시 16편). 여기서 우리가 주목해야 할 첫 번째 사실은 텍스트가 스올**에서**(in Sheol) 버리지 않는다고 말하는 것이 아니라 스올**로**(to Sheol) 버리지 않는다고, 다시 말해 하나님이 그를 스올로 보내지 않으신다고 말한다는 점이다. 이 구절은 하나님이 죽음 이후에 그를 스올이 아닌 다른 어떤 장소로 보내시지 않는다는 의미가 아니라, 그가 죽지 않고 살 수 있도록 허락해주신다는 뜻이다. "스올에서 건져내신다"라는 표현도 동일한 맥락에서 이해할 수 있다(시 49:15). 영어 번역본의 독자들은 종종 이 문제와 관련하여 번역자들의 결정에 따라 혼란을 경험할 수도 있다. 예컨대 시편 16:11에 나오는 "네차흐"(נֶצַח, 개역개정 "영원한")라는 단어는 다른 용례들을 살펴볼 때 영원성을 의미하기보다는 일시적인 상황을 가리키는 것으로 볼 수 있다. 더 나아가 제3장에서 살펴본 것처럼 "네페쉬"라는 단어는 사실상 "생명"을 가리키는 것으로 이해되어야 하는데도 여전히 "영혼"으로 번역되는 경우가 있다. 시편 30:2-3이 강력한 증거를 제공하는데, 시편의 문맥을 볼 때 스올에서 건짐을 받는다는 것은 곧 대적의 손에 죽임당하는 것을 면하게 됨을 의미한다(30:3, "스올에서 끌어내

어 나를 살리사 무덤으로 내려가지 아니하게 하셨나이다"). 더욱이 욥기 33:28에서
도 이런 생각을 분명하게 보여준다. "하나님이 내 영혼을 건지사 구덩이에
내려가지 않게 하셨으니 내 생명이 빛을 보겠구나 하리라."

우리가 관심을 기울여야 할 세 번째 문구는 하나님이 누군가를 "취하
신다"(개역개정에서는 "영접하신다", "데려가신다")라고 말하는 구절들이다(시
49:14-15; 73:23-24; 그리고 내러티브 본문에서는 창 5:24; 왕하 2:11). 여기서도 번
역자들의 결정이 우리를 혼란스럽게 하는데, 시편 49:15에서 NIV 번역자는
"그가 나를 자신에게로 이끄실 것이다"라고 옮겼지만 여기서 "자신에게로"
라는 표현은 번역자가 추가한 것이다. 이와는 대조적으로 ESV는 "그가 나
를 받아들이실 것이다"라고 옮겼는데 이것은 히브리어 원문이 가지고 있는
모호성을 그대로 유지하고 있다. 시편 73:24절에 대해 NIV는 "당신이 나를
영광으로(into glory) 이끄실 것입니다"라는 번역을 제공하는데, 이 같은 번역
은 영어 독자들로 하여금 여기서 "영광으로"가 천국을 암시하는 것으로 생
각하게 만든다. 하지만 히브리어 원문에는 "~으로"(into)라는 문구가 존재
하지 않는다. NRSV는 히브리어의 관용적 표현에 보다 가까운 다음과 같은
번역을 제공한다. "당신은 나를 명예롭게(with honor) 받아들이실 것입니다."
결과적으로 여기 거론된 시편 가운데 시인이 **어딘가로** 데려감을 당할 것
이라고 암시하는 구절은 어디서도 발견되지 않는다. 여기서 우리는 "데려
간다"라는 번역 대신에 원문에 보다 가까운 "받아들인다"라는 번역을 취함
으로써 "어디로?"라는 질문을 배제할 수 있게 되었다.

우리는 시편에서 "라카흐"(לָקַח)라는 동사가 어떻게 사용되어야 할지를
명확하게 보여주는 구절들을 살펴봄으로써 위에서 제시한 방향이 올바른
접근이라는 확증을 얻을 수 있다. 시편 18:16-19 텍스트는 다음과 같다.

그가 높은 곳에서 손을 펴사 나를 붙잡아 주심이여(לקח);
　　많은 물에서 나를 건져내셨도다

나를 강한 원수와 미워하는 자에게서 건지셨음이여;
　　그들은 나보다 힘이 세기 때문이로다

그들이 나의 재앙의 날에 내게 이르렀으나,
　　여호와께서 나의 의지가 되셨도다

나를 넓은 곳으로 인도하시고;
　　나를 기뻐하시므로 나를 구원하셨도다

시편의 문맥은 이 구절에 사용된 "라카흐"라는 동사가 대적으로부터의 구원을 의미한다는 것을 분명히 보여준다.

　　하지만 구약성서 내러티브 본문에서 "라카흐"가 사용된 용례들은 주석가들에게 난제를 안겨준다. 창세기 5장에서는 에녹에 대해 다음과 같이 말한다. "에녹이 하나님과 동행하더니 하나님이 그를 데려가시므로(לקח) 세상에 있지 아니하였더라"(창 5:24). 보다 세부적인 묘사로 열왕기하 2장 텍스트는 회오리바람이 엘리야를 하늘로 데려갔고 엘리사는 불수레에 의해 엘리야로부터 분리되었다고 말한다. 바로 앞서 2:9에서 엘리야는 자신이 엘리사로부터 "데려감을 당할"(לקח) 것이라고 말했었다("라카흐"라는 동사가 에녹에게서와 동일한 의미로 사용되었다).

　　텍스트는 엘리야가 "하늘로"(to heaven) 올라갔다(עָלָה, "알라")라고 말하지만 여기서 "하늘"이라고 번역된 단어(שָׁמַיִם "샤마임")는 창공(sky)을 의미할 수도 있기 때문에 엘리야가 하나님의 임재 앞으로 데려가졌다고 분명하게 말하는 것은 아니라는 점을 염두에 둘 필요가 있다. 우리는 예언자의 생도들도 그런 식으로 이해하지 않았음을 확인할 수 있는데, 그들은 엘리야가 하늘로부터 어디로 떨어졌을지 궁금해 하면서 찾아다녔다(왕하 2:16).[27]

그렇다면 에녹과 엘리야는 어디로 간 것일까? 아니면 보다 바람직한 질문으로, 이스라엘의 청중들은 그들이 어디로 간 것으로 생각했을까? 만일 하나님이 그들을 스올로 데려가실 생각이셨다면 굳이 그들을 이생의 삶에서 취해가실 이유가 없었을 것이다. 왜냐하면 스올은 이생보다 나은 곳으로 여겨지지 않았기 때문이다. 우리는 이처럼 경건한 인물들을 데려가신 것이 그들과 하나님 사이의 긴밀한 관계에서 비롯된 직접적인 결과였다고 이해해야 할 것이다.[28] 우리가 주목해야 할 사실은 둘 중 어느 텍스트에서도 개인의 영원한 운명에 대한 이해를 보여주지 않는다는 점이다. 그렇다면 가장 합리적인 결론은 저자도 그들이 어디로 갔는지 알지 못했다는 것이다.[29] 만

---

27   Sponk는 그들의 반응을 관찰하고서 여기서 사용된 동사는 겔 3:14나 8:3에서처럼 야웨에 의해 이 세계 밖으로가 아니라 이 세계 내에서 옮겨지는 것으로 이해되어야 한다고 결론 짓는다(*Beatific Afterlife in Ancient Israel*, 259). 이것은 또한 길가메시 서사시의 홍수 영웅에게 일어난 일이기도 하다. 신들은 그를 취해서(아카드어 "레쿠"[*lequ*]) 그가 영구한 삶을 누릴 수 있는 장소로 옮겨다놓는다(하지만 그곳은 하늘도 아니고 신들이 거하는 장소도 아니다).

28   에녹이 "하나님과 동행했다"는 것은 그에 대한 긍정적인 평가였다(참조. 여기를 제외하고는 유일하게 노아를 묘사하기 위해 사용되었다, 창 6:9).

29   Sponk는 엘리야가 야웨의 전차 부대에 합류함으로써 천상의 군대의 일원이 되었다는 흥미로운 제안을 하는데, 그가 제시하는 증거 텍스트들은 여전히 모호하다. Sponk, *Beatific Afterlife in Ancient Israel*, 260-61. 또한 Sponk는 죽은 왕족들의 영혼들이 해마다 바알이 살아 있는 자들의 땅으로 돌아올 때 그를 수행한다는 가나안 사람들의 신앙을 이스라엘의 교리와 연결시키려고 시도한다(참조. 195-96에 실린 그의 결론). 그는 이 같은 신앙이 포로 시대 이전 공동체에서 유래한 이스라엘 토속 종교의 한 요소라고 여기며 그것이 키르베트 엘-콤(Khirbet el-Kom)에서 출토된 우리야후(Uriyahu)의 묘비문에 반영되어 있다고 믿는다.

일 우리가 이스라엘 사람들이 스올 말고 다른 대안적인 장소를 알고 있었다는 점을 증명할 수 없다면, 우리가 이와 다른 주장을 펼치는 것은 침묵으로부터의 논증이 되고 말 것이다.

지금까지 살펴본 자료들은 이스라엘에 천국에 대한 소망이 존재했을 여지를 남겨두지 않는다. P. 존스톤(P. Johnston)은 우리가 살펴본 증거들을 존중하면서도 이스라엘이 대안적인 소망을 **가졌다**고 결론을 내리는 진지한 구약학자 중 하나다. 그는 다음과 같은 불가지론적인 진술로 에녹과 엘리야의 예를 논의의 대상에서 제거한다. "이 두 사람은 아마도 죽음을 피했을지도 모른다. 하지만 이것은 이스라엘의 신앙이나 열망과는 무관한 것이다."[30] 그는 시편 16, 49, 73편을 다루면서 시편 저자들에게 죽음 너머에서 하나님과 교제를 누릴 것이라는 막연한 희망이 존재했을 실낱같은 가능성을 허용한다. "이 시편 저자들은 그 같은 교제가 어떻게, 언제, 그리고 어디에서 이루어질지에 대해 아무런 설명을 하지 않는다. 그들은 다만 믿음으로 그것을 선포할 뿐이다. 대부분의 이스라엘 사람들에게 희망이라는 것은 이생에서의 삶에 굳게 닻을 내리고 있었다. 하지만 일부 사람들은 그것을 넘어서서 하나님과 누리는 일종의 교제를 짧게나마 경험했던 것 같다."[31] 그가 여기서 많은 것을 주장하지는 않았지만 내가 보기에는 그것마저도 증거가 허용하는 범위를 넘어선 것 같다. 설사 존스톤의 주장이 옳다 해도 이처럼 막연한 희망은 내세에 대한 구약성서의 교리를 체계화하는 데는 큰 도움이 되지 않는다. 이스라엘 사람들은 천국에 대한 소망을 가지지 않았다. 텍스트가 아무것도 보여주거나 암시하지 않을 뿐 아니라, 그 같은 신앙을 표현할 유효한

---

30 Johnston, *Shades of Sheol*, 216.

31 Ibid., 217.

메커니즘이 결여되어 있다는 점에서 신학적인 근거도 부족하다 할 수 있다.

지옥

구약에서 악인들이 스올로 내려간다고 그토록 자주 언급하는 이유는 스올이 악한 자들을 위해 예비된 장소여서가 아니라 다만 지상에서의 죽음이 징벌이라는 점을 지적하기 위해서다. 모든 사람이 그곳에 가도록 되어 있다. "스올"이나 "구덩이"(בּוֹר "보르", שַׁחַת "샤하트") 모두 지옥을 가리키는 표현으로 이해되어서는 안 된다. "스올"은 사후세계를 가리키는 히브리어 단어이고, "보르, 샤하트"는 아마도 바위를 깎아 만든 가족 무덤 뒤로 뼈들이 쌓여 있는 모습을 묘사하는 듯하다. "아바돈"(אֲבַדּוֹן)은 구약성서에서 다섯 차례 사용되었으며[32] "스올" 및 죽음과 나란히 등장한다. 단어의 어근으로 미루어보아 이것은 "파괴하다"라는 동사에서 파생된 추상명사로서 죽은 자들을 위한 장소를 가리키는 것으로 보인다. 지옥(hell)이 형벌을 위한 장소를 뜻한다면, 구약성서에는 그런 개념이 존재하지 않으며 그런 의미를 전달하는 용어도 발견되지 않는다.

지옥에서 당하는 형벌과 관련하여 가장 자주 인용되는 구절은 이사야서의 마지막 절인 66:24인데, 여기서는 새 하늘과 새 땅에 대해 설명한다. "그들이 나가서 내게 패역한 자들의 시체들을 볼 것이라. 그 벌레가 죽지 아니하며 그 불이 꺼지지 아니하여 모든 혈육에게 가증함이 되리라." 하지만 이 구절은 개인의 운명을 다루는 것이 아니라 집합적인 차원에 초점을 맞추

---

32   욥 26:6; 28:22; 31:12; 시 88:11; 잠 15:11.

고 있으며, 이러한 사실은 이 구절을 인용한 현존하는 최초의 문헌인 유딧기 16:17에서도 분명하게 드러난다.

> 우리 민족을 거슬러 일어나는 나라들에게는 화가 미칠 것입니다.
> 전능하신 주님께서 심판날에 그들을 벌하실 것이며
>
> 또한 그들을 불과 구더기에게 내맡길 것입니다.
> 그러면 그들은 영원히 고통을 받으며 통곡할 것입니다.

여기서 심판 받을 운명에 처한 대상은 개인들이 아니라 민족들이다. 요컨대 개인을 위한 심판의 장소로서의 지옥의 본질에 관한 신학적 교훈이 구약성서에서는 도출되지 않는다.

하나님의 유기

고대 세계에서 하나님의 유기라는 개념을 두렵게 받아들였다는 것은 충분히 이해할 만한 일이다. 사람들이 그들의 신으로부터 버림받는다는 것은 귀신들이나 질병, 혹은 죽음에 무방비 상태로 노출된다는 것을 의미했으며, 만일 한 도시가 버림받게 되면 그 도시는 필연적으로 멸망할 수밖에 없었다. 사람들은 일반적으로 신적 유기를 설명하는 나름의 방식들을 가지고 있었다. 하나의 표준적인 설명은 사람들이 범한 어떤 행동이 신들을 노엽게 해서 결과적으로 그들을(혹은 그 도시를) 떠나게 만든다는 것이었다. 하지만 도시들의 멸망에 대해 노래한 수메르의 애가들은 하나의 대안적인 설명을 제공하는데, 신들은 단순히 멸망의 때가 도래했다고 결정했다는 것이다.

이스라엘에서 개인들은 종종 그들이 병에 걸리거나 여러 모양으로 비극을 당하게 되었을 때 그들이 신으로부터 버림받았다고 느꼈다(예. 욥, 시편 저자들). 또한 그들에게 궁극적인 유기는 죽음에 처해지고 스올로 내려가는 것이었다. 그런데 언약의 저주는 단순히 유기에서 끝나는 것이 아니라 그들을 향한 야웨의 적대적인 응징으로 이어졌다(레 26:14-39; 신 28:15-68). 에스겔 10장에서도 유기의 모티프가 분명하게 발견된다.[a] 하지만 야웨가 백성들을 버리게 된 원인은 백성들이 먼저 야웨를 버렸기 때문이었다. 따라서 이스라엘의 상황은 메소포타미아의 도시에 대한 애가들이나 개인들이 내세에서 당하는 역경과는 다른 것이었다.

---

[a] 참조. 신 31:17; 대하 12:5; 15:2; 24:20; 사 49:14(하지만 그는 그들을 잊으실 수 없음을 분명히 한다; 예레미야애가도 참조하라). 몇몇 내러티브 텍스트도 민족이나 (예. 출 33:3; 수 7:12) 개인을(예. 삼상 16:14의 사울) 하나님이 버리실 것이라는 경고를 담고 있다).

부활[33]

고대 근동의 텍스트 어디에서도 부활에 대한 실질적인 믿음이 존재했음을 증거해주지 않는다. 따라서 우리는 그런 방향으로 해석될 수 있고, 또 해석되어왔던 히브리어 텍스트들을 다시 평가해보는 수밖에 없다. 구약성서의 부활 사상을 살펴보기에 앞서 우리는 먼저 질문 자체를 좀 더 신중하게

---

33 Johnston, *Shades of Sheol*, 218-39.

표현할 필요가 있다. 부활이라는 표현은 크게 세 가지 범주에서 이해될 수 있다. 첫째, 개인이 죽음에서 삶으로 회생하는 것을 의미하는 부활이 있다. 구약성서에는 이런 사건을 가리키는 구절이 몇 군데 있다(왕상 17:22; 왕하 4:35; 13:21). 둘째, 내세에서의 개인의 육체적 부활을 다루는 교리가 있는데, 우리는 그것을 가리켜 "종말론적" 부활이라고 부른다. 셋째, 우리는 집합적인 부활에 대해서도 말할 수 있는데, 한 민족이 소멸당할 위기에서 건짐을 받아 다시 생존할 수 있게 되는 것을 가리킨다. 이 세 번째 범주에 속하는 대표적인 예가 마른 뼈들에 대한 에스겔의 환상인데, 거기서 이스라엘 백성은 다시 소생되어 하나의 나라를 이룬다(겔 37장; 참조. 호 6:1-2). 여기서 우리는 바빌로니아 유배가 죽음과 동일하게 다루어진다는 사실에 놀랄 필요가 없다. 죽음과 유배는 동일하게 정체성의 상실을 가져오는 사건이다. 유배는 공동체에게 정체성의 상실을 가져다준 사건이고 죽음은 개인에게 정체성의 상실을 가져다주는 사건이다. 따라서 부활이라는 개념은 공동체의 정체성 회복과 연계되어 발생한 것이라고 말하는 것이 합리적일 것이다.

위에서 소개한 세 가지 유형의 부활 가운데 첫 번째와 세 번째 범주는 고대 이스라엘의 신앙에서 그 자취를 발견할 수 있다. 하지만 두 번째 범주의 경우는 어떤가? 이사야 29:19과 다니엘 12:1-2 같은 구절들에서는 종말론적 부활과 연결시키기에 용이한 진술들을 발견할 수 있다. 여기에 덧붙여서 어떤 히브리어 용어들이 부활 개념과 연결되는 기술적인 의미를 전달한다고 주장하는 학자들도 있다(참조. "깨어나다"라는 동사에 관한 위의 논의).

주의 죽은 자들은 살아나고
그들의 시체들은 일어나리이다.

티끌에 누운 자들아,

　너희는 깨어 노래하라.

주의 이슬은 빛난 이슬이니

　땅이 죽은 자들을 내놓으리로다(사 26:19).[34]

한 가지 중요한 사실은 이사야 26:19이 이사야 26:14과 대조를 이루는 것으로 이해해야 한다는 점이다. 이사야 26:14은 19절과 상당히 많은 용어를 공유하고 있음에도 불구하고 14절에서는 이스라엘에 대하여 힘을 과시하던 강한 자들이 죽음에서 다시 일어나게 될 것이라는 기대가 감지되지 않는다. 오히려 그들은 징벌을 받았고 멸망에 처하게 되었다. 이사야 26:14은 집합적인 의미를 담고 있으며, 무리를 이룬 일단의 사람들이 생명을 되찾음으로써 공동체의 정체성을 회복하는 문제를 다루고 있다. 이사야 26:15에서 저자는 이스라엘 국가에 임한 번영을 멸망한 나라들과 대비시키고 있다. 이런 점들을 종합하여 우리는 이 구절이 에스겔 37장과 마찬가지로 국가적인 부활(세 번째 범주)을 다루고 있다고 결론 내릴 수 있다.[35] 이사야 26:19의 구문과 텍스트는 난해하기 이를 데 없지만, 우리는 병행 구절인 이사야 26:14에

34　이 구절은 텍스트 상의 난제로 가득하다. 둘째 줄의 히브리어 마소라 텍스트는 다수의 번역본(개역개정 포함)과는 다르게 "나의 시체는 일어나리이다"(נְבֵלָתִי יְקוּמוּן)라고 되어 있다. "나의"에서 "그들의"로의 전환도 문제지만 마소라 텍스트에서 "시체"는 단수명사인 반면 "일어나리이다"라는 동사는 복수형으로 표현된 것도 혼란을 가중시킨다. 모든 대명사들의 선행사가 무엇인지도 불분명하다. 마지막으로, 논란의 중심에 서 있는 "레파임"(Rephaim, 그림자? NIV "죽은 자")이 마지막 행에 등장한다. 사 24-27장을 가나안 사상과의 관계에서 연구한 다음 자료를 참조하라. W. D. Barker, *Isaiah's Kingship Polemic* (Tübingen: Mohr Siebeck, 2014).

35　John J. Collins, *Daniel* (Minneapolis: Fortress, 1993), 395.

비추어서 본 절의 문맥을 이해해야 한다.[36]

> 그때에 네 민족을 호위하는 큰 군주 미가엘이 일어날 것이요 또 환난이 있
> 으리니 이는 개국 이래로 그 때까지 없던 환난일 것이며 그때에 네 백성 중
> 책에 기록된 모든 자가 구원을 받을 것이라. 땅의 티끌 가운데에서 자는 자
> 중에서 많은 사람이 깨어나 영생을 받는 자도 있겠고 수치를 당하여서 영
> 원히 부끄러움을 당할 자도 있을 것이며(단 12:1-2).

이것은 서로 다른 운명에 대해 단도직입적으로 표현한 유일한 구절인데, 이
같은 운명을 결정하는 기준이 "의로움과 사악함"인지에 대해 명시적인 언
급은 없다.[37] 하지만 우리는 이것이 부활에 관한 표준적인 기독교 교리를 제
시한 것이라고 너무 성급하게 결론 지어서는 안 된다. 몇 가지 고려해야 할
점들이 있다.

첫째, 다니엘서 텍스트는 "모든" 사람이 아니라 "많은" 사람이 깨어날
것이라고 말하는데, 이는 보편적인 부활에 대한 언급이 아니라는 것을 보여
준다. 둘째, 이 구절은 "땅의 티끌"(אַדְמַת־עָפָר) 가운데에서 자는 자들에 대
해 이야기하는데 이 같은 어구는 구약성서 전체에서 오직 이곳에서만 발견
된다. 이 구절이 구체적으로 "땅"을 언급하고 스올이 때때로 "티끌"과 연결
된다는 사실에 비추어서(예. 욥 17:16) 우리는 이것이 스올, 곧 사후세계를 염

---

36 "주어진 문맥은 국가적 부흥과 회복을 다루고 있다. 국가는 해산 중이지만 아이를 낳지
못하는 여인으로 의인화되어 표현된다. 따라서 여기서도 부활의 이미지는 국가에 적용된
것이다." Johnston, *Shades of Sheol*, 225. 그는 이 같은 이미지가 "개인적 부활 개념을 전제
한다"고 믿는다.

37 "생명의 책"(סֵפֶר חַיִּים)은 생명을 얻을 자가 의로운 자들이라고 밝힌다.

두에 둔 묘사라고 추론할 수도 있을 것이다. 만일 이것이 사실이라면 두 부류(영생을 받는 자와 부끄러움을 당할 자)의 사람들 모두 스올에 자리한다는 말이 된다. 셋째, "영생"이라고 번역된 어구(חַיֵּי עוֹלָם, "하예 올람")는 구약성서에서 오직 이곳에서만 발견되며, 이와 유사한 (그리스어) 어구가 「에녹1서」나 「시빌의 신탁」과 같은 위경 문헌들에서 사용되었는데,[38] 이 같은 위경 문헌들에서 이 어구는 500년과 같은 특정한 시기를 의미하는 것이었다(에녹1서 10:10).[39]

마지막으로 우리는 다니엘서 텍스트가 부활의 장소와 관련해서 아무런 정보도 제공해주지 않는다는 점을 기억해야 한다. 다시 말해 **천국**이나 새 예루살렘 혹은 새 땅에서의 영원한 삶에 대해 이야기하지도 않으며 어떤 특정한 공간에서의 지속적인 저주에 대해 말하지도 않는다는 것이다. 사실 위의 텍스트에서 말하는 부활이 내세에서의 상황을 의미하는 것인지 혹은 지상에서의 삶으로의 회복을 말하는 것인지도 분명하지 않다. 덧붙여서 텍스트는 개개인이 어느 범주에 속할지를 결정하는 기준이 무엇인지도 말해주지 않는다.

그렇다면 이 구절은 무엇을 말하고 있으며 어떤 사고를 반영하고 있다는 것인가? 저자는 수많은 사람들이 회생할 것이라고 예견하면서도 그들이 이생에서의 삶으로 회복되는 것인지에 대해서는 말을 아낀다. 하지만 우리

---

38 R. H. Charles, *Eschatology* (New York: Schocken, 1963), 212-13n3.
39 히브리어 "올람"(עוֹלָם, "영원한")은 영원성이라는 철학적 개념에 비해 덜 추상적인 의미를 전달하는 것으로 인식된다. 참조. J. Barr, *Biblical Words for Time* (London: SCM Press, 1969), 73-74, 93, 123-24; D. Howard, "The Case for Kingship in the Old Testament Narrative Books and the Psalms," *Trinity Journal* 9 (1988): 29n38; Allan MacRae, "*ʿōlām*," in *Theological Wordbook of the Old Testament,* ed. R. L. Harris, Gleason Archer, and Bruce Waltke (Chicago: Moody, 1980), 2:672n1631.

는 성서 어느 구절에서도 장차 도래할 세상에서의 육체적 실존에 대해 명확히 말하지 않는다는 점을 주목할 필요가 있다. 분명한 사실은 이 구절에서 부활한 인생들이 그들의 연장된 삶을 누리거나(그들의 신실함에 대한 보상으로?) 혹은 계속되는 수치를 당하게 될 것이라고(그들의 배반에 대한 징벌로?) 말한다는 점이다.

G. 니켈스버그(G. Nickelsburg) 같은 해석자는 이 구절도 다른 구약성서 구절들과 마찬가지로 국가의 재건에 가장 큰 관심을 갖는다고 주장한다.

> 다니엘에게 심판은 국가의 재건을 알리는 전주곡이었다. 1절은 새로운 이스라엘 시민들의 명단을 기록한 책에 대해 언급한다. 2절에 등장하는 부활한 의인들은 고립된 개인들이 아니라 이 새로운 국가에 참여하도록 일으켜진 자들이다.…죽은 자들 가운데 배교자들의 육체는 힌놈의 골짜기에 던져지기 위해 일으켜질 것이다.[40]

구약성서 가운데 비교적 늦은 시기에 작성된 이 구절이 부활과 관련하여 구약의 다른 진술들을 뛰어넘는 진일보한 사상을 보여주기는 하지만 그럼에도 여전히 기초적인 단계를 벗어나지 못했으며 신약성서에서 전개되는 완전한 교리에는 미치지 못한다. 나보다는 좀 더 호의적인 태도를 가진 존스톤조차도 다음과 같이 결론 짓는다. "부활이라는 주제는 구약성서에서 연대기적으로나 신학적으로나 여전히 주변적인 주제로 머물러 있었다."[41] 헬레니즘 시대의 유대교 문헌들은 부활에 대해 훨씬 더 많은 관심을 보여주며

---

40   G. W. E. Nickelsburg, *Resurrection, Immortality and Eternal Life in Intertestamental Judaism* (Cambridge, MA: Harvard University Press, 1972), 23.

41   Johnston, *Shades of Sheol*, 227.

이것을 하나의 교리로 발전시켰다(예. 「에녹1서」, 「솔로몬의 시편」, 「열두 족장의 유언」).[42] 신약 시대에 이르러서도 이것은 유대인들 사이에서 여전히 활발히 논의 중인 주제였으며, 바리새인들과 사두개인들이 이와 관련해 서로 다른 의견을 가지고 있었다는 점은 잘 알려져 있다(마 12:18; 행 23:8).

부활에 관한 이스라엘의 교리가 정확히 어떤 형태인지 정의하기가 쉽지 않으며 수많은 해석가들이 서로 다른 다양한 결론을 제시하는 상황이기는 하지만, 대부분의 학자들이 동의하는 한 가지 사실은 이스라엘의 부활 교리를 신약신학과 교회사를 통해 최종적으로 형식화된 교리와 동일시할 수는 없다는 점이다.

성령/야웨의 영

기독교 신학에서 구원 문제를 다룰 때는 우리의 구원을 확증하시는 예수의 역할에 대해서만 아니라 우리의 구원을 봉인하시는 성령에 대해서도 논해야 한다. 성령의 내주하심은 그리스도 안에서 우리가 누리는 정체성에 대한 보증이 되며 이는 또한 하나님의 임재가 우리 안에 거하시게 해줌으로써 우리를 신성한 공간으로 만들어준다. 우리는 위에서 구약성서가 구원론이라고 부를 만한 것을 제시하지 않는다고 말했었는데, 여기서는 구약성서가 성령론이라는 교리를 세울 만한 자료도 포

---

42   Johnston, *Shades of Sheol*, 229-30. 여기서는 페르시아의 조로아스터교나 헬레니즘 시대 그리스 사상이 유대교에 얼마나 영향을 미쳤는지에 대해 세심한 주의를 기울이고 있다. 하지만 구체적으로 어떤 경로를 통해 사상의 전달이 이루어졌는지를 확신 있게 제시하기는 쉽지 않다. 영향의 가능성 자체를 부인할 수는 없겠지만 말이다. Johnston, *Shades of Sheol*, 234-37.

함하지 않는다는 말을 덧붙여야겠다. 이것은 이스라엘 사람들이 삼위일체라는 개념을 가지고 있지 않았다는 점에서 자명한 사실이다. 더 나아가 이스라엘은 구원이라는 개념을 가지고 있지 않았기 때문에 성령이 구약성서에서 구원과 관련하여 어떤 역할을 감당하는 것으로 묘사되는 것도 불가능한 일이었다. 또한 구약성서가 사람으로 하여금 하나님의 임재 앞에 설 수 있도록 준비시켜주는 수단을 가지고 있지 않았기 때문에 구약에서 성령은 내주하심을 통하여 하나님의 임재를 예비하는 역할을 할 수 없었다. 마지막으로 구약성서는 삼위일체적 사고의 여지를 허용하지 않았기 때문에, 구약성서의 고대 이스라엘 맥락에서 성령은 삼위의 세 번째 위격으로 간주되지 않았다.

구약성서에서 성령과 관련된 논의는 "야웨의 영" 혹은 "하나님의 영"이라는 호칭을 중심으로 진행된다.[a] "야웨의 영"은 하나님의 능력과 권위를 확장하는 기능을 수행했으며, 야웨가 그의 목적을 수행하시면서 그들을 특별한 방식으로 사용하고자 하실 때는 야웨의 영이 그들에게 임하거나 그들을 "감쌌다"(clothes). 하나님의 영의 이 같은 확장은 "야웨의 손"(겔 37:1; 개역개정 "여호와께서 권능으로")이 감당하는 역할과 동일한 범주에 속하는 것으로 분류되었으며, 인격적인 차원을 가지는 것으로 생각되지는 않았다.

야웨의 영은 예언자들에게 능력을 주시기 위해 임하였으며, 군대의

---

a   J. Walton, "The Ancient Near Eastern Background of the Spirit of the Lord in the Old Testament," in *Presence, Power and Promise: The Role of the Spirit of God in the Old Testament* (Downers Grove, IL: InterVarsity Press, 2011), 38-67.

사령관들에게 임하여 군사들을 이끌고 전장에 나갈 수 있게 해주었다 (기드온, 입다, 사울). 야웨의 영은 삼손에게도 여러 차례 임하여 용사로서 공훈을 세우게 해주었다. 하지만 야웨의 영은 한 사람에게 영구적으로 머물지는 않았고 사람들을 성화시키는 일에도 관여하지 않았다. 야웨의 영이 왕들에게는 좀 더 지속적인 방식으로 머물기는 했으나(사울, 다윗), 그들에게서도 역시 떠날 수 있었다(삼상 16:14). 야웨의 영은 창조 시에도 활동했으며(창 1:2) 창세기 1장 전체에 걸쳐 하나님의 능력 있는 말씀과 관련을 맺는다(시 33:6).

우리는 신약성서와 교회에서 발전된 삼위일체 신학을 배경지식 삼아 구약성서에 기록된 몇몇 사건(특히 예언자들을 감화한 일들)을 삼위일체 세 번째 위격의 사역으로 재진술 할 수 있을 것이다. 하지만 구약성서 내에서 이스라엘 사람들은 그러한 현상들을 이런 방식으로 해석하지 않았다. 물론 우리에게 성령이 실제로 구약성서에서 이러한 방식들로 활동하셨다고 주장할 만한 근거가 전혀 없는 것은 아니지만, 그럼에도 우리는 오늘날의 신학에서 성령에게 돌리는 가장 중요한 많은 역할들이 구약성서의 "야웨의 영"에게서는 전혀 발견되지 않는다는 사실을 인정해야만 한다.

결론 및 불변의 신학

이번 장에서 우리는 이스라엘이 구원, 내세, 혹은 부활에 대해 우리의 신학을 세우는 데 토대로 삼을 만한 사상을 발전시키지 않았다는 사실을 확인할 수 있었다. 이스라엘에는 천국에 대한 소망이나 천상에서의 영원한 실존을 성취할 수 있게 해주는 메커니즘이 존재하지 않았으며 내세에서의 보상이나 심판에 대한 관념도, 하나님과 영원토록 함께 시간을 보낸다는 생각도, 그리고 개인적인 부활이라는 개념도 존재하지 않았다. 또한 그들은 죄로부터의 구원이라는 개념도 가지고 있지 않았으며, 그들의 개인적인 역경이나 운명에 대해 생각하기보다는 집합적이고 공동체적인 정체성이라는 관점에서 이 같은 사안들을 대했다. 이 모든 공백들로 인해 우리는 수많은 혼란스러운 질문들을 떠안고서 길을 헤맬 수밖에 없다. 과연 이스라엘 사람들은 죽음 이후에 하나님과 그들의 관계가 어떻게 끝을 맺으리라고 기대했을 것인가? 오늘날 그리스도인들은 대체적으로 그들이 천국에 가면 구약성서의 성도들을 만나게 될 것으로 믿고 있다. 하지만 우리는 이 주제와 관련하여 그것을 넘어서는 어떤 신학을 도출할 수 있을 것인가?

구원

지금까지 진행해온 논의가 가져다주는 가장 중요한 공헌은 우리 신앙의 초점을 어디에 맞추어야 할지를 분명히 밝혀주었다는 점이다. 우리는 그리스도인으로서 자연스럽게 구원과 영생에 큰 관심을 가지고 있으며 결과적으로 우리의 신앙, 그리고 심지어 우리 자신의 정체성을 이 같은 관점에서 정의하게 된다("구원 받아 천국을 향하는 성도"). 그렇기 때문에 우리는 만일 이스라엘 사람들이 "구원 받아 천국을 향하는" 백성들이 아니었다면 그들이 어떻게 믿음을 가졌다고 말할 수 있는지 이해하기가 쉽지 않다. 우리가 구약성서의 신학과 관련하여 위에서 발견한 사실들을 통해 우리는 그들이 사실상 "구원 받아 천국을 향하는" 백성들이 아니었다고 결론 지을 수 있다. 하지만 우리는 아브라함이나 모세 같은 분들이 천국에 계시지 않을 것이라고는 상상조차 할 수 없다. 여기서 우리는 완전히 혼란에 빠지고 만다. 문제는 우리가 "신앙이 가져다주는 유익"(benefits of our faith)을 "신앙의 본질"(substance of our faith)로 오해했다는 사실이다. 구약성서는 우리가 이 중요한 차이를 명확히 구분하는 데 도움을 줄 수 있다. 우리는 이스라엘 사람들을 관찰함으로써 우리의 신앙과 기독교에 대한 우리의 이해를 바로잡을 수 있다.

우리는 하나님을 믿는다. 우리는 이처럼 기초적인 선언을 자명한 경구로 치부해버리곤 하지만, 사실은 바로 이 같은 기초에서 출발하여 논리가 우리를 인도하는 대로 합당한 단계들을 밟아가야만 한다. 우리는 하나님을 믿으며, 그분이 우리에게 모든 것을 제공하셨음을 믿는다. 그분이 제공하신 수단은 예수의 죽음과 부활이었고, 그의 죽음과 부활은 우리에게 사죄, 구원 그리고 영생을 포함하는 수많은 유익들을 가져다주었다. 그런데 우리가 이러한 유익들에 막대한 가치를 부여하다 보니 우리는 기독교를 "우리에게 유익을 가져다주시는 하나님에 대한 믿음"이라는 개념과 동일시해버리는 경향이 있다. 현대의 개인적이고 자기중심적인 문화 속에서는 우리 자신의 일이나 우리가 장차 얻게 될 것을 우선시하는 것이 자연스러운 일이 되었다. 우리는 그리스도가 막대한 대가를 치르심으로써 우리에게 가져다주신 놀라운 유익들을 폄하하지 않으면서도 우리가 믿는 기독교라는 것이 우리가 얻는 유익에 관한 종교가 아니라는 사실을 직시해야 하며, 이 같은 유익들이 우리의 신앙을 규정하게 만들어서는 안 된다.

우리는 유익이 신앙의 본질이 아니라는 사실을 구약성서의 두 내러티브를 통해 분명히 확인할 수 있다. 하나님은 아브라함에게 그의 아들 이삭을 번제로 바치라고 요구하셨다(창 22장).[43] 우리는 이 구절을 대할 때 하나님께서 그런 일을 요구하셨다는 사실을 상상하기가 어렵기 때문에 의아한 생각을 갖는다. 이때 아브라함은 이미 다양한 사건들을 통해 그의 신앙을 입증했다(그가 본토 친척을 떠났다는 사실과 창 15:6에서 하나님이 그의 믿음을 칭찬하신 사실을 기억하라). 하지만 우리는 하나님께서 아브라함에게 제단에 바치라고 요구하신 것이 단지 그의 사랑하는 아들만이 아니었다는 사실을 깨달음으로써 우리가 아브라함의 신앙에 대해 가졌던 관념들을 재검토할 수 있게 된다. 이 사건은 하나님이 인신제사를 허용하시느냐 하는 문제를 다루는 것이 아니며 오늘날 우리가 자녀들을 주님께 바쳐야 하는지를 다루는 것도 아니다. 우리가 여기서 기억해야 할 것은 그 당시 언약의 모든 유익들은 오직 이삭에게 달려 있었다는 점이다. 만일 이삭이 죽는다면 큰 민족은커녕 사실상 하나의 가족도 존재하지 않는 것이며 땅과 축복에 대한 기대는 그의 죽음과 함께 물거품이 되고 마는 것이다.

그때 아브라함은 언약의 모든 유익들을 포기하라고 요구받은 것이었다. 아브라함이 순종했을 때 야웨는 이제 비로소 아브라함이 하나님을 두려워한다는 사실을 알게 되었다고 지적하신다(창 22:12). 이 말씀은 하나님이 이 순간에 새로운 사실을 인지하게 되셨다는 의미가 아니다. 히브리어에서 "안다"는 것은 종종 누군가가 이미 경험한 사실을 근거로 한다. 아브라함은 하나님에 대한 그의 신앙이 언약의 유익에 달린 것이 아니라는 점을 입증한 것이다. 그는 그 모든 유익들을 기꺼이 포기할 수 있었다. 그의 신앙은 하나님이 언약을 통해 그와 관계를 맺으셨다는 사실을 그의 정체성으로 삼는 것이었다. 달리 말해 아브라함은 그의 신앙이 언약의 유익들에 의존하는

---

43   J. Walton, *Genesis*, NIVAC (Grand Rapids: Zondervan, 2001), 513-15, 519-20.

것이 아니라는 점을 증명한 것이다.

두 번째 예는 욥이다.[44] 야웨가 욥의 신앙을 칭찬하셨을 때 욥이 가진 신앙의 동기와 관련하여 야웨께 항의하는 자가 있었다. "욥이 어찌 까닭 없이 하나님을 경외하리이까?"(욥 1:9) 이것은 창세기 22장에서 제기되었던 (명시적으로는 아니지만) 것과 동일한 질문이다. 당시에 욥은 수많은 유익들(건강, 재물, 가정, 존경, 사회적 지위)을 누리고 있었다. 따라서 그가 가진 신앙의 동기가 그가 얻을 수 있는 것들에 대한 기대인지 혹은 하나님을 두려워하는 마음인지 질문해보는 것은 의미 있는 일일 것이다. 이 같은 사고 실험(thought experiment)을 입증하는 유일한 방법은 그가 누리던 모든 유익을 거두는 것이었다.[45] 욥기 전반에 걸쳐 우리는 우리의 신앙이 "유익들"에 초점을 맞추어서는 안 된다는 점을 깨닫는 것이 중요하다는 사실을 배울 수 있다(하지만 우리에게 주어진 어떤 유익들은 우리가 결코 잃어버릴 수 없는 것이기도 하다!). 우리 모두가 스스로에게 던져야 할 질문은 다음과 같은 것이다. "우리는 아무런 대가가 없어도 하나님을 두려워할 것인가?" 우리는 우리에게 주어진 모든 유익이 사라져버려도 여전히 그리스도인으로 살아갈 것인가? 아브라함에게 주어진 시험은 언약을 잃어버리는 것이었고 욥의 시험은 모든 부요를 잃어버리는 것이었다. 오늘날 우리에게는 영생과 구원에 대한 소망이 없어도 계속해서 그리스도인으로 살아갈 것인가라는 질문을 던질 수 있다. 우리는 이스라엘 사람들도 정확히 동일한 도전을 받았었다는 사실을 깨닫게 된다.

---

44   보다 자세한 논의는 다음을 보라. J. Walton and T. Longman, *How to Read Job* (Downers Grove, IL: InterVarsity Press, 2015).

45   J. Walton, *Job*, NIVAC (Grand Rapids: Zondervan, 2012), 24-27; Walton and Longman, *How to Read Job*, 34-36.

우리는 구원 문제와 관련하여 우리가 무엇으로부터(from) 구원을 받았는가보다는 무엇을 위해(to; 하나님의 임재 앞에 다시 나아가 그분과 관계를 맺기 위해) 구원을 받았는가를 훨씬 중요하게 다루어야 한다. 그리스도 안에서 우리에게는 새로운 정체성이 주어졌다. 우리는 이 같은 사실을 강조할 필요가 있는데, 왜냐하면 너무나 많은 그리스도인들이 매일매일 현재 이곳에서 하나님과 교제를 누리며 살아가는 일에 대해 생각하기보다는 단지 우리가 구원받았고, 사죄 받았으며 천국을 향해 나아가고 있다는 사실에만 집중하는 경향이 있기 때문이다. 우리는 하나님께서 우주와 우리를 위해 세우신 계획과 목적에 동참하는 하나님의 파트너 곧 하나님 나라의 백성들이다.

따라서 우리는 믿음에 대해 처음 제기했던 질문으로 돌아갈 필요가 있다. 우리는 하나님이 우리에게 메커니즘을 제공하셨음을 믿는다. 이 부분은 여전히 유효하다. 하지만 우리는 예수의 죽음과 부활이라는 메커니즘이 유익들에 초점을 맞춘 것이라고 생각해서는 안 된다. 물론 유익들은 실제적인 것이고 가치 있는 것들이지만 그것이 핵심은 아니라는 말이다. 우리는 하나님이 우리에게 정체성과 관계를 위한 메커니즘을 제공하셨음을 믿는다. 이것이 기독교의 전부다. 그리스도 안에서 얻은 새로운 정체성, 그리스도를 통하여 하나님 나라에서 하나님의 파트너로 살아가는 것, 그리고 그의 계획과 목적을 수행하는 일에 그와 함께 일하는 것이 기독교의 핵심이다. 따라서 기독교의 표어는 "구원 받아 천국을 향하는 삶"이 아니라 "그리스도 안에서 하나님 나라의 일원으로 살아가는 삶"이 되어야 한다. 다른 모든 관계에서와 마찬가지로 이 같은 정체성에는 책임이 따른다. 우리는 매일매일 우리의 정체성을 우리가 그리스도 안에서 얻은 새로운 신분에 맞추어 다듬어가면서 이를 대적하는 과거의 정체성을 제거하기 위해 노력할 책임이 있다. 물론 우리가 이 같은 노력들을 통해 구원 받는 것은 아니지만 그런 수고는 하나님과의 관계를 유지하는 데 필수적이다.

우리는 이번 장 첫머리에서 구원의 시나리오와 관련하여 "최초의 상태 A", "메커니즘 B", "새로운 상태 C"라는 공식을 사용했었는데, 여기서는 우리가 가진 기독교 신학을 이런 방식으로 정리해보고자 한다.

- 상태 A: 우리는 하나님으로부터 단절된 죄인이었고, 우리 자신을 질서의 근원과 중심으로 삼음으로써 초래된 무질서에 속한 자들이 었다. 우리는 우리 자신에게서 정체성을 찾고자 했고 그 결과 죽음에 처하게 되었다.
- 섭리(메커니즘) B: 그리스도가 우리의 죄를 위해 죽으셨다(그리고 우리의 옛 자아/정체성은 그리스도와 함께 죽었다, 갈 2:20).
- 상태 C: 우리에게는 새로운 정체성이 주어졌고 우리는 하나님 나라의 파트너로서 그와 교제를 누리게 되었다.

이런 이해를 바탕으로 이제 우리는 구약성서 신학과 이스라엘 사람들의 상황을 다시 살펴보고자 한다. 그들도 우리와 마찬가지로 하나님을 믿었으며, 특히 그가 베푸시는 수단들에 대한 믿음을 가지고 있었다. 그들에게 베푸신 수단은 언약(제의와 토라를 포함하는)이었으며, 그 같은 수단은 나름의 고귀한 유익들을 가져다주었다(언약의 유익들: 가족, 땅, 그리고 축복). 하지만 우리에게서와 마찬가지로 그들의 신앙도 아브라함의 예에서 볼 수 있듯이 유익들의 모음에 초점을 맞춘 것이 아니었다. 하나님이 언약을 통해 그들에게 제공하신 것은 새로운 정체성을 가지고 하나님과 관계를 맺음으로써 하나님의 계획과 목적에 동참할 수 있게 해주는 "수단"이었다. 하나님이 그들에게 제공하신 것은 그가 우리에게 제공하신 것과는 달랐으며(그때는 그리스도가 아직 오시지도 않았고 그들을 위해 죽으시지도 않았다), 따라서 그들이 얻은 유익들의 모음도 우리가 얻은 유익들의 모음과 달랐다. 하지만 가장 중요한 한 가지, 곧 그들의 신앙이 지향하는 목표는 우리와 동일했다. 그들도 새로운 정체성을 가지고 하나님과 교제를 누리면서 하나님의 계획과 목적에 파트너로 동참하는 것을 신앙의 목표로 삼았다는 것이다. 우리는 그들이 누린 유익을 얻지 못했고, 그들도 우리가 받은 유익들을 얻지 못했다.

모형론과 제사 제도

앞에서 우리는 이스라엘의 제사 제도를 살펴보았는데 여기서는 그리스도와 희생제사의 관계에 초점을 맞추고자 한다. 구약의 제사 제도는 그리스도의 희생제사를 염두에 두고서 고안된 것인가? 우리는 그리스도의 속죄 사역을 희생제사 제도의 재현(recapitulation)으로 이해해야 하는가? 구약성서의 제사 제도는 그리스도를 위한 모형의 역할을 한 것인가?

앞서 우리는 구약성서의 제사 제도가 고대 근동의 일반적인 사고를 반영한다는 것을 확인할 수 있었다. 그렇다면 그것이 그리스도를 바라보고서 고안된 것이라고 말하기는 쉽지 않을 듯하다. 또한 구약의 제사 가운데 예컨대 서원제나 감사제와 같은 제사들은 그리스도가 행하신 사역의 범위를 넘어선다. 심지어 "키페르"(속죄)를 성취하는 제사 중에 그리스도의 사역과 무관한 것들도 있다. 예를 들어 "아샴"(אשם "속건제")과 같은 제사는 신성한 사물을 세속적인 용도로 사용했을 때 야기

되는 부정을 바로잡기 위한 것이다.[a] 따라서 우리는 제사 제도가 그리
스도를 구약성서와 연결시켜주는 가교의 역할을 한다고 이해하는 것이
보다 건설적일 듯하다.

신구약의 연속성을 보여주는 또 하나의 예로서 복음서들은 그리
스도의 피로 말미암은 새 언약의 출범을 출애굽기 24:8에 기록된 언약
서 낭독식과 연결시킨다. 하지만 구약에서 그 사건은 제사 제도의 한 측
면이라기보다는 일회적인 사건에 불과했다. 신구약의 연속성을 보여주
는 두 번째 예로 요한복음은 예수의 죽음을 유월절 어린양과 연결시키
는 것이 분명해 보이는데, 유월절 어린양도 언약서 낭독식과 마찬가지
로 언약 백성을 확립하는 일에 중요한 역할을 한다. 하지만 유월절도 제
사 제도를 구성하는 요소는 아니었다. 예수의 십자가 처형이 유월절 기
간에 일어났다는 사실과 "세상 죄를 지고 가는 하나님의 어린양"이라는
표현은 이러한 연관성을 가장 분명하게 보여주는 증거들인데(참조. 고전
5:7),[b] 여기서도 관심의 초점은 "대속"(substitution)이라는 사실에 맞춰져
야 한다.

신약성서에서 구약과의 관계를 명시적으로 표현한 세 번째 예는
대속죄일(יוֹם כִּפֻּרִים "욤 키푸림 ")이다(히 9-10장). 하지만 히브리서 저자
는 "욤 키푸림"의 실제 기능(성전에 누적된 부정들을 제거하는 일, 제5장 참조)
에 관심을 가졌던 것이 아니며, 예수를 염소들 중 하나와 동일시하지도

---

a J. Milgrom, *Cult and Conscience* (Leiden: Brill, 1976).

b P. Head, "The Self-Offering and Death of Christ as a Sacrifice in the Gospels and
Acts of the Apostles," in *Sacrifice in the Bible*, ed. R. T. Beckwith and M. J. Selman
(Grand Rapids: Baker, 1995), 119-23.

않는다. 오히려 그는 그리스도를 대제사장에 비유하면서 가장 거룩한 장소에는 피를 통해서만 제한적으로 접근할 수 있었다는 사실에 강조점을 둔다.

히브리서 저자는 이 같은 비교를 통해 그리스도가 새 언약의 중보자라는 결론에 다다르게 되는데(히 9:15, 이는 또한 복음서들이 다루었던 주제다), 그는 히브리서 9:16-22에서 유비를 통해 그리스도의 중보자 역할을 확증한다. 우리가 위에서 열거한 세 가지 주요 연결고리 외에 신약성서의 다른 몇몇 구절들도 희미하게나마 희생제사 제도를 암시하고 있다. 예를 들어 로마서 8:3은 그리스도를 "속죄제물"로 묘사하는 것으로 간주되는데,[c] 다만 여기서는 구약에서 속죄제사의 기능 가운데 어떤 측면이[d] 그리스도가 성취하신 사역과 비교될 수 있는지 밝히지는 않는다.

히브리서 저자는 그리스도와 구약의 제사 제도를 이처럼 직접적으로 비교하기만 한 것이 아니라 이 같은 관계의 본질을 암시하는 다양한 표현들을 제시한다. 그는 "비유"(*parabolē* "파라볼레", 히 9:9), "모형"(*hypodeigma* "휘포데이그마", 히 9:23),[e] "복제(개역개정, 그림자)"(*antitypa* "안

---

c   바울은 여기서 "하마르티아"(*hamartia*)라는 단어를 사용하는데, 이 단어가 그리스어에서는 일반적인 용어지만 LXX에서는 이 단어가 레 4-5장의 속죄제물을 가리키는 것으로 사용된다(참조. 히 10:4, 11-12).

d   N. Kiuchi, *The Purification Offering in the Priestly Literature: Its Meaning and Function* (Sheffield, UK: JSOT Press, 1987).

e   히 8:5에서는 이 단어가 "튀포스"(*typos*) 및 "스키아"(*skian*)와 평행 관계를 이룬다. LXX에서는 오직 겔 42:15에서만 이 단어가 사용되는데, MT에는 이에 대응하는 단어가 없다. 플라톤의 형이상학에 기초한 필론의 알레고리에 관한 연구로는 다음 보론을 참조하라. "The Heavenly Temple and Its Significance," in H. Attridge,

티뒤파", 히 9:24),[f] "그림자"(*skia* "스키아", 히 10:1)와 같은 다양한 표현을 사용한다. 히브리서 저자는 이러한 관계들이 구약의 제사 제도에 내재하는 본질적인 요소였다거나 혹은 구약성서의 메시지에 담겨 있었다고 제안한다기보다는 동시대의 청중들의 시각에서 양자 간의 관계를 이해하는 데 도움이 될 만한 통찰들을 제공한 것이다. 이것은 모형론을 통한 유비이며, 구약성서에 내재한 상황화 신학에 대한 설명이 아니다.[g]

이러한 분석을 근거로 우리는 그리스도의 사역이 구약의 제사 제도에 상응하거나 유비적인 관계를 갖는다고 해석할 수는 있지만, 그리스도가 제사 제도의 완성이라거나 구약의 제사 제도가 그리스도를 염두에 두고 만들어진 것이라고 주장할 근거는 전혀 없다. 따라서 이 사안에 그리스도 중심적 접근법, 특히 그리스도와 제사 제도 간에 또 다른 대응관계를 설정하기 위해 신약의 범위조차 넘어서는 접근법을 적용하는 일은 정당화될 수 없다. 우리는 구약의 희생제사가 그리스도의 희생제사에 적용되고 이를 통해 극복된 하나의 범주라는 점에는 동의할 수 있다. 하지만 그렇다고 해서 구약의 제사 제도가 "단지" 그리스도의 희생제사를 비춰주는 그림자일 뿐이라고 결론 지을 수는 없다.[h] "단지"라는 말을 추가함으로써 우리는 제사 제도가 구약 자체의 맥락에서 가지

Hebrews, Hermeneia (Minneapolis: Fortress, 1989), 222-24.

f   MT "타브니트"(תַּבְנִית, 출 25:40)는 LXX에서 "튀포스"(*typos*)로 번역되었으며 하나님이 시내산에서 모세에게 성막의 건축과 관련하여 보여주신 것을 가리키기 위해 사용되었다.

g   이것은 신약 저자들에게서 흔히 볼 수 있는 구약에 대한 모형론적 해석의 전형이다.

h   R. Beckwith, "The Death of Christ as a Sacrifice in the Teaching of Paul and Hebrews," in *Sacrifice in the Bible*, 135.

는 중요성을 부당하게 폄하하는 우를 범할 수 있다. 그리스도는 율법을 완성하셨지만, 신약성서 저자들은 그리스도가 제사 제도를 어느 한 부분이라도 성취하셨다고 말하지 않는다. 구약성서 희생제사 제도의 유일한, 혹은 우선적인 의미를 그리스도에게서 발견할 수 있는 것은 아니다. 그리스도가 구약성서 제사 제도의 일부 요소에 추가적인 의미를 제공하는 것이 사실이라 해도 말이다. 그리스도의 희생제사는 구약의 제도를 초월하는 것이지만, 구약 제사 제도의 신학적 가치 역시 그 자체로 그리스도 안에서 우리가 발견할 수 있는 추가적인 의미들을 초월한다.

우리는 구약 이스라엘 백성들과 신앙을 공유하고 있으며, 따라서 우리는 구약성서로부터 우리의 신앙을 예리하게 다듬는 데 도움을 주는 다양한 통찰들을 얻을 수 있다. 만일 우리가 우리 안에 내재한 자아중심주의에 굴복하거나 우리 자신의 정체성에 초점을 맞추지 않고 우리가 얻게 될 유익들에 지나치게 몰입하지 않을 수 있다면 말이다. 세상 누구나 신앙을 가지고 있다. 문제는 "무엇을" 믿느냐 하는 것이다. 우리가 유익들에 초점을 맞출 때는 우리 자신의 행복, 더 나아가서는 "우리 자신"이 신앙의 목표가 될 것이다. 그렇게 되면 말로는 우리가 "하나님을 믿는다"라고 하지만 실상은 "하나님이 우리를 행복하게 만들어줄 것을" 믿을 뿐이다. 고대 이스라엘인들도 이처럼 "너무도 인간적인" 경향들과 싸워왔으며 오늘날 우리도 동일한 싸움을 지속하고 있다.

여기서 우리는 다음과 같은 질문을 던질 수 있다. 이스라엘 사람들도 오늘날 우리가 그리스도인으로서 누리는 구원이나 영생과 같은 유익들을 받아 누릴 여지가 있었는가? 결국 이것은 하나님이 하실 일이지 우리가 관여할 문제는 아니며 우리의 주된 관심사도 아니다. 성서는 이에 대해 해답이 될 만한 설명을 거의 제공하지 않는다. 아마도 로마서 3:25이 하나님께서 이 일과 관련하여 뜻하신 계획이 있었음을 암시하는 듯하며, 우리는 에베소서 4:8-10에 제시된 해석에서 그리스도가 구약의 성도들을 위해 예비하신 것이 무엇인지에 대한 암시를 발견할 수도 있을 것이다(참조. 벧전 3:19).[46] 하지만 구약이나 신약 모두 우리가 확신을 가질 만큼 충분히 명쾌한 설명을 제공하지는 않는다. 그럼에도 우리는 신중한 연구를 통해 우리의 신앙에 대해 더 나은 이해를 얻을 수 있으며, 우리가 가진 동일한 신앙(새로운 정체성 및 하나님과의 교제를 위한 메커니즘에 대한 신앙)을 구약 이스라엘의 신실한 성도들도 공유하고 있었다는 사실을 확인할 수 있을 것이다. 이제까지는 우리 신앙의 초점을 어디에 맞추어야 할지에 대해 논의했으니 이제는 신앙의 본질에 대해 잠시 시선을 돌려보자. 이를 통해서도 우리는 신앙 자체와 그 신앙이 가져다주는 유익을 구별하는 일에 도움을 얻을 수 있을 것이다.

천국과 지옥

돌이켜서 이제는 이와 같은 유익들(엄밀히 말해 지옥을 피하는 것이 유익인 것처럼 영생도 여러 유익 가운데 하나다)에 대해 몇 가지 설명을 덧붙일 수 있을 것 같다. 우리는 구약성서에 지옥이라는 개념이나 지옥을 가리키는 용어가 존재하지 않았으며 그들의 세계관에 지옥에 해당하는 장소도 없었고 따라서 지옥에 대해 제시할 만한 교훈도 발견되지 않는다는 사실을 확인했었다. 지옥에 대한 우리의 관념은 주로 다른 교리들, 특히 우리가 죄와 구원에 대해

---

46   이것은 사도신경에서 논란이 되는 지옥강하("그가 죽은 자들의 세계로 내려가시고") 문제의 발원지다.

가지는 신념에 지배되는 경향이 있다. 또한 우리는 신약성서도 지옥에 대해 확정적인 견해를 제시하지 않는다는 사실을 확인했었다.[47] 신약성서의 다양한 구절들을 검토해보면 우리는 영원한 고뇌를 암시하는 구절들과[48] 완전한 멸절을 지지하는 듯한 구절들이[49] 혼재하는 것을 발견하게 된다. 여기서 이에 관한 논의를 심화시킬 수는 없지만 우리는 구약성서 구절들과의 대화를 통해 자신의 신학을 구성하기 위해서는 이와 관련된 구약성서 구절들의 발화수반행위(illocution)를 재검토할 필요가 있음을 확인할 수 있었다. 우리가 살펴본 구절들과 관련된 발화수반행위는 위협, 경고, 제지, 혹은 형이상학적 종말론과 관련된 교훈 등으로 다양했다. 우리는 죄가 그에 따르는 결과를 수반한다는 강력하고 분명한 메시지를 접할 수 있었는데, 가장 의미심장한

---

47 "지옥에 대한 관점"을 다룬 책들이 다양성을 띤다는 것은 이 주제가 복음주의 신학계에서 아직 해결되지 않은 문제임을 보여준다. Preston Sprinkle and Stanley N. Gundry, eds., *Four Views on Hell*, 2nd ed. (Grand Rapids: Zondervan, 2016. 『지옥 논쟁』[새물결플러스 역간]); Steve Gregg, ed., *All You Want to Know About Hell: Three Christian Views of God's Final Solution to the Problem of Sin* (Nashville: Thomas Nelson, 2013); E. W. Fudge and R. A. Peterson, *Two Views of Hell: A Biblical & Theological Dialogue* (Downers Grove, IL: InterVarsity Press, 2000).

48 마 8:12—"바깥 어두운 데", "울며", "이를 갈리라"(나라의 본 자손들이 쫓겨남); 마 13:42-43—"풀무 불", "울며", "이를 갈리라"; 마 22:13—"바깥 어두운 데", "울며", "이를 갈리라"; 마 24:51—"울며", "이를 갈리라"(신실하지 못한 종의 비유); 마 25:31-46—"영원한 형벌"(도움을 베풀지 않은 자들); 유 13—"영원히 예비된 캄캄한 흑암"(경건치 않은 자들); 계 14:9-11—"하나님의 진노의 포도주를 마시리니", "불과 유황으로 고난을 받으리니", "고난의 연기가 세세토록 올라가리로다"(짐승에게 경배하는 자들). 이 구절들 중 어디서도 그리스도를 영접하지 않는 자들이 영원한 형벌을 당할 것이라고 명시적으로 지적하지는 않는다.

49 마 7:13—"멸망"(이리로 가는 자가 많을 것이다); 마 10:28—"오직 몸과 영혼을 능히 지옥에 멸하실 수 있는 이[하나님]를 두려워하라"; 롬 9:22—"멸하기로 준비된 진노의 그릇"; 빌 3:19—"그들의 마침은 멸망이요"(십자가의 원수들); 살후 1:9—"영원한 멸망의 형벌을 받으리로다", "주의 얼굴과 그의 힘의 영광을 떠나"(하나님을 모르는 자들과 우리 주 예수의 복음에 복종하지 않는 자들—형벌은 영원하지 않으며, 멸망은 돌이킬 수 없는 것이다).

결과는 하나님과의 공동 정체성을 상실하는 것이었다. 그것 자체가 죽음이고 파멸을 의미한다. 그 구체적인 모습이 어떠한 것인지는 상관없이 말이다. 하지만 지옥을 묘사하는 대부분의 기술어들은 오감으로 느낄 수 있는 폭력이나 결핍과 관련된 것들이며 이는 고대 근동 문화의 강에 깊이 뿌리 내린 묘사들이기도 하다.

이제 구원과 종말에 관해 우리가 긍정할 수 있는 측면들로 관심을 돌릴 것인데, 여기서도 우리는 동일한 경로를 따라야 한다. 중요한 이슈는 우리가 처하게 될 운명이 아니라 우리가 가지게 될 정체성이다. 최근에 "새 하늘과 새 땅"이라는 중요한 주제에 관심을 기울이는 학자들이 늘고 있는데 이는 우리가 오랫동안 고대해왔던 일이다.[50] 이에 관한 연구는 불가피하게 구약성서(사 65장)와 신약성서(계 21장) 간의 연결고리에 초점을 맞추어 진행되어야만 한다. 두 텍스트가 새 창조에 대해 각자 고유한 방식으로 접근하는 것은 사실이지만, 그럼에도 둘은 긴밀하게 연결되어 있으며 따라서 함께 다루어져야 한다. 둘을 하나로 묶어주는 핵심적인 요소는 두 구절 모두 내세에서 개인의 운명에 집중하기보다는 하나님의 계획과 목적이 질서 지워진 우주를 통해 완성된다는 사실에 관심을 갖는다는 점이다. 이 같은 관점은 우리 자신의 신학을 구성하면서 어디에 강조점을 두어야 할지를 결정하는 데 도움을 준다.

---

50 이 주제와 관련하여 설득력 있는 제안을 쉽게 풀이한 다음 책을 참조하라. J. Richard Middleton, *A New Heaven and a New Earth: Reclaiming Biblical Eschatology* (Grand Rapids: Baker, 2014).

OLD TESTAMENT THEOLOGY FOR CHRISTIANS
FROM ANCIENT CONTEXT TO ENDURING BELIEF

제8장

결론

오늘날 구약성서 신학의 주제들과 관심사들

최근 들어 구약성서에 대한 반응은 열띤 논쟁과 완전한 무시 사이를 오가는 듯하다. 하나님의 행동이나 지시사항이 상식을 초월하는 기이한 것이거나 도덕적으로 비난받을 소지가 있는 경우에 논쟁이 발생하며, 구약성서의 메시지가 우리와 무관해 보이거나 혹은 도저히 이해할 수 없는 것이어서 절망과 좌절 가운데 자포자기하고 싶은 마음이 들 때는 아예 무시해버린다. 하지만 이처럼 독설과 경멸의 목소리가 난무하는 가운데도 사람들은 성서의 특정 구절들을 근거로 도덕적 기준들을 제시하는 일을 멈추지 않는다. 그들은 사회에 드러난 다양한 이슈들에 대해 "성서적 관점"을 제시함으로써 문제를 해결해보고자 하는 것이다. 하지만 결과적으로 그리스도인이나 회의론자 모두 기본적으로 구약성서를 오용하고 있다. 사람들이 구약성서를 잘못 해석하고 오해함으로써 구약의 진정한 메시지는 길바닥에 버려져 짓밟히고 있는 것이 현실이다. 이 마지막 장에서 우리는 지금까지 서로 막연하게만 연결지어졌던 주제들을 하나로 통합함으로써 오늘날의 교회를 위한 구약성서 신학을 제시해보고자 한다.

하나님이 직접 행하시거나 이스라엘 백성들에게 요구하신 일들 가운데 현대인이 문제 삼을 만한 것들(하나님의 평판에 손상을 입힐 만한 것들)

최근 들어 부쩍 늘어난 신(新)무신론자들의 단호한 공격과 블로그 세상의 적대적인 수사들은 구약성서가 보여주는 하나님의 성품에 대한 점증하는 비난에서 주도적인 역할을 해왔다. 그리하여 그리스도인들은 그들이 예배하는 하나님의 도덕성이 예전과는 달리 공개적으로 의심받는 상황에 직면하게 되었다. 이에 대한 반응으로 부적절한 변증을 시도하는 그리스도인들이 있는가 하면 자신들의 신앙 자체에 의심을 가지는 경우도 있었으며, 심지어 신앙을 포기하는 자들도 있었다. 구약성서에 대한 우리의 오해와 적절하게 다듬어지지 않은 해석학적 방법론들로 말미암아 우리는 비판에 대해 대단히 취약해져 있으며, 우리는 무방비상태로 적들의 공격에 비틀거릴 수밖에 없는 상황에 처해 있다.[1] 이처럼 구약성서가 답을 제공하지 못하고 하나님과 신앙마저 포기하게 되는 현실을 인정하고서 우리는 구약성서에 대한 올바른 이해를 강화시켜 나가야 한다.

우리에게 익숙한 가장 일반적인 비난들은 다음과 같다.

- 자신의 백성들에게 한 민족을 말살하라고 명령하는 하나님은 도대체 어떤 신인가?(신명기, 여호수아)
- 누군가에게 그의 아들을 제물로 바치라고 요구하는 하나님은 도대체 어떤 신인가?(창 22장)
- 이집트의 무고한 장자들을 몰살하는 하나님은 도대체 어떤 신

---

1   Glenn Paauw, *Saving the Bible from Ourselves* (Downers Grove, IL: InterVarsity Press, 2016).

인가?(출 11-12장)

- 예언자의 과도한 저주에 부응하여 어린아이들에게(아무리 그들이 예언자를 조롱했다 해도) 곰들을 보내어 찢어죽이게 하는 하나님은 도대체 어떤 신인가?(왕하 2장)
- 부모에게 반항하는 아들을 처형하라고 지시하는 하나님은 도대체 어떤 신인가?(신 21:18-21)
- 단지 두 사람이 과일 조각을 먹었다는 이유로 인류 전체에게 영원한 형벌이라는 판결을 내리는 하나님은 도대체 어떤 신인가?
- 사람들을 각자의 상황에 따라 판결하지 않고 수많은 무고한 사람을 한꺼번에 홍수로 쓸어버리는 하나님은 도대체 어떤 신인가?(창 6-8장)

이러한 예는 얼마든지 더 있다. 그래서 사람들은 단호하게 말한다. 그런 하나님은 경배할 가치가 없다고 말이다.

이 같은 비난은 기독교 신앙의 핵심을 강타하는 것인데, 왜냐하면 우리는 성서가 하나님 자신의 계시라고 주장하기 때문이다. 만일 구약성서의 하나님이 오늘날 선량한 사람들보다 못한 도덕 관념을 가지고 있다면 우리가 그에게 헌신해야 할 이유가 무엇이란 말인가? 아니면 구약성서는 단지 하나님에 대해 이스라엘 사람들이 고안해낸 초상에 불과하기 때문에 우리는 그것을 개정이 필요한 원시적인 문서로 치부해야 하는 것인가? 여기서 위에 언급된 모든 구절들을 살펴볼 수는 없지만 위의 예들을 통해 우리가 어떤 대응 전략을 세워야 할지에 대한 통찰을 얻을 수 있다.

가장 중요한 대응 자세 중 하나는 각각의 공격이 취하는 논증의 형태를 분석하는 것이다. 우리는 하나님이 무엇을 하실 것이라고 **기대하는가?** 어떤 하나님이 경배 받기에 합당한 **분이실까?** 하지만 이 책의 주제와 관련해서 더욱 중요한 것은 각각의 구절들에 대해 정통하면서도 신중한 해석을 제공하기 위해 최선을 다하는 일이다. 구약성서는 다른 문화에 속한 독자들을 대상으로 기록된 고대의 텍스트**이기** 때문에 우리가 고대의 언어와 문화를 종횡무진하다 보면 실제로 무슨 이야기가 오가는지에 대해 잘못 이해할 여지가 다분하다. 우리는 심지어 우리 주변 사람들의 행동이나 동기에 대해서도 잘못된 판단을 내리기가 쉬운데 하물며 고대의 텍스트를 해석할 때는 검증되지 않은 부당한 결론으로 비약하는 경향을 보인다 해도 놀랄 일은 아닐 것이다.

이 같은 오해를 보여주는 가장 좋은 예는 아마 가나안 정복 사건에 대해 사람들이 흔히 보이는 사고방식일 것이다. 하지만 텍스트를 면밀하게 살펴보면 우리는 그 땅의 백성들이 처벌받은 것이 아니며 이스라엘 백성들이 민족을 말살하라는 명령을 받은 것도 아니라는 사실을 발견할 수 있다.[2] 번역에 좀 더 신중을 기하고 고대 세계와 문학을 좀 더 심도 있게 이해하게 되면 우리는 이 텍스트를 아주 다른 시각에서 바라보게 된다.

또 다른 전략은 문학작품으로서의 구약성서를 고대 세계와의 연관성 속에서 이해함으로써 보다 나은 이해에 도달하는 것이다. 위에 열거한 목록 중에 상당수가 고대 세계의 법률, 내러티브 혹은 정복 기사(conquest account)라는 장르의 맥락에서 해석할 때는 전혀 다르게 이해될 수 있다. 물론 그렇다 해도 위의 구절들은 여전히 난해하다.

문제는 그리스도인들이 이와 같은 공격들에 직면했을 때 소위 변증학

---

2   자세한 논의는 다음을 보라. John H. Walton and J. Harvey Walton, *The Lost World of the Israelite Conquest* (Downers Grove, IL: InterVarsity Press, 2017).

을 통해 발전시킨 설명방식들을 동원해서 방어적으로 반응을 한다는 점이다. 하지만 회의론자들은 본성적으로 텍스트의 세세한 뉘앙스를 이해하는 데 공을 들이고 싶어 하지 않는다. 이런 관점에서(회의론자들을 상대로 논증을 펼치는 식으로) 텍스트에 접근할 때 우리는 너무도 자주 마치 구약성서가 증명될 수 있으며 하나님의 정당성이 입증될 수 있기라도 한것처럼(신정론) 착각하는 상황에 처하게 된다. 이것은 쓸모없는 노력일 뿐이며 그런 일은 결코 일어나지 않는다. 구약성서는 신앙의 대상이지 증명의 대상이 아니다. 우리는 하나님의 정당성을 증명하려 할 것이 아니라 그를 신뢰해야 한다. 그는 우리의 신원을 필요로 하지 않으며 현대인의 감성에 스스로를 끼워맞추실 이유도 없다.

구약성서는 스스로가 사실을 말하고 있음을 입증하는 데 관심이 없으며 하나님의 행동을 정당화하려고 시도하지도 않는다. 그저 하나님의 계획과 목적을 계시함으로써 진리를 밝히고 궁극적으로는 우리에게 하나님을 알려주고 우리가 그와 연합할 수 있도록 도와줄 뿐이다. 하나님을 폭력적이고 비도덕적인 존재로 묘사하는 것도 텍스트를 오독하는 일이지만, 하나님을 너그럽고 도덕적인 존재로만 묘사하는 것 역시 텍스트에 대한 왜곡이다. 그는 이와 같은 분류를 초월해 계시는 분이시다. 우리는 도덕성이라는 기준에 하나님을 끼워맞출 수 없다.

하나님께서 변화를 일으키기보다는 잠정적으로 허용하시는 것처럼 보이는 이슈들

두 번째 논의는 구약성서의 하나님이 무엇을 **하시는가**에 관한 것이 아니라 무엇을 **하시지 않는가**에 관한 것이다. 하나님은 어째서 노예제도를 철폐하지 않으시는가? 하나님은 어째서 양성평등을 확립하시지 않고 족장체제를 강화하시는가? 이러한 보편적인 관심사를 다루기에 앞서 우리는 먼저 "율법"이 무엇**인지** 이해해야 한다.[3] 토라는 오늘날 우리가 생각하는 것과 같은 법률체계가 아니다. 고대 근동의 법령문집은 사법권 집행자들(이 경우는 판관들)이 지혜로운 결정을 내릴 수 있도록 도와주기 위해 고안된 "지혜 모음"이었다. 이 같은 접근법은 단어 모음, 점괘 모음, 질병 모음과 같은 목록 문학(list literature)에서 사용하는 양식을 따른 것이다.[4] 이런 유형의 문학작품은 순종을 교육의 목표로 삼는 것이 아니라 이해(다시 말해 지혜)를 추구하는 것이었다. 이처럼 고유한 문화적 맥락을 가진 사회에서 질서는 어떤 모습을 하고 있을 것인가? 목록에 등장하는 예들은 종합적인 체계를 제공하기 위한 것이 아니라 단지 가상적으로만 규율을 한정해주는 역할을 감당했다.

이러한 접근법을 토라에 적용해보면 우리는 그것이 사법적 결정이나 도덕성을 강제하는 것이 아니라 질서를 다룬다는 사실을 발견할 수 있다. 이스라엘 민족이나 다른 어느 누구에게 이상적인 사회의 모습을 강요하는 것은 결코 토라가 의도하는 바가 아니었다. 우리는 토라에 포함된 목록들을 이용하여 법률에 대한 개념적 정의를 추론해낼 수 없다. 물론 토라에서 다양한 원리들을 식별해낼 수 있는 것은 사실이지만, 사실 그것이 텍스트의 주안점은 아니다. 나는 법령문집(legal treatises)의 본질을 다른 곳에서 자세히 다루었으며 그것을 본서 제5장에서 요약하여 제시했었다. 고대 근동의 법령문집은 단순히 법률 조항들에 대한 기록을 보전하기 위해 문서화된 것이 아니었다. 비근한 예로 우리는 역사 내러티브들을 "누가 무엇을 했는가"에 대

---

3   Ibid.

4   Jean Bottéro, *Mesopotamia,* trans. Zainab Bahrani and Marc Van de Mieroop (Chicago: University of Chicago Press, 1992), 161-69; Marc Van De Mieroop, *Philosophy Before the Greeks* (Princeton, NJ: Princeton University Press, 2015), 175; John H. Walton, *Ancient Near Eastern Thought in the Old Testament* (Grand Rapids: Baker, 2006), 287-88.

한 단순한 기록으로 해석하면 안 된다. 물론 누가 무엇을 했는가를 기록하는 것이 내러티브 장르의 목적이긴 하지만 말이다. 역사서들이 단순히 후손들에게 정확한 기록들을 담은 서고를 제공하기 위해 보존되는 것이 아닌 것처럼, 오경에 포함된 법률적 지혜 문항들도 단지 후손들이 이스라엘 사회의 통치 원리를 재현할 수 있도록 만들어주기 위해 보존된 것은 아니었다. 오경의 법령문집을 담은 전체 문맥이 이스라엘 사회의 기본적인 형태를 만들어가는 것은 틀림없는 사실이다. 하지만 그것은 시공간을 초월하여 어느 시대 어느 장소에나 "하나님의 이상 사회"를 복제해내기 위한 형판(template)으로서 주어진 것은 아니다.[5]

성서는 우리에게 하나님과 그의 계획을 계시해주기 때문에 성서로서의 가치를 지니는 것이다. 오경의 법령문집에서 이러한 계시는 특정한 행동에 대한 요구나 금지조항에서 발견되는 것이 아니며, 이상적인 사회의 모습이 어떠해야 하는지를 강요하는 것도 아니다. 그렇다면 토라는 원칙상 노예제를 허용하는 것이 아니다. 이스라엘 사회는 노예제도를 유지했으며(근대 역사의 노예제도와는 상당히 다른 형태로), 토라는 노예제도를 포함한 사회에서 질서를 어떻게 유지할 것인가에 대한 지침을 제공해주기도 한다. 토라는 노예의 고유한 기능이 안정적인 사회질서의 상징이 되는 사회 내에서 노예제도가 어떻게 운영되어야 하는지를 보여준다.

마찬가지로 토라는 민주정치와 군주정치, 시장경제와 농경사회, 중매결혼과 연애결혼, 일부다처제와 일부일처제, 남성우월주의와 양성평등 중에서 어느 한쪽에 대한 호감을 표현하지 않는다. 또한 토라는 이상 사회의 윤곽이나 모범답안을 제공하지 않으며, 그것이 언약조항에 포함되어 있다

---

5   Walton and Walton, *Lost World of the Israelite Conquest,* proposition 4.

고 해서 모두가 이스라엘과 같은 사회를 만들어야 한다거나 그들 사회의 근간을 토라로 삼아야 한다고 강요하지도 않는다(제4장의 논의를 참조하라). 우리는 지금까지 성서에 적용되지도 않는 기준을 가지고서 성서를 비판하거나 혹은 성서가 전혀 의도하지도 않은 목표를 근거로 성서를 비판하는 잘못을 저질러왔다. 토라의 목표는 도덕 체계나 사회제도를 제공하는 것이 아니다. 법률을 제정하는 것이 아니라 지혜를 제공하는 것이 토라의 궁극적인 목적이며, 그러한 목적은 이스라엘에게 하나님이 그들에게 부여하신 거룩한 신분과 정체성을 어떻게 반영하며 살아갈지를 가르쳐줌으로써 성취될 수 있었다.

토라가 의도하는 것과 의도하지 않는 것이 무엇인지를 확정했다 하더라도 우리는 여전히 "하나님께서는 어째서 이와 다르게 행동하시지 않은 것일까"라는 질문을 던질 수 있다. 예를 들자면, 하나님은 어째서 노예제를 철폐하시지 않은 걸까? 물론 우리는 하나님의 의도를 파악하기 위해 그분의 마음속을 들여다볼 수는 없다. 게다가 우리는 그분의 의도가 어떤 것이든지 그것을 판단할 위치에 있지 않다. 우리는 그분의 지혜를 신뢰할 뿐이다. 하나님은 사람을 그의 형상대로 만드신 후에 우주에 질서를 부여하는 일에 그분과 동역하게 하셨다. 하나님은 육체적 질병들에 대한 치료법을 우리에게 계시해주지 않을 뿐 아니라(그는 우리에게 항생제 제조법을 알려주시지 않았다), 사회적인 질병들(노예제 같은)에 대한 치료법도 주시지 않는다. 그는 우리가 해법을 발견하기를 기대하신다.

현대인들이 성서에서 답변을 듣고 싶어 하는 이슈들(예컨대 성서와 과학의 관계, 양성평등, 도덕적 질문들): 구약성서를 중심으로 진행 중인 현대의 논쟁들을 어떻게 다루어야 할 것인가?

위에서는 하나님이 하시는 일과 하시지 않는 일들에 관한 우리의 잘못된 관념들을 다루었는데, 여기서는 구약성서를 증거 텍스트로 사용하는 방식, 특히 오늘날 논쟁의 중심에 선 어떤 사안이 "성서적"이라고 지지하거나 "비성서적"이라고 정죄하기 위해 특정 구절들을 소환하는 문제를 생각해보자. 구약성서를 이런 방식으로 사용하는 문제를 고려하기에 앞서 먼저 우리 자신에게 한 가지 중요한 질문을 던져야만 한다. 구약성서는 현대의 이슈들을 예견하고 있으며, 그에 대한 해답을 제공하는가? 우리가 앞서 제시했던 비유 가운데 "문화의 강"(cultural river)이라는 개념으로 되돌아가 보면 우리는 구약성서가 오늘날 우리가 마주하는 다양한 이슈들을 예견하지 않았다고 결론 지을 수 있다. 만일 우리가 그렇다고 말하게 되면 우리는 또한 성서가 모든 시대 모든 문화의 특정 이슈들 전체에 적용될 수 있다고 주장하는 셈이다. 나는 이렇게 주장하는 사람이 과연 존재하는지 알지 못하며, 또 그런 주장을 어떻게 방어할 수 있을지 상상하기 어렵다.

우리가 현대의 이슈들에 구약성서를 적용할 때 취할 수 있는 몇 가지 가능한 방식들이 있다.

1. 어떤 사람들은 구약성서 전체가 고대 이스라엘 사람들에게 유효했던 것처럼 오늘날에도 유효하다고 생각한다. 이들은 "성서를" 모델로 삼아 우리 사회를 건설하고 싶어 하며 성서의 증거 텍스트들에서 현대 이슈들에 대한 답을 찾고자 한다. 이런 시나리오에서는 성서가 담고 있는 어떤 내용도 문화적 상대성이라는 장벽에 가로막혀 오늘날

우리에게 무효한 것이 되지 않는다. 구약성서의 모든 것이 보편적이고 유효하다. 이 같은 접근법이 안고 있는 문제는 그것이 안고 있는 비현실성이 너무나 명백하다는 점이다.

2. 어떤 사람들은 구약성서가 하나님의 말씀이라고 생각하지 않기 때문에 거기에는 오늘날 우리에게 유효한 내용이 전혀 담겨 있지 않다는 극단적인 결론을 내린다. 성서는 단지 고대의 문서일 뿐이며 어떤 식으로도 규범이 될 수 없는 문화적 창작물일 뿐이다.

3. 그리스도인 중 대다수를 차지하는 세 번째 부류의 사람들은 구약성서의 일부는(마찬가지로 신약성서의 일부도) 문화적인 것으로서 상대성을 가지며 일부는 그렇지 않다고 결론 짓는다. 이러한 접근법이 가지고 있는 숙제는 이 둘을 구분할 수 있는 일관적인 기준을 어떻게 만들어낼 것인가 하는 점이다. 만일 우리가 구약성서에서 우리 자신의 기준에 적절해 보이는 것들만을 고수하기로 선택한다면 우리는 텍스트가 가지고 있는 변화의 능력을 제거해버림으로써 그것이 우리의 삶을 더 나은 것으로 고양시키지 못하게 만드는 것이다. 여기서 어떤 이들은 신약성서를 지침으로 사용한다. 구약성서의 어떤 요소가 신약성서에서 되풀이된다면 그것은 유효한 것이며, 신약성서에서 폐기되지 않았다면 적실성을 유지한다는 것이다. 하지만 두 경우 모두 난관에 봉착하는데, 신약성서는 명시적으로 구약성서를 감별하는 역할을 수행하지 않는다. 신약성서가 구약성서의 내용을 거론하는 방식은 우발적일 뿐이며 아무런 결정력을 가지고 있지 않다. 신약성서가 구약성서를 재단하는 기준이 아니라는 말이다.

4. 두 번째 그룹과 선명한 대조를 이루는 네 번째 그룹은 성서의 탁월한 가치를 인정하면서도 해석학적 일관성을 유지하기 위해 텍스트의 모

든 요소는 문화 상대주의적이라고 결론 짓는다. 이 관점에 따르면 구약성서는 현대를 살아가는 우리에게 어떤 규범적인 제안도 제시하지 않는다. 이 관점의 문제는 구약이 하나님의 말씀으로서(두 번째 그룹과 달리) 가지는 중요성이 어떻게 유지될 수 있는가 하는 점이다. 만일 구약성서에 기록된 말씀이 우리를 향해 주어진 것이 아니라면, 그 말씀이 우리에게 무슨 의미를 가진다는 것인가?

나는 마지막 관점을 지지하면서도, 성서가 현대 그리스도인 청중들에게 여전히 유효한 말씀이라는 점을 보여주고자 한다. 제5장에서 상술한 것처럼 토라는 모든 시대 모든 문화를 대상으로 주어진 규정이 아니다. 그것은 다만 이스라엘과 야웨 간의 언약을 위해 주어진 규정으로서 언약백성인 이스라엘이 신성한 공간에서 생존하고 번창하도록 돕기 위해 주어진 것이었다. 따라서 토라는 이스라엘의 언약 관계와 성전에서의 하나님의 임재에만 적용되는 상대적인 규정들이다. 그 같은 규정들 중에 우리를 대상으로 주어진 것은 하나도 없으며, 따라서 현대의 이슈들에 대한 각자의 입장을 지지하는 증거 텍스트로 사용될 수 없다. 다시 말해 토라는 우리에게 "성서적" 관점을 제시하는 것이 아니라 "언약 백성 이스라엘의" 관점을 제시한다는 것이다. 그렇다고 해서 그 말씀들이 우리에게 아무런 의미도 갖지 않는다는 것은 아니며, 다만 그 같은 진술들이 문화의 옷을 입고 있기 때문에 현대 문화에 관련된 사안들을 결정하는 증거 텍스트가 될 수 없다는 의미다. 구약성서는 아마사(linen)와 양털을 한데 섞어 직조하는 것이 옳은지 결정할 수 없는 것만큼이나 동성애에 대해서도 최종 판결을 내릴 수 없다. 토라는 월경 중인 여인과 성관계를 갖는 문제에 대해 권위 있는 가르침을 줄 수 없는 것만큼이나 낙태에 대해서도 우리가 본으로 삼을 만한 입장을 제시하지 않는다.

구약 율법의 기능은 현대 사법 제도하에서 법률이 가지는 기능과는 다르다. 율법은 라합과 정탐군 내러티브에서처럼 사람의 생명을 보전하기 위해 거짓말하는 것이 현대에 윤리적으로 허용될 수 있는지 없는지 결정해주지 않는다. 이 모든 것들은 문화 상대주의적이며 우리는 다른 방식으로 해답을 찾아야 한다.

그렇다면 우리는 오늘날의 민감한 이슈들에 대한 "성서적" 입장이 어떤 것인지 우리가 결정할 수 있는가? 그럴 수 없다. 하지만 그렇다고 해서 구약성서가 오늘날 우리의 삶과 무관하다는 것은 아니다. 구약성서는 세상을 향한 하나님의 계획과 목적에 대해 우리에게 교훈을 줄 수 있다. 그것은 하나님께서 이 세상에서 자신의 사역을 수행하시기 위해 사용하시는 수단들을 우리에게 보여준다. 옛 언약의 계획에 속한 구체적인 요소들이 오늘날 새 언약의 배경하에서도 동일하게 작용하는 것은 아니지만, 우리는 옛 언약과 친밀해짐으로써 오늘날 새 언약의 계획과 목적을 이해하고 그에 동참하는 일에 많은 도움을 얻을 수 있으며, 그 과정에서 하나님이 어떤 분이신지 새롭게 알아갈 수 있다. 우리가 하나님의 파트너 역할을 제대로 감당하기 위해 노력할 때 성령께서는 우리를 변화시키셔서 우리가 보다 효과적으로 하나님의 일에 동참하게 해주실 뿐 아니라 하나님의 대변자로서 세상 가운데 그분의 이름을 드높이는 자들이 되도록 만들어주신다.

그렇다면 주어진 오늘날의 이슈에 대한 질문은 사실상 성령의 사역으로 변화 받아 하나님의 계획과 목적에 동참하는 사람이라면 그 같은 이슈에 어떻게 반응할 것인가 하는 문제와 밀접하게 관련된다. 여기에는 정당의 선택, 이민정책에 대한 반응, 동성결혼 문제, 낙태에 사회의료보장제도를 적용하는 문제, 줄기세포 연구, 환경보호, 기후변화 등 모든 이슈가 포함된다. 그리스도인들은 각자 자신의 입장을 선택할 수 있다. 하지만 우리는 이 같은 이슈들에 대한 기독교적 "관점들"(perspectives)이 존재할 뿐이지, 다양한 "입장들"(positions)이 기독교적인 것은 아니라는 사실을 발견할 수 있을 것이다. 더 나아가 우리는 구약성서의 율법에 표현된 문화의 논리를 이해함으로써 특정 사안들에 대한 기독교적 "관점들"들을 추론할 수는 있지만, 이를 바탕으로 고정 불변의 확고한 기독교적 "입장들"을 제시하려고 해서는 안 된다.

한마디로 성서는 오늘날의 이슈들에 대한 해답 모음집은 아니지만, 우리는 성서의 계시를 통해 그 같은 이슈들에 대해 하나님의 신실한 백성으로서 어떻게 반응해야 할지에 대한 지침을 얻을 수 있다. 우리는 세상을 살아가는 가장 쉬운 방법을 찾기보다는 세상 가운데서 하나님을 제대로 드러내기를 원한다. 또한 성서는 윤리체계를 제공하는 책은 아니지만, 성서의 계시는 우리가 하나님에게서 부여받은 정체성을 반영하면서 도덕적으로 책임 있게 살아가도록 우리를 인도해줄 수 있다. 오늘날의 논쟁에서 해답을 구하기 위해 신학이나 성서 구절들에 호소할 때 우리는 일관성 있는 해석학적 관점을 견지하면서 성서가 올바른 역할을 할 수 있도록 중심을 잡아주어야 한다. 성서가 포괄적인 도덕 체계를 제공하기 위한 규칙들의 모음이 아니라면, 우리는 성서에 그런 기능을 부과하려 해서는 안 된다. 성서가 과학 교과서가 아니라면, 우리는 과학을 규정하거나 평가하기 위해 성서를 이용하는 일을 멈추어야 한다.

구약성서는 원시적이고 시대에 뒤진 것인가? 하나님은 변하시는가?

구약성서는 고대의 문서지만 원시적인 것은 아니다. 사실 그것은 고대의 것임에도 불구하고 놀라울 정도로 정교한 문서다. 구약성서는 시대에 뒤떨어진 것도 아닌데 왜냐하면 하나님의 계획과 목적에 변화가 없기 때문이다. 하나님의 계획과 목적은 시대에 따라 변하는 것이 아니라 아직 완전히 드러나지 않았을 뿐이다. 특히 율법에 대해 한마디 덧붙이자면, 그것은 시대에 뒤진 것이라기보다는 특수한 정황에 초점을 맞추고 있을 뿐이다. 율법은 이스라엘을 위한 것이지만 그럼에도 하나님의 계시이기 때문에 오늘날 우리에게도 여전히 의미가 있다. 그렇다고 그것이 오늘날 우리를 위한 사회제도나 언약조항이 될 수 있는 것은 아니지만 말이다. 하나님은 변하지 않으신다. 그는 시간을 두고서 새로운 것을 배우시는 분이 아니다. 그는 어떤 사안에 우발적으로 대응하시지도 않고, 실험을 진행하시지도 않는다. 그의 이야기에는 시행착오가 없으며, 그의 목적은 시간이 흘러도 변하지 않고 고정되어 있다. 그는 발전이나 성숙을 필요로 하지 않으시며 분별력을 더 갖추실 이유도 없다. 하나님에 대해 흔히 가지는 이런 생각들은 하나님을 우리 자신의 이미지에 맞추려 하는 경향을 반영하기도 하고, 때로는 하나님에 대해 적용된 인간 감정의 표현들을 지나치게 문자적으로 해석함으로써 생겨나기도 한다.

구약성서는 이스라엘 문화에 너무 깊숙이 뿌리내고 있기 때문에 오늘날 우리와는 무관한 것인가?

우리가 이 책에서 지속적으로 보여주고자 했던 것처럼 구약성서는 그 시대의 문화에 뿌리를 내리고 있으면서도 그 같은 문화적 지형을 초월하는 메시지를 담고 있다. 우리는 성서와 일정 간격을 유지하면서 그것을 단지 고문학적이고 학구적인 관심의 대상으로만 취급하려 해서는 안 된다. 하지만 그와 동일하게 우리는 성서의 지속적인 관련성을 밝히는 일에 천진난만하고 부주의한 태도로 접근하려 해서도 안 된다. 성서의 메시지는 건전한 해석의 원칙들을 일관성 있게 적용할 때만 올바로 이해될 수 있으며, 그 원칙들은 텍스트의 신적 권위에 대한 전적인 헌신에 기초한 것이어야만 한다. 우리가 늘 직면하는 도전은 구약성서에서 오늘날의 우리와도 관련성을 갖는 유효한 말씀들을 **어떻게** 식별할 것인가 하는 문제였다. 다시 말해 최초 이스라엘의 청중들에게 유효했고 그들에게 이해되었을 뿐 아니라 현대를 살아가는 하나님의 백성들에게도 이해될 수 있고 포용될 수 있는 "초월적인 메시지"는 무엇인가 하는 질문이다. 본서에서는 이와 관련하여 몇 가지를 제안했었다.

우리의 신학

구약성서의 권위를 저자의 의도에 대한 깊은 이해 속에서 발견하고자 하는 본서의 접근법은 교회 역사의 다양한 신학적 저술들에서 발견할 수 있는 입장과 대조되는 결론으로 이어지기 마련인데, 어떤 사람들에게는 이것이 다음과 같은 우려를 불러올 수도 있다. 이러한 접근법이 교회의 교리를 위험에 빠뜨리는 것은 아닌가?

먼저 우리는 신학자들이 수세기 동안 수행해온 과제의 본질을 이해할 필요가 있다. 신학자들은 때때로 원저자가 자신의 맥락 속에서 의도했던 바를 파악하는 데서 멈추려 하지 않았다. 다시 말해 그들의 작업은 엄밀히 말해 분석적인 것이 아니었다는 뜻이다. 그들은 교회의 신학을 구축하기 위해, 다시 말해 그리스도인들은 무엇을 믿어왔으며 무엇을 믿어야 하는지를 밝히고자 성서에 접근했다는 것이다. 모든 신학은 언제나 표면상으로는 성서 텍스트에 기반하고 있는 것처럼 보이지만, 본질적으로 성서가 신학으로서 구성된 것이 아니기 때문에(신학적 사상들의 자료가 될 수는 있겠지만) 성서는 신학에 대해 단지 출발점을 제공할 뿐이다. 신학을 구축하는 일에는 추론이 필요하며, 성서로부터 자라난 신앙에 체계적인 형태를 부여하기 위해 우선적으로 전통과 경험을 도입하게 된다. 따라서 신학자들은 결국 주석 작업을 통해 텍스트의 문맥 속에서 저자의 의도가 무엇인지를 밝히는 일보다는 오늘날을 위한 참된 신앙이 무엇인지를 정의하는 일에 관심을 가질 수밖에 없다. 그들은 때때로 인간 저자들이 문화적, 문학적 맥락 속에서 전달하고자 의도했던 내용보다는 텍스트를 자료 삼아 교리에 형태를 부여하는 일에 더 큰 관심을 갖는다. 물론 이 두 가지 작업이 서로 연관된다고 생각할 수는 있지만, 여기에는 상황을 더욱 복잡하게 만드는 문제가 있으며, 그것이 우리를 다음 주제로 인도한다.

둘째, 신학자들은 우리의 신학이 어떠해야 하는지에 관심을 가지기 때문에 정경 전체를 염두에 둘 수밖에 없다. 그들은 현재 우리가 서 있는 자리에서, 다시 말해 신구약 정경 전체의 자료들은 물론 각 시대가 제공한 통찰들까지 고려하여 주어진 텍스트에 접근한다. 역사신학이라는 분과는 지나간 시대의 그리스도인들이 가졌던 신앙의 내용과 신학적 발전상을 기술한다. 구성신학은 우리가 가진 신앙이 구체적인 도전들(이해력, 일관성, 인종 간의 관계, 성적 특질 등)에 관하여 다른 담론들과 대화할 수 있는 장을 마련해 준다.

셋째, 신학을 구축하는 작업에 모든 자료를 동원하기 위해서는 결국 자연스럽게 그리스도와 구약성서 간의 상호관계에 관심을 가질 수밖에 없다. 결과적으로 그리스도가 도래하기 전에는 드러나지 않았던 구약성서의 특정 측면들이 조명을 받기도 하고 또 다른 측면들은 성령의 도래와 교회의 수립으로 말미암아 다른 방향으로 해석되기도 한다. 이 모든 것들은 신학 작업의 다양한 측면으로서 정당화될 수 있다. 이와 동시에 수많은 초기 교회 기독교 저술가들이 구약성서 저자가 문맥 속에서 의도한 것이 무엇인지에 반드시 초점을 맞추지는 않았던 것처럼 신약성서 저자들도 구약성서를 다룰 때 고대 저자들의 본래 의도를 밝히는 일에 대체로 관심이 없었다. 그 대신 그들은 구약 텍스트의 의미를 장차 도래할 그리스도와의 연관성 속에서 찾으려 했다.[6] 물론 이것도 정당한 과제지만 주석가가 추구하는 목표(문맥 안에서 저자의 의도를 분석하는 일)와는 차이가 있다.

여기서 문제는 이처럼 신학을 구축하는 토대가 되는 다양한 측면들이 우리의 관심사인 저자의 의도와 어떻게 양립할 수 있는가 하는 점이다. 나는 양자택일(either/or) 접근법이 아니라 두 가지를 모두 수용하는(both-and) 접근법이 해결책이라고 믿는다. 우리는 원저자의 의도가 갖는 권위에 대해서도 관심을 가져야 하고, 그와 동시에 정경 전체와 그리스도의 역할, 그리고 여러 세대의 기독교 사상가들의 기여를 토대로 건전한 신학을 구축하는 일에도 관심을 가져야 한다. 개신교 전통에서는 전자에만 권위를 부여했으며 후자, 곧 신학을 구축하기 위한 역사적 시도들은 권위를 갖지 않는다고 생각했었다. 하지만 이것이 최종적인 권위를 갖지는 않는다 하더라도 여전히 중대한 의미를 가질 수 있다. 그리고 오늘날에는 복음주의 개신교 진영에서도 점점 이런 사실을 인식해가고 있다. 신학을 구축하는 것은 대단히 중요한 일이며, 저자의 의도를 밝히기 위한 신중한 주석 작업은 신학을 최종적으로 구축하는 일에 결코 위협 요소가 아니다. 문맥에 따른 해석과 신학적 공식 중에 어느 한쪽에 우선권이 있는 것이 아니다. 이 둘은 텍스트에 대한 기독교적 이해에 반드시 있어야만 하는 동등한 요소들이다. 문맥에 따른 해석이 유지되어야 하는 이유는 구약성서가 그리스도의 도래 이전에도

---

6   Richard B. Hays, *Echoes of Scripture in the Gospels* (Waco, TX: Baylor University Press, 2016).

의미와 권위를 가지고 있었으며 그리스도의 도래가 텍스트의 의미를 변화시킨 것은 아니기 때문이다. 하지만 신학을 구성하기 위해서는 구약성서만으로 충분하지 않다. 비록 구약성서가 그 자체로도 우리의 신학적 이해를 진작시키는 일에 중대한 공헌을 하는 것은 사실이지만 말이다.

내가 제시하고자 하는 해결책은 두 단계 모두에 관심을 기울이고 각각의 역할과 의미를 인정하자는 것이다. 우리의 연구는 텍스트를 주어진 문맥 안에서 신중하게 분석하는 데서 시작되어야 한다. 저자가 전달하고자 의도했던 내용이 무엇이며 그것이 청중들에게는 어떤 의미로 다가갔는지를 먼저 고려해야 한다는 것이다. 우리가 찾고자 하는 메시지는 성령의 사역으로 말미암은 결과물이며 따라서 권위를 갖는다. 그것은 무시되어서도 안 되고 왜곡되어서도 안 된다. 하나님의 계획이 밝혀져 가는 단계를 따라 신학도 역동적으로 구성되어가야 한다. 신학을 구성하는 과정에서 그리스도가 행하신 사역에 합당한 지위가 부여되어야 하며, 정경 전체의 나머지 부분들도 정당한 대우를 받아야 하고, 교리의 발전에 관한 대화들도(모든 우여곡절과 의견충돌과 실수들까지도) 고려의 대상이 되어야 한다.

이러한 접근법을 따르는 해석자는 구약성서의 언어와 문맥에 대한 기술적이고 학문적인 분석에서 머무를 수 없다. 텍스트가 진정 살아 움직이는 하나님의 말씀이라고 믿는다면 우리는 지금까지 발전해온 모든 신학적 의미들을 탐구하지 않을 수 없으며, 단지 그러한 신학적 가르침을 전반적으로 이해하는 데서 멈추지 않고 그것을 우리의 신앙과 삶의 토대로서 끌어안을 의무가 있다. 우리는 기술적인 주해작업을 넘어서서 신학을 체계화하는 단계로 나아가야 하며, 그렇게 체계화된 신학을 **우리의** 신학, 다시 말해 교리적 확증으로만 특징지어지는 것이 아니라 우리가 살아가는 삶을 통해 입증해가는 신학으로 수용해야 한다. 바로 이것이 우리가 처음부터 지향했던 목표다. 성경이 하나님의 계획과 목적을 계시하는 이유는 우리를 하나님의 계획과 목적에 동참하는 파트너로 삼기 위해서다. 만일 우리의 해석이 그처럼 의도했던 결과를 만들어내지 못한다면 그것은 실패한 해석이다.

마지막으로 우리는 문맥에 따른 텍스트의 분석이 특정한 신학을 구성하는 데 그 텍스트를 적용하는 방식과 대립할 때 이에 어떻게 반응해야 할지 생각해볼 필요가 있다. 우리는 이 같은 난제의 본질을 이해하기 위해 구약에 나타난 성령을 예로 들 수 있을 것이다.

구약성서의 이스라엘 사람들은 하나님의 삼위일체적 본성에 대한 계시를 받은 적이 없다. 그들은 삼위의 제2위격이나 제3위격에 대해 아무것도 알지 못했다. 메시아적 사고가 발달한 후에도 그들은 메시아를 신적인 존재로 여기지 않았다. 그들은 "야웨의 사자"를 성육신하시기 이전의 그리스도로 여기지 않았으며, "야웨의 영"을 성령 하나님으로 이해하지도 않았다. 더 나아가 그들은 야웨의 사자나 야웨의 영이 무엇을 가리키는지에 대해 그들 나름의 사고를 가지고 있었다. 여기서 우리는 야웨의 영에 초점을 맞추고자 한다.[7]

구약성서에서 "야웨의 영"(때로는 하나님의 영)이라는 표현은 자주 등장하는 편이다.[8] 학자들은 문맥에 대한 분석을 통해 이것이 (일반적으로 선택받은 개인들에게) 능력을 주시고 동기를 부여하심으로써 자신의 계획을 실행하

---

[7] 전자에 대한 탁월한 논의로는 다음을 보라. H. D. McDonald, "Christology and the 'Angel of the Lord,'" in *Current Issues in Biblical and Patristic Interpretation*, ed. G. Hawthorne (Grand Rapids: Eerdmans, 1975), 324-35.

[8] 포괄적인 논의는 다음을 보라. D. Firth and P. Wegner, eds., *Presence, Power and Promise: The Role of the Spirit of God in the Old Testament* (Downers Grove, IL: InterVarsity Press, 2011), 여기 포함된 나의 기고문도 참조하라. "The Ancient Near Eastern Background of the Spirit of the Lord in the Old Testament," 38-67.

도록 만드시는 하나님의 내재적인 현시를 가리킨다고 결론 짓는다. 이 영은 하나님 나라에 생명과 권위와 능력을 부여함으로써 그 나라를 유지시키는데, 이 나라는 무엇보다 하나님의 임재와 능력과 계획으로 특징지어진다. 고대 근동 어디에서도 이와 유사한 주체(예컨대 "신들의 영"과 같은)가 발견되지는 않지만 고대 근동의 신들도 야웨의 영과 마찬가지로 생명과 권위와 능력을 제공하는 것으로 여겨졌다. 대다수의 고대인들은 신들의 계획이 우발적인 성격을 가지는 것으로 이해했지만 그럼에도 어떤 왕의 성공적인 역할이나 왕국의 번영은 신적인 주체의 임재와 능력에 의존하는 것으로 여겨졌다.

구약성서 문맥에서 "야웨의 영"이 어떻게 이해되었는지를 염두에 두고서 우리는 이제 구약성서의 용례들이 신학을 구축하는 데 어떻게 이용되었는지를 비교, 대조해볼 필요가 있다. 기독교 신학자들은 망설임 없이 야웨의 영을 성령과 동일시하는데, 왜냐하면 그들은 대체적으로 문맥을 고려한 주석적 분석보다는 정경적 관점에서 신학을 조망하는 일에 관심을 두기 때문이다.

비록 이스라엘의 신학에 삼위일체적 관점이 존재하지는 않았지만, 그럼에도 우리는 구약성서에 나타난 "야웨의 영"과 신약성서 및 기독교 신학의 "성령" 사이에 연속성과 불연속성이 공존한다는 것을 발견할 수 있다. 흥미로운 점은 "야웨의 영"(구약성서)에는 적용되지 않고 고대 근동의 영들에게서만 발견되는 일부 관념들이 성령(신약성서)과 연속성을 갖는다는 사실이다.

〈표 8.1. 영들/영에 대한 묘사〉

기능	고대 근동	야웨의 영-구약	성령-신약
내주(embodiment)	○	○	○(광범위하게)
능력 부여	○	○	○
신성의 본체	○	×	○
발산(emanation)	○	×	×
의인화	○	×	○
제한적인 대리권	×	○	○

표 8.1의 비교표에서 가장 두드러지는 점들은 다음과 같다.

- 내주의 범위와 관련하여 성령은 "야웨의 영"보다 고대 근동의 영들에 더 나은 비교 대상이 된다.
- "야웨의 영"은 신성의 본체를 소유하지 않는 반면 고대 근동의 영들과 성령은 신성의 본체를 소유하고 있다.
- 고대 근동(특히 이집트) 문학은 신들의 대리자를 의인화하고 신약성서는 성령을 신성을 이루는 위격 중 하나로 제시하는 반면, 구약성서는 "야웨의 영"을 의인화하지 않는다.

하지만 "야웨의 영"과 성령이 이처럼 의미심장하게 구별된다고 해서 구약성서의 야웨의 영이 결코 신약성서의 성령을 가리킬 수 없는 것은 아니다. 베드로의 오순절 설교와 같은 신약성서의 용례에서는 "야웨의 영"과 관련된 구약성서 구절들을 성령의 사역에 적용한다. 하지만 베드로는 여기서 문맥을 고려한 주해를 제공한 것이 아니라, 그가 목격한 사실에 대해 그가 구약성서에 대한 지식과 장차 보혜사를 보내시겠다는 예수의 확증을 통해 깨달은 내용을 제시한 것이다. 여기서 우리는 텍스트에 대한 해석, 다시 말해 구약성서의 청중들이 그들의 맥락에서 "야웨의 영"을 어떻게 이해했을 것인가를 다루는 것이지 영적 실체들의 존재론적 본성을 다루는 것이 아니다. 구약성서의 저자들이 간혹 "야웨의 영"을 "거룩한" 영이라고 부르기도 하지만(시 51:11; 사 63:10), 이것은 그들이 갑자기 삼위일체적 통찰을 소유하게 되었기 때문이 아니라, 단지 주어진 문맥에서 "야웨의 영"이 본질적으로 "거룩"하신 하나님의 임재의 현시로서 나타났기 때문이었다.

심지어 신약성서 내에서도 우리는 복음서들이 성령과 관련하여 그 당시 아직 완전히 발달되지 않았던 삼위일체 교리의 언어를 사용하기보다는(당시에는 그리스도가 아직 승천하시지 않았으며, 보혜사를 보내시지도 않았다) 이미 구약성서에서 확립되어 있던 "야웨의 영"에 대한 기존의 인식을 반영하여 성령을 묘사하는 것을 발견하게 된다. 다음 구절들을 참조하라. 누가복음 1:35(마리아), 요한복음 1:33(예수), 누가복음 1:15(세례 요한), 누가복음 4:1(예수), 그리고 요한복음 20:22(제자들)도 여기 포함될 수 있을 것이다. 구약성서의 영이 고대 근동의 영들이 신적 능력을 부여하는 것과 동일한 방식으로 일하면서도 고대 근동과는 차별화되는 신학적 혁신성과 정교함을 보여주는 것처럼, 삼위일체의 제3위격인 성령도 구약성서의 "야웨의 영"이 능력을 부여하는 것과 동일한 방식으로 사역하면서도 구약성서와는 차별화되는 신학적 혁신성과 정교함을 보여준다.

중요한 것은 우리가 "야웨의 영"을 성령과 동일시하지 않는다고 해서 성령의 신학이나 삼위일체의 위격으로서의 성령의 역할이 약화되는 것은 아니라는 점이다. "야웨의 영"을 성령과 동일시해야만 성령에 관한 교리(pneumatology)를 전개할 수 있는 것은 아니다. 시대마다 해석자들이 그러한 동일시를 당연하게 여겨왔다는 사실은 구약성서 텍스트의 의미에 아무런 영향을 미치지 못한다(물론 그런 해석이 성서의 역사를 관통하는 삼위일체 신학에 연속성을 제공한다는 측면에서 신학적인 의미를 가질 수는 있다). 신약성서의 저자들이 구약성서의 특정 구절에 등장하는 "야웨의 영"을 성령과 동일시할 때 우리는 곧바로 그 같은 동일시를 성령의 활동에 대한 영감된 통찰로 받아들인다. 하지만 이것은 구약성서에서 "야웨의 영"이 등장하는 모든 장면이 성령의 현시로 이해되어야 한다는 의미는 아니다. 성령의 역할과 정체성에 관한 논의는 신약성서의 자료들에 근거할 때만 본모습을 갖출 수 있으며, 교회사 전반에 걸친 신학적 표현들에 스며 있는 삼위일체 논쟁을 통해 더욱 완전한 모습을 갖출 수 있다.

　"야웨의 영"을 성령으로 이해하기보다 단순히 하나님의 능력의 연장이나 현시로 해석하는 것도 신학에 위배되는 것은 아니다. 물론 이렇게 되면 불가피하게 몇몇 성서 구절들에 대해 대안적인 해석을 제시할 수밖에 없다. 하지만 기억해야 할 것은 신학자들이 인간 저자의 의도에 대한 문맥적 해석보다는 신학적 진실에 더 큰 관심을 가지고 있다는 사실이다. 만일 신약성서 저자가 구약성서에서 "야웨의 영"이 등장하는 모든 구절을 성령의 현시와 동일시하지 않는다면(실제로 그렇게 하지 않는다), 신약성서에서 성령의 사역이라고 구체적으로 지목하는 "야웨의 영" 구절들은 우리가 확신 있게 성령에 대한 언급이라고 받아들일 수 있을 것이다. 하지만 그렇다 해도 구약성서 저자의 의도가 그 같은 연결 관계를 통해 표현되는 것은 아니다. 더욱이 구약성서의 저자와 청중들이 이해했던 "야웨의 영"의 역할이 쉽사리 폐기되어서도 안 되는데, 왜냐하면 그것은 권위 있는 텍스트에 내재되어 있던 것이기 때문이다. 기존의 이해를 대체하는 것은 많은 문제를 야기할 수 있으며, 추가적인 이해를 제시하는 것이 보다 합리적이다. 성서 전체를 공정하게 대하는 이상적인 방법은 야웨의 영에 관한 구약성서의 구절들을 성령의 신학을 구축하는 작업에 사용하지 않는 것이다. 이것은 성령의 신학에 변화를 가져오는 것이 아니라 구약성서의 일부 구절들에 대한 대안적인 해석으로 이어진다.

우리가 성령의 신학을 구축하는 일에 성서 구절 가운데 구체적으로 성령에 대해 말하는 구절들만을 사용하도록 스스로를 제한한다면, 우리는 성령의 사역이라는 관점을 "야웨의 영"에 관한 구약성서 구절들에 강요하는 위험을 경감시킬 수 있다.

예컨대 신학에서는 성령을 내주하는 분으로(Holy Spirit as indwelling) 이해하는 것이 중요하다. 하지만 구약성서에서 "야웨의 영"은 내주하는 영이 아니다. 만일 우리가 이 같은 차이를 신중하게 구별하지 않으면 우리는 구약성서 구절들을 오해해서 야웨의 영이 내주하는 일에 관여한다고 생각할 위험이 있다. 간략한 비교를 통해서 요점을 명확히 드러내보자.

〈표 8.2〉

야웨의 영(구약)	연속성/불연속성	성령(신약과 신학)
능력 부음(삼손)	연속성	능력 부음(행 1:8)
권위 부여(사울과 다윗)	연속성	권위 부여
소통(다수의 예언자들)	연속성	소통(벧후 1:21)
신적 행동의 현시	불연속성	삼위일체의 제3위격
옷 입힘, 임함(다수의 사사들)	불연속성	내주(롬 8:9)
창조에 관여(창 1:2; 시 33:6)	병행 관계 없음	–
–	병행 관계 없음	인침(엡 1:13)
–	병행 관계 없음	깨우침(요 16:8)
–	병행 관계 없음	중생(요 3:5-8)
–	병행 관계 없음	탄원(롬 8:26)
–	병행 관계 없음	성화(살후 2:13)

구약성서에 등장하는 "야웨의 영"의 특징 가운데는 신약성서의 성령에 적용되었을 때 문제를 일으킬 만한 것이 없다. 하지만 반대로 성령에 대한 신약성서와 기독교 신학의 이해 가운데 거의 절반에 가까운 요소들이 "야웨의 영"의 활동에 적용될 수 없는 것들이다. 신약성서를 구약에 역투사하지 않도록 주의를 기울인다고 해서 우리의 신학이 빈약해지거나 변질되는 것은 아니다. 이와 같은 접근법은 분석가와 신학자 모두에게 만족스런 결과를 가져다줄 수 있다.

하나님은 어떤 신이신가?

본서에서는 구약성서가 제공하는 가장 강력한 정보가 하나님의 계획과 목적에 대한 계시이며, 하나님이 펼쳐 보이시는 성서의 역사 속에서 그 계획과 목적을 추적할 수 있다고 제안했다. 우리는 이 같은 계시를 통해 자신의 계획과 목적을 계시하시는 하나님에 대해 제한적으로나마 내면적인 지식을 얻을 수 있다. 그런 제한적인 지식마저도 우리가 어떻게 스스로를 하나님의 백성과 동일시할 수 있는지 깨닫게 해주기에 충분하다. 이 계시는 권위를 수반하며 고대 이스라엘인들에게나 오늘날의 그리스도인들에게나 동등하게 유효하다. 우리는 구약성서의 계시를 통해서도 그러한 깨달음을 얻을 수 있으며, 신약성서에서도 깨달음의 본질은 동일하다(다만 우리의 관점이 확장될 뿐이다).

　우리는 하나님의 본성에 대해, 혹은 그분의 속성들이 지속적으로 표출되는 방식에 대해 깊이 이해하려고 시도할 때마다 의미심장하고 본질적인 한계들과 맞닥뜨리는 것을 경험하게 된다("이는 내 생각이 너희의 생각과 다르며 내 길은 너희의 길과 다름이니라", 사 55:8). 그럼에도 불구하고 우리는 그가 자신을 우리에게 계시해주시는 범위 내에서 그의 계획에 동참하기에 충분할 만큼의 지식을 얻을 수 있다. 그의 계획과 목적이 질서를 가져오며 그가 주시는 지혜는 하나님의 질서를 증진시키는 길을 우리에게 알려준다. 야웨를 두려워하는 것이 지혜의 시작인데, 왜냐하면 야웨를 두려워하는 마음이 우리로 하여금 질서의 중심이신 그분의 권위에 순복하도록 만들어주기 때문이다. 하나님을 사랑하는 것만으로는 충분하지 않으며, 우리는 그에게 순복하고 그를 신뢰해야 한다. 우리는 그가 무엇을 하시며 그것을 왜 하시는지 이해하지 못할 때도 그분을 신뢰하기에 충분할 만큼 그분을 알고 있다. 지식과 이해력이 도움이 되지 않는 지점에서 믿음과 신뢰가 효력을 발휘한다. 이것은 신앙에 핵심이 되는 전제이며, 회의주의자들이 결코 수용할 수 없는 개념이다.

하나님을 안다는 것이 무엇을 의미하는지 이해하기 위해 우리는 이에 대한 유비로서 사람들 사이의 친분관계를 떠올려볼 수 있다. 사람을 처음 만나게 되면 우리는 먼저 각자의 인생 이야기에서 극히 일부를 차지하는 기본적인 정보를 서로 주고받는다. 대학 캠퍼스에서는 이 기본적인 정보에 출신지역, 전공, 기숙사, 활동 등이 포함될 수 있을 것이다. 인생 이야기의 기본 정보들을 서로 공유함으로써 우리는 서로를 알아가기 시작한다. 그리고 우리가 한 사람을 얼마나 잘 알고 있는지는 우리가 그의 인생에 관한 이야기들을 얼마나 많이 알고 있는지에 따라 판단할 수 있다. 가장 친한 친구들은 서로의 이야기를 모조리 그리고 속속들이 알고 있다. 우리의 이야기에는 과거의 사건들만 포함되는 것이 아니라 현재(일상적인 활동들)와 미래(계획들, 열망들, 희망들, 그리고 꿈들)도 포함된다. 부부 간의 관계는 상대방의 이야기를 모두 듣고 싶어 하는 채워질 수 없는 열망에서 시작되는 경우가 많다. 불행하게도 그 같은 열정은 대체로 결혼생활이 지속되면서 시들어버리며 상대방의 삶이나 이야기도 재미없고 무감동한 것이 되어버린다. 하지만 건강한 대인관계에서는 다른 사람의 이야기를 중요하게 여기는데, 이는 그 이야기의 내용이 관심을 가질 만한 것이어서가 아니라 그것이 상대방의 이야기이기 때문이다.

하지만 우리가 다른 사람의 이야기를 얼마나 깊이 있게 알고 있든지, 그리고 그에 대해 알고자 하는 열망이 얼마나 강렬하든지 간에, 우리는 종종 그 사람이 여전히 나에게는 다양한 의미에서 불가사의한 존재라는 사실을 발견하게 된다. 아마도 어떤 이는 자신의 남편이나 아내가 특정한 상황에서 어떤 행동을 할지 혹은 어떤 말을 꺼낼지 알아맞출 수도 있을 것이다. 하지만 우리가 얼마나 오랜 세월을 함께 살았든지, 혹은 우리가 서로 간에 얼마나 많은 이야기를 공유하고 또 되풀이했든지 간에 우리에게는 여전히 놀라거나 당황할 일들이 남아 있다.

하나님은 자신이 누구신지 우리가 어렴풋이나마 알게 해주시려고 자신의 과거, 현재, 미래의 이야기를 들려주신다. 우리는 하나님에 관한 이야기를 통해서 그가 누구시며 무엇을 하시는지 알 수 있는데, 바로 성서가 우리에게 그 이야기를 들려준다. 우리는 성서를 통해 그가 과거에 행하신 많은 일들과 그가 미래를 위해 계획하신 일들에 대해 알 수 있는데, 하지만 그 같은 이야기들은 하나님이 어떤 분이신지에 대해 우리에게 극히 미미한 정보를 제공해줄 뿐이다. 사람들이 수십 년간 친밀한 교제를 누리면서 지내도 서로에게 불가해한 존재로 남아 있을 수 있는데, 하물며 하나님이 일하시는 방식은 얼마나 더 우리에게 불가해한 것이겠는가. 우리가 가까운 사람들에 대해 모든 것을 알 수 없는 것처럼 우리는 하나님에 대해서도 포괄적인 지식을 얻을 수 없다. 그럼에도 우리는 그가 행하신 일들을 통해서 그가 어떤 분이신지 미루어 짐작해볼 수는 있다.

하나님의 이야기가 우리에게 언제나 흥미진진한 것은 아니지만 그럼에도 그것은 중요한 이야기다. 그것은 하나님의 이야기이며, 하나님은 우리와 소통하시는 수단으로서 그것을 우리와 공유하신다. 또한 하나님도 우리가 하나님과 대화할 때(기도를 통해) 우리의 이야기를 기꺼이 듣고자 하신다. 우리가 이야기하는 모든 내용을 그가 이미 알고 계신다는 사실은 중요하지 않다. 중요한 것은 그 이야기를 함께 나눈다는 사실이다.

결과적으로 하나님이 이처럼 자신의 이야기를 우리와 공유하셨기 때문에 우리는 그의 계획과 목적을 (우리에게 계시해주신 만큼만) 알 수 있게 되었으며, 그러한 지식을 통해 우리는 우리가 그를—그가 어떤 분이시고, 무엇을 하고자 하시며, 우리에게 무엇을 기대하시는지—알게 되었다고 믿는다. 하나님은 우리를 완전히 알고 계시지만 우리는 다만 그를 부분적으로 알 뿐이다. 우리는 하나님이 우리에게 무엇을 원하시는지 알고 있다. 그가 바라시는 것은 우리가 그의 "위대한 계획"에 파트너로 동참하는 것이다. 우리는 또한 하나님이 우리에게 기대하시는 것이 그분 안에서 발견한 새로운 정체성을 반영하는 삶을 살아가는 것이라는 점도 알고 있다.

우리는 또한 우리가 하나님께 무엇을 기대할 수 있는지에 대해서도 의미 있는 증언들을 발견할 수 있다. 예컨대 우리는 이스라엘 백성들이 하나님을 어떻게 이해해왔는지를 발견할 수 있는데, 구약은 이를 반복적으로 확증하고 있다. 그들의 생각을 보여주는 첫 번째 구절은 출애굽기 34:6-7이다.

여호와께서 그의 앞으로 지나시며 선포하시되, "여호와라. 여호와라. 자비롭고 은혜롭고 노하기를 더디고 인자와 진실이 많은 하나님이라. 인자를 천대까지 베풀며 악과 과실과 죄를 용서하리라. 그러나 벌을 면제하지는 아니하고 아버지의 악행을 자손 삼사 대까지 보응하리라."

이 구절은 금송아지 사건이 벌어진 이후에 진행된 일들을 다루고 있다. 모세는 이스라엘 백성들을 위하여 하나님께 탄원을 올린 후에 출애굽기 33:18에서 야웨의 영광을 보게 해달라고 요청한다. 야웨는 모세가 그의 얼굴을 볼 수는 없다고 말씀하시고, 그 대신 그의 모든 "선한 것"(טוב "토브") 을 모세 앞으로 지나가게 하실 것이며 그의 이름을 선포하시겠다고 말씀하신다(출 33:19-20). 실제로 출애굽기 34:6-7에서 그 일이 발생했을 때는 약속대로 그의 이름이 선포되었고 모세 앞으로 지나간 모든 "선한 것"은 우리에게 익숙한 속성들의 목록으로 표현되었다.

도대체 어떻게 이것이 그의 "선한 것"의 목록이 될 수 있는가? 우리는 제6장에서 "선"이라는 개념은 어떤 대상이 우리의 삶과 경험에서 어떻게 기능하는지와 관련된다고 지적했었다. 하나님이 창세기 1장에서 그가 창조하신 것들을 가리켜 "좋다"(선하다)라고 하셨을 때 그는 세상이 질서를 갖추었으며 모든 것이 그가 의도하신 대로 제 기능을 다하고 있음을 확증하신 것이다. "선"(히브리어 "토브"[טוב])은 균형, 조화, 안정 및 그것들이 가져다주는 결과와 관련된 것이다. 야웨의 선한 것은 하나님이 이 세상에서 행하시는 양 방향의 사역들을 망라하는 속성들의 목록으로 표현되었다. 여기서 하나님은 한편으로는 자비롭고 인자하며 용서하시고 참으시는 분으로 묘사되는가 하면 다른 한편으로는 악을 심판하시고 행악자들에게 징벌을 내리시는 분으로 그려지는데, 이 같은 딜레마의 축에 하나님의 "선하심"이라는 개념이 자리 잡고 있다. 하나님이 긍휼을 베푸시는 것도 선하고 옳은 일이지만, 하나님이 행악자를 징계하시는 것도 동일하게 선하고 옳은 일이다. 자비와 정의가 함께해야 한다는 것이다. 이 모든 요소들이 완벽한 평형을 이루는 지점이 바로 하나님의 선하심이며, 하나님의 이 같은 속성들은 완전한 조화를 이루며 각자의 역할을 감당한다. 이것이 바로 하나님의 선하심이다. 하나님은 그의 선하심을 보여주시며, 이것이 바로 우리가 그에 대해 알 수 있는 내용이다. 비록 우리가 그 선하심이 어떻게 역사하는지 모두 이해할 수는 없지만 말이다. 그래서 바울은 이렇게 선언한다. "우리가 알거니와 하나님을 사랑하는 자 곧 그의 뜻대로 부르심을 입은 자들에게는 모든 것이 합력하여 선을 이루느니라"(롬 8:28). 이 말씀에서 우리는 "선"이 반드시 "행복"을 의미하는 것은 아니라는 점을 이해해야 한다. 선은 "창조세계의 질서 속에서 올바른 기능을 다하는 것"을 의미한다. 그 올바른 기능이 우리를 행복하게 만들지 못한다 해도 그것은 우리의 문제다.

시편 86편에서 시인은 출애굽기 34장에서 발견되는 속성들의 목록을 되풀이한다.[9] 이 탄원시에서 시인은 그의 삶에서 균형을 회복하고 질서를 되찾게 해달라고 기도한다. 우리는 시인이 비록 하나님이 어째서 그의 편에서 일하시지 않는지 이해하지는 못했지만(다시 말해 하나님에 대한 이해의 결여) 그럼에도 여전히 그를 신뢰하고(시 86:4) 의지한다는(시 86:11) 것을 알 수 있다. 이것은 이해를 결여한 사람들이 보여야 할 올바른 반응이 무엇인지 우리에게 가르쳐준다. 시인은 15절에서 하나님의 속성들을 나열한 후에 먼저 자비를 구하고(그가 주장하는 것처럼 하나님 앞에서 신실했음을 근거로) 이어서 하나님의 선하심(טוֹבָה "토바", 추상적 개념)에 대한 표적을 보여달라고 요청하는데, 이것 역시 출애굽기 33-34장을 연상시킨다. 달리 표현하자면 시

---

9   욘 4장에도 이 같은 목록이 등장하지만 거기서 예언자는 그 속성들을 부정적인 시각에서 평가한다. 그는 하나님이 니느웨 사람들에게 심판을 선언하시는 대신에 그같이 행동하시는 것을 못마땅하게 여겼다.

인은 여기서 우리가 하나님에 대해 알 수 있는 것과 알 수 없는 것의 범위와 관련하여 또 다른 통찰을 제시하는 것이다. 하나님의 신실하심에 의지하고 그를 신뢰하는 것은 불완전한 지식을 가진 인간이 보여야 할 올바른 반응들이지만 이 같은 반응들은 시인에게도 하나님이 신실함을 보이실 것으로 기대하는 영역들이 있었다는 사실을 암시한다. 그 같은 기대는 자신의 "도"(시 86:11)를 가르치시는 하나님께 달린 것이며, 하나님의 가르침은 결국 그의 백성들이 그의 길을 따르는 결과를 낳을 것으로 기대된다(미 4:2).[10] 한마디로 하나님이 자신의 도를 가르치실 때 그의 백성들은 하나님이 하시는 일에 동참하는 방법이 무엇인지 발견할 수 있다.

하나님은 자신의 백성과 세계와 역사, 그리고 우주를 위한 계획을 가지고 계신다. 우리는 그의 계획 가운데 일부를 그가 구약성서와 신약성서에서 계시하신 것들을 통해 알 수 있으며, 때로 우리가 예상하지 못한 방식을 사용하시지만 그럼에도 우리는 결국 그가 자신의 계획을 성취하실 것이라고 믿는다. 그의 길이 우리에게 분명하게 보이지 않을 때에도 하나님은 우리의 예배와 헌신을 받으시기에 합당하시다. 그는 우리가 정의할 수 없는 하나님이시며 그를 묘사하는 수많은 속성들도 지극히 제한적인 것이고 그를 아는 체하는 것은 주제넘은 일이다. 우리가 그의 존재의 심오한 것을 포착했다고 느끼면 느낄수록 우리는 그만큼 우리 자신의 심상에 따라 그의 모습을 조각해가는 실수를 범하고 있는지도 모른다.

---

10   추가적인 예시로는 다음 구절들을 보라. 삼상 12:23; 시 25:8; 27:11; 32:8; 119:33; 사 28:26.

기도

야웨는 자신의 백성들이 드리는 기도를 기꺼이 들으시는 하나님이시다. 그는 우리가 드리는 경배를 받으시기에 합당한 분이시며, 그의 백성들이 겪는 비통함에 귀를 기울이시고 돌보실 것을 보증해주셨다. 하지만 그가 우리의 기도를 통해 조금이라도 유익을 얻으시는 것은 아니다. 그렇다면 구약성서 신학에서 기도가 차지하는 역할은 무엇인가? 시편을 주의 깊게 들여다보면 우리는 거기에서 고대 근동 세계에 널리 알려진 형태의 기도문들을 발견할 수 있는데, 성서신학계에서는 이러한 시편들을 광범위하게 분석한 후에 여러 유형으로(예. 찬송시, 탄원시 등) 분류했다. 하지만 불행하게도 시편들과 고대 이스라엘의 제의 및 명절들 간의 관계에 대한 오랜 논쟁은 결론에 도달하지 못했으며 우리의 길 안내자가 될 수 없다. 따라서 우리는 이러한 기도들의 배경을 밝히기보다는 그 기도들의 신학적 내용을 이해하고자 시도할 것이다.

시편 저자들은 무엇을 위해 기도했나?[a] 이런 질문 자체가 이미 논

---

a   고대 근동의 다양한 문화들에 기원을 둔 많은 기도문들이 영어로 번역되어 분석되고 있다. 최근에 출간된 중요한 저작들은 다음과 같다. John L. Foster, *Hymns, Prayers, and Songs: An Anthology of Ancient Egyptian Poetry*, SBLWAW (Atlanta: SBL Press, 1995); K. A. Kitchen, *Poetry of Ancient Egypt* (Jonsered: Paul Åströms, 1999); I. Singer, *Hittite Prayers*, SBLWAW (Atlanta: SBL Press, 2002); Takayoshi Oshima, *Babylonian Prayers to Marduk* (Tübingen: Mohr Siebeck, 2011); A. Lenzi, *Reading Akkadian Prayers and Hymns* (Atlanta: SBL Press, 2011); K. van der Toorn, *Sin and Sanction in Israel and Mesopotamia* (Assen: Van Gorcum, 1985), including an appendix of *šigû* prayers; Uri Gabbay, *The Eršema Prayers of the First Millennium BC* (Wiesbaden: Harrassowitz, 2015); Uri Gabbay, *Pacifying the Hearts of the Gods: Sumerian Emesal Prayers of the First Millennium BC* (Wiesbaden: Harrassowitz, 2014). 고대 근동 시편들에 대한 중요한 연구를 다음 책들에서 발견할 수 있다. W.

의에 선입견을 조장한다. 하나님의 백성들이 반드시 무언가를 "위해" 기도하는 것은 아니며, 기도의 "응답들"에 관한 질문도 특정 부류의 기도들만을 염두에 둔 것이다. 하지만 일반적으로 탄식시들은 간구를 포함한다. 여기서 우리는 시인들이 물질적인 유익이나 개인적인 소원의 성취를 위해 기도한 것은 아니라는 점을 지적할 필요가 있다. 그들도 가끔은 자신들의(타인이 아니라) 치유를 위해 기도했지만 보편적으로 그들의 탄원은 하나님께서 그들의 삶에 질서를 회복해주시기를(때로는 대적과의 문제를 해결해주심으로써) 구하는 것이었다. 그들은 전쟁이 종식되기를 위해서 기도하거나 빈곤의 문제를 해결해달라고 기도하지 않았으며 다른 사람들에게 행해지는 불의한 일들을 응징해달라고 기도하지도 않았다. 그들은 세상 문제들의 해결이나 하나님 나라의 확장을 위해 기도하지도 않았다. 그들은 이방인들이 야웨를 예배하는 자리로 나아오게 해달라거나 그들이 언약 공동체에 동참하게 해달라고 기도하지도 않았다. 한마디로 그들은 현대 그리스도인들이 그들의 기도에서 관심을 기울이곤 하는 문제들을 놓고 기도하지 않았다는 것이다. 하지만 우리가 기억해야 할 것은 시편이 우리에게 기도의 모범을 제시하기 위해서 정경에 포함된 것은 아니라는 사실이다. 예수가 제자들로부터 기도의 모범을 제시해달라는 요구를 받았을 때 그는 시편 전체를 지적하시지도 않았고 그렇다고 그중 하나의 시편을 지적하시지도 않았다. 구약성서에서 시편이 갖는 역할은 신학적인 것이다. 시편은 "~하는 법"을

Brown, *The Oxford Handbook of the Psalms* (New York: Oxford, 2014); P. D. Miller, *They Cried to the Lord* (Minneapolis: Fortress, 1994).

가르쳐주는 책이 아니라 하나님이 누구시며 기도의 본질이 무엇인지를 계시하는 책이다. 전통적으로 기독교의 찬송 가사나 기도문은 시편의 내용에 크게 의존했는데, 이것이 잘못되었다는 말은 결코 아니다.

시편에서 영감을 얻은 기도들과 찬양들은 오늘날 그리스도인들의 삶과 예배에서도 생산적인 역할을 감당할 수 있다. 하지만 우리가 시편들을 이렇게 사용하면서도 우리는 그 시편들이 구약성서 내에서 차지했던 역할을 망각해서는 안 된다.

이스라엘 사람들이 기도를 통해 구한 것은 정의, 엄밀히 말하면 그들이 스스로 경험할 수 있는 정의였다. 사실 그들은 하나님이 하나님 되시게 해달라고 기도한 것이다(적어도 하나님이 어떤 분이신지에 대한 그들의 기대에 부응해달라는 것이었다). 시편은 다양한 장르를 동원해 야웨가 통치하신다는 사실을 강조하고 있다. 여기서 야웨의 통치는 개인적인 삶의 정황에 관한 것일 수도 있고 국가의 대소사가 걸린 문제일 수도 있으며 혹은 우주적인 영역에서 발생하는 일들에 관한 것일 수도 있다. 그래서 그들은 하나님께 "당신의 길을 가르쳐주시고 우리를 올바른 길로 인도해"달라고 요청한 것이다. 그렇다면 그들의 기도는 그들이 어떠한 사람이 되어야 할 것인가라는 문제와도 연결되는 것이다.

이런 맥락에서 우리는 우리 자신의 기도가 어디에 초점을 맞추어야 할지 고민해볼 필요가 있다. 비록 시편이 우리에게 모범적인 기도가 어떠해야 하는지 가르치는 것은 아니지만 시편이 제시하는 신학은 우리의 기도가 하나님의 왕권, 그리고 우리가 그분 안에서 소유하게 된 정체성이라는 보다 중대한 관심사를 반영해야 함을 보여준다. 우리가 하나님과 파트너십을 이룬다는 사실은 우리의 모습을 변화시킬 뿐 아니라 우리에게 새로운 시각을 제공해준다. 우리는 이제 개인적인 성공, 업적, 성과, 안식, 혹은 유익과 같은 것에 관심을 갖기보다는 우리가 어떤 사람이 되어야 하는지에 보다 큰 관심을 가져야 한다. 우리는 기도할 때도 하나님의 하나님 되심을 인정하면서 하나님이 맡으신 역할을 감당해주시기를 간구하는 한편 우리는 그의 백성이며 그가 우리를 우리에게 맡겨진 역할에 적합하게 만들어 가심을 인정해야 한다. 우리가 이런 기도를 드릴 때 결과적으로 질서가 유지될 수 있다.

마지막으로 야웨가 아론과 그의 아들들에게 백성들을 축복하는 데 사용하도록 가르쳐주신 소위 "제사장의 축도"를 살펴보겠다.

> 여호와는 네게 복을 주시고
> 너를 지키시기를 원하며;
> 여호와는 그의 얼굴을 네게 비추사
> 은혜 베푸시기를 원하며;
> 여호와는 그 얼굴을 네게로 향하여 드사
> 평강 주시기를 원하노라(민 6:24-26).

이것은 기도의 모범으로 주어진 것이다. 이것은 자신의 백성에 대한 하나님의 축복을 구하는 기도이자 하나님의 호의와 자비가 그의 백성들에게 주어지기를 구하는 기도이며, 하나님의 백성들이 두려움 없는("평화의") 세상에서 질서를 누리기를 구하는 기도다.

다시 말해 이 기도는 파트너 관계에서의 양 당사자 간에 이루어지는 대화의 성격을 갖는다. 기도는 우리의 환경을 변화시키는 일에 하나님을 동원할 수 있도록 권력을 행사하기 위한 도구가 아니다. 기도는 하나님의 관점과 계획에 동참하기 위해 그분에게 우리를 변화시켜달라고 구하는 것이다.

결론

우리는 본서에서 구약성서와 신약성서의 차이를 이해하는 데 도움을 줄 수 있는 다양한 주제들을 다루었는데, 이를 통해 우리는 신약성서에서는 발견되지 않고 구약성서에서만 발견되는 요소들이 무엇인지 생각해볼 수 있을 것이다.

구약성서가 신약성서와 차이를 보이는 열 가지 방식들에 대한 요약

- **구약성서에는 삼위일체 개념이 없다.** 삼위일체 개념은 그리스도가 성육신하신 하나님이라는 인식과, 이에 따라 성령이 그리스도인들 가운데 내주하시도록 보냄 받은 분이라는 인식을 동반한다. 구약성서에서 하나님의 계시는 고대 근동에 만연한 신들의 공동체와 대비되는 한 분 하나님이라는 개념에 집중되어 있었다. 삼위일체 개념에 의미를 부여할 수 있는 형이상학적 모델이 이스라엘의 문화적 맥락에는 존재하지 않았다. 그리스도인들은 구약성서의 몇몇 구절에서 초기 단계의 삼위일체 개념의 흔적을 발견하기도 하지만 그러한 사

후 해석은 구약성서 문맥에서 주어진 하나님의 계시로 간주될 없으며 구약성서 신학을 구성하는 요소가 될 수 없다.

- **구약성서에는 내세에 보상이나 심판이 없다.** 이스라엘 사람들은 내세에서의 삶이 그들의 선행이나 악행, 언약에서의 위치, 혹은 성결과는 무관하게 모든 사람에게 동일한 것으로 간주했다.

- **구약성서에는 모든 사람에게 전가되는 원죄책(original guilt)이라는 개념이 없다.** 구약성서 어디에서도 인간의 역경이 죄의 본성과 갈등하는 가운데 생겨났다거나 혹은 아담과 하와의 행동으로 말미암아 모든 사람에게 전파된 원죄의 결과라고 지적하는 구절을 발견할 수 없다. 죄가 세상에 만연한 실재인 것은 분명하지만 그것은 개인보다는 집단이나 공동체와 연관된 것으로 더욱 빈번하게 다루어진다. 개인들이 죄악을 범했을 때도 그 결과는 그들이 속한 공동체 전체에게 미친다(예. 아간의 경우).

- **구약성서에서는 "사탄" 개념을 발전시키지 않았다.** 우리는 신약성서의 영향을 받아서 구약성서의 "사탄"을 마귀와 동일시하는 경향이 있다. 하지만 구약성서 신학에는 마귀에게 주어지는 역할이 없으며, 우리는 구약성서의 맥락에서 "사탄"이 천상의 어전회의에서 맡은 역할을 마귀와 연결시켜서는 안 된다. 구약성서의 저자들이 의도한 바는 그런 것이 아니었다. 구약성서에서 사탄은 그다지 중요하지 않은 등장인물이며 심지어 이스라엘의 신학에 등장하지도 않는다.

- **구약성서에는 죄로부터의 구원이라는 메커니즘이 존재하지 않는다.** 이스라엘 사람들은 심지어 심지어 죄로부터 구원받는다는 생각 자체를 가지고 있지 않았다. 그들의 희생제사는 하나님의 임재를 위한 성결을 유지해주는 역할을 했으며 그들로 하여금 하나님의 공동체

에 동참할 수 있게 만들어주었다. 그들은 죄라는 것을 우리가 그것으로부터 구출되어야 하는 무언가로 인식하지 않았으며 그런 일이 이루어지게 할 메커니즘을 가지고 있지도 않았다. 예수만이 죄로부터 구원받을 수 있는 유일한 길이신데, 그들은 그 역할을 맡으신 예수를(심지어 메시아조차도) 볼 수 없었으며, 결과적으로 그들에게는 천국에 대한 소망도 없었다. 하나님의 임재 앞에서 영원토록 시간을 보낸다는 선택지는 아직 그들에게 계시되지 않았으며, 그렇다고 그들 스스로 그런 소망을 길러내지도 않았다. 천국에 대한 소망이나 지옥에 대한 두려움이 이 세상에서 그들의 행동에 동기를 부여할 수 없었다.

- **구약성서에는 영이 사람 안에 거한다는 개념이 없다.** 성령의 내주(indwelling)는 누군가가 죄로부터 정결하게 되어 그 같은 임재를 경험할 준비가 되어 있을 때에야 발생할 수 있는 사건이다. 하지만 죄로부터 정결케 되는 일은 오직 그리스도를 통해서만 성취될 수 있다. 구약성서에서는 하나님의 임재가 백성 가운데 거하시는 것을 성전이라는 은유로 표현했는데, 성령의 내주는 이 같은 은유 개념이 건물에서 사람으로 이동하는 단계를 반영한다.

- **성전은 교회와 다르다.** 성전은 지상에서 하나님이 거하시는 장소다. 예배(대부분의 경우 제의의 형태로 드려진)가 그곳에서 행해진 이유는 하나님이 그곳에 계셨기 때문이다. 하지만 오순절 성령강림 이후로는 하나님의 임재가 그의 백성들 가운데 머문다. 이제 그들이 모이는 장소 자체에는 큰 의미가 없으며, 하나님이 다른 곳과 구별하여 특별히 거하시는 장소도 아니다. 우리는 예배당에 모여 공동체로 예배를 드리지만 하나님은 예배당 건물이 아니라 그의 백성들 가운데 거

하신다.

- **구약성서에는 복음 전도에 대한 기대가 없다.** 이스라엘 백성들은 다른 민족을 그들이 야웨와 맺은 언약관계 안으로 인도해올 것이라고 기대되지 않았다. 특정 조건하에서는 이방인들이 언약 공동체 안으로 들어오는 것이 허용되었으며 예언자들은 이방인들이 그들의 공동체에 참여하게 될 것을 예견하기도 했다. 하지만 이방인의 빛으로서 이스라엘이 맡은 역할은 복음 전도나 특히 개종과는 무관한 것이다. 이스라엘의 역할은 야웨의 계획과 목적을 보여주는 증거가 되는 것이었다. 달리 표현하자면 그들은 말하는 자들이 아니라 관찰되는 자들이어야 했다. 예컨대 만일 우리가 요나서를 해석할 때 그것을 다른 민족들에게 복음을 전하여 하나님과의 교제 안으로 데려오라는 요청으로 받아들인다면 그것은 심각한 오해다.

- **하나님 백성으로서의 신분 증명.** 구약성서에서 이스라엘은 하나님과 언약을 맺은 백성으로 선택되었다. 그들의 정체성은 곧 그들의 민족적 정체성과도 연결되었으며 할례는 그들 정체성의 표식이었다. 이와는 대조적으로 신약성서에서 하나님 백성으로서의 신분은 그리스도 안에 거한다는 사실에 기초한 것이었다. 이것은 토라와 성막/성전에서의 하나님의 임재를 특징으로 하는 옛 언약이 아니라 새 언약에 기초를 둔 하나님 나라의 정체성이었다. 새 언약에는 옛 언약과는 다른 표식이 주어졌다.

- **구약성서는 하나님을 영과 동일시하지 않는다.** 구약성서는 신적 존재에 대한 형이상학적 묘사보다는 하나님이 행하시는 일들에 관심을 보였다. 이스라엘 사람들은 하나님이 육체를 가지신 분이라고 생각하지 않았지만(하나님의 손이나 눈과 같은 수많은 신인동형론적 표현들에

도 불구하고), 그렇다고 해서 하나님을 "영"으로 분류하지도 않았다. 텍스트에서 "야웨의 영"에 대해 언급할 때 그들은 하나님의 본체가 영의 형태로 연장되는 것이라고 생각했는데, 이것은 이스라엘 사람들이 그를 영과 동일시하지는 않았음을 보여준다. 그들은 이와 같은 형이상학적 정의에는 관심이 없었던 듯하다.

신약성서를 더 잘 이해하기 위해서는 먼저 구약성서를 알아야 하며, 구약성서가 신약성서에서 이용됨으로써 구약성서 자체에도 새로운 이해를 더해주는 것이 사실이다. 하지만 구약성서는 그 자체로 하나님이 행하시는 일들에 대해 신약성서에서는 얻을 수 없는 통찰들을 제공한다. 여기서는 그 같은 사안들을 제시하는 것으로 결론을 마무리하고자 한다.

신약성서에서는 얻을 수 없는 구약성서가 제공하는 통찰들

- **하나님의 성결**(정체성). 신약성서에서도 간혹 성결의 문제가 다루어지지만 그중 대부분은 인간의 성결에 관한 것이다. 신약성서에서는 하나님의 성결을 다룬 정보를 거의 찾아볼 수 없다(요한계시록에서 몇 군데 언급된 것을 발견할 수 있을 뿐이다). 우리에게 하나님의 성결에 관한 정보를 제공하는 곳은 구약성서다.

- **하나님의 임재의 중요성**. 신약성서에서는 하나님의 임재가 성육신(임마누엘)과 성령의 내주를 통해 표현되었다. 신약성서에서는 하나님의 임재의 장소로서의 성전에 관한 논의가 크게 주목받지 못하고 있으며 그 대신 성전이 제 역할을 하는 데 실패했다는 사실에 초점을 맞춘다. 예수는 성전이시며 교회도 성전이다. 하지만 이 같은 신약의 선언은 하나님의 임재라는 구약성서의 주제에서 맥락을 제거

한 것이다.

- **하나님 나라의 토대.** 신약성서의 하나님 나라는 메시아 왕국이라는 개념에서 발전한 것이며, 메시아 왕국의 뿌리는 결국 다윗 왕국이다. 이 같은 흐름은 신약성서에서 하나님 나라에 대한 가르침이 어떻게 진행되는지를 이해하는 데 중요하다. 신약성서는 그 청중들이 이에 관한 배경지식을 가지고 있는 것으로 전제하고 그것을 설명하지 않는다.

- **하나님의 계획이 포괄하는 범위.** 만일 신구약 성서의 최우선적인 관심사가 하나님의 계획과 목적을 계시하는 일이고 우리는 그분의 계획과 목적에 파트너로서 동참해야 할 자들이라면, 우리가 그분의 계획과 목적에 대해 많이 알면 알수록 우리는 하나님의 파트너 역할을 보다 성공적으로 수행할 수 있을 것이다. 신약성서는 하나님의 계획과 목적에서 예수가 맡은 역할을 주로 다루는데, 구약성서는 이와 관련하여 보다 많은 정보를 제공하고 있다. 실제로 신약성서의 몇몇 구절들은 구약성서를 거론하면서 그러한 전환에 대해 인식하고 있었음을 보여준다.

> 옛적에 선지자들을 통하여 여러 부분과 여러 모양으로 우리 조상들에게 말씀하신 하나님이 이 모든 날 마지막에는 아들을 통하여 우리에게 말씀하셨으니 이 아들을 만유의 상속자로 세우시고 또 그로 말미암아 모든 세계를 지으셨느니라(히 1:1-2).

> 그런즉 유대인의 나음이 무엇이며 할례의 유익이 무엇이냐? 범사에 많으니 우선은 그들이 하나님의 말씀을 맡았음이니라(롬 3:1-2).

신약성서 저자들은 이처럼 그들이 구약성서의 토대 위에 건물을 세우고 있음을 확언했다. 구약성서가 없었다면 우리는 하나님이 우리를 위해서 지금 무슨 일을 하시는지, 그리고 무슨 일을 해오셨는지에 대해 앞뒤가 잘려 나간 단편적인 지식밖에 얻을 수 없었을 것이다.

- **하나님이 이 세상에서 그의 백성들을 통하여 일하시는 방식.** 우리는 사도행전에 담긴 내러티브들을 통해 이 같은 사실을 어렴풋이 감지할 수 있지만 여기서는 사역의 초점이 소수의 사람들에게 맞추어져 있다. 반면에 구약성서에서는 하나님의 이야기가 그의 백성들의 삶 속에서 광범위하게 펼쳐지고 있다. 우리가 어떤 사람을 알아가게 되는 것은 그의 인생 이야기를 통해서인데, 구약성서는 우리에게 하나님의 이야기를 들려줄 뿐 아니라 그 이야기 속으로 들어갈 수 있는 기회를 제공한다. 우리가 구약성서를 통해 하나님이 어떤 분이신지 알 수 없었다면 우리는 신약성서에서 하나님이 하시는 일들을 이해하기 어려웠을 것이다.

- **창조 신학.** 구약성서가 없었더라도 우리는 그리스도가 만물을 창조하시는 사역에서 맡으신 역할에 대해 알 수는 있었을 것이지만 그것은 극히 미미한 지식에 그치고 말았을 것이다(히 1:2; 11:3에서 아주 간략하게 언급할 뿐이다). 창조에 관한 우리의 신학은 구약성서를 토대로 한다. 우리는 구약성서를 통해 하나님이 세상을 창조하셨으며 그곳을 하나님의 임재가 거하는 신성한 공간이 되도록 만드셨다는 사실을 배울 수 있다.

- **하나님의 형상으로 창조된 인간.** 우리가 인류로서 가지는 정체성, 그리고 우리가 하나님과 갖는 관계는 모두 "하나님의 형상"이라는 개

넘과 연결된다. 인간의 존엄성과 인간이 지향하는 목적은 모두 하나님의 형상에서 유래한 것이다. 우리는 구약성서를 통해서 우리가 누구이며 하나님이 어떤 이유에서 우리를 창조하셨는지 알 수 있다. 이 모든 것은 신약성서에서는 얻을 수 없는 지식들이다.

- **구약성서의 다양한 책들을 통해 주어지는 통찰들.** 마지막으로 구약성서의 몇몇 책들은 독특한 메시지를 담고 있으며 우리는 그 메시지에서 하나님이 계시하시는 관점들에 대한 의미심장한 통찰을 발견할 수 있다. 고통에 직면했을 때 하나님에 대해 어떻게 생각해야 할지에 관한 지침은 오직 욥기를 통해서만 발견할 수 있다. 하나님을 두려워하는 것이 지혜의 근원이라는 사실을 깨닫게 되는 것은 오직 잠언을 통해서이며 우리는 이 책에서 우리의 삶을 인도해주는 지혜의 다양한 측면들에 대해 배울 수 있다. 우리는 전도서를 통해서 우리의 삶에 대한 기대를 재조정할 수 있다. 이 책에 동원된 강력한 수사법들은 이 세상의 그 어떤 것도 우리를 만족시킬 수 없으며, 따라서 우리는 세상에서 자아를 실현하려는 시도를 포기하고 오직 우리의 창조주이신 하나님께 우리 자신을 맡겨야 한다는 진리를 생생하게 보여준다. 우리가 삶에서 만나게 되는 선한 일들과 역경**까지도** 모두 하나님의 선물로 여기고 즐거워하라는 전도서의 메시지는 신약성서가 결코 제공해주지 않는 삶에 대한 통찰이다.

이처럼 구약성서가 다양한 분야에서 나름 독특한 공헌을 하는 것은 사실이지만 그럼에도 우리가 기억해야 할 것은 구약성서와 신약성서는 "하나의 생명체"(symbiosis)를 이룬다는 사실이다. 신약도 구약도 독립적으로는 제 기능을 다할 수 없다. 모든 공생관계가 그렇듯이 각자에게는 나름의 중요한 역할이 주어진다. 만일 신약성서를 구약성서와의 연장선상에서 이해하지 않으면 신약성서에서 우리가 얻는 것은 대체로 우리 자신의 선입견을 투사한 결과물일 수도 있다. 마치 신약성서가 우리가 속한 "문화의 강"을 반영하는 문서인 것처럼 해석할 위험이 있다는 것이다. 반대로 만일 우리가 구약성서를 신약성서와의 관계 속에서 이해하지 않는다면 우리는 우리 자신의 정체성을 그리스도 안에서 발견하지 못하고 여전히 옛 언약의 사슬에 스스로를 묶어 놓을 위험이 있다. 구약성서와 신약성서는 모두 하나님이 우리에게 주신 것이기 때문에 둘 중 하나를 무시하는 것은 우리 자신을 위험에 빠뜨리는 일이다.

우리가 그리스도인으로서 구약성서를 읽을 때 우리는 첫 단계로서 먼저 구약성서를 그 자체의 문맥 안에서 해석할 필요가 있다. 하나님과 우리의 관계가 어떤 모습이며 무엇을 지향해야 하는지를 보여주는 것은 그리스도 안에서 맺어진 새 언약이며 구약성서는 우리에게 그에 관한 정보를 제공하지 않기 때문에 우리가 구약성서에 그런 정보를 제공하도록 강요해선 안 된다는 말이다. 구약성서가 우리에게 제공하는 메시지는 권위를 가지며, 주어진 문맥 안에서 해석될 때 가치를 발휘할 수 있고 우리에게도 유효하고 의미 있는 메시지가 될 수 있다. 하지만 이미 지적했던 것처럼 문맥을 고려해서 텍스트를 읽는 것은 단지 해석 과정의 시작일 뿐이다. 여기서 더 나아가 구약성서를 정경 전체의 맥락에서 해석해야만 하나님과 우리 사이에 맺어진 관계에 대한 온전한 이해에 도달할 수 있다.

제1장에서 우리는 구약성서의 본질을 이해하기 위해 그것을 강의계획서와 비교했었다. 그리스도인으로서 우리가 구약성서를 읽는 일은 결과적으로 우리가 광범위한 하나님의 계획과 목적을 파악하는 데 도움을 주며 더 나아가 그러한 계획과 목적을 이루는 과정에서 우리에게 주어진 역할이 무

엇인지도 이해할 수 있게 해준다. 물론 구약성서가 우리에게 하나님에 관한 모든 것을 가르쳐주는 것은 아니지만 적어도 하나님이 어떤 분이 아니신가에 대해서는 요긴한 깨달음을 준다.

무엇보다도 구약성서는 하나님이 언제나 원하셨던 것이 무엇인지(적어도 우리와 관련된 것들에 대해서) 우리에게 말해준다. 하나님은 세상을 창조하시고 그 안에 거하기를 원하셨으며, 또한 하나님은 우리 가운데 거하시기 위해서 우리를 창조하셨다. 그는 우리를 필요로 하지 않으시고 거주할 공간이 필요한 것도 아니시지만, 그럼에도 불구하고 우리를 포함하는 원대한 계획에 착수하셨다. 하나님은 우리를 파트너로 만드시고 우리가 하나님이 주신 정체성을 반영하며 살아가기를 원하신다. 또한 그는 하나님 나라 안에서 우리에게 특별한 역할을 주시고 우리가 그 역할을 성실하게 수행해가기를 원하신다. 우리는 이 일을 위해서 창조되었으며 하나님이 우리에게 기대하고 바라시는 일도 바로 그것이다.

나는 독자들이 본서를 통해 구약성서를 펼쳐서 읽을 새로운 동기나 심지어 열정을 발견했기를 기대한다. 책의 첫머리에서 나는 많은 사람들이 구약성서를 무시하는 이유가 그것을 어떻게 읽어야 할지 알지 못하고, 또 그것이 우리와 무슨 관련이 있는지 이해하지 못하기 때문이라고 지적했었다. 나는 이 책이 많은 독자들에게 그런 어려움을 경감시켜주는 역할을 해주기를 기대한다. 무엇보다도 나는 독자들이 하나님의 계획과 목적에 삶의 초점을 맞추기를 희망한다.

약어표

ANET	*Ancient Near Eastern Texts Relating to the Old Testament.* Edited by James B. Pritchard. 3rd ed. Princeton, NJ: Princeton University Press, 1969
CAD	*The Assyrian Dictionary of the Oriental Institute of the University of Chicago.* Chicago: The Oriental Institute of the University of Chicago, 1956-2006
CANE	*Civilizations of the Ancient Near East.* Edited by Jack M. Sasson. 4 vols. New York, 1995. Repr. in 2 vols. Peabody, MA: Hendrickson, 2006
COS	*The Context of Scripture.* Edited by William W. Hallo. 3 vols. Leiden: Brill, 1997-2002
CT	Coffin Texts
DDD²	*Dictionary of Deities and Demons in the Bible.* Edited by Karel van der Toorn, Bob Becking, and Pieter W. van der Horst. 2nd rev. ed. Grand Rapids: Eerdmans, 1999

NIVAC	New International Version Application Commentary
PT	Pyramid Texts
SBLWAW	SBL Writings from the Ancient World
TDOT	*Theological Dictionary of the Old Testament*. Edited by G. Johannes Botterweck and Helmer Ringgren. Translated by John T. Willis et al. 8 vols. Grand Rapids: Eerdmans, 1974–2006
UL	*Utukku Lemnûtu*
ZIBBCOT	*Zondervan Illustrated Bible Backgrounds Commentary*. Edited by J. Walton. Grand Rapids: Zondervan, 2009

참고문헌

Abusch, T. "Ghost and God: Some Observations on a Babylonian Understanding of Human Nature." in *Self, Soul and Body in Religious Experience*, ed. A. I. Baumgarten, J. Assmann, and G. G. Stroumsa. Leiden: Brill, 1998. 363-83.

Albrektson, B. *History and the Gods*. Lund: Gleerup, 1967.

Alexander, J. A. *The Prophecies of Isaiah*. repr., Grand Rapids: Zondervan, 1953.

Alexander, T. D. "Further Observations on the Term 'Seed' in Genesis." *TB* 48 (1997): 363-67.

Allen, James. *Genesis in Egypt*. New Haven, CT: Yale University Press, 1995.

Andersen, F. I., and D. N. Freedman. *Hosea*. New York: Doubleday, 1980.

Anderson, Bernhard W. *Creation Versus Chaos*. New York: Association, 1967.

Anderson, Gary A. *Sin: A History*. New Haven, CT: Yale University Press, 2009.

Asher, R. *Evolution and Belief*. Cambridge: Cambridge University Press, 2012.

Assmann, J. "Dialogue Between Self and Soul: Papyrus Berlin 3024." in *Self, Soul and Body*, ed. A. Baumgarten, J. Assmann, and G. Stroumsa. Leiden: Brill, 1998. 384-403.

_____. *The Mind of Egypt*. New York: Metropolitan, 2002.

Augustine, *Sermons*, trans. Edmund Hill, The Works of Saint Augustine: A Translation for the 21st Century III/2. Brooklyn, NY: New City Press, 1990.

Aune, D. *Revelation 1-5*. Word Biblical Commentary. Nashville: Thomas Nelson, 1997.

Averbeck, Richard E. "Ancient Near Eastern Mythography as It Relates to Historiography in the Hebrew Bible: Genesis 3 and the Cosmic Battle." in *The Future of Biblical Archaeology: Reassessing Methodologies and Assumptions,* ed. James Karl Hoffmeier and Alan R. Millard. Grand Rapids: Eerdmans, 2004. 328-56.

Bahrani, Z. *The Graven Image.* Philadelphia: University of Pennsylvania Press, 2003.

Ballentine, Debra S. *The Conflict Myth and the Biblical Tradition.* Oxford: Oxford University Press, 2015.

Barker, W. D. *Isaiah's Kingship Polemic.* Tübingen: Mohr Siebeck, 2014.

Barr, J. *Biblical Words for Time.* London: SCM Press, 1969.

Batto, Bernard F. *Slaying the Dragon.* Louisville: Westminster John Knox, 1992.

Bell, L. "The New Kingdom 'Divine' Temple: The Example of Luxor." in *Temples of Egypt,* ed. Shafer. Ithaca, N.Y.: Cornell University Press, 1997.

Berlejung, Angelika. "Washing the Mouth: The Consecration of Divine Images in Mesopotamia." in *The Image and the Book,* ed. K. van der Toorn. Leuven: Peeters, 1997, 45-72.

Biddle, Mark E. *Missing the Mark: Sin and Its Consequences in Biblical Theology.* Nashville: Abingdon, 2005.

Black, Jeremy, and Anthony Green, *Gods, Demons and Symbols of Ancient Mesopotamia.* Austin: University of Texas Press, 1992.

Block, Daniel I. "Reading the Decalogue Right to Left: The Ten Principles of Covenant Relationship in the Hebrew Bible." in *How I Love Your Torah, O Lord!* Eugene, OR: Cascade, 2011.

_____. *The Book of Ezekiel: Chapters 25-48, New International Commentary on the Old Testament.* Grand Rapids: Eerdmans, 1998.

Boda, Mark J. *A Severe Mercy: Sin and Its Remedy in the Old Testament.* Winona Lake, IN: Eisenbrauns, 2009.

Bodi, D. "The Retribution Principle in the Amorite View of History: Yasmaḥ-

Addu's Letter to Nergal (ARM I 3) and Adad's Message to Zimrī-Līm (A. 1968)." *ARAM* 26, nos. 1-2 (2014): 285-300.

Bottéro, Jean. *Mesopotamia,* trans. Zainab Bahrani and Marc Van de Mieroop. Chicago: University of Chicago Press, 1992.

_____. *Religion in Ancient Mesopotamia.* Chicago: University of Chicago Press, 2001.

Böttrich, C. "The Figures of Adam and Eve in the Enoch Tradition," in *The Adam and Eve Story in the Hebrew Bible and in Ancient Jewish Writings Including the New Testament,* ed. A. Laato and L. Valve. Winona Lake, IN: Eisenbrauns, 2016.

Brichto, H. C. "Kin, Cult, Land and Afterlife—A Biblical Complex," *Hebrew Union College Annual* 44 (1973): 1-54.

_____. *The Problem of Curse in the Hebrew Bible.* Philadelphia: SBL, 1963.

Calvin, John. *Commentary on the Book of Isaiah 1-32,* trans. William Pringle. repr., Grand Rapids: Baker, 1979.

Charles, R. H. *Eschatology.* New York: Schocken, 1963.

Charlesworth, James H. *The Good and Evil Serpent: How a Universal Symbol Became Christianized.* New Haven, CT: Yale, 2010.

_____. *The Old Testament Pseudepigrapha.* Garden City, NY: Doubleday, 1983.

Clines, David J. A. ed. *Dictionary of Classical Hebrew.* Sheffield, UK: Sheffield Phoenix, 1993-2014.

Collins, Jack. "A Syntactical Note (Genesis 3:15): Is the Woman's Seed Singular or Plural?," *Tyndale Bulletin* 48 (1997): 139-48.

Collins, John J. *Daniel.* Minneapolis: Fortress, 1993.

Cooper, J. S. *The Curse of Agade.* Baltimore: Johns Hopkins University Press, 1983.

Cunningham, G. *Deliver Me from Evil: Mesopotamian Incantations 2500-1500 BC.* Rome: Pontificio Instituto Biblico, 1997.

Curtis, E. "Man as the Image of God in Genesis in the Light of Ancient Near

Eastern Parallels." PhD diss., University of Pennsylvania, 1984.

Day, John. *God's Conflict with the Dragon and the Sea: Echoes of a Canaanite Myth in the Old Testament.* Cambridge: Cambridge University Press, 1985.

Day, P. L. *An Adversary in Heaven,* HSM. Atlanta: Scholars Press, 1988.

De Moor, J. C. *The Rise of Yahwism: The Roots of Israelite Monotheism.* Leeuven: Peeters, 1997.

Elliot, John H. "Envy, Jealousy, and Zeal in the Bible: Sorting Out the Social Differences and Theological Implications — No Envy for YHWH." in *To Break Every Yoke,* ed. R. Coote and N. Gottwald. Sheffield, UK: Sheffield Phoenix, 2007.

Faulkner, Raymond O. *The Ancient Egyptian Pyramid Texts.* Oxford: Oxford University Press, 1969.

Feder, Y. *Blood Expiation in Hittite and Biblical Ritual.* Atlanta: SBL Press, 2011.

Firth D., and P. Wegner, eds. *Presence, Power and Promise: The Role of the Spirit of God in the Old Testament.* Downers Grove, IL: InterVarsity Press, 2011.

Forsyth, N. *The Old Enemy.* Princeton, NJ: Princeton University Press, 1987.

Foster, B. R. *Before the Muses,* 3rd ed. Bethesda, MD: CDL, 2005.

Foster, J. *Hymns. Prayers, and Songs: An Anthology of Ancient Egyptian Lyric Poetry,* SBLWAW. Atlanta: SBL Press, 1995.

Fox, Michael V. *Proverbs 1-9,* Anchor Bible. New Haven, CT: Yale University Press, 2000.

Frahm, E. *Babylonian and Assyrian Text Commentaries.* Münster: Ugarit-Verlag, 2011.

Fudge, E. W., and R. A. Peterson. *Two Views of Hell: A Biblical & Theological Dialogue.* Downers Grove, IL: InterVarsity Press, 2000.

Garr, W. R. *In His Own Image and Likeness: Humanity, Divinity, and Monotheism.* Leiden: Brill, 2003.

Goldberg, I. "The Artistic Structure of the Dirge over the King of Tyre," *Tarbitz* 58

(1988-1989): 277-81 (Hebrew).

Goldingay, John. *Psalms*. Grand Rapids: Baker, 2008.

Gregg, Steve. ed. *All You Want to Know About Hell: Three Christian Views of God's Final Solution to the Problem of Sin*. Nashville: Thomas Nelson, 2013.

Haas, V. "Death and Afterlife in Hittite Thought." in *Civilizations of the Ancient Near East*. Edited by Jack M. Sasson. 4 vols. New York, 1995. Repr. in 2 vols. Peabody, MA: Hendrickson, 2006: 2021-30.

Hackett, J. *The Balaam Text from Deir 'Alla*, Harvard Semitic Monographs 31. Chico, CA: Scholars Press, 1984.

Hamilton, V. P. *Genesis 1-17*. Grand Rapids: Eerdmans, 1990.

Handy, Lowell. "Lilith," in *Anchor Bible Dictionary*, ed. David Noel Freedman. New York: Doubleday, 1992, 4:324-25.

Hansen, Nicole B. "Snakes," in *Oxford Encyclopedia of Ancient Egypt*, ed. Donald B. Redford. New York: Oxford University Press, 2001, 3:297.

Harris, Mark. *The Nature of Creation: Examining the Bible and Science*. Durham, NC: Acumen, 2013.

Hasel, G. *Old Testament Theology*. Grand Rapids: Eerdmans, 1975.

Hays, Richard. *Echoes of Scripture in the Gospels*. Waco, TX: Baylor University Press, 2016.

Herring, S. L. *Divine Substitution: Humanity as the Manifestation of Deity in the Hebrew Bible and the Ancient Near East*. Münster: Vandenhoeck & Ruprecht, 2013.

Hess, Richard S. "The Book of Joshua as a Land Grant," *Bib* 83 (2002): 493-506.

Holladay, W. *Jeremiah*. Minneapolis: Fortress, 1989.

Holloway, W. *Aššur Is King! Aššur Is King!* Leiden: Brill, 2002.

Hornung, E. *Conceptions of God in Ancient Egypt*. Ithaca, NY: Cornell University Press, 1982.

_____. *The Ancient Egyptian Books of the Afterlife*. Ithaca, NY: Cornell University

Press, 1999.

House, Paul. *Old Testament Theology.* Downers Grove, IL: InterVarsity Press, 1998.

Howard, D. "The Case for Kingship in the Old Testament Narrative Books and the Psalms," *Trinity Journal* 9 (1988): 19-35.

Hundley, Michael B. "Here a God, There a God: An Examination of the Divine in Ancient Mesopotamia." *Altorientalische Forschungen* 40 (2013): 68-107.

_____. *Gods in Dwellings.* Atlanta: SBL Press, 2013.

Jacobsen, Thorkild. "Mesopotamian Gods and Pantheons." in *Toward the Image of Tammuz and Other Essays on Mesopotamian History and Culture,* ed. William L. Moran. Cambridge, MA: Harvard University Press, 1971.

Japhet, S. *1 & 2 Chronicles.* Louisville: Westminster John Knox, 1993.

Jenson, P. *Graded Holiness,* Journal for the Study of the Old Testament Supplement Series 106. Sheffield, UK: JSOT Press, 1992.

Jimenez, E. "'The Creation of the King': A Reappraisal." *Kaskal* 10 (2013): 235-54.

Johnston, P. *Shades of Sheol.* Downers Grove, IL: InterVarsity Press, 2002.

Joines, K. R. *Serpent Symbolism in the Old Testament.* Haddonfield, NJ: Haddonfield House, 1974.

Joüon, P., and T. Muraoka. *A Grammar of Biblical Hebrew,* 2nd ed. Rome: Gregorian and Biblical Press, 2011.

Kang, Sa-Moon. *Divine War in the Old Testament and in the Ancient Near East.* Berlin: de Gruyter, 1989.

Käsemann, E. *Perspectives on Paul.* Minneapolis: Fortress, 1971.

Katz, D. *The Image of the Netherworld in Sumerian Sources.* Bethesda, MD: CDL, 2003.

Kilmer, A. D. "The Brick of Birth." *Journal of Near Eastern Studies* 46 (1987): 211-13.

Klingbeil, Martin. *Yahweh Fighting from Heaven: God as Warrior and God of Heaven in the Hebrew Psalter and Ancient Near Eastern Iconography.* Orbis Biblicus et Orientalis 169. Göttingen: Vandenhoeck & Ruprecht, 1999.

Kloos, Carola. *Yhwh's Combat with the Sea.* Leiden: Brill, 1986.

Knoppers, G. N. "Ancient Near Eastern Royal Grants and the Davidic Covenant: A Parallel?" *Journal of the American Oriental Society* 116 (1996): 670-97.

Koester, R. *Revelation.* Anchor Yale Bible. New Haven, CT: Yale University Press, 2014.

Korpel, M. C. A. *A Rift in the Clouds: Ugaritic and Hebrew Descriptions of the Divine.* Münster: Ugarit-Verlag, 1990.

Lambert, W. G. *Babylonian Creation Myths.* Winona Lake, IN: Eisenbrauns, 2013.

_____. "Trees, Snakes and Gods in Ancient Syria and Anatolia." *Bulletin of the School of Oriental and African Studies* 48 (1985): 435-51.

Lenzi, A. *Reading Akkadian Prayers and Hymns: An Introduction.* Society of Biblical Literature. Ancient Near East Monographs. Atlanta: SBL Press, 2011.

Lesko, L. "Death and Afterlife in Ancient Egyptian Thought," in *Civilizations of the Ancient Near East.* Edited by Jack M. Sasson. 4 vols. New York, 1995. Repr. in 2 vols. Peabody, MA: Hendrickson, 2006: 1763-74.

Lewis, Theodore J. "Covenant and Blood Rituals: Understanding Exodus 24:3-8 in Its Ancient Near Eastern Context." in *Confronting the Past: Archaeological and Historical Essays on Ancient Israel in Honor of William C. Dever,* ed. S. Gitin, J. Wright, and J. P. Dessel. Winona Lake, IN: Eisenbrauns, 2006.

Livingstone, A. *Mystical and Mythological Explanatory Works of Assyrian and Babylonian Scholars.* Winona Lake, IN: Eisenbrauns, 2007.

Longman, Tremper, and Daniel Reid. *God Is a Warrior.* Grand Rapids: Zondervan, 1995.

MacRae, Allan. "*ôlām.*" in *Theological Wordbook of the Old Testament,* ed. R. L. Harris, Gleason Archer, and Bruce Waltke. Chicago: Moody, 1980.

Malul, M. *Knowledge, Control and Sex.* Tel-Aviv: Archaeological Center, 2002.

McDonald, H. D. "Christology and the 'Angel of the Lord.'" in *Current Issues in Biblical and Patristic Interpretation*, ed. G. Hawthorne. Grand Rapids: Eerdmans, 1975.

McDowell, C. *The Image of God in the Garden of Eden: The Creation of Mankind in Genesis 2:5-3:24 in Light of the* mis pi, pit pi *and* wpt-r *Rituals of Mesopotamia and Ancient Egypt*. Winona Lake, IN: Eisenbrauns, 2015.

Mettinger, T. N. D. *In Search of God*. Philadelphia: Fortress, 1988.

Meyers, C., and E. Meyers, *Zechariah 18*. Garden City, NY: Doubleday, 1987.

Middleton, J. Richard. *The Liberating Image*. Grand Rapids: Brazos, 2005.

_____. *A New Heaven and a New Earth*. Grand Rapids: Baker, 2014. 『새 하늘과 새 땅』(새물결플러스 역간).

Mieroop, M. Van De. *Philosophy Before the Greeks: The Pursuit of Truth in Ancient Babylonia*. Princeton, NJ: Princeton University Press, 2016.

Milgrom, J. *Leviticus 23-27*, Anchor Yale Bible. New Haven, CT: Yale University Press, 2001.

Miller, Jared. *Royal Hittite Instructions and Related Administrative Texts*, SBLWAW. Atlanta: SBL Press, 2013.

Miller, Patrick D. *The Divine Warrior in Early Israel*. Atlanta: SBL Press, 2006.

Morales, L. M. *The Tabernacle Pre-Figured*. Leuven: Peeters, 2012.

Morenz, S. *Egyptian Religion*. Ithaca, NY: Cornell University Press, 1973.

Motyer, J. A. *The Prophecy of Isaiah*. Downers Grove, IL: InterVarsity Press, 1993.

Nickelsburg, G. W. E. *Resurrection, Immortality and Eternal Life in Intertestamental Judaism*. Cambridge, MA: Harvard University Press, 1972.

Niditch, Susan. *Chaos to Cosmos*. Atlanta: Scholars Press, 1985.

O'Rourke, P. *Khnum, in The Oxford Encyclopedia of Ancient Egypt*, ed. D. B. Redford. Oxford: Oxford University Press, 2001.

Ollenburger, Ben C. ed. *Old Testament Theology: Flowering and Future*. 2nd ed. Winona Lake, IN: Eisenbrauns, 2004.

Osborne, G. *Revelation*. Baker Evangelical Commentary on the New Testament.

Grand Rapids: Baker, 2002.

Oshima, Takayoshi. *Babylonian Prayers to Marduk*. Tübingen: Mohr Siebeck, 2011.

Oswalt, J. *The Book of Isaiah: Chapters 1-39*. Grand Rapids: Eerdmans, 1986.

Otten, Willemien. "The Long Shadow of Human Sin: Augustine on Adam, Eve and the Fall." in *Out of Paradise: Eve and Adam and Their Interpreters,* ed. Bob Becking and Susan Hennecke. Sheffield, UK: Sheffield Phoenix, 2010.

Paauw, Glenn. *Saving the Bible from Ourselves*. Downers Grove, IL: InterVarsity Press, 2016.

Parpola, S. *Assyrian Prophecies*. State Archives of Assyria IX. Helsinki: Helsinki University Press, 1997.

Peterson, R. S. *The* Imago Dei *as Human Identity: A Theological Interpretation*. Winona Lake, IN: Eisenbrauns, 2016.

Porter, B. N. "Blessings from a Crown, Offerings to a Drum: Were There Non-Anthropomorphic Deities in Ancient Mesopotamia?." in *What Is a God?,* ed. B. N. Porter. Winona Lake, IN: Eisenbrauns, 2009.

Portier-Young, Anathea. "Symbolic Resistance in the Book of the Watchers." in *The Watchers in Jewish and Christian Traditions,* ed. Angela Kim Hawkins, Kelley Coblentz Bautch, and John C. Endres, SJ. Minneapolis: Fortress, 2014.

Provan, Iain. *Seriously Dangerous Religion: What the Old Testament Really Says and Why It Matters*. Waco, TX: Baylor University Press, 2014.

_____. *Discovering Genesis: Content, Interpretation, Reception*. London: SPCK, 2015.

Redford, Donald B. ed. *Oxford Encyclopedia of Ancient Egypt*. Oxford: Oxford University Press, 2001.

Rochberg, F. "'The Stars and Their Likeness': Perspectives on the Relation Between Celestial Bodies and Gods in Ancient Mesopotamia." in *What Is a God?: Anthropomorphic and Non-Anthropomorphic Aspects of Deity in Ancient*

Mesopotamia. ed. Barbara Porter. Casco Bay Assyriological Institute. 2017.

Russell, D. S. *The Method and Message of Jewish Apocalyptic.* Philadelphia: Westminster, 1964.

Russell, J. B. *The Devil.* Ithaca, NY: Cornell University Press, 1977.

_____. *Satan.* Ithaca, NY: Cornell University Press, 1981.

_____. *Lucifer.* Ithaca, NY: Cornell University Press, 1984.

Saggs, H. W. F. *Encounter with the Divine in Mesopotamia and Israel.* London: Athlone, 1978.

Sarna, N. *Genesis.* Philadelphia: Jewish Publication Society, 1989.

Scullion, J. *Genesis.* Collegeville, MN: Michael Glazier, 1992.

Scurlock, J. "Death and Afterlife in Ancient Mesopotamian Thought." in *Civilizations of the Ancient Near East.* Edited by Jack M. Sasson. 4 vols. New York, 1995. Repr. in 2 vols. Peabody, MA: Hendrickson, 2006: 1883–93.

Shafer, B. "Temples, Priests, and Rituals: An Overview." in *Temples of Ancient Egypt,* ed. B. Shafer. Ithaca, NY: Cornell University Press, 1997.

Shaked, S. "Iranian Influence on Judaism: First Century B.C.E. to Second Century C.E." in *The Cambridge History of Judaism, vol. 1, The Persian Period,* ed. W. D. Davies and L. Finkelstein. Cambridge: Cambridge University Press, 1984.

Sherwood, Yvonne. *A Biblical Text and Its Afterlives.* Cambridge: Cambridge University Press, 2000.

Smith, G. V. *Isaiah 1-39.* Nashville: B&H, 2007.

Smith, Mark. *On the Primaeval Ocean: Carlsberg Papyri 5,* CNI Publications 26. Copenhagen: Museum Tusculanum Press, University of Copenhagen, 2002.

Sperling, David. *Ve-Eileh Divrei David: Essays in Semitics, Hebrew Bible and History of Biblical Scholarship.* Leiden: Brill, 2017.

Sprinkle, Preston., and Stanley N. Gundry, eds. *Four Views on Hell,* 2nd ed. Grand

Rapids: Zondervan, 2016.

Spronk, K. *Beatific Afterlife in Ancient Israel,* Alter Orient und Altes Testament 219. Kevelaer: Neukirchener Verlag, 1986.

Steiner, R. C. *Disembodied Souls.* Atlanta: SBL Press, 2015.

Stuart, Douglas. *Ezekiel.* Dallas: Word, 1989.

Taylor, J. *Ezekiel.* Downers Grove, IL: InterVarsity Press, 1969.

Tigay, J. *Deuteronomy,* JPS Torah Commentary. Philadelphia: JPS, 1996.

Trimm, C. *YHWH Fights for Them! The Divine Warrior in the Exodus Narrative.* Piscataway, NJ: Gorgias, 2014.

Tromp, N. *Primitive Conceptions of Death and the Nether World in the Old Testament,* Biblica et Orientalia 21. Rome: Pontifical Biblical Institute, 1969.

Tsumura, David. *Creation and Destruction.* Winona Lake, IN: Eisenbrauns, 2005.

van der Merwe, C. H. J., J. A. Naudé, and J. H. Kroeze, *A Biblical Hebrew Reference Grammar.* Sheffield, UK: Sheffield Academic, 1999.

van der Toorn, K. "Theodicy in Akkadian Literature." in *Theodicy in the World of the Bible,* ed. A. Laato and J. C. de Moor. Leiden: Brill, 2003.

van Dijk, H. J. *Ezekiel's Prophecy on Tyre.* Rome: Pontifical Biblical Institute, 1968.

Vanstiphout, H. *Epics of Sumerian Kings,* SBLWAW. Atlanta: SBL Press, 2003.

Wakeman, Mary K. *God's Battle with the Monster.* Leiden: Brill, 1973.

Waltke, Bruce K., and Michael O'Connor, *An Introduction to Biblical Hebrew Syntax.* Winona Lake, IN: Eisenbrauns, 1990.

Walton, J. Harvey "A King like the Nations: 1 Samuel 8 in Its Cultural Context." *Biblica* 96 (2015): 179–200.

Walton, John H. *Genesis,* NIVAC. Grand Rapids: Zondervan, 2001.

_____. *Ancient Near Eastern Thought in the Old Testament.* Grand Rapids: Baker, 2006.

_____. *Genesis 1 as Ancient Cosmology.* Winona Lake, IN: Eisenbrauns, 2011. 『창

세기 1장과 고대 근동 우주론』(새물결플러스 역간).

_____. *Job*, NIVAC. Grand Rapids: Zondervan, 2012.

_____. *The Lost World of Adam and Eve*. Downers Grove, IL: InterVarsity Press, 2015.

_____. "The Imagery of the Substitute King Ritual in Isaiah's Fourth Servant Song." *Journal of Biblical Literature* 122 (2003): 734-43.

_____. "Creation in Gen 1:1-2:3 and the Ancient Near East: Order Out of Disorder After Chaoskampf." *Calvin Theological Journal* 43 (2008): 48-63.

_____. "Interpreting the Bible as an Ancient Near Eastern Document." in *Israel—Ancient Kingdom or Late Invention? Archaeology, Ancient Civilizations, and the Bible,* ed. D. Block. Nashville: Broadman & Holman, 2008.

_____. "Satan." *Dictionary of the Old Testament: Wisdom, Poetry, and Writings,* ed. T. Longman III and Peter Enns. Downers Grove, IL: InterVarsity Press, 2010.

_____. "The Ancient Near Eastern Background of the Spirit of the Lord in the Old Testament." in *Presence, Power and Promise: The Role of the Spirit of God in the Old Testament,* ed. David G. Firth and Paul D. Wegner. Downers Grove, IL: InterVarsity Press, 2011.

_____. "Demons in Mesopotamia and Israel: Exploring the Category of Non-Divine but Supernatural Entities." in *Windows to the Ancient World of the Bible,* ed. B. T. Arnold, N. Erickson, and J. H. Walton. Winona Lake, IN: Eisenbrauns, 2014.

_____. "Polemics." in *Behind the Scenes of the Old Testament,* ed. J. Greer, J. Hilber, and J. Walton. Grand Rapids: Baker, 2018.

_____, and J. Harvey Walton. *The Lost World of the Israelite Conquest.* Downers Grove, IL: InterVarsity Press, 2017.

_____, and J. Harvey Walton. *Demons and Spirits.* Eugene, OR: Wipf and Stock,

2019.

_____, and D. Brent Sandy, *The Lost World of Scripture*. Downers Grove, IL: InterVarsity Press, 2013.

_____, and Tremper Longman III. *How to Read Job*. Downers Grove, IL: InterVarsity Press, 2015.

_____, and Tremper Longman III. *The Lost World of the Flood*. Downers Grove, IL: InterVarsity Press, 2018. 『노아 홍수의 잃어버린 세계』(새물결플러스 역간).

_____, Victor H. Matthews, and Mark W. Chavalas, *The IVP Bible Background Commentary: Old Testament* (Downers Grove, IL: InterVarsity Press, 2012

Watson, Rebecca S. *Chaos Uncreated: A Reassessment of the Theme of "Chaos" in the Hebrew Bible*. Berlin: de Gruyter, 2005.

Weinfeld, M. "The Covenant of Grant in the Old Testament and in the Ancient Near East." *Journal of the American Oriental Society* 90 (1970): 184-203.

Weiss, M. *The Story of Job's Beginning*. Jerusalem: Magnes, 1983.

Wenham, G. J. *Genesis 1-15*. Waco, TX: Word, 1987.

Westenholz, Joan Goodnick. *Dragons, Monsters and Fabulous Beasts*. Jerusalem: Bible Lands Museum, 2004.

Westermann, Claus. *Genesis 1-11*. Minneapolis: Fortress, 1984.

Wiggermann, F. A. M. "Agriculture as Civilization: Sages, Farmers, and Barbarians." in *The Oxford Handbook of Cuneiform Culture*, ed. Karen Radner and Eleanor Robson. Oxford: Oxford University Press, 2011.

Wildberger, Hans. *Isaiah 28-39*. Minneapolis: Fortress, 2002.

Wolff, H. W. *Anthropology of the Old Testament*. Philadelphia: Fortress, 1974.

Wolterstorff, Nicholas. *Divine Discourse*. New York: Cambridge University Press, 1995.

Wright, Christopher J. H. *The Mission of God*. Downers Grove, IL: InterVarsity Press, 2006.

_____. "Mission and Old Testament Interpretation." in *Hearing the Old Testament,* ed. Craig G. Bartholomew and David J. H. Beldman. Grand Rapids: Eerdmans, 2012.

Wright, D. *The Disposal of Impurity.* Atlanta: Scholars Press, 1987.

Xella, P. "Death and Afterlife in Canaanite and Hebrew Thought," in *Civilizations of the Ancient Near East.* Edited by Jack M. Sasson. 4 vols. New York, 1995. Repr. in 2 vols. Peabody, MA: Hendrickson, 2006: 2059-70.

Yamauchi, E. M. *Persia and the Bible.* Grand Rapids: Baker, 1990.

Young, E. J. *The Book of Isaiah,* 2nd ed. Grand Rapids: Eerdmans, 1972.

Zevit, Ziony. *What Really Happened in the Garden of Eden?* New Haven, CT: Yale University Press, 2013.

_____. "A Phoenician Inscription and Biblical Covenant Theology." IEJ 27 (1977): 110-18.

Zimmerli, W. *Ezekiel.* Philadelphia: Fortress, 1983.

"Enki and Inanna," ETCSL project, Faculty of Oriental Studies, University of Oxford, http://etcsl.orinst.ox.ac.uk/cgi-bin/etcsl.cgi?text=t.1.3.1&charenc=j#

"Enki and World Order," ETCSL project, Faculty of Oriental Studies, University of Oxford, http://etcsl.orinst.ox.ac.uk/cgi-bin/etcsl.cgi?text=t.1.1.3#.

주제 색인

ㅂ

ㅅ

성구 색인

교회를 위한 구약성서 신학

고대의 맥락에서 불변의 신앙으로

Copyright © 새물결플러스 **2021**

1쇄 발행 2021년 6월 30일

지은이	존 H. 월튼
옮긴이	왕희광
펴낸이	김요한
펴낸곳	새물결플러스

편 집	왕희광 정인철 노재현 한바울 정혜인
	이형일 나유영 노동래 최호연
디자인	윤민주 황진주 박인미
마케팅	박성민 이원혁
총 무	김명화 이성순
영 상	최정호 곽상원
아카데미	차상희

홈페이지	www.holywaveplus.com
이메일	hwpbooks@hwpbooks.com
출판등록	2008년 8월 21일 제2008-24호
주 소	(우) 04118 서울시 마포구 마포대로19길 33
전 화	02) 2652-3161
팩 스	02) 2652-3191

ISBN 979-11-6129-204-5 93230

책값은 뒤표지에 있습니다.